Hervé Ryssen

IL FANATISMO EBRAICO

Hervé Ryssen

Hervé Ryssen (Francia) è uno storico e un ricercatore approfondito del mondo intellettuale ebraico. È autore di dodici libri e di diversi documentari video sulla questione ebraica. Nel 2005 ha pubblicato *Le Speranze Planetarie*, un libro in cui dimostra le origini religiose del progetto globalista. *Psicoanalisi del giudaismo*, pubblicato nel 2006, mostra come l'ebraismo intellettuale presenti tutti i sintomi della patologia isterica. Non si tratta di una "scelta divina", ma della manifestazione di un disturbo che ha le sue origini nella pratica dell'incesto. Freud aveva pazientemente studiato la questione sulla base di quanto osservato nella propria comunità.

La Francia ospita una delle più grandi comunità ebraiche della diaspora, con una vita culturale e intellettuale molto intensa. Hervé Ryssen ha potuto sviluppare il suo ampio lavoro sulla base di numerose fonti storiche e contemporanee, sia internazionali che francesi.

FANATISMO EBRAICO

Le Fanatisme juif: Égalité - Droits de l'homme - Tolérance, Levallois-Perret, Baskerville, 2007.

Tradotto e pubblicato da
Omnia Veritas Limited

www.omnia-veritas.com

© Omnia Veritas Limited - Hervé Ryssen - 2023

Tutti i diritti riservati. Nessuna parte di questa pubblicazione può essere riprodotta con qualsiasi mezzo senza la previa autorizzazione dell'editore. Il codice della proprietà intellettuale vieta le copie o le riproduzioni per uso collettivo. Qualsiasi rappresentazione o riproduzione totale o parziale con qualsiasi mezzo, senza il consenso dell'editore, dell'autore o dei loro successori, è illegale e costituisce una violazione punita dagli articoli del Codice della proprietà intellettuale.

PARTE PRIMA 13

SPERANZE RIVOLUZIONARIE 13

1. La via d'uscita dal ghetto 14
    La "zona di casa 14
    La missione degli ebrei 23
    Il militante rivoluzionario 30
    Giudeo-bolscevismo 36
    Stalin e gli ebrei 41
    La guerra civile spagnola 53
    L'invasione tedesca 61
    Resistenza al nazismo 67
    URSS 1945 79
    La rivolta ungherese 87
    Polonia liberata dai suoi "fantasmi" 97
    Romania liberata 105
    Lustrazione in Cecoslovacchia 110
    Germania Est 112
    Rifugio in Israele 114

2. Democrazia planetaria 123
    La mutazione cosmopolita 123
    Il progetto planetario 128
    Mettere in riga l'Islam 137
    Il modello liberale 141
    Guerre e rivoluzioni "in nome dei diritti umani" 150
    Una guerra mondiale, se necessario 158

PARTE SECONDA 167

LO SPIRITO TALMUDICO 167

1. La mentalità cosmopolita 167
    In ginocchio davanti a Israele 167
    Una grande intolleranza alla frustrazione 177
    La dittatura dei media 183
    Criticare Israele 189
    Bugie e calunnie 198
    Repressione contro gli storici 201
    Crudeltà 207
    La teologia della vendetta 221
    La passione per la distruzione 228
    Insolenza 236
    La pacificazione del mondo 241

2. L'antisemitismo 249
    Il capro espiatorio 251
    La follia degli uomini 257
    Innocenza 261
    L'inversione accusatoria 272
    L'antisionismo come proiezione accusatoria 279
    Lanterne e racconti 282

3. *Identità ebraica* *290*
    Gli iperpatrioti 290
    Doppia proprietà 297
    Duplicità 305

PARTE TERZA **311**

  PSICOPATOLOGIA DEL GIUDAISMO **311**
    Paradiso Mombassa 311
    Maniaci del sesso 317
    Violazioni in psichiatria 323
    Pedocriminalità 331
    Ambiguità sessuale 337
    Il femminismo 350
    Incesto 358
    Angoscia ebraica 369
    Demenza 384

ALTRI TITOLI **401**

Il popolo ebraico promuove un progetto per l'intera umanità; un progetto grandioso che porta avanti da secoli contro ogni previsione: l'instaurazione della pace universale sulla faccia della terra. Il concetto di "pace" è al centro dell'ebraismo e non è un caso che questa parola (*shalom* in ebraico) compaia così frequentemente in tutti i discorsi degli ebrei del mondo. Non si tratta solo di un concetto religioso, o di una fede nell'avvento di un mondo migliore, opera di Dio in un futuro lontano, ma di un principio guida che determina l'impegno e le azioni degli ebrei nella loro vita quotidiana. Infatti, gli ebrei, attraverso il loro lavoro, le loro azioni e il loro coinvolgimento in politica, lavorano ogni giorno per costruire la "Pace".

Nel mondo perfetto che stanno costruendo, tutti i conflitti saranno definitivamente scomparsi dalla faccia della terra e, in primo luogo, i conflitti tra le nazioni. È per questo motivo che, ovunque si trovino, gli ebrei si battono instancabilmente per l'abolizione dei confini e la dissoluzione delle identità nazionali. Le nazioni sono presumibilmente generatrici di guerra e disordine e devono quindi essere indebolite e infine abolite a favore di un governo mondiale, l'unico in grado di garantire la felicità e la prosperità sulla terra.

Questa idea si trova, più o meno sviluppata, sia negli scritti degli intellettuali marxisti - da Karl Marx a Jacques Derrida - sia nei discorsi di pensatori liberali come Karl Popper, Milton Friedman, Alain Minc o Guy Sorman. L'obiettivo è unificare il mondo con tutti i mezzi e livellare tutte le differenze culturali, presunte fonti di conflitto. Questo è l'obiettivo per il quale gli intellettuali ebrei di tutto il mondo lavorano instancabilmente. Che siano di destra o di sinistra, marxisti o liberali, credenti o atei, sionisti o "perfettamente integrati", sono i più ferventi sostenitori dell'impero globale.

Sono anche, ovviamente, i migliori propagandisti della società plurale e della miscegenazione planetaria. Così, vediamo come gli ebrei abbiano sempre incoraggiato l'immigrazione in tutti i Paesi in cui si sono insediati, non solo perché la società multiculturale corrisponde al loro progetto politico-religioso, ma anche perché la conseguente dissoluzione dell'identità nazionale li protegge da un'eventuale esplosione nazionalista contro il potere che hanno acquisito, soprattutto nella finanza, nella politica e nel sistema mediatico. Tutti gli intellettuali ebrei, senza eccezione, si concentrano sulla questione della società "plurale" ed esercitano una costante "vigilanza antirazzista", indipendentemente dalle loro divergenze politiche.

In questa prospettiva "planetaria", gli ex comunisti degli anni Settanta hanno avuto poche difficoltà a unirsi alla destra liberale neo-conservatrice. Ultimamente, secondo loro, il pericolo viene soprattutto dall'Islam e dai giovani immigrati afro-magrebini, e non più dall'"estrema destra". Si tratta quindi di consolidare questa società multiculturale che hanno fatto tanto per creare e che è già a rischio di disintegrazione. In Francia, intellettuali come Alexandre Adler, André Glucksmann e Pascal Bruckner, che attualmente sostengono la destra liberale e filoamericana, reagiscono solo nell'interesse esclusivo della loro comunità.

Come si vede, l'ebraismo è essenzialmente un progetto politico universale il cui obiettivo è l'unificazione del mondo, preludio alla pacificazione globale. È un lavoro lungo, ma gli ebrei sono assolutamente convinti di poterlo raggiungere, perché sono così impregnati della "missione" che Dio ha loro assegnato. Come affermava il profeta Isaia: "Il lupo dimorerà con l'agnello e la tigre si sdraierà con il capretto; il vitello e il leone e la pecora insieme; la pecora camminerà insieme e un bambino li guiderà..." (Isaia, XI, 6-9).

L'obiettivo non è convertire il mondo all'ebraismo, ma incitare gli altri popoli ad abbandonare le loro identità razziali, nazionali e religiose per promuovere uno spirito di "tolleranza" tra le persone. È così che gli ebrei fanno continue campagne per convincere il mondo intero ad adottare il loro progetto. Sono un popolo di propagandisti e non a caso sono così influenti nei sistemi mediatici delle società democratiche. Le incessanti campagne per incolpare gli europei della schiavitù, della colonizzazione, del saccheggio del terzo mondo o di Auschwitz, non hanno altro scopo che quello di sradicare i loro sentimenti di identità collettiva. Quando solo gli ebrei saranno rimasti su questa terra a preservare la loro fede e le loro tradizioni, saranno finalmente riconosciuti da tutti come il popolo eletto di Dio. Il Messia di Israele, il cui arrivo è atteso ogni giorno da più di duemila anni, ristabilirà allora il regno di Davide e darà agli ebrei un impero su tutto l'universo. Ci sono molti testi molto espliciti su questo argomento, come vedremo in seguito.

PARTE PRIMA

SPERANZE RIVOLUZIONARIE

Il popolo ebraico ha svolto un ruolo fondamentale nel XX secolo. All'inizio si sono dedicati completamente alla causa del comunismo, fornendo a questa ideologia i suoi principali dottrinari e attivisti. Fin dall'inizio del regime sovietico, nel 1917, molti dei suoi leader erano ebrei. L'obiettivo non era solo l'abolizione della proprietà privata e l'instaurazione di un sistema collettivista, ma anche la liberazione dell'intera umanità, abolendo confini, religioni, nazionalità e tutte le tradizioni, al fine di appianare tutte le differenze tra le persone e far emergere così un uomo nuovo in un mondo perfetto.

In realtà, il regime bolscevico si rivelò una tirannia spietata per il "popolo del passato". Milioni di persone morirono di fame, freddo, carestia o semplicemente uccise con un colpo di pistola alla nuca dagli agenti della GPU (Direzione politica di Stato). I primi bolscevichi furono anche vittime delle grandi purghe staliniane degli anni '30, ma nonostante ciò nulla poté scuotere la fede degli innumerevoli militanti rivoluzionari di tutto il mondo. Tra questi, molti erano ebrei guidati da un'ideologia comunista che corrispondeva esattamente alle speranze di Israele. Karl Marx era di origine ebraica, così come Lenin e Trotsky e la maggior parte dei leader bolscevichi. Ci sono voluti molti decenni perché gli ebrei si rendessero conto del loro errore. Probabilmente ce ne vorranno molti di più perché lo riconoscano pubblicamente.

La maggior parte di loro, anche all'interno della borghesia occidentale, aveva sostenuto il regime bolscevico fin dal suo inizio, in odio all'autocrazia zarista. L'ascesa al potere di Adolf Hitler in Germania nel 1933 riaffermò ulteriormente il sostegno incondizionato delle potenti comunità ebraiche occidentali, a qualunque costo, all'Unione Sovietica. Alla fine, dopo la vittoria sul nazionalsocialismo, questo entusiasmo cominciò a scemare tra alcuni di loro. La svolta avvenne nel 1948. A partire da quella data il regime stalinista, che aveva già iniziato a rimuovere i principali leader ebrei "cosmopoliti", intensificò le sue purghe ai più alti livelli di potere.

In Occidente, le idee socialiste continuarono a fiorire in varie forme e alternative politiche, alimentando i dibattiti durante le rivolte del 1968. Ma ben presto fu chiaro che la società liberale capitalista era riuscita dove il comunismo aveva fallito e si era dimostrata incomparabilmente più efficace, sia nell'abbattimento dei confini e delle identità nazionali che nella creazione di ricchezza materiale. Dopo la caduta del muro di Berlino nel 1989, il crollo dell'Unione Sovietica ha garantito il trionfo della democrazia. Abbiamo poi assistito a una proliferazione senza precedenti della propaganda globale attraverso l'intero sistema mediatico. L'avvento di un mondo senza confini e di una pace universale era alle porte. Questa volta, il Messia sarebbe finalmente arrivato.

1. La via d'uscita dal ghetto

La "zona di residenza

Il regno di Polonia ha avuto un ruolo speciale nella storia dell'ebraismo europeo. Nel Medioevo, mentre gli ebrei venivano espulsi da tutti gli altri regni e principati d'Europa, questo Paese fu un rifugio per loro. Dal 1264, una carta concesse loro libertà e grandi privilegi che furono alla base della loro esistenza religiosa, nazionale ed economica. Nel 1334, il re Casimiro III, sotto l'influenza della sua amante Esterka, confermò la carta di Kalisz e li accolse ampiamente nel suo regno. Per questo motivo la popolazione ebraica era molto importante prima della Seconda Guerra Mondiale.

La Polonia è stata anche l'unico vecchio Paese della storia europea ad essere completamente collassato, tanto da essere successivamente spartito tra i suoi vicini prussiani, austriaci e russi alla fine del XVIII secolo. Dopo una breve rinascita sotto Napoleone, la maggior parte del Paese divenne parte dell'Impero russo. Con un *Ukase* (decreto imperiale) del 23 dicembre 1791, la zarina Caterina II aveva concesso ai suoi sudditi di origine ebraica il diritto di risiedere nelle province occidentali, escludendo tutti gli altri. Questa "zona di residenza", che si estendeva dal Baltico al Mar Nero, comprendeva la maggior parte degli ebrei dell'Est. Il primo censimento della popolazione ebraica dell'Impero russo risale al 1897. Su 126,5 milioni di abitanti, poco più di cinque milioni erano ebrei, il 5% della popolazione della Russia europea[1]. Il censimento mostrò anche l'estrema urbanizzazione della popolazione ebraica. Essi rappresentavano più del 50% della popolazione urbana di Bielorussia e Lituania. A Minsk, il 52% della popolazione era ebrea; a Bialystok era il 63% e a Vilnius il 41%.[2]

Nella Polonia annessa, l'urbanizzazione degli ebrei era in contrasto con la quasi totale ruralità dei polacchi. Il 91,5% degli ebrei polacchi viveva in città, mentre l'83,6% dei non ebrei risiedeva in campagna. Gli ebrei polacchi costituivano quindi il 43% della popolazione urbana totale. A Varsavia, la percentuale di ebrei è passata dal 4,5% nel 1781 al 33,9% nel 1897[3]. A Lodz, passò dal 7% nel 1793 al 40,7% nel 1910. Tuttavia, dei 3.250.000 ebrei presenti nella nuova Repubblica polacca nel 1931, più di due milioni vivevano ancora in piccoli villaggi, villaggi ebraici chiamati "shtel".[4]

Ecco cosa ha scritto a questo proposito lo scrittore Marek Halter: "Prima della guerra, alcune città, alcune regioni della Polonia erano al cento per cento ebraiche. Varsavia, la mia città natale, aveva circa un milione di abitanti, di cui trecentosessantottomila ebrei, con le sue scuole elementari e le sue yeshivas[5], sei compagnie teatrali, giornali, riviste, una quindicina di case editrici e altrettanti partiti politici. Queste donne e questi uomini pensavano, parlavano e scrivevano in yiddish. Dall'Alsazia agli Urali, l'yiddish era allora la lingua di dieci milioni di persone, una lingua viva in cui gli esseri cantavano, piangevano, ridevano e soprattutto sognavano la salvezza di tutta l'umanità[6]".

Nel 1917, l'area di residenza contava sette milioni di ebrei, che rappresentavano più del 10% della popolazione. La maggior parte di questi ebrei era impegnata in attività legate al commercio nei centri

---

[1] Henri Minczeles, *Histoire générale du Bund*, 1995, Denoël, 1999, p.20.

[2] Alain Brossat, *Le Yiddishland révolutionnaire*, Ballard, 1983, p.47.

[3] Mark Zborowski, *Olam*, Plon, 1992, p. 447.

[4] Béatrice Philippe, *Les juifs dans le monde contemporain*, MA éd. 1986, p.199.

[5] Una yeshiva: un'università ebraica

[6] Marek Halter, *La force du bien*, Robert Laffont, 1995, p.11. Lo yiddish era la lingua madre del 96,6% della popolazione ebraica nell'area di residenza nel 1898. È composto principalmente da parole tedesche ed ebraiche, a cui si sono aggiunte in seguito parole polacche, russe, slovene e francesi. Lo yiddish utilizza l'alfabeto ebraico e si scrive da destra a sinistra.

urbani, sebbene anche il settore artigianale fosse importante (sarti, calzolai, tessitori, falegnami, fabbri, ecc.). C'erano anche operai: "È questa misera marmaglia delle officine e della piccola industria che costituirà la base del movimento operaio ebraico alla fine del XIX secolo[7]", scrivono Alain Brossat e Sylvia Klingberg nel loro libro intitolato *La Yiddishland rivoluzionaria*.

Il famoso scrittore russo Aleksandr Solzhenitsyn, da parte sua, ha dipinto un quadro un po' diverso da quello solitamente presentato dagli storici ebrei sulla situazione dei loro compagni ebrei nell'Impero russo prima della rivoluzione del 1917. Nel suo documentato libro *Duecento anni insieme (1795-1995)*, pubblicato nel 2002, Solzhenitsyn ha fornito, ad esempio, la preziosa testimonianza del senatore Gabriel Romanovitch Derjavine, inviato dallo zar alla fine del XIX secolo per chiarire le cause delle carestie che affliggevano la Bielorussia. Questo statista, che fu poi ministro della Giustizia sotto Alessandro I, riferì che nelle campagne bielorusse gli ebrei si dedicavano principalmente alla produzione di acqua da ardere, girando per i villaggi, soprattutto in autunno, al momento del raccolto: "Irrorano i contadini e i loro parenti più prossimi, riscuotono i loro debiti e li privano dell'ultima sussistenza... Imbrogliano gli ubriachi e li derubano da capo a piedi, lasciandoli nella più completa indigenza". È vero che i contadini, "quando i raccolti sono finiti, peccano per le loro spese eccessive; bevono, mangiano, banchettano, pagano agli ebrei i loro vecchi debiti e poi, per pagare la loro ubriachezza, tutto ciò che questi ultimi richiedono loro; così che quando arriva l'inverno sono nel bisogno". Questi eccessi erano favoriti dalla presenza di numerose taverne: "In ogni villaggio", scrive Derjavine, "c'è una o talvolta più taverne costruite dai proprietari, nelle quali si vende vodka giorno e notte per il maggior profitto dei distillatori ebrei... In questo modo, gli ebrei riescono a estorcere loro non solo il pane quotidiano, ma anche gli attrezzi agricoli, i beni, il tempo, la salute, la vita stessa". Si servono di "ogni sorta di trucchi e sotterfugi" che "riducono i poveri e stupidi abitanti del villaggio alla fame[8]".

Questa situazione spiega perché i regolamenti del 1804 e del 1835 vietavano agli ebrei bielorussi di risiedere in campagna. In Ucraina

---

[7] Alain Brossat, Sylvia Klingberg, *Le yiddishland revolutionnaire*, op.cit, p.48.

[8] Alexandre Soljenitsyne, *Deux siècles ensemble*, tome I, Fayard, 2002, pp. 51-54.

potevano vivere ovunque, tranne che a Kiev e in alcuni villaggi; in Russia non erano obbligatori i ghetti all'interno delle città. Nella seconda metà del secolo, sotto Alessandro II, le limitazioni imposte agli ebrei caddero una dopo l'altra, tanto che essi potevano distillare e vendere alcolici nei loro luoghi di residenza. Nel 1872 "possedevano l'89% delle distillerie[9]" nel Sud-Ovest.

Solzhenitsyn ha anche ricordato che il governo aveva adottato misure per incoraggiare l'agricoltura ebraica: le autorità russe avevano stanziato più di 30.000 ettari a questo scopo, al ritmo di 40 ettari di terra statale per ogni famiglia ebraica, mentre in Russia l'appezzamento medio dei contadini era di pochi ettari, raramente più di dieci. Queste terre nell'Ucraina meridionale, tra le più fertili d'Europa, furono date loro in proprietà ereditaria. Erano stati concessi loro prestiti in denaro ed era stata persino offerta la costruzione di *isbah* in legno. Questo programma fu però sospeso nel 1810. Nel 1812, si scoprì che delle 848 famiglie che si erano insediate ne erano rimaste soltanto 538. I buoi erano stati macellati, rubati o venduti, i campi erano stati seminati troppo tardi... Solzhenitsyn spiega la mentalità di alcuni di questi contadini "sciocca": "Temevano che se si fosse dimostrato che gli ebrei erano "capaci di lavorare la terra", sarebbero stati costretti a farlo...".[10]

La massa degli ebrei viveva certamente in modo misero, ma alcuni erano immensamente ricchi. Il famoso Israel Brodski possedeva diciassette fabbriche di zucchero. Molte grandi fortune ebraiche erano state costruite anche grazie allo sfruttamento delle risorse naturali russe, in particolare l'esportazione di legname all'estero e l'estrazione dell'oro. Essi svolsero un ruolo di primo piano anche nell'esportazione di prodotti agricoli: "a partire dal 1878, il 60% delle esportazioni di grano passò per mani ebraiche; presto sarebbe stato il 100%". La famiglia Guinzbourg si distinse in modo particolare. Altri, come Samuel Poliakov, investirono nelle ferrovie, diventando noto negli anni Ottanta del XIX secolo come il "re delle ferrovie", anche se in seguito lo Stato russo sarebbe diventato il principale costruttore. Il settore bancario era naturalmente la loro area di predilezione: "Più della metà degli istituti

---

[9] Alexandre Soljenitsyne, *Deux siècles ensemble*, tome I, Fayard, 2002, pp. 153-175.

[10] Alexandre Soljenitsyne, *Deux siècles ensemble*, tome I, Fayard, 2002, pp. 79-86.

di credito, risparmio e prestito erano situati nella zona di residenza" e "nel 1911, l'86% dei loro membri erano ebrei[11]" All'inizio del XX secolo, gli ebrei avevano conquistato posizioni forti in settori vitali dell'economia russa e si erano stabiliti a vivere nelle capitali nonostante le norme che lo vietavano: Nel 1880 erano 16.000 a Mosca, nel 1900 erano 30-40.000 a San Pietroburgo, nel 1913 erano 81.000 a Kiev, e il numero di ebrei insediati al di fuori della zona di residenza aumentava di anno in anno. Lo zar Alessandro II aveva autorizzato i giovani laureati ebrei a stabilirsi in tutta la Russia. La stessa misura fu approvata nel 1879 per farmacisti, infermieri e dentisti.

Con l'arrivo di Alessandro II nel 1855, il regime fu effettivamente liberalizzato e una politica di assimilazione doveva preparare gli ebrei alla piena cittadinanza. Gli ebrei poterono così iscriversi alle scuole superiori e alle università. A partire dal 1874, si riversarono negli istituti di istruzione generale, il che fu un privilegio, dato che fino al 1914 solo il 55% dei russi era iscritto a scuola. Nel 1881, gli ebrei rappresentavano circa il 9% degli studenti, nel 1887 questa cifra salì al 14,5%, ma in alcune università la percentuale era molto più alta: la facoltà di medicina di Kharkov aveva il 42% di ebrei, e il 41% alla facoltà di legge di Odessa[12]. Negli ultimi decenni del XIX secolo, questa *intellighenzia* ebraica di lingua russa avrebbe giocato un ruolo chiave nei movimenti intellettuali e politici che avrebbero minato la società russa tradizionale. Lo stesso potere zarista aveva contribuito a formare nelle sue università coloro che sarebbero stati i principali promotori della sua caduta.

Fino al 1844, gli ebrei dell'Est erano organizzati in uno Stato separato, che amministrava i propri affari sotto l'autorità dei Kahal rabbinici. Avevano quindi il diritto di eleggere i propri governanti e avevano i propri tribunali per le questioni minori. L'amministrazione rabbinica, il Kahal, era l'autorità legale sotto la quale vivevano, nonché l'organizzazione responsabile nei confronti del governo centrale. Il permesso del Kahal locale era necessario per vivere nella comunità o per possedere la terra dello shtetl. Il Kahal raccoglieva fondi per le

---

[11] Alexandre Soljenitsyne, *Deux Siècles ensemble*, tome I, Fayard, 2002, pp.175, 333-335. Ciò è stato confermato dal sociologo sefardita Edgar Morin: "Diciassette banche polacche su venti erano ebrei gentili a metà del XIX secolo" (*Le monde moderne et la queston juive*, Seuil, 2006, p.117).

[12] Alexandre Soljenitsyne, *Deux siècles ensemble*, pp.180.231.

necessità sociali degli ebrei, stabiliva le regole del commercio e dell'industria ed era l'organo esclusivo per la riscossione delle tasse[13].

La figura principale della comunità era il rabbino. "L'autorità del rabbino si limita a tre funzioni principali, spiega Shmuel Trigano: definire ciò che è permesso e ciò che è proibito, presiedere il tribunale rabbinico locale e insegnare la Torah in pubblico[14]". Le sentenze giudiziarie erano quindi di sua competenza, così come l'interpretazione di una questione talmudica. Proclamava sentenze in materia civile e veniva consultato in tutti i casi in cui si trattava di stabilire se un atto fosse o meno permesso dalla legge.

Aleksandr Solzhenitsyn citò la testimonianza di un certo Pestel, ufficiale russo e fervente repubblicano, che nella prima metà del XIX secolo aveva redatto un programma di governo in cui si potevano trovare queste osservazioni: "I capi spirituali degli ebrei, che chiamano rabbini, tengono il popolo in una dipendenza incredibile, proibendo loro, in nome della fede, qualsiasi altra lettura che non sia il Talmud... La dipendenza degli ebrei dai rabbini è tale che ogni ordine impartito da loro viene piamente eseguito senza un mormorio[15]".

Il Kahal fu ufficialmente abolito nel 1844, ma le comunità ebraiche rimasero altamente strutturate. L'emancipazione degli ebrei dalla tutela dei rabbini era iniziata nel secolo precedente sotto l'influenza dell'"Illuminismo". Nell'ebraismo, questa corrente intellettuale, chiamata Haskalah, era stata sviluppata dal filosofo ebreo tedesco Moses Mendelssohn, che favorì l'istruzione laica, l'uso delle lingue locali e l'integrazione degli ebrei nelle società gentili. Ma il pericolo principale per i rabbini in quel periodo proveniva dal potente movimento religioso chassidico, che minava la loro autorità. I rabbini si impegnarono a fondo per contenere l'influenza di entrambi.

Il movimento chassidico ha rappresentato una nuova forma di ebraismo. Fondato nel XVIII secolo da Israel Ben Eliezer, soprannominato Baal Shem Tov - il Maestro del Buon Nome - questo movimento pietistico ebbe un'immensa influenza sulle comunità ebraiche dell'Europa

---

[13] David Bakan, *Freud et la tradition mystique juive*, 1963, Payot, 2001, pp.117,118,155.

[14] Shmuel Trigano, *La Société juive à travers l'histoire*, t. I, Fayard, 1992, p.515.

[15] Alexandre Soljenitsyne, *Deux siècles ensemble*, tome I, Fayard, 2002, p.76.

orientale. Il chassidismo poneva l'accento sugli aspetti piacevoli della vita. Enfatizzava la preghiera, il fervore, i canti e le danze e faceva da contraltare alla pura erudizione e alla severità degli insegnamenti rabbinici. Non era più necessario essere uno studioso per partecipare alla grazia divina.

I chassidim erano raggruppati attorno a un leader carismatico chiamato tzadik (il Giusto), o rebbe. A differenza dei rabbini, lo tzaddik non doveva la sua alta carica alla sua istruzione. La posizione e l'autorità di cui era investito non derivavano da una conoscenza libresca, ma da una comunione mistica con Dio. La mancanza di erudizione di alcuni tzaddikim era, infatti, oggetto di scherno popolare da parte di coloro che non condividevano le loro convinzioni. "Raramente gli tzaddik possiedono il diploma necessario per la funzione di rabbino che viene conferito da una giuria di rabbini al termine degli studi nella yeshiva", ha scritto Mark Zborowski. Pertanto, lo tzaddik non è intervenuto in questioni di Legge. Non si intrometteva nella vita strettamente rituale dello shtetl, che era di competenza del rov, il rabbino. "Lo tzaddik è colui che, grazie al duro lavoro mistico e all'affiliazione genetica e spirituale con il grande maestro Baal Shem Tov o con i suoi discepoli, ha raggiunto il più alto livello concepibile per un mortale: quello di essere l'intermediario tra Dio e i suoi infelici figli peccatori, il popolo di Israele". Avendo raggiunto il livello più alto, lo tzaddik parla letteralmente con Dio e possiede doti miracolose: "Grazie alla sua posizione eminente, alla sua pratica della cabala esoterica e alla sua conoscenza del Nome (di Dio, non rivelato), è in grado di operare miracoli per i suoi adepti".

L'attività dello tzaddik consisteva essenzialmente nell'assistere e aiutare coloro che si rivolgevano a lui per avere conforto o consigli, e nell'esporre loro i suoi insegnamenti. Ecco cosa scrive Mark Zborowski nel suo grande studio sulle comunità ebraiche dell'Europa orientale prima della guerra: "Ci si aspetta un rimedio, un amuleto, una benedizione o un consiglio... A volte, accompagnate dai loro figli, anche le donne vengono a presentare i loro problemi all'operatore miracoloso. I malati attendono una cura spettacolare. I pazzi vengono portati in tribunale affinché il rebbe possa "scacciare il loro dybbuk". Centinaia di persone vengono a consultarlo. "È così che gli tzaddikim più rispettabili, quelli più circondati da adepti, soprattutto se discendenti dal Baal Shem Tov o dai suoi discepoli, hanno spesso goduto di fortune notevoli". Certamente, in questi ebrei c'era una "devozione fanatica per lo tzaddik[16]", e venivano da tutto il mondo per vederlo e ascoltarlo.

Lo tzaddik aveva la sua corte, che variava a seconda della sua popolarità, e nella quale le donne erano naturalmente escluse: "Le grandi feste autunnali possono attirare nella residenza di un famoso tzaddik polacco diverse migliaia di khossidim[17] che vengono a trascorrere i terribili giorni al fianco del loro maestro... Per i suoi fedeli, egli è "l'Uomo Santo", "il Maestro dei miracoli", "l'Intercessore". Per alcuni è né più né meno che un Santo", scrive Zborowski. "Sapete cos'è uno tzaddik? Ve lo dico io. Nella religione ebraica ci sono seicentotredici mitzvot. L'uomo comune non può adempierle tutte. Solo uno tzaddik può compierle. Di solito fanno parte della dinastia dei Giusti, la cui origine può essere fatta risalire al fondatore del chassidismo, il Baal Shem Tov, o a uno dei suoi discepoli diretti. Tutti gli Tzaddikim sono nipoti di un grande patriarca della dinastia[18]". Una volta acquisiti, i poteri mistici dello tzaddik venivano trasmessi per via ereditaria di padre in figlio, persino ai generi attraverso le figlie. Più deboli o più deboli o più forti a seconda delle generazioni, questi poteri non sono mai stati completamente persi.

Lo scrittore inglese Israel Zangwill sembrava piuttosto riservato su queste manifestazioni di fervore popolare. In *The Ghetto Dreamers*, nel 1898, scrisse: Ogni comunità ha il suo tzaddik, "una fonte unica di benedizione, una fonte unica di grazia. Ciascuna lo ospita in un palazzo (trasformato in luogo di pellegrinaggio durante le feste, come nel Tempio di un tempo), ciascuna gli paga un tributo in oro e oggetti di valore". Ovunque, lo tzaddik "monopolizza il culto e la devozione che dovrebbero essere resi a Dio.[19]". D'ora in poi, come ha scritto Shmuel Trigano, "sarà lo tzaddik, e non il rabbino, a essere percepito come il simbolo degli ideali religiosi[20]".

---

[16] Mark Zborowski, *Olam*, 1952, 1992, pp.157-164

[17] Pronunciare la kh come la j spagnola. Chassidim

[18] Mark Zborowski, *Olam*, 1952, Plon, 1992, pp.157,158. Dei 613 comandamenti, 365 sono negativi ("non devi") e 248 sono positivi.

[19] Israel Zangwill, *Rêveurs du ghetto*, t II, 1898, Éd. Complexe, 2000, pp.70,71.

[20] Shmuel Trigano, *La société juive à travers l'histoire*, TI, Fayard, 1992, p.515.

Gli ebrei chassidici, i cui insegnamenti si scontravano con la rigida dottrina rabbinica, dovettero affrontare a lungo l'ostilità dei rabbini. Nel 1772, il "Gaon di Vilna" e i capi della comunità ebraica lituana li dichiararono eretici. Anni dopo, per vendicarsi, i chassidim denunciarono i rabbini alle autorità che arrestarono i membri del kahal di Vilnius "per aver trattenuto impropriamente le tasse raccolte[21]". Ci volle molto tempo perché la tradizione ebraica assimilasse definitivamente il chassidismo. Ma anche se questo movimento di massa contribuì, come disse Israel Zangwill, a liberare "i popoli sotto la tirannia dei rabbini[22]", le comunità ebraiche dell'Europa orientale alla fine del XIX secolo erano lontane dall'universo intellettuale occidentale.

Il sentimento di appartenenza comunitaria degli ebrei orientali era anche semplicemente geografico. La comunità si riuniva per affrontare un'altra comunità. Non smettono mai di criticare e deridere lo shtelt vicino", scrive Zborowski, "ma tutte le città di una regione possono unirsi per una causa contro un'altra regione. Al di là dei confini, gli ebrei dell'Europa orientale sono uniti da un comune disprezzo per gli ebrei tedeschi, bollati come freddi e accusati di tendere all'assimilazione. Ma a prescindere dalle loro differenze e antagonismi, i gruppi regionali di ebrei appartengono a Klal Israel, la Totalità di Israele nel mondo". Ed è qui che Mark Zborowski ha svelato un'informazione importante, che ci ha dato un'idea della forza del sentimento comunitario ebraico: "Chi ha un solo genitore ebreo è ammesso volentieri a Klal Israel. L'osservanza religiosa non è un criterio. Anche chi viola i comandamenti è comunque un ebreo, così come chi mangia cibi proibiti. Chi abiura la propria fede viene ripudiato dalla sua famiglia, che ne piange persino la perdita, ma può pentirsi e tornare. Anche se ha rinunciato, c'è ancora qualcosa di ebreo in lui? Qualunque cosa faccia, "rimane sempre un ebreo[23]".

---

[21] Alexandre Soljenitsyne, *Deux siècles ensemble*, tome I, Fayard, 2002, p.41.

[22] Israel Zangwill, *Rêveurs du ghetto*, t II, 1898, Éd. Complexe, 2000, p.79

[23] Mark Zborowski, *Olam*, 1952, Plon, 1992, pp. 408-410. "Anche un ebreo rinnegato è un ebreo!" (*Israel Magazine*, aprile 2003); "È un ebreo e rimane un ebreo... qualunque cosa accada" scrive il rabbino capo di Francia Joseph Sitruk (*Tribune juive*, ottobre 2004): si tratta di mantenere gli ebrei nella loro comunità, con ogni mezzo. Tuttavia, queste dichiarazioni non impediscono a migliaia di ebrei di dimenticare e allontanarsi definitivamente dall'ebraismo e dalla loro comunità d'origine.

Il famoso Elie Wiesel ha confermato questa idea che gli ebrei sono una nazione a parte: "Tra un mercante del Marocco e un chimico di Chicago, un raccoglitore di stracci di Lodz e un industriale di Lione, un cabalista di Safed e un intellettuale di Minsk, c'è una parentela più profonda, più sostanziale perché più antica, che tra due cittadini dello stesso Paese, della stessa città e della stessa professione. Anche quando è solo, un ebreo non è mai solo[24]". Elie Wiesel ha scritto inoltre: "Si sente più vicino al profeta Elia che al suo vicino di pianerottolo... Tutto ciò che ha colpito i suoi antenati lo colpisce. Il loro lutto gli pesa, i loro trionfi lo rallegrano[25]".

Nello shtelt, "il più grande complimento che si possa fare a un gentile è: 'ha una faccia da ebreo', o 'un cuore da ebreo'...". Un vero ebreo, ripetono incessantemente ai bambini, è moderato, riservato e intellettuale; ogni allontanamento da questo ideale è oggetto di severi rimproveri: "un bambino ebreo non va in bicicletta, un bambino ebreo non ride come un idiota!" E Mark Zborowski aggiunge: "Passando per lo shtelt, i visitatori avevano notato che i bambini avevano uno sguardo serio, che facevano le facce ma non sorridevano". Rispetto ai bambini polacchi, la cui attività principale era il gioco, "il contrasto era impressionante".[26]

La missione degli ebrei

I visitatori degli shtelts di allora probabilmente non penetrarono tutti i segreti di Israele durante la loro breve passeggiata per le strade fangose di questi villaggi polacchi. In apparenza, la popolazione ebraica di questi "ghetti" poteva dare allo strano turista occidentale un'immagine pacifica e pittoresca della vita comunitaria. Ma ciò che accadde in seguito rafforzò evidentemente le certezze di molti russi, polacchi e ucraini sull'unicità del popolo ebraico.

Nonostante le apparenze, il popolo ebraico non è un popolo come gli altri. È il "popolo eletto" da Dio. Se questa idea non significa molto per un goy, ha certamente un significato molto più importante per un ebreo,

---

[24] Elie Wiesel, *Le Testament d'un poète juif assasiné*, 1980, Points Seuil, 1995, p.57.

[25] Elie Wiesel, *Memoires 2*, Editions du Seuil, 1996, p.46

[26] Mark Zborowski, *Olam*, 1952, Plon, 1992, pp.441.328

convinto di avere una missione da compiere su questa terra. E questa missione è portare la "Pace" nel mondo (shalom). È compito di ogni ebreo lavorare per raggiungere questo obiettivo, in quanto è la premessa per ciò che è ancora più importante: la venuta del Messia. Ecco perché tanti ebrei si sono gettati anima e corpo nell'avventura bolscevica e perché, dopo il crollo del comunismo, tanti ebrei sono oggi i più accaniti propagandisti del globalismo e della società multiculturale. La scomparsa delle nazioni fa parte dello stesso programma egualitario di pacificazione mondiale del precedente progetto di abolizione delle classi sociali e delle differenze tra borghesi e proletari.

Queste speranze hanno guidato gli ebrei per secoli. Un celebre romanziere della letteratura ebraica, l'inglese Israel Zangwill, aveva espresso questa idea all'epoca in *The Ghetto Dreamers*, un romanzo pubblicato nel 1898: "La fratellanza umana è ciò a cui aspiriamo, scriveva... L'ebreo sarà il messaggero di pace del mondo[27]".

Abbiamo già affrontato questo tema nei nostri libri precedenti, ma i testi sull'argomento non mancano. Si può citare, ad esempio, Gershom Scholem, uno dei più importanti intellettuali ebrei del XX secolo. Anche lui confermò che la fede religiosa degli ebrei si basava innanzitutto sulla speranza dell'instaurazione di una pace finale e della venuta di un messia: "Il Messia verrà e riporterà il regno di Davide alla sua potenza originaria, scrisse. Ricostruirà il santuario e riunirà gli ebrei dispersi di Israele". Gershom Scholem cita qui Maimonide, che già nel XII secolo scriveva nel suo *Codice delle Leggi*: "In quei tempi non ci saranno più carestie e guerre, né invidie e discordie, perché la terra sarà posseduta in abbondanza. Il mondo intero non avrà altra preoccupazione che la conoscenza di Dio. Allora i figli di Israele saranno saggi di fama[28]".

Queste convinzioni hanno attraversato i secoli senza diventare obsolete. Naturalmente, i pensatori ebrei contemporanei non la pensano diversamente. Ascoltiamo Théo Klein, ex presidente del Consiglio di rappresentanza delle istituzioni ebraiche in Francia (CRIF), parlare della "missione speciale" del popolo ebraico. Secondo lui, questo popolo è "portatore di un'idea, di un progetto che deve sforzarsi di

---

[27] Israel Zangwill, *Rêveurs du ghetto*, t II, 1898, Éd. Complexe, 2000, pp.245,248.

[28] Gershom Scholem, *Le Messianisme juif*, 1971, Calmann-Levy, 1974, pp.57-59.

realizzare". A mio avviso, questo progetto è universale. Rileggete il capitolo 18 della Genesi, versetto 18. Non c'è forse scritto: "? Perché Abramo diventerà una nazione grande e potente, e per mezzo di lui saranno benedette tutte le nazioni della terra"[29]."

Anche uno scrittore di secondo piano come Jean-Michel Salanskis ha espresso queste speranze messianiche quando ha scritto: "C'è la speranza che le nazioni ascoltino e comprendano la grandezza e la profonda riflessione millenaristica ebraica", al fine di "rendere possibile la consumazione dell'universale, quando le nazioni della terra saranno riunite intorno all'ultimo regno del Messia[30]".

In effetti, questo mondo di "pace" che gli ebrei vogliono costruire - questo Impero della pace - si confonde con l'arrivo del messia che attendono da duemila anni contro ogni previsione. Un intellettuale dei media liberali come Guy Sorman ha fornito la testimonianza di un certo Leon Askenazi, nato in una famiglia di rabbini a Orano. Egli ha spiegato che gli ebrei aspettavano in realtà due messia: il figlio di Giuseppe e il figlio di Davide: "Il primo raccoglie gli esuli. Ovviamente, è già all'opera. Vediamo come l'umanità, dispersa da Babele, sia alla ricerca di un'unione universale; chiamiamola ordine mondiale. È il balbettio di questa ricerca del Messia. Il secondo messia, il figlio di Davide, stabilirà la pace universale e risusciterà i morti. È l'oggetto della fede: spetta a ciascun ebreo, nel segreto del suo cuore, nella sua intimità personale, immaginare questo figlio di Davide. Questa esperienza non è condivisa. Ma poiché la prima fase messianica è già in corso, la seconda fase, quella della trasformazione dell'anima umana per grazia di Dio, non dovrebbe tardare troppo[31]."

È quanto scriveva anche Maurice-Ruben Hayoun nel 1996 nella sua *Storia intellettuale del giudaismo*: "La venuta del vero Messia, figlio di Davide, doveva essere preceduta da quella del Messia, figlio di Giuseppe, che doveva soccombere nella guerra tra Gog e Magog.[32]". Questa idea è stata confermata dallo scrittore americano David Bakan:

---

[29] Théo Klein, *Dieu n'était pas au rendez-vous*, Bayard, 2003, p. 69.

[30] Jean-Michel Salanskis, *Sterminio, loi, Israele*, Les Belles Lettres, 2003, pp.105,92

[31] Guy Sorman, *Le Bonheur français*, Fayard, 1995, p.68.

[32] Maurice-Ruben Hayoun, *Une Histoire intellectuelle du Judaisme*, tome I, J-C Lattès, 1996, p.390.

"Il Messia guerriero, (il Messia-ben-Joseph o ben-Ephraïm, o ben-Manassé), sarà ucciso, ma verrà prima del Messia-ben-David che regnerà dopo la Redenzione[33]".

Gershom Scholem lo conferma ancora una volta: "Il Messia, figlio di Giuseppe, è il Messia che muore, travolto dalla catastrofe messianica... Lotta e finisce per fallire - ma non soffre per questo... È il redentore che non riscatta nulla, sul quale solo si concentra il combattimento finale contro le potenze di questo mondo. La sua fine coincide con la fine della storia. Al contrario, in questa distribuzione dei ruoli, è nel Messia, figlio di Davide, che si concentrano tutti gli aspetti utopici. È colui in cui sorge il mondo nuovo... Egli rappresenta il lato positivo di questo complesso processo[34]".

Prima della distruzione del secondo Tempio da parte delle legioni di Tito nel 70 d.C., gli scritti escatologici ebraici evocavano la salvezza senza un messia, spiega Stephen Sharot. Fu solo dopo il fallimento della seconda rivolta contro i Romani che gli autori apocalittici iniziarono a menzionare un messia salvatore. Il messia avrebbe dovuto restaurare il regno di Davide, ricostruire il tempio, ripristinare le antiche leggi e i sacrifici e riunire gli ebrei dispersi". La letteratura rabbinica presentava il messia come un redentore, come lo strumento attraverso il quale sarebbe stato stabilito il regno di Dio e anche come il futuro sovrano di quel regno". Inoltre, gli ebrei "si aspettavano la venuta di alcuni personaggi prima di quella del messia. Il più importante di questi era il profeta Elia, i cui miracoli e la cui predicazione avrebbero portato il popolo a pentirsi e a prepararsi per la venuta del messia". La letteratura talmudica "era tuttavia piena di contraddizioni e il Medioevo non ereditò una concezione coerente e unitaria del messia... Il messia ebraico rimase una figura diffusa e anonima, permettendo a una vasta gamma di personalità di rivendicare questo ruolo".

La corrente rabbinica non incoraggiava l'imminente arrivo del messia, ma era comunque un articolo di fede per gli ebrei medievali e moderni attendere costantemente la sua venuta. "Il dodicesimo principio della più nota formulazione delle dottrine religiose ebraiche, "I tredici principi della fede ebraica" di Maimonide, dichiarava: "Credo per pura

---

[33] David Bakan, *Freud e la tradizione mistica giovanile*, 1963, Payot, 2001, p.195.

[34] Gershom Scholem, *Le Messianisme juif*, 1971, Calmann-Levy, 1974, p.45.

fede nella venuta del Messia, e anche se devo indugiare, aspetterò la sua venuta ogni giorno". L'affermazione di questa fede, scrive Stephen Sharot, era un tema ricorrente nelle preghiere ebraiche: in alcune benedizioni quotidiane, nei ringraziamenti dopo cena, ai matrimoni, nei giorni di festa e di digiuno. Nelle lettere private e d'affari, gli auguri per le festività e le formule di congratulazioni si concludevano spesso con l'auspicio che gli interessati potessero assistere alla venuta del messia e al ricongiungimento di tutti gli esuli[35]."

Questa è stata la fede messianica secolare che ha strutturato l'universo mentale di centinaia di migliaia di rivoluzionari che hanno militato nel comunismo nel XIX e XX secolo. Tutti, nei rispettivi partiti, avevano fede nella loro missione storica. Nutrivano una visione ottimistica del futuro e la fede nell'avvento di un mondo in cui tutte le ingiustizie e le discriminazioni sarebbero state bandite. "Questa militanza è messianica, ottimista, orientata verso il Bene", scrive Alain Brossat in *La Yiddishland rivoluzionaria*. "La grande utopia del nuovo mondo, della Nuova Alleanza che prende forma nelle narrazioni dei pensatori socialisti della seconda metà del XIX secolo, si consolida con la crescita del movimento operaio all'inizio del secolo e lancia il suo assalto al cielo con la Rivoluzione russa".

Queste erano le speranze di questi ebrei ashkenaziti, come ha riconosciuto Alain Brossat: "È probabilmente vero che, dalla metà degli anni Ottanta del XIX secolo, gli ebrei hanno occupato un posto particolarmente importante nei movimenti rivoluzionari russi[36]".

Ma il massiccio impegno degli ebrei dell'Yiddishland nei confronti del comunismo potrebbe sembrare paradossale, nel senso che queste comunità ebraiche altamente religiose, tradizionaliste e strutturate non erano, a priori, un terreno fertile per i rivoluzionari militanti. Questo problema è menzionato in un libro di Elie Wiesel, *Il testamento di un poeta ebreo assassinato*. Wiesel racconta la sorte di un giovane, Paltiel Kossover, poeta ebreo della Bessarabia, nato nel 1910 e convertito al

---

[35] Shmuel Trigano, *La société juive à travers l'histoire*. TI, Fayard, 1992, pp. 263-267.

[36] Alain Brossat, Sylvia Klingberg, *Le yiddishland revolutionnaire*, Balland, 1983, pp.77,78,227.

comunismo come tanti suoi coetanei. Uno dei suoi amici lo aveva iniziato alla dottrina di Karl Marx:

Sì", disse, "ho ricevuto la mia prima lezione di comunismo da Ephraim quella sera nella Casa di Studio. Strano, vero? Ephraim, l'agitatore comunista! Ephraim, il futuro giudice rabbinico, distribuiva volantini clandestini. Li nascondeva nelle scrivanie e - non ridete - negli zaini dei libri sacri e degli oggetti rituali... - Hai perso la testa, Ephraïm? Stai abbandonando i testi sacri per questo?" E lui rispondeva: "Non ho perso la testa, Paltiel. Ascoltami bene. Desidero ancora salvare l'umanità, liberare la società dai suoi mali; desidero ancora realizzare la venuta del Messia. Solo che ho scoperto un nuovo metodo, tutto qui. Ho provato la meditazione, il digiuno, l'ascesi, senza successo. C'è solo una via che porta alla salvezza". E questa via è l'azione: "Non le sto parlando di un'azione su Dio, ma sulla storia, sugli eventi che creano la storia". Paltiel Kossover era perplesso: "Se Ephraim avesse usato le tesi propriamente marxiste, gli avrei voltato le spalle. Ma invece di citare Engels, Plekhanov e Lenin, ha evocato la nostra comune speranza messianica. E non potevo che essere d'accordo con lui".

Infatti, questo Efraim vedeva nel comunismo la sua speranza nella venuta del Salvatore: "Ogni mattina prego che venga, che si affretti a venire. Come voi, recito la preghiera. Ma l'attesa è lunga; e il peso dell'esilio è pesante e difficile da sopportare". E poi spiegò a Paltiel la sua concezione del mondo: "Solo il comunismo permette all'uomo di trionfare rapidamente sull'oppressione e sulla disuguaglianza... Il comunismo è una sorta di messianismo senza Dio, un messianismo laico, sociale, in attesa dell'altro, quello vero". Ed Ephraim esclamò tra sé, esaltato: "Dobbiamo fare la rivoluzione, perché Dio lo comanda! Dio vuole che siamo comunisti[37]!".

Ma Paltiel Kossover non si era distaccato completamente dalla fede ancestrale del suo popolo: "In apparenza, conducevo la vita di un comunista; ma solo in apparenza. Inge mi ricordava spesso: "Tu non sei un comunista; voglio dire, non del tutto". -È vero. Penso troppo al Messia. Alcuni lo aspettano; i comunisti corrono da lui".

E così vediamo chiaramente che l'ebraismo è per essenza una religione attivista: "Le mie domande ruotavano sempre intorno al Messia.

---

[37] Elie Wiesel, *Le Testament d'un poète juif assassiné*, 1980, Point Seuil, 1995, pp.63-68.

Desideravo tanto affrettare la sua venuta. Per abolire il divario tra ricchi e poveri, umiliati e felici, mendicanti e proprietari. Per porre fine ai pogrom e alle guerre. Per unire giustizia e compassione... Rallegrati, o Israele, l'ora della tua liberazione è vicina[38]!".

Nelle sue *memorie*, Elie Wiesel ci ha fornito anche un interessante resoconto dei legami tra il mondo ebraico e il socialismo: "Il fenomeno dell'ebreo religioso che sceglie il comunismo continua ad affascinarmi... Nel corso delle mie ricerche, ho scoperto con stupore che ce n'erano anche nella mia piccola città. Mi sono stati fatti nomi prestigiosi e meno famosi. Sì, questi studenti talmudici si riunivano di notte in un buio Bet Midrash e analizzavano Lenin ed Engels con lo stesso fervore religioso che manifestavano di giorno quando studiavano gli insegnamenti di Maimonide[39]".

Tuttavia, l'impegno nei movimenti rivoluzionari implicava una certa rottura con le tradizioni ancestrali. Ecco l'eloquente testimonianza di un militante comunista che racconta la sua prima esperienza all'età di dieci anni. Un compagno lo invitò ad andare con lui dai *Pionieri Rossi*. "Ha elogiato le numerose attività di questa organizzazione in modo così alto e così buono che ho deciso di andare con lui". "C'è un piccolo problema, mi dice, non puoi venire con i tuoi peyos*, i tuoi riccioli, ti prenderebbero in giro... "Non importa, decido di andare a farmeli tagliare. Il parrucchiere è stupito: "Hai chiesto il permesso a tuo padre? - No, lo sai che ti beccherai una bella lezione? Ho insistito e li ha tagliati. Ma non aveva torto: quando tornai a casa, mio padre mi picchiò a sangue. Avevo commesso uno dei crimini più gravi che si possano immaginare. Ciononostante, continuai a frequentare di nascosto i *Pionieri Rossi*[40]".

Come ha scritto Maurice Rajsfu: "Il Capitale di Lenin e le opere complete di Lenin avevano sostituito la Torah della sua infanzia[41]". Lo

---

[38] Elie Wiesel, *Le Testament d'un poète juif assassiné*, 1980, Point Seuil, 1995, pagg. 128,61,62.

[39] Elie Wiesel, *Mémoires*, tomo I, 1994, pp44,45.

* Sono quelle lunghe ciocche di capelli che gli ebrei ortodossi lasciano cadere dalle tempie.

[40] Alain Brossat, Sylvia Klingberg, *Le yiddishland revolutionnaire*, Balland, 1983, p.58.

[41] Maurice Rajsfus, *L'an prochain la révolution*, Edizioni Mazarinne, 1985,

ha scritto anche il grande storico dell'ebraismo Leon Poliakov: una buona parte di quegli ebrei "abbandonò gradualmente la fede ancestrale, almeno sotto certi aspetti... avviandosi verso una secolarizzazione che nel XIX e XX secolo avrebbe trasformato i discendenti degli ebrei talmudici in appassionati rivoluzionari[42]".

Gli ebrei ashkenaziti dell'Europa centrale e della Russia rappresentavano circa il 90% della popolazione ebraica mondiale alla fine del XIX secolo. Per secoli erano rimasti appartati nei loro villaggi, tenendosi il più lontano possibile dalla popolazione. Sotto l'influenza delle idee emancipatrici della Rivoluzione francese, e poi sotto l'influenza del marxismo, il giogo rabbinico era stato allentato. Centinaia di migliaia di individui, pieni di speranza messianica, avrebbero lasciato le mura della loro comunità per predicare e diffondere la buona parola in tutto il mondo.

Il militante rivoluzionario

All'inizio del XX secolo, Russia e Romania erano gli unici due Paesi europei che non riconoscevano gli ebrei come membri della loro comunità nazionale, nonostante le pressioni dei governi occidentali. In questi due Paesi, gli ebrei non avevano accesso alle cariche pubbliche; in Russia, inoltre, la Zona di residenza non era ancora stata abolita, nonostante la politica di liberalizzazione del regime dello zar Alessandro II. Il 1° marzo 1881 fu assassinato da membri della Volontà popolare, il che ebbe l'effetto di provocare la repressione, interrompere il processo di liberalizzazione e radicalizzare i gruppi rivoluzionari. Solzhenitsyn ha notato nel suo libro che "lo zar fu assassinato alla vigilia di Purim", la festa annuale in cui gli ebrei celebrano la vittoria sui loro nemici. Leggiamo anche che l'attentato era stato preparato a casa di un certo Hessia Helfman[43]. Henri Minczeles ha scritto: "Tra i rivoluzionari arrestati c'era Hessia Helfman, una giovane ebrea che aveva conservato della dinamite nella sua soffitta[44]".

---

p.16.

[42] Leon Poliakov, *I samaritani*, (Seuil, 1991, Gruppo Anaya, 1992), p.85.

[43] Frank L. Britton, *Dietro il comunismo*.

[44] Henri Minczeles, *Histoire genérale du Bund*, 1995, Denoël, 1999, p.31

L'assassinio dello zar accese la miccia della polveriera e scoppiarono numerosi pogrom, soprattutto in Ucraina. I pogrom sono sempre scoppiati esclusivamente nel sud-ovest della Russia, ha sottolineato Solzhenitsyn. La distruzione fu impressionante, ma nessuno fu ucciso. Le leggi del maggio 1882 limitarono tuttavia l'influenza economica degli ebrei. Nel 1891, 20.000 ebrei furono espulsi da Mosca e più di 2.000 da San Pietroburgo.

Dopo il 1881, il pogrom più importante fu quello di Kichinev nel 1903, in cui morirono 42 persone, tra cui 38 ebrei[45]. Nel 1905, a Kiev, Odessa e in altre città ucraine, scoppiarono scontri tra ucraini ed ebrei. Questi ultimi avevano formato gruppi paramilitari, radunando migliaia di combattenti.

Dal 1880 al 1910, più di 2,5 milioni di ebrei lasciarono la Russia. Gli storici ebrei sostengono che furono i pogrom scoppiati dopo l'assassinio dello zar a spingere gli ebrei a fuggire dal Paese. Anche Alain Brossat ha sottolineato l'importanza dell'antisemitismo della popolazione russa e ucraina per spiegare questo fenomeno, trascurando però di spiegarne le cause, come fa la maggior parte degli storici ebrei. Aleksandr Solzhenitsyn ha fornito un'altra spiegazione: In realtà, l'emigrazione degli ebrei era stata motivata principalmente dall'istituzione, nel 1896, del monopolio statale sugli alcolici e dalla soppressione di tutta la produzione privata. Questa misura, pensata per proteggere i contadini e costringere gli ebrei a lasciare le campagne, aveva "inferto un duro colpo all'attività economica degli ebrei di Russia". Da quel momento in poi, l'emigrazione ebraica dalla Russia "si ampliò notevolmente[46]".

Tra i principali organizzatori del populismo russo, Solzhenitsyn cita Marc Natanson, il più importante, e Leon Deutsch di Kiev. Anche un certo Grigorij Goldenberg: "Aveva abbattuto a sangue freddo il governatore di Kharkov e aveva chiesto ai suoi compagni l'onore supremo di uccidere lo zar con le sue stesse mani (ma i suoi compagni, temendo la rabbia popolare, lo misero da parte perché era ebreo; a quanto pare, aggiunge Solzhenitsyn, questo argomento veniva spesso usato dai populisti per designare i russi a compiere gli attentati): dopo

---

[45] Lo storico Arkadi Vaksberg ha scritto: nell'aprile 1903, un pogrom "decimò la popolazione ebraica di Kichinev". (*Staline et les juifs*, Robert Laffont, 2003, p.17). Le organizzazioni ebraiche e i testimoni avevano parlato di 500 morti; il numero fu poi rivisto e abbassato.

[46] Alexandre Soljenitsyne, *Deux siècles ensemble*, tome I, Fayard, 2002, p. 326.

essere stato arrestato mentre trasportava un carico di dinamite, subì un attacco di angoscia nella sua cella nel bastione Trubetskoy e la sua resistenza si spezzò, tradendo infine l'intero movimento[47]."

Tra il 1901 e il 1906, il Partito Rivoluzionario Sociale adottò i metodi della Volontà Popolare e compì attentati a personalità russe. Furono assassinati, tra gli altri, il ministro dell'Istruzione Bogolepov (1901), il ministro degli Interni Sipiaguine (1902), il governatore Bogdanovitch (1903), il primo ministro Vyacheslav von Plehve (1904), il granduca Sergio, zio dello zar (1905) e il generale Dubrassov (1906). Il capo di queste operazioni terroristiche era un ebreo di nome Grigori Guerchouny. Era sempre presente sulla scena degli attacchi. A capo della sezione di combattimento c'era Yevno Azev, figlio di una sarta ebrea e uno dei fondatori del partito. Fu giustiziato nel 1909.

"L'esecuzione degli attentati fu sempre affidata ai cristiani", scrive Solzhenitsyn, ma "le bombe utilizzate per l'assassinio di Plehve, del granduca Sergio e dei ministri degli Interni Boulyguine e Dournovo, furono fabbricate da Maximilian Schweitzer, che, nel 1905, fu egli stesso vittima dell'ordigno che stava fabbricando". Arrestato per caso, Guerchouny fu condannato a morte, poi graziato dall'Imperatore senza nemmeno averlo richiesto. Nel 1907, fuggì dalla prigione via Vladivostok per raggiungere l'America e poi l'Europa. Tra i terroristi più importanti vi furono Abraham Gotz, che partecipò attivamente agli attentati contro Dournovo (Ministro degli Interni nel 1905-1906), Akimov, Chouvalov (diplomatico e politico) e Trepov (Vice Ministro degli Interni nel 1905-1907)[48].

Pëtr Stolypin dominò la vita politica russa dal 1906 al 1911. Grazie alle sue politiche riformiste, due milioni di famiglie contadine divennero proprietarie terriere. Nel 1916, 6 milioni di famiglie beneficiarono delle misure del governo. Vittima di un attentato nel 1906, Stolypin fu infine assassinato nel 1911 da un avvocato ebreo di nome Mordechai Bogrov: "Ironia della sorte, il primo capo del governo russo che aveva onestamente tentato, nonostante la resistenza dell'imperatore, di risolvere la questione dell'uguaglianza degli ebrei sarebbe caduto sotto i colpi degli ebrei", ha scritto Solzhenitsyn. È anche vero che Stolypin aveva represso vigorosamente la rivoluzione del 1905-1906.

---

[47] Alexandre Soljenitsyne, *Deux siècles ensemble*, tome I, Fayard, 2002, p. 249.

[48] Alexandre Soljenitsyne, *Deux siècles ensemble*, tome I, Fayard, 2002, p.395.

Sebbene rappresentassero solo il 5% della popolazione russa, cioè 6 milioni di persone, nel 1903 gli ebrei costituivano il 50% dei rivoluzionari, riferisce Solzhenitsyn. Il generale Sukhotin, comandante della regione siberiana, il 1° gennaio 1905 aveva stabilito una statistica per nazionalità dei detenuti politici sotto la sua supervisione in tutta la Siberia. Il risultato fu il seguente: 1898 russi (42%), 1678 ebrei (37%), 624 polacchi (14%) e 167 caucasici[49].

La presenza di militanti ebrei era ancora più forte nella leadership dei movimenti rivoluzionari. Leon Poliakov lo conferma: "Gli ebrei divennero rapidamente il gruppo etnico sovversivo per eccellenza nell'Impero russo... La loro percentuale tra i condannati politici raddoppiò di decennio in decennio, raggiungendo il 29% nel 1902-1904... Questa percentuale era ancora più alta nei comitati centrali e nelle altre posizioni di comando delle organizzazioni antigovernative, in cui i giovani ebrei svolgevano un ruolo decisivo, persino di incitamento[50]".

Le condizioni di detenzione dei rivoluzionari erano allora incomparabilmente più umane dei metodi impiegati dai bolscevichi dopo la rivoluzione. Lo storico Simon Sebag Montefiore, autore di una monumentale biografia di Stalin, ha scritto delle deportazioni in Siberia: "Quei bandi erano ben lontani dai brutali campi di concentramento di Stalin: gli zar erano molto inetti come poliziotti. Erano quasi una vacanza di lettura in remoti villaggi siberiani, in compagnia di un gendarme part-time, durante la quale i rivoluzionari avevano il tempo di conoscersi (e odiarsi), di corrispondere con i loro compagni di San Pietroburgo o di Vienna... Quando il richiamo della libertà o della rivoluzione diventava più imperativo, fuggivano, attraversando la taiga fino a trovare il treno più vicino[51]". Stalin fuggì così fino a sei volte da questi villaggi siberiani.

Nel 1897, lo stesso anno in cui Theodor Herzl fondò il movimento sionista a Basilea, nacque il Bund, un movimento marxista specificamente ebraico. L'obiettivo del Bund non era né l'assimilazione degli ebrei nella società europea né la loro emigrazione in Palestina, ma

---

[49] Alexandre Soljenitsyne, *Deux siècles ensemble*, tome I, Fayard, 2002, p.263.

[50] Leon Poliakov, *Histoire de l'antisemitisme*, tome II, Point Seuil, 1981, p.331.

[51] Simon Sebag Montefiore, *La corte del Zar rojo*, 2004, Crítica-Barcelona, pag. 6.

il raggiungimento dell'autonomia culturale e la realizzazione del progetto socialista.

All'inizio del XX secolo, il Bund era la principale organizzazione politica ebraica nella zona di residenza. Aveva migliaia di militanti, scrive Alain Brossat, tra i 25.000 e i 30.000 tra il 1903 e il 1905: "Avevano una stampa molto popolare, conducevano proteste senza sosta: in un anno, tra il 1903 e il 1904, tennero 429 comizi politici, organizzarono 45 manifestazioni, 41 scioperi politici, distribuirono 305 volantini e opuscoli. Nel 1904, 4500 attivisti del Bund erano in prigione. Crearono un'organizzazione giovanile e pubblicarono un giornale. La loro influenza culminò nel 1905, quando presero parte alla Rivoluzione, il cui ruolo fu essenziale nella loro area di residenza[52]."

Tutti gli ebrei politicizzati non erano militanti del Bund. Mentre il Bund pretendeva di rappresentare l'intero proletariato ebraico, altri, che volevano strutturare un partito socialista per l'intera classe operaia della Russia, si unirono ai vari movimenti socialisti russi. Ma il Bund disponeva all'epoca di mezzi materiali e di un'organizzazione infinitamente superiore a quella dei socialisti russi e polacchi:

"È lui che, nella parte occidentale dell'Impero, aiuta i socialdemocratici russi a stampare le loro prime pubblicazioni e a inviarle clandestinamente ai centri industriali. È lui che, il 1° maggio 1899, organizza la prima grande manifestazione pubblica del proletariato ebraico della Russia. Fu lui che, dopo il pogrom di Kishinev del 1903, organizzò l'autodifesa ebraica. Quando scoppiò la rivoluzione del 1905, il partito russo contava circa 8500 membri. Il Bund conta già circa 30.000[53]".

Quando i bolscevichi presero finalmente il potere grazie al colpo di Stato dell'ottobre 1917, tutti i militanti, a prescindere dalle loro differenze, fecero esplodere la loro gioia, come espresse Elie Wiesel attraverso Paltiel Kossover, il suo "poeta ebreo assassinato":

"Se le parole di Efraim erano vere, il Messia aveva lasciato Gerusalemme per venire a Mosca. - Vedi, mi disse, sovreccitato, la profezia di Isaia, l'hanno realizzata; il conforto di Geremia, l'hanno

---

[52] Alain Brossat, Sylvia Klingberg, *Le yiddishland revolutionnaire*, Balland, 1983, p.35.

[53] Alain Brossat, Sylvia Klingberg, *Le yiddishland revolutionnaire*, Balland, 1983, p.49

dimostrato... Non ci sono più ricchi e poveri, non ci sono più padroni e operai, non ci sono più oppressori e oppressi. Non c'è più ignoranza, non c'è più terrore, non c'è più miseria. Mi senti, Paltiel? Tutti gli uomini sono fratelli davanti alla Legge? E tutto questo perché la Rivoluzione ha trionfato. Ha generato un uomo nuovo - l'uomo comunista - che ha sconfitto il potere capitalista, la dittatura dei ricchi, il fanatismo delle superstizioni".

A Berlino, nel 1928, Paltiel Kossover scrisse ai suoi genitori rimasti in Russia: "Sono più che mai convinto che siamo destinati a salvare il mondo". Mio padre deve aver pensato: noi, gli ebrei. Io ho pensato: noi, gli idealisti, i giovani; noi, i rivoluzionari[54]".

Questi profondi cambiamenti provocarono una completa ristrutturazione delle forze politiche in Yiddishland. Numerosi militanti del Bund e centinaia di migliaia di giovani ebrei provenienti da tutto il mondo andarono a ingrossare le file del movimento comunista. Questa è la testimonianza di Shlomo Szlein, che si trovava in Polonia negli anni Venti: "L'adesione della gioventù ebraica al movimento comunista fu così importante che si potrebbe quasi dire che si trattava di un movimento nazionale ebraico". Anche Bronia Zelmanovicz ha dichiarato: "Per noi comunisti polacchi, le pene detentive di cinque anni erano all'ordine del giorno, ma nonostante ciò eravamo incrollabilmente ottimisti, convinti che i nostri figli avrebbero conosciuto la vera libertà, la felicità e l'emancipazione della razza umana". Alain Brossat ha spiegato: "È così che decine di migliaia di rivoluzionari yiddishland seguiranno, tra le due guerre, i numerosi percorsi della loro utopia ai quattro angoli d'Europa... È la gente comune ebrea nella sua interezza, il proletariato dei sarti, dei calzolai, dei pellicciai, dei falegnami, dei lattonieri e degli altri tessitori yiddish nelle misere officine di Varsavia, Byalistock e Vilno, nato nello spirito di rivolta e di lotta, per l'organizzazione sindacale e politica, e per l'internazionalismo degli sfruttati".[55]

L'Yiddishland fu davvero il terreno di coltura dei rivoluzionari che avrebbero combattuto il fascismo e incendiato l'intera Europa. Erano presenti in tutte le battaglie rivoluzionarie di quel periodo: "Troviamo

---

[54] Elie Wiesel, *Le Testament d'un poète juif assassiné*, 1980, Point Seuil, 1995, pp.79, 123.

[55] Alain Brossat, Sylvia Klingberg, *Le yiddishland revolutionnaire*, Balland, 1983, pp. 84,88,80,128

combattenti dell'Yiddishland in tutti i luoghi incandescenti della rivoluzione, scrive Brossat, dalle barricate di Lodz e del Soviet di Pietroburgo nel 1905, a Berlino nel novembre 1918, a Monaco e Budapest nel 1919, in Polonia tra le due guerre, in Estremadura contro i generali spagnoli nel 1937, nella Resistenza francese, in Belgio, in Jugoslavia e persino combattendo ad Auschwitz e Vorkouta, nel cuore stesso dell'universo concentrazionario"." Come ha detto lo storico Pierre Vidal-Naquet: "L'ebraismo dell'Europa orientale è stato veramente la banca del sangue dei movimenti rivoluzionari proletari[56]".

Giudeo-bolscevismo

Il nuovo regime nato dalla rivoluzione del febbraio 1917 aveva immediatamente abolito la zona di residenza e dichiarato la parità di diritti. Improvvisamente, numerosi ebrei occuparono l'amministrazione russa. Arkadi Vaksberg racconta, ad esempio, nel suo libro *Stalin e gli ebrei*: "Segno dei tempi, l'ebreo Heinrich Schreider divenne sindaco di Pietrogrado e un altro ebreo, Oscar Minor, sindaco di Mosca". È vero, tuttavia, che non ci furono ministri ebrei nei successivi governi provvisori. Abraham Gotz, leader dei socialisti rivoluzionari e vicepresidente del Comitato esecutivo centrale russo, e il menscevico Fedor Dan, membro del Presidium di quel Comitato, rifiutarono di entrare nel governo proprio per timore di provocare un'ondata di antisemitismo". Tuttavia, alcuni viceministri ebrei furono nominati per esercitare funzioni tecniche, al di fuori di qualsiasi rappresentanza pubblica[57]".

In ottobre, la rivoluzione bolscevica li portò al vertice del potere. Essi svolsero un ruolo di primo piano nell'insurrezione: "Il primo "comandante" del Palazzo d'Inverno, preso d'assalto dai bolscevichi, fu Grigorij Tchoudnovsky, quello del Cremlino di Mosca, Emelan Yaroslavsky (Minay Gubelman era il suo vero nome). Fu Mikhail Lachevitch a prendere il controllo del telegrafo e della banca di Stato. Zinoviev fu eletto capo del Soviet di Pietrogrado e Kamenev del Soviet di Mosca". Altri ebrei si occuparono di mantenere l'ordine nella capitale e nei suoi dintorni. Moïssei Ouritzki, a capo della Tcheka di Pietrogrado,

---

[56] Pierre Vidal-Naquet, *Les Juifs, la mémoire et le présent*, Maspéro, 1981, p.160 in Alain Brossat, *Le Yiddishland révolutionnaire*, pp. 19, 15.

[57] Arkadi Vaksberg, *Stalin e i giovani*, Laffont, 2003, pp. 23, 24.

"regnava un terrore spietato". Moïssei Volodarski (Goldstein) era il commissario responsabile della stampa a Pietrogrado. "Da quella posizione, mise al bando tutti i giornali di opposizione e represse ferocemente ogni tentativo di aggirare questo divieto[58]".

Sappiamo che Lenin non aveva una sola goccia di sangue russo. Le sue origini erano state accuratamente tenute segrete dopo la sua morte. Nel 1938, il libro di Marietta Chaguinian, *L'esame della storia*, era stato immediatamente ritirato dalla vendita per ordine di Stalin. "Lenin aveva sangue tedesco, svedese (attraverso la madre), kalmykia e chuvash, ma non una goccia di sangue russo[59]!" Era anche parzialmente di origine ebraica, da parte della madre. Arkadi Vaksberg ha ricordato una lettera della sorella maggiore di Lenin, Anna Oulianova, che aveva scritto a Stalin il 19 dicembre 1932, incoraggiandolo a combattere l'antisemitismo: "Lo studio delle origini di mio nonno - e quindi di Vladimir Ilitch - ha rivelato che proveniva da una povera famiglia ebraica, e che era, come indica il suo certificato di battesimo, figlio di Moïchka Blank, un borghese di Zhytómir[60]". Ma queste rivelazioni non erano uscite dalla ristretta cerchia della gerarchia del partito. Questa lettera, come ha rivelato Arkadi Vaksberg, era "fino a poco tempo fa classificata: 'Strettamente segreta. Non divulgare a nessuno".

Trotsky, il capo dell'Armata Rossa, si chiamava in realtà Lev Davidovitch Bronstein. Kamenev, capo del Soviet di Mosca, si chiamava Rosenfeld; Alexander Zinoviev, a capo di Leningrado, aveva il vero nome di Apfelbaum; Karl Radek, portavoce di Mosca all'estero, aveva il vero nome di Sobelsohn. Il primo capo dello Stato bolscevico fu un altro ebreo di nome Yakov Sverdlov, stretto collaboratore e

---

[58] Arkadi Vaksberg, *Stalin e i giovani*, Laffont, 2003, pp. 31, 32.

[59] Simon Sebag Montefiore, *Staline, la cour du tsar rouge*, 2003, Éd. Des Syrtes, 2005, p. 101 "All'inizio degli anni Venti, una battuta comune presentava Lenin come il Goy dello Shabbat dell'ufficio politico del Partito Comunista Russo", scrive Maurice Rajsfus, spiegando che: "Il Goy dello Shabbat è il mercenario utilizzato dai religiosi per cucinare durante il sabato o per svolgere alcuni dei compiti vietati in questo giorno di riposo assoluto". (Maurice Rajsfus, *L'an prochain, la révolution*, Edizioni Mazarine, 1985, p.36).

[60] Arkadi Vaksberg, *Stalin et les juifs*, Laffont, 2003, pp. 72, 73.

* Yakov Sverdlov era anche un amico intimo di Filipp Isayevich Goloshchokin, anch'egli ebreo e commissario militare del Soviet degli Urali. I due furono le principali menti dietro l'assassinio dello zar e della sua famiglia.

consigliere di Lenin*. L'elenco degli ebrei bolscevichi a capo del nuovo regime è infinito.

Gli ebrei dell'Yiddishland svolsero un ruolo importante anche nelle rivoluzioni che scossero l'Europa alla fine della Prima Guerra Mondiale. La prima fu a Berlino, dove l'insurrezione del novembre 1918 fu guidata da Karl Liebknecht e Rosa Luxemburg. Prima a Berlino, dove l'insurrezione del novembre 1918 fu guidata da Karl Liebknecht e Rosa Luxemburg. Poi in Ungheria, dove nel marzo 1919 fu proclamata una Repubblica Sovietica da Bela Kun, che insanguinò il Paese per 133 giorni. "Lui stesso era ebreo, venticinque dei suoi trentadue commissari erano anch'essi ebrei", ha ricordato lo storico John Toland. Il trionfo di Bela Kun incoraggiò la sinistra bavarese. A Monaco, il leader spirituale della rivoluzione era Kurt Eisner, poi sostituito dall'anarchico Ernst Toller. "Poi l'intellighenzia rossa prese il potere, guidata da Eugen Leviné, originario di Pietrogrado e figlio di un commerciante ebreo. Il Partito Comunista li aveva inviati a Monaco per organizzare la rivoluzione. Dopo aver arrestato Ernst Toller, trasformarono presto il movimento in un vero e proprio soviet[61]...".

Nella sua monumentale *Storia dell'esercito tedesco*, Jacques Benoist-Méchin aveva presentato questi fatti per spiegare la reazione di molti tedeschi dopo la sconfitta del 1918: "Cosa vedevano? Folle che innalzavano bandiere rosse, che prendevano d'assalto il potere e che cercavano di sradicare, in nome della lotta di classe, gli ultimi barlumi di istinto nazionale. Ma queste folle non obbediscono a un impulso spontaneo. Sono guidate da una legione di militanti e agitatori. E chi sono questi agitatori? A Berlino, Kurt Eisner, Lipp, Landauer, Toller, Léviné e Lewien; a Magdeburgo, Brandés; a Dresda, Lipinsky, Geyer e Fleissner; nella Ruhr, Markus e Levinson; a Breerhaven e Kiel, Ulmanis. Tanti nomi quanti sono gli ebrei. Si può senza dubbio obiettare che ci sono solo due israeliani - Hirsch e Heine - su centoquaranta deputati del Landtag prussiano, ma sono rispettivamente Presidente del Consiglio e Ministro degli Interni. Quando i partiti di sinistra decidono di istituire una Commissione d'inchiesta, allo scopo di processare Hidenburg e Ludendorff, chi sono gli organizzatori? MM. Kohn, Gothein e Zinsheimer, e così via, l'elenco potrebbe continuare all'infinito. Come non vedere una vera e propria cospirazione? E dovremmo ora tollerare

---

[61] John Toland, *Hitler*, New York, 1976, Éditions Robert Laffont, Parigi, 1983, pag. 76, 77.

che un ebreo [Rathenau] assuma la direzione della politica estera del Reich? Questo è impossibile[62]."

Per questo motivo il ricchissimo magnate dell'elettricità Walter Rathenau fu assassinato il 24 giugno 1922[63].

In effetti, fu questa situazione a spiegare in parte la reazione hitleriana in Germania, come disse lo storico ebreo John Toland: "L'odio per gli ebrei che covava dentro di sé era stato appena attivato da ciò a cui stava assistendo nelle strade di Monaco. Ovunque, ebrei al potere? La cospirazione che Hitler aveva sospettato stava diventando realtà[64]". John Toland ha poi aggiunto: "Hitler non è l'unico al mondo ad aver visto negli ebrei la fonte della rivoluzione e del comunismo". Anche Winston Churchill, che aveva arruolato l'aiuto del generale bianco Denikine per combattere Lenin e Trotski, parlò senza mezzi termini di questa "sinistra banda di ebrei anarchici". Era stato anche Winston Churchill a tenere un discorso alla Camera dei Comuni denunciando "una setta formidabile, la più potente del mondo[65]". In un articolo del *Sunday Herald* del febbraio 1920, intitolato *Sionismo contro bolscevismo*, Winston Churchill parlò di una "cospirazione mondiale che mira a rovesciare la civiltà": "Oggi, una banda di personaggi straordinari, tratti dalla malavita delle grandi città europee e americane, ha preso il popolo russo per la gola ed è diventata padrona indiscussa di un immenso impero[66]".

In ogni caso, sembra che la presenza di "così tanti ebrei nei posti di comando del nuovo apparato statale[67]" fosse rassicurante per molti

---

[62] Jacques Benoist-Méchin, Histoire de l'armée allemande, Robert Laffont, 1964, edizione 1984, pp.448, 449.

[63] Sulla situazione tedesca nel dopoguerra, cfr. Stefan Zweig, Il *mondo di ieri, memorie di un europeo*, in *Speranze planetarie*, pp. 314, 315.

[64] John Toland, *Hitler*, New York, 1976, Éditions Robert Laffont, Paris, 1983, p. 80.

[65] John Toland, *Hitler*, New York, 1976, Éditions Robert Laffont, Parigi, 1983, p. 898.

[66] Ernst Nolte, La guerra civile europea, 1917-1945, Monaco, 1997, Editions de Syrtes, 2000, p. 139.

[67] Alain Brossat, Sylvia Klingberg, *Le yiddishland revolutionnaire*, Balland, 1983, p.229.

ebrei in Russia. Ecco la testimonianza di Esther Rosenthal-Schneidermann, una giovane comunista polacca giunta a Mosca per partecipare al primo congresso di militanti ebrei specializzati nell'istruzione: "Era entusiasta di scoprire questo aspetto della nuova realtà: 'Fino ad allora, dice, non avevo visto un ebreo occupare la posizione di un alto funzionario, per non parlare di un funzionario che parlasse il nostro dialetto, lo yiddish'. Ed ecco che dall'alto del rostro della Camera del Congresso della Commissione del Popolo per l'Educazione, alti funzionari parlano yiddish per conto del colossale potere sovietico[68]".

Gli storici ebrei trascurano sempre di menzionare il ruolo che i loro compagni ebrei svolsero nelle atrocità che ebbero luogo nella Russia dell'epoca. Tuttavia, la verità è che i dottrinari, i funzionari e i torturatori ebrei ebbero una pesante responsabilità nella distruzione delle chiese, nella spietata repressione della popolazione e negli innumerevoli massacri di cristiani commessi all'epoca dagli uomini della cheka. Aleksandr Solzhenitsyn lo ha dimostrato a sufficienza in un libro che noi stessi abbiamo riassunto in[69].

Nel 1927, il romanziere austriaco Joseph Roth, autore de La *marcia di Radetsky,* scrisse pungente: "Oggi la Russia sovietica è l'unico paese in Europa in cui l'antisemitismo è proibito, anche se non ha cessato di esistere... La storia degli ebrei non conosce alcun esempio di liberazione così improvvisa e completa[70]".

È vero che, a quel tempo, gli ebrei godevano di una considerazione speciale da parte del regime. È quanto ci ha spiegato Arkadi Vaksberg con questo esempio:

"Quando si trattava di controversie professionali tra l'amministrazione e l'impiegato ebreo, quest'ultimo finiva sempre per vincere, perché nessun giudice voleva essere visto come un antisemita". Le persone venivano portate in tribunale per un semplice accenno di solidarietà

---

[68] Alain Brossat, Sylvia Klingberg, *Le yiddishland revolutionnaire*, Balland, 1983, pag. 232.

[69] Vedi *Speranze planetarie*, Parte seconda, pp. 209-270.

[70] Joseph Roth, *Judíos errantes (Ebrei erranti)*, Acantilado 164, Barcellona, 2008

ebraica. Vaksberg ha riassunto: "Gli anni Venti e i primi anni Trenta rimangono nella memoria come l'età d'oro degli ebrei in Russia[71]".

Stalin e gli ebrei

Dopo la morte di Lenin nel 1924, Stalin dovette eliminare i suoi principali rivali, come Leon Trotsky, Grigori Zinoviev e Lev Kamenev. Tuttavia, questi ultimi erano ebrei, così come il loro entourage: Grigori Sokolnikov, Mikhail Lachevitch, Ephraïm Skliarski e altri. Zinoviev e Kamenev erano anche gli amici più stretti di Lenin e di sua moglie, Nadejda Kroupskaia[72].

Arkadi Vaksberg è partito da questa osservazione per cercare di dimostrare che Stalin era fondamentalmente antisemita, ma che aveva sempre fatto il doppio gioco, fino al giorno in cui riuscì, dopo la guerra, a fare a meno degli aiuti occidentali. Nel frattempo, l'eliminazione dei vecchi bolscevichi non fece altro che rivelare la forte presenza di ebrei ai più alti livelli del potere, e Stalin continuò a circondarsi di stretti consiglieri di origine ebraica.

Stéphane Courtois, autore del famoso *Libro nero del comunismo*, scrive nella prefazione al libro di Arkadi Vaksberg: "Numerosi ebrei gravitavano nelle sfere del potere, al punto che nel 1936 quasi il 40% dell'alto comando della polizia politica era costituito da ebrei. Due degli uomini più vicini al 'Padre dei popoli', Kaganovitch e Mejlis, erano ebrei".

All'inizio degli anni Trenta, l'Unione Sovietica era guidata da un triumvirato composto da Stalin, Molotov e Kaganovitch.

Molotov, il numero due del regime dopo Stalin, aveva sposato una donna ebrea di nome Polina Karpovskaia, che era una leader a tutti gli effetti e una vera bolscevica. Era "crudele e dispettoso". Nel gennaio 1930, Stalin e Molotov pianificarono l'eliminazione dei kulaki, i piccoli proprietari terrieri riluttanti alla collettivizzazione. "La GPU e i centottantamila collaboratori del Partito inviati dalle città ricorsero alle armi, ai linciaggi e al sistema dei campi di concentramento o dei gulag per spazzare via i villaggi. Più di due milioni di persone furono deportate in Siberia o in Kazakistan; nel 1930 c'erano 179.000 persone

---

[71] Arkadi Vaksberg, *Stalin e i giovani*, Robert Laffont, 2003, p.67, 64

[72] Arkadi Vaksberg, *Stalin e i giovani*, Robert Laffont, 2003 p.51.

che lavoravano come schiavi nei gulag; nel 1935 erano quasi un milione.[73]"

Ma soprattutto, il regime pianificò la carestia per spazzare via i contadini ucraini. Il bilancio della carestia del 1932, ha scritto Sebag Montefiore, "si aggirerebbe tra i quattro e i cinque milioni di persone e, al massimo, tra i dieci milioni, una tragedia senza precedenti nella storia dell'umanità, fatta eccezione per il terrore dei nazisti e dei maoisti".

Quindici milioni di persone erano state deportate, molte delle quali erano morte durante le collettivizzazioni. All'epoca, erano stati segnalati casi di cannibalismo in Ucraina e negli Urali[74].

Nel 1930, Lazar Kaganovitch, che aveva appena compiuto trentasette anni, divenne vice di Stalin. Era il più giovane di cinque fratelli, tre dei quali erano bolscevichi di primo piano. Kaganovitch, apprendista calzolaio, nato nelle zone di confine tra Ucraina e Bielorussia, "aveva un carattere esplosivo", ha osservato Sebag Montefiore. "Spesso colpiva i suoi subordinati o li afferrava per i baveri. Dal punto di vista politico, invece, era cauto, rapido e intelligente". Era un buon oratore, "nonostante il suo forte accento ebraico". Fu responsabile della militarizzazione del partito-stato. "Nel 1918, all'età di ventiquattro anni, conquistò Nizhny Novgorod e seminò il terrore in città. Nel 1919 pretese l'instaurazione di una dittatura di ferro, chiedendo l'imposizione della disciplina militare del 'centralismo'".

Fu lui a progettare e lucidare gli ingranaggi e i meccanismi di quello che sarebbe diventato lo "stalinismo". "Dopo aver diretto la sezione nomine del Comitato centrale, "Lazar di ferro" fu inviato ad amministrare l'Asia centrale e poi l'Ucraina, fino a quando tornò nel 1928 per entrare a far parte del Politburo come membro effettivo al 16° Congresso del 1930". Era reduce dalla repressione delle rivolte contadine dal Caucaso settentrionale alla Siberia occidentale. "Successore di Molotov alla guida di Mosca ed eroe di un culto come lo stesso Stalin, Lazar di ferro intraprese la creazione vandalica di una

---

[73] Simon Sebag Montefiore, *La corte del Zar rojo*, 2004, Crítica-Barcelona, p.46. La polizia segreta sovietica si chiamava inizialmente cheka, prima di essere rinominata GPU nel 1922, NKVD nel 1934 e infine NKGB, KGB, nel 1954.

[74] Simon Sebag Montefiore, *La corte del Zar rojo*, 2004, Crítica-Barcelona, p.68, 228.

metropoli bolscevica, facendo saltare con entusiasmo numerosi edifici storici[75]". Dopo la morte di Stalin, Lazar Kaganovitch non dovette più preoccuparsi del suo coinvolgimento nello sterminio dei contadini e si spense serenamente nel suo confortevole appartamento di Mosca nel 1991, alla rispettabile età di 97 anni.

Genrikh (Enoch) Yagoda, capo della polizia segreta, era un'altra figura emblematica del regime stalinista. Era mezzo calvo e piccolo di statura, ma animato da un'ambizione spietata. Questo specialista del veleno era figlio di un gioielliere ebreo di Nizhny Novgorod. Con la sua faccia da furetto e i suoi baffi "hitleriani", frequentava la casa di Gorky, il presidente dell'Unione degli Scrittori. Amava i vini francesi, la pornografia tedesca e i giocattoli sessuali. "La sua grande conquista, con l'appoggio di Stalin, fu la creazione, grazie al lavoro degli schiavi, dell'immenso impero economico dei gulag".[76]

Yagoda supervisionò il primo dei famosi grandi processi di Mosca nell'estate del 1936. Undici dei sedici imputati erano ebrei, a testimonianza della loro significativa presenza nella vecchia generazione di bolscevichi che Stalin aveva iniziato a liquidare. Per sei giorni, Zinoviev e Kamenev, accusati di essere dissidenti trotzkisti antisovietici, confessarono i loro presunti crimini con una docilità che stupì gli spettatori occidentali, riconoscendo di aver pianificato l'assassinio di Stalin e di altri leader.

Ovviamente, furono condannati a morte e poco dopo portati sul luogo dell'esecuzione. Zinoviev gridò che Stalin aveva promesso di risparmiargli la vita. "Per favore, compagno, per l'amor di Dio, chiama Iosiv Vissarionovich! Iosiv Vissarionovich ha promesso di risparmiarci la vita! -Kamenev osservò: "Ci sta bene per il nostro atteggiamento indegno al processo" e disse a Zimoniev di stare zitto e di morire virilmente. Zinoviev fece così tanto rumore che un tenente dell'NKVD lo portò in una cella vicina, dove fu liquidato. Furono tutti colpiti alla nuca".

Stalin, affascinato dal comportamento dei suoi nemici nel momento cruciale della morte, chiese a Pauker, il capo delle sue guardie del corpo,

---

[75] Simon Sebag Montefiore, *La corte dello zar rosso*, 2004, Crítica-Barcelona, p.44, 45, 46

[76] Simon Sebag Montefiore, *La corte del Zar rojo*, 2004, Crítica-Barcelona, p. 79, 215.

di raccontargli la scena. Pauker era corpulento e calvo, spesso profumato, e di tanto in tanto esercitava il suo vecchio mestiere di barbiere, per il quale Stalin gli aveva regalato una Cadillac come ringraziamento per i suoi servizi. "Pauker, che era ebreo come Zinoviev, si era specializzato nel raccontare a Stalin barzellette ebraiche con un accento appropriato, forzando le R e trascinandosi sul pavimento", ha raccontato Sebag Montefiore. "Per l'amor di Dio, chiama Stalin! Alcune versioni sostengono che abbia persino afferrato i piedi degli agenti della cheka e abbia leccato loro gli stivali". Paukner "interpretava uno Zimoniev che gridava e alzava le mani al cielo tra i singhiozzi". Ascolta Israele, il Signore è il nostro Dio, il Signore è l'unico!" Stalin rise così tanto che Paukner dovette ripetere il numero. Stalin era quasi nauseato dalle risate e dovette chiedere a Paukner di smettere".

Kamenev e Zinoviev furono entrambi colpiti alla nuca e i loro corpi inceneriti. "I proiettili, con le punte appiattite, furono rimossi dai crani, ripuliti dal sangue e dai frammenti di cervello e consegnati a Yagoda, probabilmente ancora caldi". Quest'ultimo li etichettò, conservando con orgoglio queste macabre reliquie tra la sua collezione di oggetti erotici e calze da donna[77]. Paukner fu tranquillamente fucilato nel 1937, come la maggior parte degli ex cekisti di cui Stalin non si fidava più.

La morte di due dei più stretti compagni di Lenin costituì per Stalin una tappa verso il regime di terrore che sarebbe stato diretto contro il partito. L'NKVD era il bastione dei vecchi bolscevichi, "l'ultima roccaforte del clientelismo bolscevico, piena di polacchi, ebrei e lettoni dalle dubbie credenziali[78].", quindi il dittatore aveva bisogno di qualcuno che la controllasse dall'esterno e sottomettesse questa élite troppo sicura di sé.

Alla fine di settembre del 1936, Yagoda fu accusato di furto di diamanti e corruzione. Fu rimosso dall'incarico e sostituito da Nicolai Yezhov. Poiché Yezhov gli aveva assicurato che i suoi stretti collaboratori e protetti sarebbero stati graziati, Yagoda coinvolse molte personalità. Ma "la regola nel mondo di Stalin era che quando cadeva un uomo,

---

[77] Simon Sebag Montefiore, *La corte del Zar rojo*, 2004, Crítica-Barcelona, pagg. 192, 193.

[78] Simon Sebag Montefiore, *La corte dello zar rosso*, 2004, Crítica-Barcelona, p.195, 196

cadevano anche tutti coloro che erano legati a lui, amici, amanti o protetti[79]".

Nicolai Yezhov, un protetto di Kaganovitch, era diventato l'uomo più potente dell'URSS dopo Stalin. Era anche uno dei grandi mostri della storia. Tra il 1936 e il 1938 fu il principale organizzatore del Grande Terrore diretto contro il Partito e le persone del passato, aristocratici, sacerdoti, borghesi, contadini, che fino ad allora erano sopravvissuti al terrore di classe. In quattordici mesi, più di settecentomila persone furono fucilate e milioni deportate.

Figlio di una guardia forestale e di una serva, era un uomo basso e nervoso, magro e minuto, non superava i 151 cm. Era anche un bisessuale entusiasta, ci informa Sebag Montefiore, avendo "fornicato" con soldati al fronte "e persino con bolscevichi di alto rango come Filipp Goloshchokin, che guidò l'assassinio dei Romanov". Amico del poeta Mandelstam, si era risposato con Yevgenia Feigenberg, appena ventiseienne, "un'ebrea vivace e seducente originaria di Gome... promiscua come il suo nuovo marito[80]".

Per suo ordine, in un anno e mezzo, furono arrestati cinque membri del Politburo su quindici, 98 membri del Comitato Centrale su 139 e 1108 dei 1966 delegati al XVII Congresso. In alcuni giorni, come il 12 novembre, Stalin e Molotov firmarono 3167 ordini di esecuzione. Dei 28 commissari che erano agli ordini di Molotov all'inizio del 1938, venti furono giustiziati. Ogni mattina, "il nano sanguinario", appena uscito dalle camere di tortura, si recava direttamente al Politburo per le riunioni:

"Un giorno Kruscev notò delle macchie di sangue sull'orlo e sui polsini della camicia da contadino di Yezhov. Krusciov, che non era certo un angelo, chiese cosa fossero quelle macchie. Yezchov rispose con un luccichio negli occhi azzurri che chiunque poteva essere orgoglioso di portare quelle macchie, perché erano il sangue dei nemici della Rivoluzione".

Ogni regione doveva contribuire con le proprie quote. Krusciov, allora Primo Segretario del Partito a Mosca, ordinò l'esecuzione di 55.741

---

[79] Simon Sebag Montefiore, *La corte del Zar rojo*, 2004, Crítica-Barcelona, pag. 216.

[80] Simon Sebag Montefiore, *La corte del Zar rojo*, 2004, Crítica-Barcelona, p. 161, 162-163.

funzionari, più della quota iniziale di 50.000 stabilita dal Politburo. Zhdanov supervisionò la detenzione di 68.000 persone a Leningrado. Beria, un vero professionista della cheka, rispettò scrupolosamente la sua quota iniziale di 268.950 arresti e 75.950 esecuzioni. Oltre a questi, anche gli altri leader regionali furono schiacciati poco dopo. "Tutti i gerarchi intrapresero sanguinosi tour del Paese. Zhdanov effettuò epurazioni negli Urali e nella regione del Medio Volga. L'Ucraina ebbe la sfortuna di essere visitata da Kaganovitch, Molotov e Yezhov".

Sebag Montefiore ha presentato un'altra immagine sioccante nel suo libro: "Furono giustiziati così tanti ferrovieri che un ufficiale telefonò a Poskrebishev per avvertirlo che una linea era stata completamente spogliata della sua infrastruttura"[81].

Durante il Grande Terrore, Voroshilov era stato incaricato di effettuare un'epurazione di massa dell'esercito. In seguito si vantò di aver portato all'arresto di quarantamila ufficiali e alla promozione di centomila nuove reclute. Tukhachevsky, il più abile generale della rivoluzione, era stato arrestato e torturato. Ha confessato di essere una spia tedesca, collusa con Bukharin per prendere il potere. In tutto erano stati giustiziati tre dei cinque marescialli, quindici dei sedici comandanti e sessanta dei sessantasette comandanti di corpo.

Per perpetrare questo massacro, Voroshilov beneficiò della collaborazione di Lev Mejlis, che fu improvvisamente portato alla ribalta. "Persino Stalin lo definì un fanatico", ha scritto Sebag Montefiore. Con una sorta di cresta di capelli neri intorno alla testa e un viso allungato simile a quello di un uccello, Mejlis giocò a suo modo un ruolo importante quanto Molotov o Beria". Nato a Odessa nel 1889 da una famiglia ebrea, lasciò la scuola a quattordici anni e si unì ai bolscevichi solo nel 1918, dopo aver flirtato con altri partiti, ma durante la guerra civile servì come commissario in Crimea, dove agì in modo spietato, giustiziando migliaia di persone". Divenne uno degli assistenti di Stalin e il confidente di tutti i suoi segreti. Era "ferventemente devoto al suo "caro compagno Stalin", per il quale lavorava con una frenesia nevrotica[82]".

---

[81] Simon Sebag Montefiore, *La corte dello zar rosso*, 2004, Crítica-Barcelona, p.229, 238, 245, 250, 252

[82] Simon Sebag Montefiore, *La corte dello zar rosso*, 2004, Crítica-Barcelona, p. 223.

Nel 1930 Stalin lo nominò caporedattore della Pravda, incarico nel quale si comportò con "estrema brutalità" nei confronti degli scrittori. Mejlis, che aveva lasciato l'esercito dello Zar con il grado di artigliere, fu promosso vice commissario della difesa e capo dell'amministrazione politica dell'Armata Rossa.

Durante la guerra, nel 1942, il pupillo di Stalin diresse le operazioni in Crimea: fu "un clamoroso fallimento, il risultato dell'ascesa sconsiderata del terrore applicato alla scienza militare". Vietò l'apertura di trincee "per non minare lo spirito offensivo dei soldati" e sottolineò che chiunque avesse preso "misure di sicurezza basilari" sarebbe stato accusato di "seminare il panico". E così finirono tutti in una "massa di carne e sangue". Bombardò Stalin con messaggi che chiedevano ulteriori misure di terrore... Corse lungo il fronte con la sua jeep a tutta velocità, brandendo una pistola per cercare di fermare la ritirata, mostrò... la stupida tirannia e i modi del tutto arbitrari della sua incultura militare. Gli eventi ebbero conseguenze disastrose. Il 7 maggio il contrattacco di Manstein portò alla ritirata totale di Mejlis dalla Crimea e permise la cattura di un enorme bottino: circa 176.000 uomini, 400 aerei e 347 autoblindo". Mejlis imprecò contro tutto, pregando Stalin di mandargli un grande generale, un Hindenburg, ma Stalin lo rimproverò: "Se aveste lanciato l'aviazione contro le autoblindo e i soldati nemici invece di usarla in operazioni diversive, i tedeschi non sarebbero riusciti a sfondare il fronte... Non bisogna essere un Hinderburg per capire una cosa così semplice..."[83]

Arkadi Vaksberg ha concluso: "Questo generale aveva sulla coscienza la morte di centomila soldati sovietici caduti durante l'evacuazione di Kertch, effettuata a dispetto del buon senso, e altre operazioni altrettanto dubbie[84]".

Nel 1949, Lev Mejlis, il più fedele luogotenente di Stalin, fu vittima di un attentato. Mentre stava morendo nella sua datcha, Stalin, ricordando il suo vecchio compagno, lo nominò membro del nuovo Comitato Centrale. "Mejlis morì felice e contento e Stalin organizzò un magnifico funerale in suo onore".

---

[83] Simon Sebag Montefiore, *La corte del Zar rojo*, 2004, Crítica-Barcelona, p. 433-434.

[84] Arkadi Vaksberg, *Stalin et les juifs*, Robert Laffont, 2003, pag. 162.

Un'altra figura di spicco fu Alexander Poskrebishev, capo dello staff di Stalin per la maggior parte del suo regno. Questo ex infermiere aveva sposato "Bronka" Masenkis, un'ebrea di origine lituana proveniente da una famiglia di magnati dello zucchero. La sua migliore amica era Yevgenia Yezhova, editrice e seguace impenitente dei letterati e moglie di Nikolai Yezhov. "Queste due simpatiche e civettuole gattine, entrambe ebree, una di origine polacca e l'altra lituana, sempre affascinanti, si somigliavano molto", ha scritto Sebag Montefiore, "inoltre, Yezhov e Poskrebishev mantenevano una stretta amicizia; erano solite andare a pesca insieme mentre le loro mogli erano occupate a spettegolare". Yevgenia "manteneva una stretta amicizia con tutti i grandi nomi del mondo dell'arte e andava a letto con la maggior parte di loro. L'affascinante Isaac Babel era l'headliner [delle sue feste]..., Solomon Mijoels, l'attore ebreo che interpretò *Re Lear* per Stalin, Leonid Utesov, il bandista jazz, il regista Eisenstein, Mikhail Sholokhov, il famoso romanziere, o il giornalista Mikhail Koltsov, venivano nel salotto di questa affascinante casquivana. Alle feste che si tenevano al Cremlino, la Yezhova non smetteva mai di muoversi al ritmo del foxtrot e non perdeva mai un ballo. Guardate! - osservò Babel in un'occasione, "la nostra ragazza di Odessa è diventata la prima dama del regno[85] "!

"Era noto che Stalin era circondato da donne ebree", ha osservato Sebag Montefiore. Oltre alle mogli dei dignitari, c'erano le amanti. Il figlio di Beria ha raccontato nelle sue *Memorie* "che suo padre si divertiva a tenere una lista delle donne ebree con cui Satlin aveva rapporti. Queste ragazze ebree si aggiravano intorno a Stalin, ma erano tutte di origini 'dubbie'".

Kato Svanidze era stata la prima moglie di Stalin. Nadejda (Nadia) Alliluyeva era la seconda. Era figlia di Sergei Alliluyev, un russo, e di Olga Fedorenko, che aveva sangue georgiano, tedesco e zingaro. Da lei ebbe una figlia, Svetlana. Dopo la morte di Nadia, si diceva che Stalin avesse sposato la sorella di Lazar Kaganovitch, Rosa:

"Si trattava di una voce ampiamente diffusa e creduta da molti: vennero persino pubblicate fotografie di Rosa Kaganovitch che la ritraevano come una bella bruna... L'importanza della diceria risiedeva nel fatto che Stalin aveva sposato una donna ebrea, scrive Sebag Montefiore, un fatto che poteva rivelarsi molto utile per l'apparato propagandistico

---

[85] Simon Sebag Montefiore, *La corte del Zar rojo*, 2004, Crítica-Barcelona, p. 268-269.

nazista... I Kaganovitch, sia il padre che la figlia, negarono questo fatto con tanta forza che forse le loro proteste furono eccessive, ma sembra che l'intera storia sia stata inventata[86]".

Stalin aveva avuto un figlio dal primo matrimonio, Yakov. Aveva un carattere piacevole, ma Stalin fu contrariato quando Yakov sposò, contro la sua volontà, una donna ebrea di Odessa, divorziata da una guardia cekista, Yulia Isaacovna Meltzer[87]. Quando sua figlia Svetlana fece lo stesso con un ebreo di nome Kapler, Stalin lo mandò in prigione per cinque anni. È vero, questo Kapler era molto più vecchio di lei e aveva anche la reputazione di essere un Don Giovanni.

La presenza di tante donne ebree attirò anche l'attenzione dello storico Arkadi Vaksberg: "Negli anni Venti e Trenta, molti membri russi del Comitato Centrale e del Politburo avevano sposato donne ebree: Molotov (Perle Karpovskaia, alias Paulina Khemtchukhina), Voroshilov (Golda Gorbman), Bukharin (Ester Gurvitch, poi Anna Lourié), ecc. Persino il fedele segretario di Stalin, Alexander Poskrebishev, aveva preso in moglie Bronislava Weintraub[88]".

Sebag Montefiore ha sottolineato il carattere "incestuoso" di questo mondo bolscevico: "La moglie di Kamenev era la sorella di Trotsky; Yagoda era sposato con una donna della famiglia Sverdlov; Poskrebishev, segretario di Stalin, era sposato con la sorella della nuora di Trotsky. Due stalinisti di spicco, Shcherbakov e Zhdanov, erano cognati. In seguito, i figli dei membri del Politburo si sarebbero sposati tra loro[89]".

Gli artisti ebrei venivano elogiati fino al cielo. Ecco cosa scrisse Vaksberg Arkadi, esprimendo anche la caratteristica tendenza degli intellettuali ebrei a lodare i loro compagni: intorno allo scrittore Mikhoels, "si formò una compagnia di eccellenti attori ebrei, tra i quali brillava il genio di Benjamin Zuskin. Il Teatro ebraico, a cui erano stati

---

[86] Simon Sebag Montefiore, *La corte del Zar rojo*, 2004, Crítica-Barcelona, p. 269.

[87] Arkadi Vaksberg, *Stalin e i giovani*, Robert Laffont, 2003, p. 127.

[88] Arkadi Vaksberg, *Stalin e i giovani*, Robert Laffont, 2003, p. 75.

[89] Simon Sebag Montefiore, *La corte del Zar rojo*, 2004, Crítica-Barcelona, p. 31-32. Nota.

assegnati locali preziosi nel centro della capitale, sarebbe stato per molti anni uno dei più frequentati di Mosca". Isaac Babel "divenne rapidamente uno degli autori più popolari del suo tempo. Intorno a lui, altri scrittori ebrei avevano preso degli pseudonimi, pur non nascondendo le loro origini, che peraltro erano molto presenti nelle loro opere.

L'autore prosegue citando un elenco di perfetti sconosciuti, ognuno più "brillante": "Sono stati studiati in classe, la stampa ha parlato di loro, i loro libri sono stati venduti, sono stati lodati e decorati". Boris Pasternak e il poeta Ossip Mandelstam erano meno lodati dal regime di Ilia Ehrenburg e Vassili Grossman. Gli ebrei "costituivano lo zoccolo duro del cinema sovietico: Dziga Vertov (Kaufman), Abram Room, Grigori Kozintsev, Leonide Trauberg, Friedrich Ermler, Iossif Heifetz, Grigori Rochal, ecc.". I musicisti che ricevettero le generose lodi delle autorità sovietiche "erano tutti ebrei, tranne in rari casi: David Oistrakh, Emil Guilels, Yakov Zak, Rosa Tamarkina, Arnold Kaplan, Grigori Guinzburg, Maria Grinberg, Mikhail Fihtengolz, e molti altri. I loro nomi erano ovunque, sulla stampa, alla radio, Stalin li decorava a destra e a manca e li sovvenzionava generosamente in denaro". Vaksberg aggiunge: "Ovviamente, la comunità ebraica è sempre stata fertile e talentuosa, anche se fino ad allora le era stato impossibile esprimersi. Ma la sua realizzazione e il suo compimento 'sproporzionato' furono interpretati dalla folla arcigna e ignorante come un 'complotto ebraico' contro la cultura slava[90]".

Nel suo libro Vaksberg cercò di dimostrare più volte che Stalin era un antisemita. Scrive: "Nessuna persona ragionevole avrebbe potuto sospettare l'antisemitismo del leader del Paese". E aggiunge, in modo un po' comico: "Stalin aspettava in silenzio. Gli ebrei stavano godendo dei "vantaggi della rivoluzione". Il tempo delle persecuzioni non era ancora arrivato".

Nel frattempo, i russi erano vittime del regime. Alla fine degli anni Venti, l'ex Accademia delle Scienze di San Pietroburgo, un "bastione reazionario", era stata epurata. Scienziati di fama mondiale accusati di antisemitismo erano stati condannati a morte e giustiziati. Arkadi Vaksberg ha notato che "queste accuse erano state notificate agli accademici solo da giudici istruttori di origine ebraica (Lazar Kogan, Lazar Altman e Heinrich Luchkov)", ma ancora una volta ha

---

[90] Arkadi Vaksberg, *Stalin e i giovani*, Robert Laffont, 2003, p.61, 62, 89, 90

individuato una manovra subdola di Stalin: "Per alcuni autori, questa specifica scelta di giudici istruttori ebrei era la prova di una provocazione premeditata ordinata dal guru del Cremlino[91]". Ma resta vero che i giustiziati erano russi e che, in questo caso, i loro carnefici erano ebrei.

A metà degli anni Trenta, gli ebrei erano ancora numerosi ai vertici dello Stato. "Erano membri del Consiglio dei Commissari del Popolo: Maxim Litvinov (Wallach-Finkelstein) agli Affari Esteri, Genrij Yagoda (Yehuda-Ghenakh) agli Interni (cioè all'NKVD), Lazar Kaganovitch ai Trasporti, Arkadi Rosengoltz al Commercio Estero, Moises Kalmanovitch ai Sovkhoz (aziende agricole statali), Moises Rukjimovitch all'Industria bellica, Isidore Lubimov all'Industria leggera, Alexander Bruskin alle Costruzioni meccaniche, Grigori Kaminski alla Sanità pubblica. Decine di altri ebrei erano vice-commissari".

Arkadi Vaksberg ha poi spiegato lo stratagemma di Stalin per rimuovere gli ebrei da posti importanti senza destare sospetti: "Stalin sapeva perfettamente che la "preminenza ebraica" non sarebbe durata per sempre" e che "la grande percentuale di ebrei tra le vittime della catastrofe non sarebbe passata inosservata". Per trarre in inganno, intensificò la repressione contro gli "antisemiti":

"A metà degli anni Trenta, scrive Vaksberg, abbiamo assistito a un aumento spettacolare del numero di processi antisemiti... Si poteva essere perseguiti come antisemiti senza aver commesso nulla di penalmente condannabile, semplicemente per aver mostrato scarsa simpatia per gli ebrei. Le denunce di parole antisemite, passate di mano in mano agli informatori della polizia, erano sufficienti a mettere in moto la macchina giudiziaria. Le osservazioni scambiate tra amici sulla falsariga di "gli ebrei ci rendono la vita miserabile" erano sufficienti a giustificare un'incriminazione per "incitamento all'odio etnico"... Reprimendo tutti questi segni esteriori di antisemitismo, Stalin distoglieva così l'attenzione dalle motivazioni realmente giudeofobiche alla base delle sue azioni[92]."

Ed è probabilmente anche per "sviare l'attenzione" che Stalin continuò a premiare gli ebrei meritevoli: "Per il completamento dei lavori del

---

[91] Arkadi Vaksberg, *Stalin e i giovani*, Robert Laffont, 2003, pag. 65.

[92] Arkadi Vaksberg, *Stalin e i giovani*, Robert Laffont, 2003, pagg. 90, 91.

canale Baltico-Mar Bianco, eseguiti dagli schiavi dei gulag, conferì l'ordine di Lenin ai capi della Lubyanka, che erano tutti ebrei: Lazar Kogan, Matvei Berman, Semion Firine, Yakov Rappoport e molti altri". Vaksberg si indignò di nuovo: "D'ora in poi tutti sapevano chi erano i compagni dei detenuti del socialismo".

Al secondo grande processo a Mosca, nel gennaio 1937, sul banco degli imputati c'erano sei ebrei su diciassette. Dei quattro condannati principali (Piatakov, Radek, Sokolnikov e Serebriakov), Stalin risparmiò le vite di Karl Radek (Sobelson) e Grigori Sokolnikov (Brilliant), "entrambi ebrei e conosciuti in Occidente". Vaksberg conclude: "Un altro argomento per confutare l'antisemitismo di Stalin[93]".

All'inizio di febbraio del 1938, Yezhov guidò una grande epurazione a Kiev dove, aiutato da Krusciov, procedette all'arresto di trentamila persone. In quell'anno 106.119 persone erano state vittime del Terrore in Ucraina e quasi tutto il Politburo ucraino era caduto. Yezhov tornò quindi a Mosca per lanciare il terzo e ultimo grande processo alle "organizzazioni antisovietiche trotzkiste e di destra". Questo debuttò il 2 marzo 1938, con Bukharin, Rykov e Yagoda prossimi a passare al tritacarne. Dei 21 imputati, c'erano solo quattro ebrei, osserva Vaksberg. "Tuttavia, l'ultima udienza si concluse con un colpo di scena apertamente antisemita da parte del procuratore Vychinski, quando lesse con accento ebraico un passo della Torah da un frammento trovato addosso all'imputato Arkadi Rosengoltz". La moglie glielo aveva infilato in tasca come talismano protettivo, ma non ha impedito che gli sparassero.

Dopo il Grande Terrore del 1936-1938, la percentuale di ebrei nell'apparato statale era notevolmente diminuita. Gli ebrei, che nel 1936 costituivano il 39% della dirigenza dell'NKVD, divennero il 21% nel 1938 e solo il 4% nel 1939, mentre la percentuale di russi passò dal 31% del 1934 al 65% del 1941[94].

Ma Yezhov cominciava ad essere abbandonato. "Conduceva una vita notturna da vampiro, abbandonandosi al bere e alle torture. Stalin gli

---

[93] Arkadi Vaksberg, *Stalin et les juifs*, Robert Laffont, 2003, p.96, 97. Radek e Sokolnikov furono assassinati in prigione nel maggio 1939 dai loro compagni di cella, criminali di diritto comune.

[94] Arkadi Vaksberg, *Stalin et les juifs*, Robert Laffont, 2003, pag. 104.105.

propose gentilmente di assumere qualcuno che lo aiutasse a dirigere l'NKVD. Kaganovitch suggerì Lavrenti Beria, un georgiano. Nel 1938, Beria fu inviato a Mosca con i suoi scagnozzi georgiani per sgominare la banda di Yezhov. Fu infine arrestato nell'aprile 1939, "dovette essere trascinato per le braccia" e fu giustiziato poco dopo. Anche lo scrittore Isaac Babel, parente della moglie di Yezhov, fu condannato e giustiziato nello stesso periodo. Dopo la sua morte, Yezhov fu considerato un sanguinario rinnegato che aveva massacrato innocenti alle spalle di Stalin e il suo nome fu cancellato dalla storia ufficiale. Il nuovo capo della polizia, Beria, era odiato da molti stretti collaboratori del dittatore, perché era un intrallazzatore nato, capace delle peggiori vendette e dotato di grande energia. Era un "manager di talento, l'unico leader sovietico che si potrebbe immaginare diventi presidente della General Motors", come direbbe la nuora.[95]

Sebbene fosse un buon padre di famiglia, era comunque un "pericoloso predatore sessuale" che rapiva e violentava le donne che venivano a supplicarlo per conto delle loro famiglie. Il 17 gennaio 2003, l'ufficio del procuratore russo ha confermato l'esistenza di un dossier di 47 volumi sui crimini di Beria, comprese le testimonianze di decine di donne che lo accusavano di averle violentate. Beria era anche un sadico boia. Come Yezhov, torturava personalmente le sue vittime. Il giorno del suo insediamento ufficiale, Stalin e Molotov firmarono 3176 condanne. I boia avevano il loro bel da fare. Il Grande Terrore non sarebbe terminato fino al 18° Congresso del Partito, il 10 marzo 1939.

La guerra civile spagnola

Dopo Mosca, Berlino, Budapest e Monaco, la nube rivoluzionaria si sarebbe addensata sulla Spagna, approfittando della terribile guerra civile iniziata nell'estate del 1936. Lo scoppio dell'insurrezione nazionalista in Spagna era stato il fattore scatenante che li aveva convinti dell'imminenza del confronto "tra le forze delle tenebre e le forze della luce". La storica prova di forza iniziò lì. Migliaia di ebrei provenienti da tutta Europa e dal mondo intero si gettarono nella battaglia arruolandosi nelle Brigate Internazionali.

---

[95] Simon Sebag Montefiore, *La corte dello zar rosso*, 2004, Crítica-Barcelona, p. 280.

Così si legge nel libro di Alain Brossat: "Provenienti dalla Polonia, dall'Ungheria, dalla Romania, dalla Jugoslavia, dalla Francia, dal Belgio, dalla Palestina, dalla Germania, dagli Stati Uniti, dall'Argentina e persino dall'Australia e dal Sudafrica, si diressero dal luglio 1936 verso la Spagna repubblicana che portavano nel cuore, verso un combattimento in cui sembravano convergere e concentrarsi tutte le loro energie e tutto il loro ottimismo rivoluzionario". Tra i brigatisti, infatti, c'era un gran numero di ebrei dell'Europa dell'Est: "Basta, oggi, scorrere le interminabili liste degli "internazionali" caduti in Spagna per convincersi dell'importanza della quota di ebrei, combattenti dell'Yiddishland, giunti a Barcellona e ad Albacete, da Melbourne, Buenos Aires, Chicago, Parigi, Liegi, e non solo da Varsavia o Lodz".

Nel suo libro, Alain Brossat ha riportato la testimonianza dell'ex membro della brigata Pierre Scherf. Egli dichiarò che "tre quarti, senza esagerare, dei 600 volontari rumeni che parteciparono alla guerra di Spagna erano ebrei". Un giorno fu chiamato dal suo capo per aiutarlo con una delegazione di miliziani della Brigata Lincoln americana, apparentemente molto arrabbiata, per la quale serviva urgentemente un traduttore. Pierre Scherf poteva occuparsi della traduzione? "Ma io non conosco l'inglese! rispose. - Faccia pure, rispose l'altro, lei conosce così tante lingue! Scherf si grattò la testa e all'improvviso ebbe un'idea: "Qualcuno di voi parla yiddish?" Si alzarono numerose mani e iniziò la sfilata di lamentele: "Non riceviamo la posta, il cibo è disgustoso!

Pierre Scherf era molto orgoglioso del suo curriculum di militante: "Vicino a Madrid, a Guadalajara, a Brunete o a Saragozza, ovunque la nostra Brigata combattesse contro il nemico mortale dell'umanità, il fascismo, i volontari ebrei erano in prima linea, dando così un esempio di eroismo e di coscienza antifascista[96]".

Questi fatti sono stati confermati dallo storico del comunismo Stéphane Courtois: "I militanti di tutta Europa, ma anche di tutto il mondo (America Latina, Canada, Australia, Nuova Zelanda, e persino... Palestina), accorsero in massa nel 1936 alle Brigate internazionali organizzate dal movimento comunista, per combattere con le armi in pugno in Spagna. Dei 32.000 volontari delle Brigate, si stima che un quarto (tra i 7 e gli 8.000) fossero ebrei, la metà polacchi, e avessero una lingua comune, lo yiddish; i battaglioni tedeschi, cechi, polacchi e

---

[96] Alain Brossat, Sylvia Klingberg, *Le yiddishland revolutionnaire*, Balland, 1983, p. 130, 124, 132

americani erano composti in maggioranza da ebrei; fu persino creata un'unità esclusivamente ebraica, la compagnia Botwin (dal nome di un militante ucciso in Polonia)."[97]

Nel suo libro intitolato *Shalom Libertad, gli ebrei nella guerra civile spagnola*, Arno Lustiger - parente stretto del Cardinale* - scrisse il seguente commento che chiarisce il carattere nazionale dell'intervento: "Fin dal primo giorno dello scoppio della guerra civile, la stampa operaia ebraica sostenne la Repubblica. Si notano anche le forti dichiarazioni pro-repubblicane dei circoli borghesi dell'opinione pubblica ebraica. I direttori di riviste ebraiche superavano i giornalisti non ebrei nel loro sostegno alla Repubblica spagnola[98]".

Per quanto riguarda il numero dei volontari, Arno Lustiger ritiene che sia stato certamente sottostimato, "poiché gli ebrei erano soliti cambiare i loro cognomi e quindi non potevano essere identificati come tali negli archivi e nelle liste delle Brigate Internazionali... Molti ebrei americani cambiarono i loro cognomi in anglosassoni, su ordine del PC USA, per non attirare l'attenzione nel loro lavoro di agitazione tra i lavoratori non ebrei[99]".

Arno Lustiger ha aggiunto che c'è un grosso fattore di imprecisione in queste cifre: "Molti volontari ebrei erano ebrei erranti della rivoluzione mondiale, che erano già stati attivi in diversi Paesi prima di andare in Spagna. David Kamy, ad esempio, lasciò la Russia, passò per la Cina e il Giappone e raggiunse la Palestina, da dove andò in Belgio e poi in Spagna, per cui il suo nome compare nella lista belga. Molti ebrei polacchi raggiunsero la Spagna attraverso la Francia e il Belgio, quindi è molto probabile che vengano contati due o tre volte. Anche i volontari della Palestina di origine polacca sono contati come polacchi... Gli ebrei, con i loro 7.758 volontari, si classificarono al secondo posto tra i contingenti nazionali, dietro agli 8.500 francesi provenienti dal Paese vicino. Ma se da quest'ultima cifra si sottraggono i 1043 ebrei

---

[97] Stéphane Courtois, in Béatrice Philippe, *Les juifs dans le mode contemporain*, MA éditions, 1986, p.53

* Aaron Jean-Marie Lustiger (1926-2007), cardinale e arcivescovo di Parigi.

[98] Arno Lustiger, *Shalom Libertad, Judíos en la guerra civil española*, Flor del Viento Ediciones, Barcellona 2011, p.64

[99] Arno Lustiger, *Shalom Libertad, Judíos en la guerra civil española*, Flor del Viento Ediciones, Barcellona 2011. p. 70, 72.

conteggiati nel contingente francese, gli ebrei che combatterono a fianco dei francesi non erano francesi in senso stretto, ma rifugiati politici arrivati in Francia solo di recente, ad esempio dalla Polonia[100]."

I volontari internazionali furono addestrati nella nuova base di Albacete, a metà strada tra Madrid e Valencia, sotto il comando di André Marty. Di sangue catalano e nato a Perpignan, questo figlio di operai si era distinto nel 1919 per aver preso la guida dell'ammutinamento della flotta francese nel Mar Nero per protestare contro l'ordine di sostenere le armate della Russia Bianca. Il principale storico della guerra civile spagnola, l'inglese Hugh Thomas, ha scritto di lui: "Il posto che occupava nella base di Albacete gli era stato dato in virtù delle sue presunte conoscenze militari e grazie all'appoggio di Stalin, che non aveva dimenticato che, diciassette anni prima, Marty si era rifiutato di prendere le armi contro la nascente Unione Sovietica". In Spagna fu chiamato inizialmente "l'ammutinato del Mar Nero" e poi "il macellaio di Albacete".

Hugh Thomas raccontò una scena in cui si vedeva André Marty rivolgersi ai brigatisti nel cortile della caserma: "Il popolo spagnolo e il suo esercito non hanno ancora sconfitto il fascismo. Perché? Per mancanza di entusiasmo? No, e mille volte no. Hanno mancato di tre cose che non devono mancare a noi: unità politica, leadership militare e disciplina". Hugh Thomas ha aggiunto: "Riferendosi ai capi militari, indicò una figura piccola, dai capelli grigi, con il mantello abbottonato fino al collo. Era il generale Emilio Kleber. Kleber aveva quarantuno anni e pare fosse originario della Bucovina, che allora faceva parte della Romania e che al momento della sua nascita era stata incorporata nell'Impero austro-ungarico. Il suo vero nome era Lazar Manfred Stern e il suo nome di battaglia era tratto da uno dei più abili generali della Rivoluzione francese. Durante la Prima guerra mondiale prestò servizio come capitano nell'esercito austriaco. Catturato dai russi, fu internato in Siberia. Allo scoppio della rivoluzione riuscì a fuggire e si unì al Partito bolscevico... Alla fine entrò nella sezione militare del Komintern". Nel 1933 era stato inviato a Shanghai come consigliere militare del Partito Comunista Cinese. "Ora è arrivato in Spagna, come capo di punta della prima Brigata Internazionale. Proprio mentre Marty

---

[100] Arno Lustiger, *Shalom Libertad, Judíos en la guerra civil española*, Flor del Viento Ediciones, Barcellona 2011, p73.

lo presentava, Kleber fece un passo avanti per salutare con il pugno chiuso, provocando una tempesta di applausi[101]".

Alla fine di agosto del 1936, questo esperto militare professionista della rivoluzione mondiale arrivò con il primo ambasciatore sovietico, Manfred Rosenberg. Rosenberg era l'ex vicesegretario generale della Società delle Nazioni. Era accompagnato da numerosi specialisti dell'esercito, della marina e dell'aviazione, nonché da alti ufficiali della polizia segreta e da giornalisti. Alla fine di ottobre arrivarono dall'Unione Sovietica grandi quantità di materiale bellico, pagato con le riserve auree del governo repubblicano. Le forze di combattimento spagnole erano organizzate sul modello dei grandi Stati dell'Armata Rossa. A ogni unità era assegnato un commissario politico accanto al comando militare. Arno Lustiger ha scritto: "Quasi tutti i commissari politici in Spagna erano ebrei[102]".

Manfred Rosenberg voleva anche incitare il capo del governo repubblicano, il socialista Largo Caballero, a rimuovere il generale Asensio dall'incarico e a prendere alcune delle misure auspicate dai comunisti. "Dopo due ore di conversazione animata... Largo Caballero balzò in piedi: 'Fuori! Fuori! Lei deve sapere, signor ambasciatore, che noi spagnoli possiamo essere poveri e bisognosi di aiuto dall'estero, ma abbiamo abbastanza orgoglio da non accettare che un ambasciatore straniero cerchi di imporre la sua volontà a un capo di governo spagnolo[103]". Rosenberg fu sostituito poco dopo dal suo incaricato d'affari, L.Y. Gaikins, anch'egli ebreo.

L'uomo del Komintern in Spagna era Ernö Gerö. Era incaricato di guidare i comunisti in Catalogna. Il suo vero nome era Ernst Singer. Dopo la guerra sarebbe diventato vice primo ministro dell'Ungheria e sarebbe stato anche la creatura di Kruscev durante la sanguinosa repressione dell'insurrezione ungherese del 1956.

Ernst Toller è tornato in Spagna. Nato nel 1893 vicino a Poznan, in Polonia, da una famiglia di commercianti ebrei, era stato vicepresidente

---

[101] Hugh Thomas, *La guerra civil española*, Tomo I, Grijalbo Mondadori, Barcellona 1976. p. 494-496.

[102] Arno Lustiger, *Shalom Libertad, Judíos en la guerra civil española*, Flor del Viento Ediciones, Barcelona 2011. p.53

[103] Hugh Thomas, *La guerra civil española*, Tomo II, Grijalbo Mondadori, Barcellona 1976, p.580.

del Consiglio dei Lavoratori e comandante dell'esercito bavarese durante la breve rivoluzione di Monaco del 1918. Era stato condannato a cinque anni di prigione ed espulso dalla Baviera nel 1924. Emigrò negli Stati Uniti, dove tentò senza successo di stabilirsi a Hollywood, prima di trasferirsi in Messico, dove fondò la "Lega per la cultura tedesca". Tornato negli Stati Uniti, scrive opere teatrali prima di arruolarsi e partire per la Spagna. Organizzò una colletta per i "repubblicani" in Inghilterra e negli Stati Uniti, ma anche in Finlandia, Svezia, Danimarca e Norvegia, dove i socialisti erano al potere. Si appella costantemente alle donazioni e incontra numerosi politici, ministri ed ecclesiastici.

Il giornalista e scrittore Ilya Ehrenburg nacque nel 1891 a Kiev da una famiglia ebrea benestante e religiosa. Fu capo corrispondente estero dell'Izvestia a Parigi, da dove si trasferì in Spagna per "coprire la guerra". Lì conobbe Hemingway. In seguito fu chiamato da Stalin a dirigere la propaganda bellica dell'URSS contro la Germania. Principale cronista della stampa sovietica al fronte, scrisse, insieme all'altro "grande" scrittore sovietico, Vassili Grossman, il "Libro nero" sui crimini nazisti contro gli ebrei. Ha sempre sostenuto il regime sovietico, anche dopo l'epurazione del Comitato antifascista ebraico e il processo agli scrittori ebrei nel 1952.

Hugh Thomas ha anche ricordato che il capo del personale della base di Albacete era "un compagno di Marty, consigliere del municipio di Parigi, di nome Vital Gayman, conosciuto in Spagna con il cognome comune di Vidal". Nel 1938, "accusato di appropriazione indebita, partì per Parigi. Lui e i suoi scagnozzi avevano apparentemente sequestrato molti degli effetti personali dei volontari[104]". Fu sostituito da un tedesco, Wilhelm Zaisser.

Si può citare anche Jakob Smuschkewitsh, che fu comandante in capo dell'aviazione repubblicana. Aveva assunto lo pseudonimo di "Generale Douglas". Nel 1936 furono inviati centocinquanta aerei sovietici, insieme ai loro piloti e al personale di terra. Il colonnello Selig Joffe, un ebreo sovietico, era a capo del servizio tecnico. "Nel giugno 1938, Jakob Smusschkewitsch fu sollevato... Arrivò a Mosca il 18 giugno, fu promosso comandante di corpo d'armata e ricevette l'incarico di vice comandante in capo dell'aviazione sovietica. Fu anche

---

[104] Hugh Thomas, *La guerra civil española, Tomo I y II*, Grijalbo Mondadori, Barcellona 1976, p.494, 840.

insignito dell'Ordine di Lenin e, durante un ricevimento al Cremlino, Stalin gli conferì la decorazione di Eroe dell'Unione Sovietica[105]". Anche lui sarebbe stato vittima delle purghe staliniane.

Con l'avanzata delle truppe nazionaliste, l'atmosfera tra i volontari internazionali si deteriorò presto. Erano strettamente sorvegliati dagli uomini di Mosca e molti volontari furono trattenuti contro la loro volontà una volta terminato il loro periodo di impegno. All'inizio del 1938, durante la disfatta sul fronte aragonese, "le esecuzioni arbitrarie si susseguirono; non mancarono casi di ufficiali fucilati davanti alle truppe", scrive Hugh Thomas (p. 861). Nel volume 10 della rivista *Tabou*, Marty riconobbe di aver personalmente giustiziato 500 volontari, "una cifra sicuramente inferiore alla verità" (p.153). (p.153).

All'epoca, la Spagna deteneva la quarta riserva d'oro più grande del mondo. La maggior parte di essa era depositata presso il Banco de España a Madrid. Nel settembre 1936, i repubblicani avevano ritenuto preferibile trasferire il tesoro in un luogo sicuro. Sembrava rischioso affidarsi alla Gran Bretagna e alla Francia, data la loro incrollabile politica di non intervento. Il 25 ottobre 1936, l'oro fu finalmente spedito in Unione Sovietica. La riserva aurea divenne una sorta di conto corrente con cui la Repubblica poté pagare le armi e il petrolio.

L'operazione di carico si svolse nella massima segretezza. Sessanta marinai lavorarono per tre notti di fila, dormendo di giorno sopra le casse piene d'oro, senza sapere cosa contenessero. Alexander Orlov, capo della polizia segreta sovietica, era stato incaricato di supervisionare il trasporto in URSS. Era anche responsabile dell'organizzazione della repressione dei trotskisti e dell'assassinio del loro leader, Andreu Nin.

Quando la spedizione fu completata, il Sottosegretario di Stato Méndez Aspe confrontò le sue cifre con quelle di Orlov, affermando che avrebbero dovuto esserci 7.900 scatole, ma Méndez Aspe ne contò soltanto 7.800. Secondo lui, ci sarebbero dovute essere 7900 scatole, ma Méndez Aspe ne ha contate solo 7800. Ogni camion che aveva assicurato il trasporto al porto di Cartagena era carico di cinquanta scatole. Mancava quindi il carico di due camion. "Orlov non menzionò la discrepanza a Méndez Aspe, poiché, se i conti di quest'ultimo fossero

---

[105] Arno Lustiger, *Shalom Libertad, Judíos en la guerra civil española*, Flor del Viento Ediciones, Barcellona, 2011, p.135.

stati corretti, avrebbe dovuto rendere conto delle casse mancanti". L'oro partì quindi per Odessa. "Secondo Orlov, Stalin festeggiò l'arrivo dell'oro con un banchetto durante il quale dichiarò che "gli spagnoli non vedranno l'oro più di quanto chiunque possa vedere le proprie orecchie"".

L'oro, tuttavia, fu utilizzato per finanziare l'acquisto di armi per i rossi. Un agente dell'NKVD di nome Zimin creò quindi un'organizzazione in grado di acquistare armi in tutta Europa. Lavorò a questo proposito con Ignace Poretsky (Ignace Reiss), il capo dell'NKVD in Svizzera. Nelle note a pagina 478, Hugh Thomas afferma che Ignace Poretsky era stato membro di un gruppo di comunisti ebrei polacchi. Aggiunge che si trattava di agenti pagati che "spesso avevano le caratteristiche dei personaggi dei romanzi di spionaggio":

"C'era, ad esempio, un certo dottor Mylanos, un greco con sede a Gdynia. Un altro era Fuat Baban, anch'egli greco, rappresentante in Turchia delle società Skoda, Schneider e Hotchkiss, che in seguito sarebbe stato arrestato a Parigi per traffico di droga. E poi c'era Ventoura. Qui Hugh Thomas si è servito di una nota del Ministero degli Affari Esteri tedesco che lo identificava e lo inviava alla nazionale: "Di origine ebraica, nato a Costantinopoli, che è stato condannato per truffa in Austria, con un passaporto falso, e viveva con una donna in Grecia, pur essendo domiciliato a Parigi, in un albergo di Avenue Friedland". Aggiungeva infine che "numerosi personaggi di questo tipo... fornivano armamenti costosi e spesso antiquati alla commissione per l'acquisto di armi del governo repubblicano[106]".

La vicenda dell'oro spagnolo appare ancora più chiara alla luce di altre informazioni. Quando Orlov fu convocato per tornare a Mosca, "invece di presentarsi all'ambasciata sovietica a Parigi, riuscì a fuggire in Canada". Visse a Cleveland, nell'Ohio, fino alla sua morte, avvenuta nel 1973, scrive un discretissimo Arno Lustiger [107]. In un libro pubblicato nel 2006, Edgar Morin ci ha informato che la vera identità di Orlov, il capo dell'NKVD in Spagna, era "Leiba Lazarevitch Feldin". Rifugiato negli Stati Uniti, "fu tenuto in vita dal fatto che informò Stalin

---

[106] Hugh Thomas, *La guerra civil española*, Tomo I, Grijalbo Mondadori, Barcellona 1976, p.485-487.

[107] Arno Lustiger, *Shalom Libertad, Ebrei nella guerra civile spagnola*, Flor del Viento Ediciones, Barcellona 2011, p.164-165.

che la sua morte avrebbe provocato la pubblicazione di rivelazioni capitali[108]".

La Spagna repubblicana era stata sconfitta, ma le "forze della luce" erano ancora vive e all'opera in tutto il mondo. Come scrisse all'epoca Roger Bramy negli Stati Uniti, in un articolo del *Jewish Journal*: "Il nazismo e il fascismo non riconoscono confini territoriali, sono microbi che attaccheranno il mondo intero, compresi gli ebrei in America, e dobbiamo essere preparati ad affrontarli[109]".

L'invasione tedesca

Prima dello scoppio della Seconda guerra mondiale, gli ebrei in URSS erano ancora numerosi e influenti nella leadership del regime. Tuttavia, avevano perso terreno dopo le grandi purghe che avevano decimato gli ex bolscevichi. Arkadi Vaksberg ha ricordato che negli anni Venti e Trenta "Mosca era rappresentata dagli ebrei delle principali capitali occidentali: Maksim Litvinov (Wallach), Grigori Sokolnikov (Brilliant), poi Ivan Maiski (Israel Lakhevetzi) a Londra, Adolf Iofe a Parigi, Boris Stein a Helsinki e poi a Roma, Marcel Rosenberg e poi Leon Gaykis a Madrid, Konstantin Umanski a Washington, Lev Khintchuk e poi Yakov Souritz a Berlino, quando il nuovo regime nazista stava già mostrando il suo odio per gli ebrei". Fu quasi una provocazione, scrive Vaksberg, che conclude, paradossalmente: "Numerosi fatti attestano che Stalin manifestò volentieri una particolare simpatia per gli ebrei[110]".

Nel 1939 Stalin, pur offrendo la sua neutralità al miglior offerente, decise di accettare l'offerta di Hitler. Il 4 maggio licenziò il suo ministro degli Esteri, Maksim Litvinov, e la maggior parte dei suoi collaboratori ebrei, inviando così un segnale molto chiaro in direzione della Germania nazista.

---

[108] Edgar Morin, *Le monde moderne et la question juive*, Seuil 2006, p.85, nota 1.

[109] Arno Lustiger, *Shalom Libertad, Judíos en la guerra civil española*, Flor del Viento Ediciones, Barcelona 2011, p.62

[110] Arkadi Vaksberg, *Stalin et les juifs*, Robert Laffont, 2003, p.71, 72. Stalin si rese conto che Litvinov era un ostacolo al riavvicinamento con Hitler. Ordinò a Mejlis, l'editore della Pravda, di usare pseudonimi nel giornale.

Litvinov fu sostituito da Molotov. Anni dopo, Molotov avrebbe rivelato quanto segue: "Nel 1939, quando Litvinov fu richiamato e io arrivai al Ministero degli Esteri, Stalin mi disse: "Fai piazza pulita degli ebrei nella Commissione". È una fortuna che mi abbia chiesto di farlo, perché gli ebrei costituivano una maggioranza assoluta nella dirigenza e tra gli ambasciatori... Naturalmente Stalin diffidava degli ebrei".

Sebag Montefiore è d'accordo nella sua biografia: "L'applicazione del terrore ai diplomatici di Stalin aveva lo scopo di attirare Hitler: 'Epurate gli ebrei dal ministero', disse, 'ripulite la sinagoga'. Grazie a Dio pronunciò quelle parole, commentava Molotov (che era sposato con un'ebrea). Gli ebrei costituivano una maggioranza assoluta e molti ambasciatori... "Molotov e Beria erano impegnati a terrorizzare l'establishment diplomatico cosmopolita, molti dei quali bolscevichi ebrei che conoscevano perfettamente le grandi capitali europee".

Nella lunga lista dei licenziati c'era anche Ievgueni Gnedine (Parvus). Era figlio di Alexander Gelfand (Israel Parvus), originario della Bielorussia ed emigrato in Svizzera, dove si distinse come filosofo, uomo d'affari, editore e rivoluzionario. Vicino a Trotsky e Lenin, fu lui a finanziare il trasferimento di Lenin e della sua cricca dalla Svizzera alla Russia nel marzo 1917, prima della sua morte nel 1924. Stalin, tuttavia, rifiutò di organizzare un grande processo ai diplomatici, ritenendo che la dispersione della "sinagoga" fosse un regalo sufficiente a Hitler. Litvinov rimase membro del Comitato centrale.

Arkadi Vaksberg voleva dimostrare le intenzioni antisemite del padrone del Cremlino, per questo insisteva ancora una volta sul suo doppio gioco. Secondo lui, questo spiega perché Stalin, ansioso di preservare la sua immagine pubblica di comunista, nominò anche Rosalia Zemliatchka (Zalkind) come vice primo ministro (cioè vice del presidente del Consiglio dei commissari, quindi di Molotov), "la stessa che nel 1920 si distinse in modo crudele e barbaro nella repressione dell'esercito bianco e della popolazione civile della Crimea...". Aveva la reputazione, scrive Vaksberg, di essere una mediocre funzionaria, e i massacri di Crimea erano l'unica parte degna di nota della sua biografia... Si trattava di un gesto rassicurante per gli ebrei, ma di nessun significato reale. Ma quando la farsa non fu più necessaria, Zemliatchka fu licenziato nell'agosto del 1943. Nessuno aveva notato la sua presenza nella carica di vice primo ministro".

Allo stesso modo, Salomon Lozovski (Dridzo), fino ad allora relegato in secondo piano alla guida dell'Internazionale sindacale (Profintern), ottenne l'invidiabile incarico di vice commissario del popolo per gli affari esteri. "Chi oserebbe quindi affermare che i diplomatici licenziati sono stati allontanati a causa della loro origine etnica? Lozovskij era di media intelligenza e un docile esecutore dei desideri del dittatore. Era un perfetto miraggio[111]".

Dopo la firma del Patto Ribbentrop-Molotov a Mosca il 23 agosto 1939, il discorso antinazista e la denuncia dell'antisemitismo e della persecuzione degli ebrei in Germania e nei Paesi occupati dai nazisti scomparvero improvvisamente dalla propaganda comunista fino all'invasione tedesca del 1941.

In *Testamento di un poeta assassinato*, l'eroe di Elie Wiesel, Paltiel Kossover, un ebreo religioso diventato militante comunista che si era unito alle brigate internazionali in Spagna, stava tornando a Mosca in quel periodo. Era stupito: "A Parigi, abbiamo combattuto e denunciato il nazismo giorno e notte nei nostri giornali, riviste e discorsi, tutto in nome della rivoluzione comunista. E qui, voi ve ne state zitti! Non capisco".

L'invasione tedesca del 22 giugno 1941 e la successiva entrata in guerra dell'Unione Sovietica furono celebrate in grande stile: "Salutai lo scoppio delle ostilità con un senso di sollievo. Non ero solo. Ascoltando il discorso di Molotov, sentii un forte e smodato impulso a gridare la mia gioia: Evviva, finalmente combatteremo contro Hitler e gli hitleriani! Evviva, potremo dare libero sfogo alla nostra rabbia! Lasciai la tipografia e corsi al Club. Ansimante e sovraeccitato, mi unii ai miei compagni che circondavano Mendelevitch. A quell'ora volevo essere insieme ai miei, tra di loro, per congratularmi con loro, per abbracciarli, per piangere di gioia come loro, per piangere di orgoglio, per ridere con loro, per cantare come loro, bevendo qualche bicchiere". E Wiesel ha continuato: "Nessuna guerra nella storia è mai stata abbracciata con tanta passione e fervore. Pronti a offrire tutto, a fare di tutto per sconfiggere i peggiori nemici del nostro popolo e dell'umanità, avevamo finalmente la sensazione di appartenere a questo Paese[112]".

---

[111] Simon Sebag Montefiore, *La corte del Zar rojo*, 2004, Crítica-Barcelona, pagg. 309, 310 e Arkadi Vaksberg, *Stalin et les juifs*, Robert Laffont, 2003, pagg. 110-113.

[112] Elie Wiesel, *Le testament d'un poète juif assassiné*, pp. 240, 247, 249. Questa scena ci ricorda quella del film di Roman Polanski *Il pianista* (2001), in cui si vede una famiglia ebrea polacca che esplode di gioia quando sente alla radio l'entrata in guerra del Regno Unito e della Francia: "È meraviglioso!

Tuttavia, gli eventi si trasformarono rapidamente in un disastro. Quando, nel 1939, le armate tedesche attraversarono il confine polacco, "centinaia di migliaia di rifugiati ebrei e polacchi" si rifugiarono nella parte orientale del Paese, che poche settimane dopo sarebbe stata annessa all'Unione Sovietica. Il libro di Alain Brossat presenta la testimonianza di Isaac Safrin:

"Quando la Wehrmacht invase la Polonia, Isaac Safrin, uno studente radicale, era in vacanza e lavorava in un centro di accoglienza per bambini a Varsavia. "Parti subito! lo esortava il padre, 'vai in Russia! Sapeva che il figlio aveva attirato l'attenzione dell'università con articoli virulenti antinazisti pubblicati sulle riviste politiche e culturali della capitale... Al calar della notte, Safrin e i bambini arrivano in una piccola città sul Bug: è la linea di demarcazione. Il luogo pullula di contrabbandieri e trafficanti di ogni genere. Ma le guardie di frontiera sovietiche bloccano il passaggio. Migliaia di rifugiati sono lì, bloccati, per lo più ebrei. Safrin vede il primo soldato dell'Armata Rossa della sua vita: "Indossava quel buffo berretto a punta... La mattina dopo hanno aperto il confine e siamo riusciti a raggiungere Bialistok"... Sembra che durante questo esodo, circa 300.000 ebrei abbiano potuto evacuare i territori occupati dai tedeschi e fuggire verso est[113]".

Le città di Bialistok e Brest-Litovsk erano spesso la prima tappa per questi rifugiati. Un altro attivista ebreo, Yakov Greenstein, ha fornito questa testimonianza: "La situazione a Bialistok era sorprendente: c'erano decine di migliaia di rifugiati ebrei dalla Polonia che, da un lato, ballavano e facevano festa con l'Armata Rossa nelle strade, ma che, dall'altro, con la loro stessa presenza creavano un'anarchia totale, dormendo per strada e vivendo in condizioni igieniche deplorevoli[114]".

In questa nuova spartizione della Polonia, i sovietici avevano fatto prigionieri 26.000 ufficiali polacchi. Il 5 marzo 1940, il Politburo decise il loro destino: 14.700 ufficiali e poliziotti polacchi e 11.000 proprietari

---

Anche nel film di Ariel Zeitoun, *L'ombelico del mondo* (1993), vediamo gli ebrei tunisini euforici di gioia all'annuncio della dichiarazione di guerra della Francia alla Germania.

[113] Alain Brossat, Sylvia Klingberg, *Le yiddishland revolutionnaire*, Balland, 1983, pp. 197, 198.

[114] Alain Brossat, Sylvia Klingberg, *Le yiddishland revolutionnaire*, Balland, 1983, pagg. 270, 271.

terrieri "controrivoluzionari" furono dichiarati "spie e sabotatori" e dovevano essere giustiziati. Blojín, "un duro agente della cheka di quarantun anni, dal viso tarchiato e dai capelli neri cotonati", era responsabile della prigione della Lubianka e delle esecuzioni dal 1921. Era l'uomo della situazione, scrive Sebag Montefiore. "Blokhin si recò al campo di concentramento di Ostashkov, dove, insieme ad altri due agenti della cheka, allestì una baracca con pareti imbottite e insonorizzate e decise di imporre una quota veramente stakhanovista di 250 esecuzioni ogni notte. Portò con sé un grembiule di pelle e un berretto da macellaio con cui compì uno dei più prolifici atti di omicidio di massa mai eseguiti da un singolo individuo, uccidendo esattamente settemila uomini in ventotto notti, con una pistola Walther di fabbricazione tedesca, per impedire una futura identificazione. I cadaveri furono sepolti in vari luoghi, ma i quattromila e cinquecento ufficiali imprigionati nel campo di Kozelsk furono sepolti nelle foreste di Katin".

"Fu uno dei boia più prolifici del secolo, uccidendo personalmente migliaia di individui, spesso indossando un grembiule di pelle da macellaio per non macchiare la sua uniforme. Ciononostante, il nome di questo mostro è sfuggito alle dita della storia[115]", si stupisce lo storico. Blokhin si ritirò dopo la morte di Stalin con i ringraziamenti di Beria.

"Gli ebrei erano ancora numerosi nelle alte sfere della Lubianka, scrive Arkadi Vaksberg, per non parlare della ricerca scientifica, della vita economica e dell'industria bellica... Quando nel 1939 dovette affrontare lo spinoso problema finlandese, si rivolse all'ambasciatore Boris Stein... e al colonnello della Lubyanka Boruch Rybkin... per poter presentare e argomentare il suo ultimatum ai leader di quel Paese[116]".

Lo storico israeliano Sever Plocker ha citato un certo Leonid Reichman, capo del dipartimento dell'NKVD, specialista in interrogatori, che era "un sadico particolarmente crudele".

I polacchi non furono gli unici a soffrire per l'occupazione del loro Paese. Anche i baltici poterono sperimentare la durezza dei metodi comunisti: "Il destino volle che il primo Commissario del Popolo agli Interni nella Lettonia sovietica fosse, per qualche settimana, l'ebreo

---

[115] Simon Sebag Montefiore, *La corte del Zar rojo*, 2004, Crítica-Barcelona, p. 343, 191.

[116] Arkadi Vaksberg, *Stalin e i giovani*, Robert Laffont, 2003, p. 117.

Semion Schuster", ha scritto Arkadi Vaksberg. Fu lui a dare il via all'epurazione e alla deportazione dei lettoni che non sembravano essere di gradimento degli occupanti. Naturalmente, la detestazione dei lettoni nei confronti del tiranno Schuster si estese a tutti gli ebrei "moscoviti"[117].

Il destino degli ebrei nelle regioni annesse dall'URSS nel 1940 - i Paesi baltici, la Polonia orientale, la Moldavia e la Bucovina settentrionale - fu molto diverso. Il regime sovietico prese subito provvedimenti per proteggerli, inviando centinaia di migliaia di ebrei verso est, mettendoli così al riparo dall'avanzata delle truppe tedesche. Haim Babic, anch'egli rifugiatosi a Brest-Litovsk, conferma le testimonianze di Marek Halter e Samuel Pisar [118]: "Le autorità avevano deciso di deportare gli ebrei polacchi che si erano rifugiati in quella regione. Fummo trasportati a est degli Urali, nella regione di Tavda, un campo in mezzo alla foresta... Arrivai con mia moglie e i miei figli ad Astrakhan, ai margini del Mar Caspio. Astrakhan era un vicolo cieco dove confluivano milioni di rifugiati. Trovai un lavoro in una fabbrica, fummo alloggiati in un appartamento collettivo". Ma le armate tedesche si avvicinarono presto ad Astrakhan, lungo il Volga: "Dovemmo fuggire di nuovo. I treni erano sovraffollati... Siamo partiti a migliaia di chilometri di distanza, verso il centro della Russia. Avevo degli amici in un kolkhoz che ci accolsero e ci aiutarono[119]".

Ovviamente si diffuse la voce che gli ebrei erano rimasti nelle retrovie, lontano dalle zone di combattimento. Si supponeva che gli ebrei si nascondessero a Tashkent, la capitale dell'Uzbekistan. "Ivan combatte in trincea, Abram tratta al mercato", era un detto popolare. Nella coscienza collettiva dei sovietici, Tashkent era sempre stata la città dell'abbondanza, dove la vita era bella. Arkadi Vaksberg, che si dichiarava contrario al mito dell'"ebreo rannicchiato", sembrava, ancora una volta, lanciarsi pietre sulla schiena: "Degli ebrei trasferiti all'Est, solo il 5% era arrivato a Tashkent o nei suoi dintorni. Ma si trattava soprattutto di persone note - studiosi, intellettuali, artisti... In realtà, la maggior parte degli ebrei si era rifugiata nelle città degli Urali

---

[117] Arkadi Vaksberg, *Stalin e i giovani*, Robert Laffont, 2003, p. 121.

[118] Hervé Ryssen, *Les Espérances planétariennes*, Baskerville 2005, pp. 279-282.

[119] Alain Brossat, Sylvia Klingberg, *Le yiddishland revolutionnaire*, Balland, 1983, pagg. 273, 279.

e della Siberia, dove aveva condiviso le dure difficoltà della guerra con la popolazione locale. Ma erano davvero una parte importante delle masse "evacuate", come venivano chiamate[120]."

Il quotidiano francese *Actualité juive* del 5 maggio 2005 ha ricordato che 500.000 ebrei hanno combattuto nell'Armata Rossa durante la Seconda Guerra Mondiale. 167.000 erano ufficiali, tra cui 276 generali o ammiragli e 89 comandanti di divisione. Cinque fronti erano comandati da generali ebrei. C'erano anche 30.000 guerriglieri ebrei in Bielorussia e 25.000 in Ucraina. In totale, 198.000 soldati ebrei morirono in combattimento. "Questo tasso di mortalità è superiore a quello di qualsiasi altro gruppo etnico di soldati sovietici", ci è stato assicurato.

Vaksberg ha anche ricordato che 160.000 furono decorati e che il titolo di "Eroe dell'Unione Sovietica", la suprema onorificenza che premia il valore militare, fu assegnato a 120 di loro [121]. Tuttavia, Stalin minimizzava questo impegno. Certamente, considerando la popolazione ebraica dell'URSS all'epoca, la percentuale dei morti è tre o quattro volte inferiore a quella che avrebbe dovuto essere.

Resistenza al nazismo

Nel 1939, quando la sconfitta dei repubblicani spagnoli era certa, migliaia di loro trovarono rifugio in Francia, dando il loro contributo alla successiva resistenza. Naturalmente, anche in questo caso, gli ebrei dell'Yiddishland svolsero un ruolo considerevole.

Dalla fine del XIX secolo, gli ebrei provenienti dall'Est arrivarono in ondate successive e cominciarono a popolare alcuni quartieri di Parigi, da quelli più popolari, come Belleville, a quelli più borghesi dell'ovest della città. Tra le due guerre, la capitale vide un'altra grande ondata di emigrazione dalla Germania e dall'Europa orientale. La Francia repubblicana era una terra di accoglienza che alimentava tutte le speranze di questi ebrei perseguitati.

---

[120] Arkadi Vaksberg, *Stalin e i giovani*, Robert Laffont, 2003, pp. 130, 131.

[121] Questo ci ricorda le legioni d'onore che in Francia vengono distribuite ogni anno a manciate ai membri della comunità.

La maggior parte degli ebrei arrivati dalla Germania e dalla Polonia era altamente politicizzata. Ecco la testimonianza di un certo Grynberg, presentata nel libro di Alain Brossat:

"È stato frequentando i comizi politici e ascoltando i grandi oratori del Fronte Popolare che ho imparato il francese". Tuttavia, le condizioni di lavoro potevano essere piuttosto difficili, commenta: "Come in Polonia, i nostri capi erano ebrei. Solo loro accettavano di farci lavorare clandestinamente in queste condizioni[122]".

Il MOI (Manodopera Immigrata) fu un'organizzazione creata nel 1924 per ordine del Komintern (Internazionale Comunista), al fine di fornire una struttura di accoglienza e di inquadrare e formare alla lotta i numerosi emigrati e rifugiati politici che arrivavano in Francia. A differenza del Partito Comunista Francese, il MOI rimase molto attivo nella lotta antifascista anche dopo il patto Hitler-Stalin dell'agosto 1939. La leadership del partito applicò la linea politica definita dal Cremlino nel quadro del patto tedesco-sovietico e condannò ogni attività di resistenza contro i tedeschi. Durante questo periodo, la polizia francese perseguitò i comunisti per aver collaborato con il nemico. Circa 6000 di loro furono arrestati e accusati di tradimento.

Nell'ottobre 1940, la direzione clandestina del partito decise di creare l'OS, Organizzazione Speciale. Si trattava di gruppi armati destinati non a combattere i tedeschi, ma a proteggere la leadership dalla polizia francese. Inoltre, aveva il compito di giustiziare i traditori del partito, cioè coloro che si erano ribellati agli ordini o che avevano lasciato il partito per unirsi al PPF di Jacques Doriot. Per questi compiti un po' speciali venivano reclutati i militanti più fanatici, quelli senza scrupoli capaci di uccidere ex compagni o altri francesi: "Fin dall'inizio della guerra, il gruppo ebraico del MOI era il meglio strutturato e il più attivo. Da esso sarebbero usciti i comandanti dell'"OS", l'organizzazione speciale incaricata delle azioni terroristiche e di sabotaggio, scrive Alain Brossat; da esso sarebbero usciti anche quasi tutti i militanti dell'"AT", l'Opera tedesca, cioè il lavoro di propaganda e di demoralizzazione delle truppe tedesche - un lavoro infinitamente rischioso, internazionalista per eccellenza e svolto essenzialmente da donne: nei bar e nei luoghi pubblici frequentati dai soldati della

---

[122] Alain Brossat, Sylvia Klingberg, *Le yiddishland revolutionnaire*, Balland, 1983, p. 110.

Wehrmacht, le giovani donne di lingua tedesca cercavano di prendere contatto... [123]"

Nella sua *Storia critica della Resistenza*, lo storico Dominique Venner ha confermato il ruolo essenziale dei militanti ebrei dell'Yiddishland nell'organizzazione: "Grazie a loro, fu messa in atto una nuova leadership del MOI. Essi costituirono la troika centrale: Son Lerman (Bruno), Kaminski (Hervé) e Athur London (Gérard). Czarny fu nominato capo della zona sud nel 1943, affiancato da Albert Youdine, Jacques Ravine e Mina Puterflam. Nella zona nord, Therese Tenenbaum e Herman Grymbert coordinarono le due regioni... Uno dei principali agenti del Komintern all'interno del MOI è Michel Feintuch (Jean Jerôme), un ebreo polacco, ex quartiermastro delle Brigate Internazionali e futura eminenza grigia all'interno della leadership del PCF[124]".

Il MOI stava quindi conducendo una sorta di guerra privata contro i tedeschi, contro gli ordini del PCF e contro il parere del Consiglio Nazionale della Resistenza (CNR) del generale de Gaulle. All'epoca, gli attacchi individuali e il terrorismo erano condannati dal Partito Comunista. Tuttavia, mentre il Partito Comunista non aveva dato un ordine del genere, il Komintern aveva probabilmente l'autorità sufficiente per darlo. Pierre Georges, il futuro "colonnello Fabien", avrebbe commesso il primo attentato contro un ufficiale tedesco a Parigi: "Il 23 agosto 1941, il futuro colonnello Fabien giustizia un ufficiale tedesco alla fermata della metropolitana di Barbès. "Ho vendicato Titi", dice nella ritirata - "Titi", cioè Tyszelman. In questa azione, considerata la prima iniziativa armata contro i tedeschi in Francia, Fabien era accompagnato da un altro militante con un nome straniero: Brustlein[125]."

Iniziò quindi un ciclo di attacchi-repressione che provocò, come previsto, una reazione tedesca contro la popolazione francese. Ma invece di giustiziare ostaggi civili a caso, i tedeschi, sapendo da dove venivano i colpi, giustiziarono ebrei comunisti dell'Europa orientale.

---

[123] Alain Brossat, Sylvia Klingberg, *Le yiddishland revolutionnaire*, Balland, 1983, p. 183.

[124] Dominique Venner, Histoire critique de la Résistance, Éditions Pygmalion 1995, p. 231.

[125] Alain Brossat, Sylvia Klingberg, *Le yiddishland revolutionnaire*, Balland, 1983, p. 179.

Ricordiamo che gli usi di guerra, tacitamente accettati da tutti i belligeranti, consentono l'esecuzione di ostaggi civili che hanno aggredito uomini in uniforme.

Nel febbraio 1942, la direzione clandestina del Partito Comunista decise di ampliare i gruppi di combattimento. I combattenti del MOI si unirono all'OS per formare gli FTP (fucilieri e guerriglieri franchisti). Il partito diede il via libera alla formazione delle unità FTP-MOI. Un primo battaglione FTP-MOI fu creato a Parigi nel marzo 1942 sotto il comando di Lisner, un ex membro delle Brigate Internazionali. A Parigi, l'uomo a capo dell'FTP era il colonnello Gilles (Joseph Epstein), un rivoluzionario dell'Yiddishland, ex veterano della guerra civile spagnola ed evaso da uno stalag.

I gruppi dell'FTP-MOI erano generalmente composti da uomini molto giovani, in gran parte reclutati dall'Unione della Gioventù Ebraica (UJJ), una cinghia di trasmissione comunista e un vero e proprio terreno di coltura per l'azione armata. Questi combattenti avrebbero avuto un ruolo di primo piano nella maggior parte degli attacchi organizzati nella regione di Parigi, ha scritto Dominique Venner. "La cronologia di alcune settimane dell'estate del 1942 è molto eloquente:

- 4 agosto, assassinio a Seine-et-Oise dell'ex comunista Gachelin, segretario di Jacques Doriot.

- 6 agosto, attacco con granate ai soldati della Luftwaffe che si allenano allo stadio Jean-Bouin: due morti, diversi feriti.

- 7 agosto, deragliamento di un trasporto tedesco vicino a Melun.

- 9 agosto, un distaccamento italiano incendia un deposito tedesco a Sartrouville.

- 11 agosto, Lisner, Simon e Geduldik fanno esplodere una bomba in un hotel tedesco in Avenue Iéna.

- 28 agosto, a Villepinte, vengono uccise le due sentinelle del Tirpitz-Kazerne. Lo stesso giorno, una bomba a orologeria esplode nel cinema di Clichy dove Marceal Déat sta tenendo una riunione: un morto, 27 feriti.

- 1 settembre, il Gruppo 3 del distaccamento di Valmy di partigiani ebrei guidati da Rayman attacca con granate una sezione tedesca in Rue Crimée. Lo stesso giorno, Yone Geduldik e altri due lanciano una bomba incendiaria contro un ufficio tedesco vicino alla stazione di Lione.

- 3 settembre, attentato incendiario alla sede del partito francista nel 13° distretto.

- 10 settembre, Anka Rychtyger e altri due combattenti della resistenza incendiano quattro veicoli tedeschi, Rue de Charonne, etc.".

L'exploit più importante di questi gruppi è l'attentato del 28 settembre che è costato la vita al dottor Von Ritter, capo dello STO (Servizio di Lavoro Obbligatorio) in Francia. "L'azione è condotta da Fontano e Rayman. Ferito dalla pistola di Fontano mentre esce dalla sua casa senza protezione, Von Ritter viene colpito pochi metri più avanti dalla parabellum di Rayman... Nella zona sud, le azioni dell'FTP iniziano solo dopo l'ingresso delle truppe tedesche. Come a Parigi", scrive Jacques Ravine, "i gruppi ebraici dell'FTP nella zona sud sono stati i primi a formarsi. Sono parte integrante dell'organizzazione militare dell'FTP-MOI e si dividono in quattro unità: la *Carmagnole*, poi ribattezzata *Carmagnole-Fried*, a Lione; la *Liberté* a Grenoble e nella sua regione; la Compagnia Marcel Korzec a Marsiglia; la 35ª Brigata, poi chiamata con il nome del suo creatore, Mendl Langer, opera a Tolosa e nella regione sud-occidentale; in seguito si ingrandisce con immigrati di varie origini. La *Carmagnole* de Lyon recluta giovani dall'Unione della Gioventù Ebraica e funziona come una vera e propria scuola di comandanti. Questi commando vengono poi inviati nelle altre città del sud. La Carmagnole di Lione ha fornito dei commando mobili, attivi sia a Lione che a Marsiglia, Tolosa e Nizza. I primi organizzatori di questi gruppi erano quasi sempre ex volontari delle Brigate Internazionali. È il caso di Lione con Krakus e Tcharnecki, di Marsiglia con Boris Stcherbak e di Tolosa con Mendl Langer. Quest'ultimo fu arrestato e ghigliottinato nel 1943[126]".

Nel suo libro intitolato *La rivoluzione dell'anno prossimo*, Maurice Rajsfus ha citato la stessa fonte: "Tra le decine di audaci operazioni condotte dai militanti della 35ª brigata dopo la morte di Langer, Jacques Ravine cita i seguenti "obiettivi" specificamente francesi attaccati dai guerriglieri ebrei:

- 13 luglio 1943: in pieno giorno, attentato dinamitardo contro l'abitazione privata del Dr. Berthet, leader del gruppo "Collaborazione" a Tolosa. Lo stesso giorno, attacco con due bombe alla casa del notaio

---

[126]Dominique Venner, *Histoire critique de la Résistance*, Éditions Pygmalion 1995, pag. 238.

Bachala (futuro Gauleiter di Tolosa). Bachala viene gravemente ferito e il suo appartamento viene distrutto.

-20 agosto 1943: in pieno giorno, i partigiani della 35a brigata attaccano a mano armata Felicien Costes, segretario generale della Guardia Libera della milizia fascista, agente della Gestapo e informatore. Viene ucciso. Durante l'intenso scontro a fuoco, due poliziotti vengono uccisi.

- 24 agosto 1943: alle nove del mattino, esecuzione di Mas, capo del secondo ufficio della Milizia.

- 20 settembre 1943: per festeggiare la vittoria a Valmy, i partigiani piazzano due bombe nell'arsenale. Due miliziani vengono uccisi e quattro feriti.

- 10 ottobre 1943: l'avvocato generale Pierre Lespinasse, che aveva chiesto la pena di morte contro Langer, viene ucciso a colpi di pistola.

- 2 novembre 1943: il capo della milizia Lionel Berger viene giustiziato nella sua casa insieme al maggiore Bru, comandante cantonale della Legione francese dei combattenti.

- 15 novembre 1943: il generale Philippon, leader della milizia, viene ucciso a colpi di pistola nelle strade di Tolosa. "[127]

Questa è la testimonianza di Jean Lemberger, un ebreo polacco, citato da Maurice Rajsfus: "Quando i comunicati stampa riportavano le azioni dei patrioti francesi, reagivamo con umorismo. Ricordo che con Marcel Rayman non riuscivamo a smettere di ridere: 'Come patrioti francesi, i piccoli ebrei di Parigi sono particolarmente rappresentativi'[128]".

I militanti ebrei sono in effetti i più agguerriti. Non hanno combattuto per la Francia o contro la Germania, ma contro il fascismo internazionale e soprattutto contro il nazionalsocialismo europeo. Alain Brossat lo ha confermato:

"Treni deragliati, collaborazionisti e ufficiali nazisti giustiziati; depositi di carburante dati alle fiamme; granate lanciate nei ristoranti e nei teatri frequentati dai tedeschi; sabotaggi nell'industria, o nelle officine che lavoravano per gli occupanti, crollo di pali e pilastri... Non c'era azione

---

[127] Maurice Rajsfus, *L'an prochain la révolution*, Éditions Mazarine, 1985, p.221

[128] Maurice Rajsfus, *L'an prochain la révolution*, Éditions Mazarine, 1985, p. 231.

di questo tipo a cui i combattenti ebrei non prendessero parte, che non organizzassero a decine su tutti i fronti e a tutti i livelli. Non c'era differenza tra azioni grandi e piccole[129]".

Alain Brossat ci ha anche informato che i militanti antifascisti ebrei erano specializzati nella produzione di documenti e banconote false. A Parigi, Pierre Scherf era responsabile del "gruppo di lingua rumena" del MOI. Si occupava dei piccoli compiti quotidiani della Resistenza: "vendere banconote, buoni alimentari espropriati dai combattenti, fabbricare documenti falsi di ogni tipo, organizzare la solidarietà con le famiglie dei deportati...". In seguito gli fu affidato il compito di organizzare il collegamento con i gruppi del MOI nel nord e nell'est della Francia, dove i minatori polacchi e italiani erano particolarmente attivi: sabotaggio di binari ferroviari, abbattimento di linee elettriche, disarmo ed esecuzione di soldati tedeschi, scioperi organizzati nelle miniere e sabotaggi, ecc.

Durante l'insurrezione di Parigi, Pierre Scherf fu comandante delle milizie patriottiche. "In seguito, partecipò alla liberazione del nord della Francia, seguendo le orme dell'esercito americano. Ma già nel dicembre 1945 fu richiamato per compiti più urgenti: La Romania sta passando dalla parte del "socialismo" di Stalin, quindi il Partito comunista ha bisogno di tutti i suoi comandanti[130]".

Tuttavia, non tutti gli ebrei hanno avuto un ruolo eroico durante la guerra. Alcuni di loro hanno preferito continuare a prosperare con le loro attività. Ecco una testimonianza tratta dal libro di Alain Brossat e Sylvia Klinberg: "A Parigi, durante la guerra, i commando partigiani ebrei organizzavano raid contro le officine ebraiche del faubourg Poissonnière, i cui proprietari prosperavano producendo equipaggiamenti per la Wehrmacht; alcuni di questi combattenti venivano arrestati durante queste azioni, denunciati dagli ebrei "buoni", poi fucilati o deportati. Nei ghetti, i combattenti ombra liquidarono i membri più diligenti della polizia ebraica e i collaborazionisti di alcuni Judenrat[131]".

---

[129] Alain Brossat, Sylvia Klingberg, *Le yiddishland revolutionnaire*, Balland, 1983, pag. 190.

[130] Alain Brossat, Sylvia Klingberg, *Le yiddishland revolutionnaire*, Balland, 1983, pp. 195, 196.

[131] Alain Brossat, Sylvia Klingberg, *Le yiddishland revolutionnaire*, Balland,

Sappiamo che alcuni ebrei costruirono fortune collaborando con la Germania. Tra questi, due uomini si sono distinti in particolare: Mandel Szkolnikoff, noto anche come "Monsieur Michel", e Joseph Joanovici, noto anche come "Monsieur Joseph".

Monsieur Michel era di origine russa. Era specializzato in prodotti tessili e alimentari. Grazie alla moglie tedesca - ariana - non esitò ad avvertire i suoi amici delle SS per far arrestare altri concorrenti ebrei e impadronirsi così dei loro magazzini e locali commerciali. Fu Monsieur Michel a condurre la polizia tedesca ai magazzini del Sentier*. La zona occupata era il suo terreno di caccia. I suoi profitti erano così grandi che fu in grado di acquistare i più grandi alberghi della Costa Azzurra, di rilevare società alberghiere, immobiliari e commerciali a Parigi, nonché ristoranti e caffè. Nel 1945, la sua fortuna immobiliare era stimata in due miliardi di franchi, circa 900 milioni di euro di oggi.

Allo stesso tempo, Monsieur Joseph, un ebreo rumeno che aveva iniziato come raccoglitore di stracci, faceva razzia di tutti i metalli non ferrosi utili alla macchina da guerra tedesca. Joanovici si occupò anche del mercato del cuoio, un bene molto ambito dai nazisti, che avevano appena invaso l'Unione Sovietica. In quegli anni, il fatturato mensile di Monsieur Joseph si aggirava intorno ai 5 milioni di euro di oggi. Più abile di Szkolnikoff, riuscì a mettersi in contatto con il capo della Gestapo francese in rue Lauriston, il famoso Henri Lafont.

Alla fine del 1943, la situazione era cambiata. Monsieur Michel fuggì in Spagna con la sua musa tedesca, accompagnato da alcuni dei suoi agenti francesi ed ebrei. Ma nelle valigie della moglie, la polizia francese trovò gioielli e pietre preziose per un valore di 300 milioni di euro. Monsieur Joseph, invece, giocò la carta opposta: ricomprò da Lafont le armi paracadutate dagli Alleati e sequestrate dalla Gestapo francese, per rifornire una rete di resistenza all'interno della questura di Parigi. Ma allo stesso tempo equipaggiò e vestì la Guardia Franca de la Militia e la Brigata Nordafricana che combatteva contro il Maquis. I poliziotti della prefettura lo consideravano un vero e proprio modello. Monsieur Joseph era il dio, il salvatore che avrebbe portato alla liberazione di Parigi. Grazie ai suoi amici influenti, riuscirà a sfuggire alla peggiore delle punizioni: cinque anni di prigione, una multa ridicola

---

1983, pag. 206.

* Il quartiere dello shopping ebraico di Parigi.

e la dichiarazione della sua indegnità nazionale, che poco importava a quell'apolide. Quanto a Monsieur Michel, rifugiato in Spagna, fu estorto da ex agenti della Gestapo in fuga dalle squadre di esecuzione. Il suo corpo fu ritrovato il 17 giugno 1945 in un campo fuori Madrid.

Rimaneva comunque vero che il ruolo degli ebrei nella Resistenza era stato importante, anche se a lungo trascurato. "Lo stesso Poliakov cita la cifra tra il 15 e il 30% di ebrei nella Resistenza francese[132]", ha scritto Alain Brossat. Per una comunità che rappresentava l'1% della popolazione francese, si tratta di una percentuale considerevole.

Ne Il Testamento di Dio, il filosofo Bernard-Henri Levy fa la stessa osservazione: "Da dove viene la leggenda secondo cui gli ebrei non avrebbero opposto resistenza all'hitlerismo, e che si sarebbero lasciati condurre al macello come agnelli al macello? Essendo l'1% della popolazione francese prima della guerra, essi costituiscono il 15-20% dei vari movimenti di resistenza[133]."

"Perché, in proporzione, c'erano così pochi francesi nella Resistenza patriottica in Francia, perché la percentuale di stranieri era così alta, soprattutto di ebrei dell'Europa orientale?", si chiede Alain Brossat. Bastava "grattare leggermente la facciata della "Resistenza patriottica" a Parigi, a partire dall'estate del 1941, e analizzare più da vicino le sue numerose azioni armate, per trovare l'impronta indelebile dell'operaio immigrato ebreo, del militante del MOI (Lavoro Immigrato) comunista[134]".

E allo stesso modo, bastava "analizzare attentamente quella che era la 'Grande Guerra Patriottica' dichiarata da Stalin, dietro le linee tedesche in Bielorussia e nei Paesi Baltici, i combattimenti partigiani in quelle regioni, per trovare, anche lì, l'impronta dei combattenti ebrei fuggiti dal ghetto, dei 'Vendicatori di Vilna' e di altri membri del maquis nella regione di Minsk". Ad esempio, dei 130 combattenti di un distaccamento di partigiani "russi" che combattono nella foresta di

---

[132] Alain Brossat, Sylvia Klingberg, *Le yiddishland revolutionnaire*, Balland, 1983, p. 180.

[133] Bernard-Henri Levy, *Le Testament de Dieu*, Grasset, 1979, p. 275.

[134] Alain Brossat, Sylvia Klingberg, *Le yiddishland revolutionnaire*, Balland, 1983, pp. 180, 185, 186.

Ivenitz, "70 sono ebrei fuggiti dal ghetto di Minsk. Anche la leadership del distaccamento è in gran parte composta da ebrei,[135]", ha scritto Alain Brossat.

I "patrioti" polacchi presentavano un'immagine ancora più caricaturale di quella dei "patrioti" francesi. Interrogato da Aain Brossat e Sylvia Klingberg in Israele, dove si è stabilito dopo la guerra, David Grynberg ha fornito la sua testimonianza: "Nel 1945 ero a Mosca. Ero un membro attivo del Comitato dei patrioti polacchi, che si occupava, tra l'altro, del rimpatrio dei rifugiati polacchi in URSS. Poco prima che il comitato cessasse di funzionare, prima della nostra partenza per la Polonia, organizzammo una piccola festa. Proposi di invitare Peretz Markish; al che un altro membro del comitato, Kinderman, un uomo dell'apparato, obiettò: "E perché invitare un autore ebreo? Siamo un comitato patriottico polacco, non un comitato ebraico! È vero, risposi, ma si guardi intorno: siamo in cinquanta qui, e ce ne sono solo tre che non sono ebrei".[136]

Per trent'anni, il ruolo degli ebrei nella Resistenza è stato ampiamente minimizzato, se non addirittura taciuto dai partiti comunisti. Alain Brossat e Sylvia Klingberg si sono chiesti: "Fa male all'immagine patriottica della Resistenza ammettere che, per tutto il 1943, le principali azioni dei partigiani a Parigi sono state condotte da stranieri, attivisti del MOI, fino al grande rastrellamento autunnale? È un peccato contro l'internazionalismo riconoscere che dietro il partigiano "polacco", "ungherese", "rumeno", "ceco", c'è il rivoluzionario dello Yiddishland, le sue tradizioni di lotta, la sua cultura, la sua lingua e la particolare consonanza del suo nome[137]?".

Nella sua *Storia critica della Resistenza*, lo storico Dominique Venner ha posto la stessa domanda: "I comunisti temevano di suscitare una latente xenofobia nei loro confronti menzionando il ruolo essenziale

---

[135] Alain Brossat, Sylvia Klingberg, *Le yiddishland revolutionnaire*, Balland, 1983, pagg. 168, 213.

[136] Alain Brossat, Sylvia Klingberg, *Le yiddishland revolutionnaire*, Balland, 1983, pp. 288, 289.

[137] Alain Brossat, Sylvia Klingberg, *Le yiddishland revolutionnaire*, Balland, 1983, pp. 185, 186.

nelle loro file dei combattenti ebrei provenienti dall'Europa centrale[138]?".

È vero che dopo l'arresto di ventiquattro membri del gruppo Manouchian alla fine del 1943, i tedeschi avevano rivelato le loro identità esponendo ampiamente le loro foto sui muri delle principali città francesi. Il famoso manifesto rosso dipingeva un quadro poco lusinghiero della resistenza "francese" ed era diventato un simbolo. I tedeschi misero alla gogna l'"ebreo ungherese" Elek, l'"ebreo polacco" Rayman, facendo del loro ebraismo un argomento contro la Resistenza e designando l'intera Resistenza come un "esercito del crimine", una "quinta colonna di meteci".

Per il Partito Comunista, la resistenza ebraica era sempre stata parte integrante della resistenza francese e non c'era bisogno di parlarne. Maurice Rajsfus ha scritto: "Solo negli anni '70 i militanti ebrei hanno pubblicato libri sulla resistenza ebraica. Nonostante il forte accento patriottico di queste opere, hanno dovuto aspettare venticinque anni per venire alla luce[139]".

Anche il saggista Guy Konopnicki ha giustamente scritto: "Gaullisti e comunisti si sono uniti per scrivere la storia, hanno fabbricato insieme, a posteriori, una resistenza nazionale quando in realtà la linea di demarcazione non era tra francesi e tedeschi, ma tra fascisti e antifascisti di tutti i paesi[140]."

In effetti, le motivazioni degli ebrei erano certamente molto diverse da quelle dei patrioti dei Paesi in cui combattevano.

Tuttavia, l'analisi di Dominique Venner ci invita a mettere in prospettiva l'importanza del combattimento dei militanti: "Non ci sono quasi mai state perdite da parte degli autori degli attacchi durante l'azione. Depositare una bomba a orologeria camuffata in un pacco ordinario non era più difficile o pericoloso che lanciare una granata contro la vetrina di un negozio. Chiaramente, questo non significava

---

[138]Dominique Venner, *Histoire critique de la Résistance*, Éditions Pygmalion 1995, p. 230.

[139]Maurice Rajsfus, L'an prochain la révolution, Éditions Mazarine, 1985, p. 333.

[140]Guy Konopnicki, *La Place de la nation*, Olivie Orban, 1983, p.41

che tali atti potessero essere eseguiti senza coraggio o audacia, e "gli autori non si facevano illusioni sulla loro sorte in caso di cattura[141]".

La testimonianza del colonnello Passy, capo del BCRA, permette di comprendere ancora meglio la realtà delle azioni dell'FTP: "Il resoconto che ci ha lasciato del suo incontro con Ginsberg (Villon), il principale leader del Front nationale, dimostra che non era un credulone", ha scritto Dominique Venner. Ecco cosa scrisse il colonnello Passy: "Villon ci parlò per venti minuti delle imprese dei cecchini e dei partigiani (FTP), di come avessero ucciso un Landsturm di sessant'anni ad Armentières, di come avessero fatto esplodere un'edicola a Epernay, di come avessero recuperato due dozzine di granate e sei traverse a Mézières o a Sedan, etc...". Eravamo un po' stupiti nell'ascoltare questo lungo monologo, recitato come una litania, che non aveva più interesse della cronaca di eventi ordinari di un giornale dell'anteguerra. Ma quando ebbe finito, Villon ci annunciò, a mo' di conclusione, che, di fronte a tali imprese belliche, la Francia combattente non poteva che inchinarsi, e che era chiaro che il Fronte Nazionale aveva la vocazione di federare dietro di sé tutta la Resistenza francese[142]".

Il generale de Gaulle ebbe una reazione simile nei confronti del "grande resistente" colonnello Ravanel, responsabile della resistenza a Tolosa. In realtà, Ravanel la controllava insieme ad altri partigiani, molti dei quali erano comunisti spagnoli. Tolosa assomigliava, secondo uno storico inglese, a "Barcellona nel luglio 1936": con "trentasette "Deuxièmes Bureaux*" privati dove ogni ufficio aveva la sua prigione, di solito una cantina sotterranea, dove vittima e carnefice erano gli unici testimoni di scene abominevoli[143]".

Quando il generale de Gaulle venne a ispezionare la regione per cercare di ristabilire un po' di ordine dopo la partenza delle truppe tedesche, Ravanel si presentò a lui, squadrando le spalle: "Colonnello Ravanel, al

---

[141]Dominique Venner, *Histoire critique de la Résistance*, Éditions Pygmalion 1995, p. 238.

[142]*Missions secrètes en France*, Plon, Parigi, 1951, p. 162.

* L'espressione Deuxième Bureau si riferisce comunemente al servizio informazioni dell'esercito francese, con riferimento al "Secondo Ufficio" dello Stato Maggiore.

[143] Settimanale di *Rivarol* dell'11 aprile 1997

suo servizio!" L'unica risposta fu un sprezzante: "Sottotenente Asher, a suo agio!

URSS 1945

Nel 1942, Stalin aveva finalmente acconsentito alla creazione di un "Comitato ebraico antifascista" (JAC) che riuniva le più famose personalità ebraiche dell'intellighenzia sovietica. Per sei anni, fino al 1948, il Comitato ebraico antifascista, sotto il patrocinio di Lavrenti Beria, fu al centro di un'intensa rinascita della vita ebraica in URSS. Nel 1942, il suo obiettivo principale fu la mobilitazione internazionale del popolo ebraico e la raccolta di fondi nelle comunità ebraiche all'estero, in particolare nella ricca e influente comunità ebraica degli Stati Uniti. Il celebre attore Solomon Mijoels, direttore del teatro yiddish di Mosca, era il presidente del comitato, mentre lo scrittore Ilya Ehrenbourg era il portavoce più attivo.

Nel 1943, i rappresentanti del Comitato ebraico antifascista intrapresero un lungo tour negli Stati Uniti per prendere contatto con le organizzazioni ebraiche. Lo scopo ufficiale era quello di raccogliere fondi per l'acquisto di armi, cibo e medicinali. Ma l'obiettivo segreto del viaggio era in realtà quello di creare ponti tra i fisici dei due Paesi per accelerare l'attuazione del programma atomico sovietico.

Tutti i ricercatori sovietici sulla fissione atomica erano ebrei, ha scritto Arkadi Vaksberg. "Stalin contava quindi sulla reputazione dei membri del Comitato e sulle loro relazioni con la comunità internazionale per estorcere informazioni che avrebbero accelerato lo sviluppo dell'arma nucleare. Ciò sarebbe stato facilitato dal fatto che la maggior parte degli scienziati americani, compreso Einstein, erano anch'essi ebrei".

Stalin affidò a Beria il compito di estrarre questi segreti e di assicurarsi una collaborazione efficace. Solomon Mijoels e altri membri dovevano essere supportati sul posto da agenti sovietici. Mesi dopo, i risultati del tour di Mijoels superarono ogni aspettativa. Gli emissari della CJA portarono pacchi di articoli entusiastici sul loro soggiorno negli Stati Uniti". Portarono anche assegni per diversi milioni di dollari donati da ricchi ebrei americani per continuare la guerra contro il nazismo in nome della causa universale ebraica[144]".

---

[144] Arkadi Vaksberg, *Stalin et les juifs*, Robert Laffont, 2003, pp. 147, 151. Nella sua biografia di Beria, Amy Knight ha scritto che i sovietici disponevano

"Con rare eccezioni", scrive Vaksberg, le reti di spionaggio sovietiche erano composte da ebrei. "In Belgio, l'efficientissima Orchestra Rossa coordinava le attività di spionaggio di Leopold Trepper e di sua moglie Lioubov Broido, entrambi ebrei polacchi, e del famoso "Kent", l'ebreo russo Anatoli Gourevitch... Il titolo di migliore spia di tutti i tempi è stato attribuito all'unanimità a "Sonia", l'ebrea tedesca Ruth Werner, che lavorò con il fratello Jurgen Koutchinski (poi accademico nella Germania comunista). Negli Stati Uniti, Grigori Heifetz, Lisa Gorskaya-Zarubina (Rosenzweig) e altri furono i principali fornitori di segreti atomici al Cremlino", e ha aggiunto: "Stalin soffriva indubbiamente di dipendere da agenti segreti ebrei, soprattutto perché la maggior parte di loro era stata reclutata in un periodo in cui i servizi segreti erano gestiti dagli ebrei Meyer Trillisser, Abram Sloutski e Sergei Spiegelglass, che nel frattempo sono stati fucilati. Poteva permettersi di ordinare mutazioni e promozioni all'interno dell'apparato statale e di partito, ma non poteva licenziare un agente che già possedeva contatti o che era infiltrato in qualche struttura dell'avversario[145]".

Arkadi Vaksberg ritiene che l'antisemitismo staliniano si sia realmente manifestato a partire dal 1942, quando furono redatti diversi rapporti sull'influenza degli ebrei nella sfera culturale. Per motivi di età o di salute, "persone di origine ebraica" cominciarono a perdere le loro posizioni di responsabilità. La lotta contro la presenza ebraica iniziò nella sfera culturale", scrive Vaksberg. Gli archivi hanno conservato anche numerosi documenti simili che denunciano l'"invasione ebraica" delle scienze sociali. Non osavano ancora fare lo stesso con fisici, chimici e matematici. In tempo di guerra, Stalin non poteva attaccare la scienza e l'industria... Nel 1942, l'evoluzione verso l'antisemitismo di Stato era diventata visibile, quasi evidente[146]".

---

di un'efficace fonte di informazioni: "La rete di spionaggio creata a New York da una coppia di comunisti americani, Morris e Lona Cohen. Morris Cohen era stato reclutato dai sovietici durante la guerra civile spagnola. Riuscì a trasmettere a Vasili Zarubin, capo dell'intelligence sovietica a New York dal 1941 al 1944, le informazioni fornitegli da un fisico americano". (Amy Knight, *Beria*, 1993, Aubier, 1994, p. 203).

[145] Arkadi Vaksberg, *Stalin et les juifs*, Robert Laffont, 2003, pp. 128, 129.

[146] Arkadi Vaksberg, *Stalin et les juifs*, Robert Laffont, 2003, pp. 139, 140.

Stalin, tuttavia, continuò a distribuire con ostentazione premi e decorazioni a personalità ebraiche. Non poté in alcun modo rinunciare al sostegno finanziario, necessario per l'acquisto di armamenti, attrezzature, cibo e medicine, che dovette estorcere alla "borghesia" americana, ricordandole continuamente che solo l'Unione Sovietica era in grado di proteggere gli ebrei dallo sterminio totale.

Vaksberg ha tuttavia ricordato la "massiccia presenza" di ebrei in posizioni chiave nell'apparato statale, nei settori scientifici e industriali, soprattutto nell'industria bellica, durante la guerra. "Stalin non aveva altra soluzione che rivolgersi a loro. Anche quando l'antisemitismo di Stato cominciò a diffondersi, Stalin creò così l'illusione non solo che il Cremlino non ne fosse responsabile, ma, al contrario, incoraggiò una certa giudeofilia.

Numerosi ebrei erano all'epoca ai vertici del potere esecutivo, con il titolo di commissari del popolo o generali: "Oltre a Lazar Kaganovitch, vicepresidente del governo e commissario alle vie di comunicazione, furono nominati commissari del popolo Boris Vannikov (uscito di prigione all'inizio della guerra e subito nominato commissario agli armamenti), Isaac Zaltzman (primo ebreo a essere insignito del titolo di eroe del lavoro socialista, commissario dell'industria delle autoblindo), Semion Guinzbourg, Vladimir Grossman, Samuel Shapiro"." Senza contare le decine di vice-commissari del popolo. "Quasi ogni giorno Stalin riceveva ebrei, generali d'industria, e parlava con loro per ore (il generale Aron Karponossov, vice capo di stato maggiore, responsabile dell'equipaggiamento degli eserciti, era un appuntamento fisso al quartier generale di Stalin)". Vaksberg aggiunge, un po' paradossalmente: "Così prese forma il mito della speciale benevolenza di Stalin nei confronti degli ebrei[147]".

Kruscev, che ora era nel Politburo, probabilmente nutriva sentimenti antisemiti. Lo storico Simon Sebag Montefiore ha raccontato come, nell'immediato dopoguerra, quando amministrava l'Ucraina, Kruscev si fosse rifiutato di restituire le sue case agli ebrei quando le trovavano occupate: "Antisemita impenitente, si lamentava che gli "Abramovichi" stavano razziando il suo feudo come corvi". La vicenda provocò un vero e proprio dibattito nell'entourage di Stalin, scrive Sebag Montefiore. Miloels si lamentò con Molotov, che trasmise la denuncia a Beria. Quest'ultimo chiese a Krusciov di aiutare gli ebrei. Stalin

---

[147] Arkadi Vaksberg, *Stalin et les juifs*, Robert Laffont, 2003, pp. 132, 133.

"avrebbe in seguito sospettato che Beria fosse troppo vicino agli ebrei, e questo potrebbe essere all'origine della voce secondo cui lo stesso Beria sarebbe stato un ebreo "segreto"[148]".

Sembra che avesse una vera simpatia per gli ebrei, ha scritto Amy Knight nella sua biografia di Beria: "Le descrizioni che abbiamo di lui sottolineano spesso che poteva fisicamente passare per un ebreo, e si è diffusa la voce che fosse un ebreo". Anche se queste voci sembrano infondate, potrebbero aver fatto sì che Beria venisse associato agli ebrei nell'opinione pubblica". In effetti, dopo la guerra, Beria, mentre era a capo del Partito in Georgia, aveva lanciato un programma di riabilitazione degli ebrei georgiani, compresa la creazione di una società di opere pie ebraiche e di un museo etnologico ebraico a Tbilisi. "Possiamo aggiungere", ha scritto Amy Knight, "che sua sorella aveva sposato un ebreo, e che aveva diversi amici ebrei tra i suoi fedeli seguaci: Milstein, Raïkhman, Mamulov, Sumbatov-Topuridze ed Eitingon, per citarne solo alcuni[149]".

Dal 1946 in poi, i rapporti denunciarono, pagina dopo pagina, l'influenza esercitata dalle organizzazioni sioniste americane sul Comitato. Qualsiasi manifestazione di particolarismo ebraico era sospetta. Ciò non impedì a Stalin di sostenere inizialmente la creazione dello Stato di Israele. Ma nel settembre 1948, la visita di Golda Meir, ministro degli Esteri israeliano in visita ufficiale a Mosca, suscitò un grande entusiasmo tra gli ebrei sovietici, che a sua volta provocò la rabbia di Stalin. Un mese dopo, il 20 novembre 1948, Stalin ordinò lo scioglimento del Comitato antifascista ebraico, decretato "organizzazione nazionalista ebraica borghese".

Poco dopo, quasi tutta la leadership della CJA era dietro le sbarre. A gennaio, il corpo di Mikhoels fu trovato a Minsk, che spuntava dalla neve. Il cadavere fu portato a Mosca, "nel laboratorio del professor Boris Zbarski, il biochimico (ebreo) incaricato della conservazione della mummia di Lenin; nonostante avesse visto la contusione alla testa

---

[148] Simon Sebag Montefiore, *La corte dello zar rosso*, 2004, Crítica-Barcelona, p. 586.

[149] Amy Knight, *Beria,* 1993, Aubier, 1994, p. 223. Eitingon fu incaricato di assassinare Trotsky. Stalin "affidò il compito di eliminare il suo vecchio nemico Trotsky agli ebrei Naoum Eitingon, Grigori Rabinovitch e Lev Vassilevski, nonché a Pavel Sudoplatov, sposato con un'ebrea". (Arkadi Vaksberg, *Stalin e gli ebrei*, Robert Laffont, 2003, p. 117)

e la ferita da proiettile, gli fu ordinato di preparare la vittima dell'"incidente stradale"[150].

Il 19 gennaio 1949 la Pravda pubblicò un editoriale "su un gruppo antipatriottico di critici cosmopoliti". La campagna antisemita ufficiale era iniziata. L'obiettivo era quello di smascherare una vasta rete di spionaggio americana legata ai sionisti. Pochi giorni dopo, Polina Molotova, moglie di Molotov e personalità ebraica più influente a corte dopo Kaganovith, fu silenziosamente sollevata dalle sue funzioni.

L'operazione di liquidazione della CJA fu completata solo nell'estate del 1952, dopo sei anni di indagini. Victor Abakumov, uno stretto collaboratore di Beria che nel dopoguerra era stato nominato Ministro della Sicurezza in sostituzione dello stesso Beria, fu licenziato e arrestato nel luglio 1951 per aver tirato per le lunghe. Fu sostituito da Semion Ignatiev e Riumine fu nominato vice ministro della Sicurezza. Come nel 1937, il terrore si abbatté sulla stessa leadership.

"Fin dal periodo prebellico, quando Beria era a capo della Lubyanka, la direzione della Lubyanka comprendeva un buon numero di ebrei", scrive Vaksberg. Riumin ordinò quindi l'arresto di Leonid Raïhman, Naum Etigon, Norman Borodin (Gruzenbrg), Lev Schwartzman, Mikhail Makliarski, Salomon Milstaein, Aron Belkine, Efimm Libensn, Andrei Sverdlov (figlio del primo "presidente" sovietico), e molti altri generali e alti ufficiali della Lubyanka[151]".

Sebag Montefiore ha presentato anche il caso di un certo Naun Shvartsman: "Il colonnello Naum Shvartsman, uno dei più feroci torturatori dalla fine degli anni '30 e un giornalista abile nel pubblicare confessioni, ha affermato di aver avuto rapporti sessuali non solo con il proprio figlio e la propria figlia, ma anche con lo stesso Abakumov[152]". Tutti furono accusati di essere coinvolti in una cospirazione sionista.

Centodieci membri della CJA erano stati imprigionati e torturati. "Più di centodieci prigionieri, per lo più ebrei, hanno subito la "lotta francese" per mano del sanguinario Komarov alla Lubyanka, scrive Sebag

---

[150] Simon Sebag Montefiore, *La corte del Zar rojo*, 2004, Crítica-Barcelona, pag. 620.

[151] Arkadi Vaksberg, *Stalin e i giovani*, Robert Laffont, 2003, p. 233.

[152] Simon Sebag Montefiore, *La corte del Zar rojo*, 2004, Crítica-Barcelona, p. 662, nota a piè di pagina

Montefiore. Sono stato spietato con loro", si vantò in seguito Komarov, "ho spezzato loro l'anima". Nemmeno il ministro li spaventava quanto me... Ero particolarmente violento con i nazionalisti ebrei (che odiavo di più)[153]". I morti furono cinque.

Nell'estate del 1952 ebbe finalmente luogo il processo ai "sionisti". Durò tre mesi, a porte chiuse, senza pubblico ministero né avvocati, nell'edificio della Lubyanka. Alla fine, tredici persone comparvero sul banco degli imputati. Salomon Lozovski, vice ministro degli Esteri, aprì la lista. Era accusato di aver promosso l'idea di creare una repubblica ebraica in Crimea. Seguirono gli scrittori e poeti Itzik Fefer, Perec Markish, Lev Kvitko, David Bergelson. Furono tutti fucilati il 12 agosto 1952.

Lo stesso dizionario sovietico ha cambiato il significato della parola "cosmopolita", come riporta Alain Brossat: "il "cosmopolita" non è più un "individuo che considera il mondo intero come la sua patria" (definizione del 1931), ma un "individuo privo di sentimenti patriottici, distaccato dagli interessi della sua patria, estraneo al suo popolo e con un comportamento sdegnoso nei confronti della sua cultura" (definizione del 1949)".

Il 13 gennaio 1953, quinto anniversario dell'assassinio di Mikhail, la stampa sovietica pubblicò il comunicato ufficiale che denunciava il complotto del "camice bianco", punto di partenza di una nuova campagna contro i "sionisti" in tutto il Paese. Dei nove medici accusati di aver tentato di uccidere Zhdanov e Stalin, sei erano ebrei. È in questo periodo che Stalin pianificò il trasferimento forzato di tutti gli ebrei in Asia centrale, che, secondo Arkadi Vaksberg, doveva iniziare il 15 marzo. Questo piano non gli impedì di continuare a fare il doppio gioco con gli ebrei, ad esempio assegnando il premio Stalin a Ilia Ehrenbourg il 27 gennaio. Ma dopo l'annuncio ufficiale del complotto dei medici, Stalin visse solo 51 giorni. La sua morte, avvenuta il 5 marzo 1953, è ancora avvolta nel mistero.

Alle 22 del 1° marzo 1953, Stalin fu trovato privo di sensi nella sua dacia di Kutsevo, a 80 chilometri da Mosca. Quattro ore dopo che i dignitari erano stati informati, una delegazione si presentò alle 3 del mattino di lunedì. "Nessuno sa chi abbia fermato la campagna mediatica

---

[153] Simon Sebag Montefiore, *La corte del Zar rojo*, 2004, Crítica-Barcelona, p. 634.

antisemita quella notte. Suslov era il segretario del Comitato Centrale incaricato delle questioni ideologiche, ma... chi gli ha ordinato di fermare la campagna? ma chi gli ordinò di fermare la campagna? La risposta rimane un'incognita[154]."

Beria e Malenkov, il tremante e puntiglioso segretario di Stalin, erano arrivati per primi. Poiché Stalin giaceva morente, con un callo di sangue sul cervello, non chiamarono i medici fino al giorno successivo al dramma. Beria è stato generalmente accusato di non aver aiutato Stalin, ma anche Krusciov e Ignatiev non fecero molto. Sebag Montefiore ha scritto: "Recenti ricerche indicano che potrebbe aver addizionato il vino di Stalin con un farmaco anticoagulante a base di sodio cristallino che, dopo diversi giorni, fu la causa scatenante dell'ictus". Forse Krusciov e gli altri gerarchi erano complici, quindi era nell'interesse di tutti insabbiare la vicenda. I quattro decisero quindi di tornare alle rispettive case e di non parlarne alle famiglie[155]".

Poiché i medici furono chiamati solo il giorno dopo il dramma, non si saprà mai se un intervento più rapido avrebbe salvato Stalin. In ogni caso, Beria non nascose la sua gioia: "L'ho fatto io! - dirà in seguito a Molotov e Kaganovich, "Vi ho salvati tutti! All'arrivo di Kaganovich, Stalin aprì gli occhi e guardò i suoi luogotenenti uno per uno, poi li richiuse. A differenza del dispotico Beria, Molotov e Kaganovich erano profondamente costernati. Le lacrime scorrevano sulle loro guance... È possibile che siano stati uccisi venti milioni di individui; che altri ventotto milioni siano stati deportati, diciotto milioni dei quali costretti ai lavori forzati nei gulag. Eppure, nonostante tanto sangue e tanto dolore, rimasero fedeli al loro credo". Sebag Montefiore accenna qui a una sfaccettatura della personalità di Beria: "Quando fu dimostrata l'incapacità di Stalin, Beria "vomitò tutto l'odio che provava per Stalin", ma ogni volta che le palpebre del dittatore cominciavano a tremare o lui apriva gli occhi, Lavrenti, terrorizzato dal fatto che potesse riprendersi, "si inginocchiava e cominciava a baciargli la mano" come un visir orientale ai piedi del letto di un sultano. Quando il dittatore scivolava di nuovo in un sonno profondo, Beria gli sputava praticamente in faccia,

---

[154] Simon Sebag Montefiore, *La corte del Zar rojo*, 2004, Crítica-Barcelona, p. 692. Nota.

[155] Simon Sebag Montefiore, *La corte del Zar rojo*, 2004, Crítica-Barcelona, p. 694.

rivelando la sua smodata ambizione... "Quel mascalzone! Quella schifezza! Grazie a Dio ce ne siamo liberati[156]!".

Nel 1948, lo status politico di Beria era meno importante rispetto alla fine della guerra. Era già solo il numero quattro della leadership, dopo Molotov, Zhdanov e Vorochilov (capo degli eserciti) e i suoi fedelissimi erano stati rimossi dal Comitato centrale. A causa delle sue dubbie relazioni con il Comitato antifascista ebraico, Stalin diffidava di lui e insinuava addirittura che fosse un cripto-giudeo. "Dopo la morte di Stalin, Beria non si accontentò solo di denunciare il complotto dei medici come una farsa, ha scritto Amy Knight nella sua biografia, ma cercò anche di promuovere la rinascita della cultura ebraica[157]".

Era il nuovo uomo forte della leadership collegiale, avendo ripreso il controllo dei servizi segreti e conservato la carica di vice primo ministro. Molotov e Mikoyan tornarono a sedere in un presidio ridotto e ripresero i rispettivi portafogli degli Affari esteri e del Commercio. Krusciov rimase un pilastro del Partito, ma fu escluso dal governo. Malenkov succedette a Stalin come segretario generale del partito e capo del governo. Beria era trionfante e tutti pensavano che fosse l'uomo con il futuro migliore. Non dubitò mai di se stesso. Ma il 26 giugno, durante la riunione straordinaria del Presidium, Krusciov prese la parola e attaccò Beria. Bulganin si unì a lui, così come Malenkov. Il presidente si fece prendere dal panico e diede il segnale di entrata ai generali che aspettavano fuori. Il maresciallo Zhukov entrò nella stanza e arrestò Beria.

Il 22 dicembre è stato condannato a morte da un tribunale segreto. Svestito, in mutande, ammanettato e legato a un gancio sul muro, urlava e implorava la vita. Era così rumoroso che fu necessario infilargli un tovagliolo in bocca prima che gli sparassero in testa con un fucile. Il suo corpo fu cremato. Beria fu accusato retrospettivamente della maggior parte dei crimini commessi durante l'era di Stalin. Krusciov stava ora emergendo come nuovo padrone dell'Unione Sovietica.

---

[156] Simon Sebag Montefiore, *La corte del Zar rojo*, 2004, Crítica-Barcelona, p. 694, 695, 697, 702.

[157] Amy Knight, *Beria*, 1993, Aubier, p. 223

La rivolta ungherese

Nell'immediato dopoguerra, anche i leader comunisti di origine ebraica svolsero un ruolo notevole nei Paesi dell'Europa orientale. Rifugiati a Mosca durante la guerra, vennero fatti salire sui vagoni dell'Armata Rossa per andare ad amministrare i Paesi invasi. L'esempio dell'Ungheria è il più emblematico. Le truppe sovietiche entrate in Ungheria nel 1945 erano in parte composte da soldati asiatici. Anni dopo, lo storico inglese David Irving raccontò alcune testimonianze piuttosto suggestive: "Quando vedemmo arrivare i soldati russi, ci chiedemmo se appartenessero davvero alla razza umana... Il loro abbigliamento era indescrivibilmente sudicio. Irrompevano negli appartamenti lanciando granate. Invece di parlare, grugnivano. Miravano alle persone e se non ottenevano ciò che volevano, le uccidevano... Non conoscevano il dentifricio e lo spalmavano sul pane. Bevevano Colonia. I telefoni li spaventavano e gli sparavano addosso. Si lavavano nei gabinetti. Non conoscevano le docce, quando vedevano l'acqua sgorgare dal muro si spaventavano e sparavano".

David Irving ha descritto nel suo libro i tormenti che la popolazione ungherese dovette sopportare: stupri di gruppo, omicidi e saccheggi. "Ma, soprattutto, gli stupri incombevano sul Paese come una calamità, accompagnati dalla sifilide". Gli ungheresi hanno quindi un ricordo piuttosto doloroso di quella "liberazione", come si può percepire in questa espressione un po' sarcastica: "Il nostro Paese ha conosciuto tre disastri nel corso della sua storia: la sconfitta da parte dei mongoli, la conquista turca e la liberazione da parte dell'Armata Rossa[158]".

L'Armata Rossa portò al potere un gruppo di leader comunisti di origine ebraica. La maggior parte di loro erano leader della Repubblica comunista di Bela Kun, fuggiti a Mosca dopo la caduta del regime nel 1919. Lì avevano frequentato le scuole di partito sovietiche ed erano stati scelti da Stalin per guidare il partito comunista ungherese.

Matthew Rakosi, leader del Paese fino al 1953, si chiamava in realtà Matthew Roth. Figlio di un droghiere ebreo, fu "uno dei più spietati despoti del XX secolo", ha scritto David Irving. Era stato fatto prigioniero dai russi durante la guerra del 1914 e internato in Siberia, dove divenne comunista. Incontrò Lenin a Pietrogrado nel 1918 e tornò

---

[158] David Irving, *Insurrezione, L'enfer d'une nation: Budapest 1956*, Albin Michel, 1981, pagg. 28, 26.

in Ungheria durante la breve Repubblica dei Soviet di Bela Kun. Dopo la sconfitta, si rifugiò in Austria e nel 1920 a Mosca. Quattro anni dopo, il Komintern lo rimandò in Ungheria per ricostruire un partito comunista clandestino. Fu catturato e condannato a morte, ma la sua pena fu commutata in otto anni di prigione grazie a una campagna di protesta internazionale. Processato nuovamente nel 1935 per l'esecuzione di 40 oppositori politici sotto il governo di Bela Kun, trasformò il banco degli imputati in una tribuna politica da cui rese il suo processo famoso in tutto il mondo. Infine, il 30 ottobre 1940, Horthy lo rilasciò in cambio delle bandiere ungheresi prese dallo zar nel 1848. Rimase a capo del partito comunista ungherese in esilio a Mosca durante gli anni della guerra[159]. Non era ben visto dai suoi compagni, che lo accusarono di aver tradito i militanti durante il processo del 1935. Beria lo definì "il primo re ebreo d'Ungheria".

"I quattro uomini che detenevano il vero potere in Ungheria erano ebrei", ha spiegato David Irving. Oltre a Rasoki, il "quartetto ebraico" comprendeva Ernst Gero, che gestiva l'economia del Paese. Nato Ernt Singer, fu lui a reclutare Ramon Mercader per assassinare Trotsky nel 1940. M.Farkas era al comando dell'esercito e della difesa. Nato Wolf, era stato ufficiale dell'NKVD a Mosca ed ex membro delle Brigate Internazionali in Spagna, come Gero. Il terzo era Joseph Revai, a cui fu affidato il Ministero della Cultura e della Propaganda del regime.

Sembra che la popolazione ungherese fosse ben consapevole della situazione: "Secondo Jay Schulman, un sociologo americano che ha studiato il fenomeno, "i leader comunisti erano visti innanzitutto come ebrei da quasi il 100% delle persone intervistate". Ad esempio, un ingegnere istruito e preparato sottolinea che gli ebrei che hanno introdotto il comunismo in Ungheria sono stati quelli che hanno sofferto di meno e che hanno condiviso le posizioni più interessanti. Quasi tutti i membri permanenti del Partito e gli alti ufficiali della polizia segreta sono ebrei[160]".

Un libro scritto da due giornalisti ebrei di Milano, *Gli ebrei e il comunismo dopo l'Olocausto,* pubblicato nel 1995, lo conferma:

---

[159] David Irving, *Insurrezione, L'enfer d'une nation: Budapest 1956,* Albin Michel, 1981, p. 31.

[160] David Irving, *Insurrezione, L'enfer d'une nation: Budapest 1956,* Albin Michel, 1981, p. 37.

"In nessun altro Paese dell'Europa orientale lo Stato Maggiore comunista aveva un numero così elevato di ebrei[161]". Nel maggio 1945, scrivono, "dei 25 membri del comitato centrale, 9 erano ebrei; la segreteria del partito era composta da otto persone, di cui la metà ebrei: a capo delle forze di sicurezza c'erano Gabor Peter e il suo vice Itstvan Timar, e una schiera di collaboratori che erano al loro servizio. Il capo della polizia era André Szebenyi, mentre Geza Revesz era a capo del comitato di controllo dell'epurazione dell'esercito. La percentuale di ebrei nel settore della propaganda era molto alta: erano presenti ovunque, dagli editorialisti di *Szabad Nep* (Popolo libero), il giornale di partito diretto da Oszkar Betlen, alla radio di Stato e alle agenzie di stampa ufficiali". Tuttavia, "il rullo compressore totalitario non faceva distinzioni etniche. Sia gli ungheresi di origine ebraica che quelli non ebrei furono schiacciati allo stesso modo[162]", affermano i due autori.

Nel suo libro del 2006 *Budapest 56*, Victor Sebestyen ha descritto come Gabor Peter "fosse il personaggio più odiato in Ungheria dopo Rasoki". "Aveva lavorato come assistente di un sarto prima di intraprendere una carriera interamente dedicata alla violenza". Era "sposato con la bellissima e terrificante Jolan Simon, agente del KGB, segretaria personale di Rakosi". Vivevano circondati dalla servitù in una lussuosa villa sulla Rozsadomb (Collina delle Rose) che godeva di una vista unica sul Danubio sottostante". Sulle pareti del suo ufficio, "una foto che lo ritrae mentre brinda con Stalin occupa un posto di rilievo[163]".

David Irving ha rivelato che il suo vero nome era Benjamin Auschpitz. Fu responsabile della creazione dell'onnipotente polizia politica del regime, l'AVH (Autorità di Protezione dello Stato), e della sua installazione nel famoso edificio di viale Andrassy 60 a Budapest.

"Peter esige che il comando dell'AVH, dai gradi di ufficiale in su, sia composto esclusivamente da ebrei. Molti erano nati in Ungheria; la maggior parte era stata addestrata dalla MVD, la polizia segreta di Stalin... Quasi ogni famiglia ungherese soffriva per le azioni degli odiati

---

[161] Gabriele Eschenazi, Gabriele Nissim, *Les juifs et le communisme après la Shoah*, 1995, Éd. De Paris, 2000, pag. 84

[162] Gabriele Eschenazi, Gabriele Nissim, *Les juifs et le communisme après la Shoah*, 1995, Éd. De Paris, 2000, p.92,93

[163] Victor Sebestyen, *Budapest 56, les douze jours qui ébranlèrent l'empire soviétique*, Calmann-Levy, 2006, p.62

membri dell'AVH, scrive Irving. L'AVH non conosceva altre leggi se non le proprie. Tutti avevano sentito parlare dei loro metodi. Ad esempio, voci, probabilmente fondate, e anche numerose testimonianze di prigionieri citano alcuni casi in cui una sonda veniva inserita nel pene del detenuto e poi tirata fuori con un pugno... Migliaia di prigionieri sono stati sicuramente fatti impazzire nei sotterranei dell'AVH".

Un certo Janos Szabo, uno dei leader dell'insurrezione ungherese "parla inequivocabilmente di "quei maledetti ebrei che dirigono l'intera organizzazione", cioè la polizia politica... L'uomo è stato torturato: gli sono state strappate le unghie, i molari superiori e inferiori sono stati sostituiti da protesi rudimentali".

I metodi di questa milizia erano indubbiamente degni di quelli dei commissari bolscevichi dell'URSS: "Che la tortura fosse una pratica comune nei locali dell'AVH è purtroppo una certezza,..." "Che posto meraviglioso 60 Andrassy Avenue. Che posto meraviglioso, 60 Andrassy Avenue: il Danubio non è lontano, è molto comodo quando si vuole far sparire qualcuno". In effetti, la sparizione delle vittime sembra essere stata accuratamente pianificata: "'Il frantumatore di cadaveri' dell'AVH è menzionato in una serie di interviste dopo la rivolta[164]", ha scritto David Irving.

Anche i due autori ebrei italiani, Gabriele Eschenazi e Gabriele Nissim, furono costretti a riconoscerlo: "La presenza di una leadership ebraica al potere accentuò l'incomprensione che regnava tra ebrei e ungheresi dopo l'Olocausto". La popolazione "vedeva la presenza di ebrei ai vertici del potere come il segno di una volontà straniera". Hanno sottolineato che nel 1945 la borghesia ebraica aveva preferito sostenere i comunisti piuttosto che vedere al potere il partito ungherese dei "piccoli proprietari terrieri", che aveva vinto le prime elezioni del dopoguerra e difeso disperatamente la proprietà privata:

"La borghesia ebraica... si sentiva più protetta da un partito che sembrava essere il portabandiera della lotta all'antisemitismo che da quello dei piccoli proprietari. Gli ebrei, anche se lontani dal socialismo, consideravano più affidabili coloro che promettevano punizioni esemplari per i criminali fascisti, rispetto a coloro che non mostravano alcun entusiasmo nel condannare gli ungheresi corresponsabili dei

---

[164] David Irving, *Insurrezione, L'enfer d'une nation: Budapest 1956*, Albin Michel, 1981, pagg. 40, 47, 48, 41.

crimini nazisti[165]". Insomma, se capiamo bene, la borghesia ebraica sentiva una certa "affinità selettiva" con i comunisti ebrei, al di là delle divergenze politiche.

Il potere ebraico in Ungheria sarebbe stato infine rovesciato, non da Stalin, ma dalla rivoluzione del 1956. I due autori, Eschenazi e Nissim, cercarono subito di spiegare che la rivolta ungherese non aveva alcun carattere antisemita. Ferenc Fetjó, uno storico ebreo che prefigura il loro libro, "il più eminente storico delle democrazie popolari", è rimasto sorpreso nel constatare "l'assenza di manifestazioni degne di nota di antisemitismo" durante la rivolta ungherese del 1956. "A dire il vero, riconoscono i due autori, ci furono alcuni piccoli incidenti (slogan antisemiti scritti sulle facciate di alcune case ebraiche durante la grande manifestazione popolare del 23 ottobre), ma si trattò sempre di eventi isolati[166]".

Secondo Eschenazi e Nissim, si scoprì che, dopo la morte di Stalin nel 1953, la politica di de-stalinizzazione di Kruscev aveva generato "una crisi ideologica che portò molti leader di origine ebraica a sostenere il tentativo di riforma". Resta comunque vero che alcuni ebrei sembrano avere un cattivo ricordo della rivoluzione del 1956.

La testimonianza del giornalista Erno Lazarovitz, divenuto vicepresidente della comunità ebraica dopo il 1989, ha contraddetto le dichiarazioni sopra riportate: "Non dimenticherò mai la notte del 23. Stavo tornando dalla stazione e ho sentito i manifestanti che scandivano slogan antisemiti. Mi sono commosso. Avevo due bambini. Da quel momento in poi ho avuto il terrore di uscire per strada. Volevo lasciare il Paese. Se non lo feci, fu solo perché alla fine arrivarono i russi... Come avrei potuto spiegare alla gente che gli ebrei non avevano nulla a che fare con "la banda dei quattro[167]"?

Sembra che gli incidenti antisemiti non fossero solo eventi isolati. In effetti, gli ebrei temevano giustamente le rappresaglie ungheresi, ma la grande paura degli ebrei scomparve con l'arrivo dei soldati sovietici. Il

---

[165] Gabriele Eschenazi, Gabriele Nissim, *Les juifs et le communisme après la Shoah*, 1995, Éd. De Paris, 2000, p.85,86.

[166] Gabriele Eschenazi, Gabriele Nissim, *Les juifs et le communisme après la Shoah*, 1995, Éd. De Paris, 2000, p. 111, 112.

[167] Questo era il nome dato ai quattro leader comunisti di origine ebraica: Rakosi, Gerö, Farkas e Revai.

4 novembre Janos Kadar insediò il suo nuovo governo. Ordinò migliaia di arresti, centinaia di condanne a morte e soffocò l'antisemitismo. "L'antisemitismo fu severamente vietato[168]", e l'ordine tornò a regnare a Budapest.

David Irving è ancora più esplicito sull'antisemitismo che scoppiò durante la rivolta. Durante l'insurrezione del 1956, scrive, "i capi dell'AVH, per lo più ebrei, vengono sfrattati dalle loro tane". Il comandante dell'AVH F. Toth "viene radunato nella sua casa vicino al viale Lenin... La folla si avventa su Toth e appende il suo cadavere a un albero sul viale. Un altro ufficiale dell'AVH viene linciato nelle vicinanze, sul viale Aradi; i diecimila fiorini in banconote trovati nelle sue tasche vengono infilati nella sua bocca... Un colonnello dell'AVH viene linciato in piazza Kalman-Mikszath e i trentamila fiorini che portava con sé gli vengono infilati nel petto[169]".

Il corrispondente di *Paris-Match* Paul Mathias, che era riuscito a lasciare Budapest quando le truppe russe stavano per invadere l'Ungheria, è stato invitato dal Presidente della Repubblica francese René Coty per essere interrogato sulla situazione del Paese. Secondo quanto riferito, il giornalista ha spiegato: "I due milioni di abitanti di Budapest hanno semplicemente perso la loro paura... Sono diventati furiosi. Un'intera città, un intero Paese è impazzito per l'esasperazione". La gente comune si stava finalmente liberando: "Un enorme falò ardeva, bruciando letteratura e propaganda in un denso fumo[170]."

Notiamo, tuttavia, che David Irving non si è concentrato solo su questa questione: delle 521 pagine dell'edizione francese, i passaggi che abbiamo presentato sono gli unici abbastanza espliciti per comprendere l'antisemitismo degli ungheresi dell'epoca. Tuttavia, se guardiamo all'edizione del testo originale, ci rendiamo conto che la versione francese dell'editore francese Albin Michel è stata singolarmente annacquata. La versione inglese di 751 pagine era infatti un po' più abrasiva. All'inizio del libro, quando vengono introdotte le personalità

---

[168] Gabriele Eschenazi, Gabriele Nissim, *Les juifs et le communisme après la Shoah*, 1995, Éd. De Paris, 2000, p. 120, 128

[169] David Irving, *Insurrezione, L'enfer d'une nation: Budapest 1956*, Albin Michel, 1981, p. 325, 326.

[170] David Irving, *Insurrezione, L'enfer d'une nation: Budapest 1956*, Albin Michel, 1981, p. 22, 352.

ungheresi, la versione inglese riporta sistematicamente l'identità ebraica dei principali protagonisti. Matias Rakosi, ad esempio, veniva presentato nella versione inglese come segue: "64 anni, ebreo, capo degli emigrati ungheresi a Mosca dal 1940 al 1944, segretario generale del Partito Comunista Ungherese dal 1944 al 1956; primo ministro dal 1947 al 1953". Delle 56 persone presentate, l'identità ebraica, menzionata nella versione inglese, è stata cancellata 28 volte nella versione francese.

Anche la descrizione del gruppo di quattro manager era più accurata nella versione inglese (pagina 52): Ernest Gero viene descritto come un uomo "dai capelli neri, organizzatore geniale, freddo e distaccato, una palla di energia". Michael Wolf, il "sinistro" ministro della Difesa di Rakosi dopo il 1948, "aveva trascorso dieci anni a strutturare un movimento giovanile in Cecoslovacchia, diventando poi un ufficiale dell'NKVD a Mosca, ma non aveva mai perso il suo accento ebreo slovacco". Il quarto uomo della banda, il giornalista Joseph Revai, "divenne il 'dottor Goebbels' del dittatore Rakosi, il suo ministro della Propaganda". David Irving ha aggiunto: "La posizione dominante degli ebrei nel regime fu la causa del profondo disagio del popolo ungherese".

Il terrore rosso si stava abbattendo su tutti, indipendentemente dal rango delle vittime. Janos Kadar, ad esempio, comunista irreprensibile, fu arrestato nell'aprile del 1951. Aveva preso le redini del PC clandestino nel 1942 ed era stato Ministro degli Interni nel 1948. L'edizione francese dice di lui (p. 65): "In prigione, fu sottoposto alle più crudeli torture, nessuna umiliazione gli fu risparmiata. Fu rilasciato solo tre anni dopo". La versione inglese (p. 98) fornisce maggiori dettagli:

"Fu torturato fino al collasso e quando si riprese, il colonnello Vladimir Farkas - il figlio del ministro ebreo di Rasoki - gli stava pisciando in faccia. Quando Kadar fu rilasciato tre anni dopo, un agente della CIA scrisse nel suo rapporto: "Gli sono state strappate le unghie della mano sinistra". È stato interrogato con una crudeltà inimmaginabile su ordine personale di M. Farkas".

Nel testo originale, troviamo le testimonianze di ricercatori americani che hanno interrogato i contadini delle province ungheresi, le cui dichiarazioni riflettevano senza dubbio lo stato d'animo di gran parte della popolazione. A Nyiracsad, ad esempio, una cittadina di 6000 abitanti a dieci chilometri dal confine con la Romania, vediamo come i comunisti non siano mai riusciti a estirpare il cristianesimo. Alle manifestazioni del Primo Maggio, "stanno in disparte, mentre sfilano i funzionari del regime e gli impiegati della cooperativa agricola".

La popolazione ortodossa non ha mai parlato apertamente di questioni politiche, ma dopo essersi assicurati che nessuno potesse ascoltare le loro conversazioni, i contadini hanno rivelato ai ricercatori: "Quando sono tornati in Ungheria nel 1945, non avevano un soldo", dice un contadino. Ora tutti i funzionari locali sono ebrei... I contadini di questo villaggio sanno perfettamente che sono loro i padroni del regime comunista[171]". I giornalisti americani hanno notato: "Qui l'odio verso gli ebrei è davvero terribile". Un altro contadino ha raccontato come nel 1948 il regime abbia pagato gli zingari per reprimere la popolazione locale, sequestrando raccolti, bestiame e qualsiasi altra cosa di valore. È illuminante come le minoranze etniche possano talvolta essere utili per mettere a tacere le maggioranze. Ovviamente queste considerazioni non sembrano piacere a M. André Berelovitch, il traduttore francese, che qui ha fatto un buon lavoro per amore della "concordia".

In occasione del cinquantesimo anniversario dell'insurrezione, erano disponibili in libreria diversi libri pubblicati in francese. Quello di Victor Sebestyen, citato sopra, è stato tradotto dall'inglese da Johan-Frederik Hel Guedj. Pur informandoci molto brevemente sulla nazionalità dei quattro leader, "che erano tutti ebrei", egli sottintende soprattutto che questi ebrei erano comunisti: "Mai a corto di idee e di battute, Rakosi, senza temere il ridicolo, divenne uno dei più ferventi antisemiti in Ungheria" (p. 55). (p.55). Anche Victor Sebastyen, come vediamo, non teme il ridicolo. Le frasi citate sono le uniche che toccano l'argomento nelle 406 pagine del suo libro.

Il libro di André Farkas *Budapest 1956, The Tragedy as I Saw and Lived It* (Tallander, 2006, 288 pagine) non contiene un solo accenno al ruolo degli ebrei nell'Ungheria del dopoguerra. Anche il libro di François Fetjö *1956, Budapest, l'insurrezione* (Casa editrice Complexe, 2005) non contiene una sola riga su questo doloroso argomento.

Il libro di Henri-Christian Giraud, *Una storia della rivoluzione ungherese* (Le Rocher, 2006), ha dimostrato perfettamente come i Goy imparino a rispettare il perimetro della libertà di espressione, senza che questo impedisca loro di criticare occasionalmente il "terrorismo intellettuale".

Dopo la sanguinosa repressione dell'insurrezione ungherese, il numero di dirigenti ebrei fu limitato. "La rigida limitazione del numero di ebrei

---

[171] David Irving, pagina 156 della versione inglese

ai vertici non ebbe l'effetto di "arianizzare" il partito, come era avvenuto in Polonia nel 1968 con Gomulka, ha scritto Gabriele Eschenazi. Kadar continuò ad assumere dirigenti di origine ebraica nella stampa, nella televisione e nei vari settori economici, e a collocarli in posizioni chiave all'interno dell'amministrazione statale", tanto da poter affermare che "sotto il comunismo, il periodo migliore per gli ebrei fu quello in cui Kadar esercitò il potere".

L'antisemitismo era vietato e "il fatto che non ci fossero più dirigenti di origine ebraica ai vertici del Partito impediva alla popolazione di identificarli con il potere...". Occupando posizioni di rilievo nei mass media, nelle istituzioni scientifiche e nel mondo economico, un gran numero di ungheresi di origine ebraica acquisì un importante prestigio professionale. Nella maggior parte dei casi, secondo Gabriele Eschenazi, furono i primi a essere coinvolti nei movimenti di riforma e a interessarsi ai progetti di modernizzazione autorizzati dal regime di Kadar. Per questo erano considerati i leader tecnici ed economici più aperti, più moderni e più "occidentali"".

Nel 1967, quando scoppiò la Guerra dei Sei Giorni in Medio Oriente, il governo ungherese si allineò agli altri Paesi comunisti, interrompendo le relazioni diplomatiche con Israele. Ma ogni campagna antisemita fu vietata e "Kadar, con il pretesto dell'"antisionismo" ufficiale, permise ai pochi ebrei che lo desideravano di viaggiare liberamente in Israele[172]".

Un'indagine condotta tra il 1983 e il 1988 ha dimostrato che gli ebrei ungheresi non si sono "mai integrati completamente": "Delle 109 persone intervistate, solo 43 hanno accettato pienamente la loro origine; 20 l'hanno nascosta completamente, mentre 46 hanno preferito valutare la situazione prima di decidere se rivelarla o meno. Tuttavia, tra i loro genitori, sopravvissuti all'Olocausto, il 63% negava categoricamente la propria identità ebraica e cercava in tutti i modi di convincere i propri figli a fare lo stesso[173]".

Così, sebbene il numero di ebrei ai vertici del potere fosse stato volontariamente limitato, potevano ancora esistere ebrei nascosti, come

---

[172] Gabriele Eschenazi, Gabriele Nissim, *Les juifs et le communisme après la Shoah*, 1995, Éd. De Paris, 2000, p. 127-131

[173] Andras Kovacs, *Identità ed etnia*, p. 4 (manoscritto). Gabriele Eschenazi, Gabriele Nissim, *Les juifs et le communisme après la Shoah*, 1995, Éd. De Paris, 2000, p. 131-133.

ha raccontato Gabriele Eschenazi: "La storia di Aczel, il ministro della Cultura, le cui opinioni erano molto rispettate da Kadar, è l'esempio più estremo ma anche più emblematico delle preoccupazioni esistenziali degli ungheresi di origine ebraica". In gioventù era stato un "coraggioso militante sionista dell'Hashomer Hatzair... Quando, sotto il regno di Kadar, fu improvvisamente spinto all'apice del potere, fece di tutto per nascondere la sua identità e, soprattutto, il suo passato sionista. Vasarhelyi ricorda: "Nella sua vita di alto dignitario comunista, il suo passato era un peso terribile. Voleva a tutti i costi presentarsi con "i baffi di un vero ungherese". In gioventù era stato un attore, ma recitava ancora, fingendo di non avere origini ebraiche[174]".

Con il crollo del comunismo nel 1989, gli ebrei furono nuovamente attanagliati dalle paure. Lo "spettro dell'antisemitismo" è tornato. Ascoltate ad esempio Istvan Csurka, drammaturgo e vicepresidente del Forum democratico: "Perché gli ebrei non ammettono di essere stati al potere ai tempi di Bela Kun e di esserlo stati anche quando sono tornati con i russi? Perché non riconoscono le loro responsabilità?".

Ancora una volta, come vediamo, gli ebrei dovevano fungere da capro espiatorio. "In questo modo, scrivono Eschenazi e Nissim senza ridere, si poteva scaricare la colpa collettiva sugli ebrei e sbiancare il resto della società. Gli ebrei sono chiamati a farsi carico del processo di riconversione morale che il Paese stesso non è in grado di portare avanti".

Istvan Csurka sembra piuttosto indicare un capro espiatorio: "Il capitalista che egli indica pubblicamente come simbolo del nuovo carrierismo ebraico è George Soros, il finanziere americano di origine ungherese che, negli ultimi anni del regno di Kadar, ha aiutato e finanziato la nascita di una cultura indipendente".

È vero che a Budapest la Fondazione Soros aveva assegnato borse di studio per diversi milioni di dollari a intellettuali ungheresi "per consentire loro di studiare e intraprendere ricerche senza essere ostacolati dal potere totalitario". In questo caso, come si può rimproverare questo generoso e patriottico milionario ungherese? Csurka, "che ha iniziato una campagna politica contro Soros, lo accusa in realtà di aver aiutato l'ex nomenklatura ebraica a convertirsi al

---

[174] Gabriele Eschenazi, Gabriele Nissim, *Les juifs et le communisme après la Shoah*, 1995, Éd. De Paris, 2000, p. 136

capitalismo[175]". A questo Istvan Csurka, che vedeva gli ebrei dietro sia al comunismo che al liberalismo, i due scrittori italiani hanno risposto, fingendo incomprensione: "Come è possibile fare degli ebrei il simbolo di due ideologie antitetiche, di due sistemi politici contrapposti?"

La risposta è però molto semplice: si tratta di trovare una nuova formula per costruire questo mondo senza frontiere, questo nuovo "regno di Davide", in cui il popolo di Israele sarà finalmente riconosciuto da tutti come il popolo di Dio.

Polonia, liberata dai suoi "fantasmi"

Anche lì gli ebrei erano tornati sulla scia dell'Armata Rossa. Mai nella storia della Polonia gli ebrei avevano occupato posizioni politiche così importanti", ha riconosciuto Eschenazi. Il nuovo regime impiegò leader di origine ebraica in settori strategici, come l'esercito, la sicurezza e l'apparato di partito, perché i russi si fidavano di loro più dei polacchi[176]".

Il Partito Comunista Polacco stava comunque cercando di presentarsi al pubblico come un partito veramente nazionale. Il compito non era facile. Come ha spiegato Berman, il "numero due" del regime: "Come Bierut, mi ero opposto al fatto che ci fossero troppi ebrei ai vertici del potere. Lo vedevo come un male necessario a cui eravamo stati spinti al momento della conquista del potere [177]". Era quindi necessario "chiedere agli ebrei comunisti di diventare polacchi". A tal fine, il Partito emanò un decreto che permetteva agli ebrei di cambiare il proprio cognome "con estrema facilità". "Se erano "corretti", potevano entrare in contatto con la popolazione, altrimenti venivano affidati loro compiti per i quali i contatti erano limitati; se avevano un fisico molto marcato, venivano relegati in secondo piano nella sezione del lavoro politico, tra gli ebrei". Per entrare nell'amministrazione, "non solo dovevano cambiare il loro cognome ebraico con uno tipicamente

---

[175] Gabriele Eschenazi, Gabriele Nissim, *Les juifs et le communisme après la Shoah*, 1995, Éd. De Paris, 2000, p. 145, 147, 150

[176] Gabriele Eschenazi, Gabriele Nissim, *Les juifs et le communisme après la Shoah*, 1995, Éd. De Paris, 2000, p. 199

[177] Gabriele Eschenazi, Gabriele Nissim, *Les juifs et le communisme après la Shoah*, 1995, Éd. De Paris, 2000, p.222-227

polacco e parlare con un perfetto accento polacco, ma dovevano anche rifare i documenti di identità di tutta la loro famiglia. Per tutti si trattava di un'operazione di copertura volta a nascondere il carattere straniero ed ebraico del nuovo potere". Così, lamenta Eschenazi, gli ebrei, anche se avevano cognomi polacchi ed erano perfettamente integrati, divennero gli individui più sospetti per il resto della popolazione[178]".

Tuttavia, erano molto ben integrati, soprattutto nei ministeri. Lo si legge anche nel libro di Alain Brossat, attraverso la testimonianza di un certo Adam Paszt: "Sapevamo che la popolazione era antisemita, quindi cercavamo di nascondere il fatto che c'erano ebrei nelle posizioni più alte... Consigliavamo agli ebrei che avevano responsabilità di cambiare il loro cognome. Promuovevamo chi era biondo, chi aveva una "bella faccia" - così dicevamo - chi parlava bene la lingua. Agli altri non era permesso occupare posizioni di responsabilità o funzioni di rappresentanza[179]".

Hilary Minc, uno dei leader del nuovo regime, era facilmente identificabile: "Diversi comunisti ebrei che si trovavano in Russia in attesa di tornare a casa con l'esercito polacco furono rinchiusi per diversi giorni in una baracca. Quando cominciarono a perdere la pazienza, chiesero di parlare con Minc per sapere cosa ne sarebbe stato di loro. Egli disse loro apertamente che se avessero voluto tornare in Polonia, avrebbero dovuto cambiare i loro cognomi e nascondere le loro origini, altrimenti avrebbero generato anticomunismo mascherato da antisemitismo. Uno di loro, infuriato per questa spiegazione, tirò fuori uno specchio e gli disse di guardarsi, perché con la faccia che aveva sarebbe stato impossibile per lui ingannare qualcuno".

La farsa non sembrava ingannare nessuno, né gli ebrei né i polacchi. Szapiro ha ricordato come si sentivano lui e altri ebrei in quel periodo: "Mi rassicurava vedere che il sionista Sommerstein era al Ministero dell'Istruzione. Per la maggior parte degli ebrei, la presenza di ebrei ai vertici dello Stato era una sorta di garanzia contro l'antisemitismo, o

---

[178] Gabriele Eschenazi, Gabriele Nissim, *Les juifs et le communisme après la Shoah*, 1995, Éd. De Paris, 2000, p. 218, 219, 199

[179] Alain Brossat, Sylvia Klingberg, *Le yiddishland revolutionnaire*, Balland, 1983, p. 329.

almeno la prova che non ci sarebbe stato alcun antisemitismo ufficiale[180]".

Alain Brossat ha citato anche la testimonianza di Bronia Zelmanovicz: "Un giorno, quando mia figlia Ilana era ancora piccola, l'ho lasciata nel suo lettino per andare a fare la spesa - a fare la fila per comprare la carne. Alcune persone sono arrivate e hanno tagliato la fila. Protestai e mi risposero: "L'hai voluto tu, questo regime, non è vero?" Mi avevano visto in faccia che ero ebrea. Per loro, la familiare equazione "giudeo-comunismo" funzionava perfettamente[181]."

Il libro di Eschenazi e Nassim è pieno di contraddizioni e paradossi, ma almeno ha il merito di mettere in luce un certo spirito talmudico. Rimettendo in ordine i fatti, l'analisi degli autori prende una piega sorprendente. Eschenazi e Nassim spiegano che questa situazione nascondeva in realtà un dramma identitario: "Tra le due guerre, molti avevano abbracciato il comunismo per uscire dal ghetto, per liberarsi dal fardello della tradizione ortodossa... Per loro la modernità si trovava fuori dallo shtetl. Dopo la guerra, tuttavia, il comunismo divenne, al di là di ogni motivazione ideologica, un obbligo. La maggior parte di coloro che si iscrissero al Partito... non lo fecero per il desiderio di fare carriera, ma piuttosto per una sorta di disperazione... Di fronte alla necessità di vivere, si impegnarono a malincuore sulla via del comunismo... Hanno firmato un contratto morale con il comunismo per la semplice ragione che volevano vivere. E per vivere in Polonia, bisognava essere membri del Partito[182]". Dobbiamo capire, quindi, che per loro fu una grande sofferenza finire a lavorare nei ministeri.

È stato quindi anche con grande disperazione che gli ebrei sono stati coinvolti in modo massiccio nel terribile apparato di sicurezza dello Stato polacco: "Il settore in cui gli ebrei si confondevano maggiormente con il potere comunista era molto particolare, perché era l'apparato di sicurezza", ha ammesso Gabriele Eschenazi. La *Służba Bezpieczeństwa*, il Servizio di Sicurezza (SB), "controllava praticamente tutta la società

---

[180] Gabriele Eschenazi, Gabriele Nissim, *Les juifs et le communisme après la Shoah*, 1995, Éd. De Paris, 2000, p.231

[181] Alain Brossat, Sylvia Klingberg, *Le yiddishland revolutionnaire*, Balland, 1983, p.337.

[182] Gabriele Eschenazi, Gabriele Nissim, *Les juifs et le communisme après la Shoah*, 1995, Éd. De Paris, 2000, p.217, 219

civile. I suoi funzionari leggevano la posta privata, conducevano perquisizioni e incursioni e censuravano i giornali".

La presenza di molti ebrei nel sistema repressivo contribuì certamente ad alimentare l'antisemitismo: "L'errore del Partito fu quello di impiegare ebrei in un settore così delicato, con il rischio di suscitare ulteriormente l'ostilità del popolo nei confronti del governo". Quel che è certo è che "i polacchi credevano che il Servizio di Sicurezza fosse interamente gestito da ebrei".

Durante gli anni dello stalinismo, "un numero relativamente elevato di ebrei" ricoprì alte cariche nella polizia segreta: "Alcuni lo fecero per idealismo, altri perché desideravano ardentemente vendicarsi". Per esempio, "il colonnello Iosef Swiatlo, fuggito a Berlino nel settembre 1953 in circostanze oscure: "Era un piccolo criminale ebreo polacco che pensava solo ad arricchirsi e a vendicarsi di tutto, delle sue origini e persino della sua povertà. Era il padrone del destino di migliaia di persone. Era una cosa orribile"[183]."

Kruscev, che stava guidando la de-stalinizzazione dell'URSS, era favorevole all'epurazione della leadership ebraica. Nel 1955, durante le sessioni del XX congresso, la morte improvvisa a Mosca di Beirut, segretario del Partito Comunista Polacco, fu una notizia bomba. Circolò la voce che fosse morto in circostanze dubbie. Berman e Radkiewicz si ritrovarono fuori dal governo e dall'Ufficio politico del partito. Nel giugno 1956, a Poznan, si verificò una rivolta popolare che vide una folla inferocita prendere d'assalto le varie sedi del Partito e occupare la città per due giorni. La repressione fece 75 vittime. Subito dopo, a luglio, il vice primo ministro Zenon Nowak, durante la riunione del Comitato centrale, avanzò una proposta, "dopo aver accuratamente chiarito di non essere un antisemita: "Gli ebrei allontanano il popolo dal Partito e dall'Unione Sovietica". È quindi dovere del Partito fare in modo che i polacchi, e non gli ebrei, occupino i posti più importanti".

Sotto la pressione del popolo, Gomuka fu eletto segretario del partito e gli ebrei stalinisti furono eliminati: "L'anno 1956 fu segnato dalla scomparsa degli ebrei stalinisti dalla scena politica. Il potente Berman fu escluso dall'ufficio politico, così come il ministro dell'Economia Minc e, poco dopo, il capo dell'esercito Zambrowski. All'epoca,

---

[183] Gabriele Eschenazi, Gabriele Nissim, *Les juifs et le communisme après la Shoah*, 1995, Éd. De Paris, 2000, p. 222-227

tuttavia, l'epurazione non ebbe un carattere particolarmente antisemita: prese di mira sia gli ebrei che i non ebrei. Kersten ha osservato che: "Berman, Minc e altre personalità che lavoravano nei Ministeri della Sicurezza furono rimossi dalle loro funzioni non tanto perché erano ebrei, ma perché erano considerati stalinisti, conservatori e dogmatici[184]".

Nel complesso, "il 1956 fu un anno veramente traumatico" per questa generazione di comunisti ebrei. "Avevano scelto l'URSS pieni di speranze messianiche, e improvvisamente le rivelazioni di Kruscev al XX Congresso misero tutto in discussione". Fu quindi un nuovo dramma della storia ebraica: "Non appena il nuovo regime di Gomulka riaprì le frontiere per apparire liberale, cinquantamila ebrei avevano già fatto i bagagli" e lasciato il Paese. Ci si chiede di cosa avessero paura per fuggire in quel modo: non erano forse diventati dei veri polacchi, "perfettamente integrati", come ripetono Eschenazi e Nissim nel loro libro?

"Ora che il comunismo sembrava crollare, nutrivano un senso di vuoto. Non avevano più un'identità e si sentivano minacciati... Le notizie provenienti dall'Unione Sovietica si aggiungevano alla prospettiva di essere ancora una volta, in quanto ebrei, i capri espiatori di un regime che stava crollando, il che aumentava ulteriormente il loro disagio... Erano entrati nel Partito e nella polizia pieni di speranza, ma all'improvviso tutto crollò. Si sentivano sconfitti[185]."

Dopo la guerra, molti avevano già preferito lasciare il Paese a causa delle tensioni con i polacchi. Dei 350.000 ebrei che vivevano in Polonia dopo la guerra, la stragrande maggioranza era tornata dall'Unione Sovietica; 250.000 erano partiti per Israele o per l'Europa occidentale. Nel febbraio 1947, la Polonia chiuse le frontiere, anche se era ancora possibile ottenere i visti per recarsi in Israele[186].

Dopo l'esodo del 1956, la comunità ebraica polacca contava non più di trentamila persone. "Quelli che erano rimasti costituivano lo zoccolo

---

[184] Gabriele Eschenazi, Gabriele Nissim, *Les juifs et le communisme après la Shoah*, 1995, Éd. De Paris, 2000, p. 251, 253

[185] Gabriele Eschenazi, Gabriele Nissim, *Les juifs et le communisme après la Shoah*, 1995, Éd. De Paris, 2000, p.254-258

[186] Gabriele Eschenazi, Gabriele Nissim, *Les juifs et le communisme après la Shoah*, 1995, Éd. De Paris, 2000, p. 205, 212

duro degli ebrei assimilati. Nonostante tutto, si sentivano ancora completamente polacchi, scrive Gabriele Eschenazi senza una punta di ironia. Molti erano sostenitori di Gomulka" e "avrebbero partecipato al nuovo tentativo di riforma comunista con lo stesso entusiasmo del passato [187]". Si poteva quindi ripartire su nuove basi, su nuove "speranze".

Sfortunatamente, si verificò un altro dramma. La Guerra dei Sei Giorni tra Israele e i Paesi arabi inaugurò la campagna antisemita in grande stile. Per la stampa polacca, dal giorno dell'inizio dei combattimenti, il 5 giugno 1967, ogni ebreo assimilato era considerato un potenziale sionista:

"Le purghe furono condotte in tutte le istituzioni che ospitavano ebrei e nelle quali si poteva annidare un'opposizione al regime. Naturalmente furono presi di mira in primo luogo i circoli culturali, i giornali, il cinema e le università che avevano mostrato segni di anticonformismo intellettuale. Inoltre, fu chiarito che, all'interno della polizia e dell'esercito, il potere apparteneva ai "veri" polacchi. Gli ebrei, che erano stati pienamente integrati il giorno prima, furono "sfrattati" uno ad uno come se fossero "talpe" di un'organizzazione criminale che operava nell'ombra. Una speciale commissione di "sicurezza" stilò un elenco di ebrei da indagare. Tuttavia, furono prese di mira soprattutto le posizioni di vertice. Dalla seconda metà del 1967 alla fine del 1969, 341 ufficiali di origine ebraica furono licenziati dall'esercito ed espulsi dal partito. Nella sola Varsavia, tra marzo e maggio 1968, furono licenziati più di 500 dirigenti; di questi, 365 lavoravano nei ministeri, 49 nelle istituzioni accademiche, 21 nelle agenzie di stampa e 39 in vari servizi. Vennero licenziati anche quattro ministri, quattordici sottosegretari, sette direttori generali e cinquantuno direttori di dipartimento. In ottobre, 2.100 persone sono state espulse dal Partito. La caccia al "sionista" fu particolarmente feroce nelle scuole e nelle università, dove Gomulka voleva infliggere un colpo mortale alla ribellione dei giovani. Decine di accademici e professori universitari persero il loro posto. Per sostituire questi "nemici della Polonia", furono rapidamente promossi 576 nuovi professori. I circa 1600 studenti espulsi dalle università furono banditi per sempre e non poterono riprendere gli studi in Polonia. Accusati di essere sionisti, centinaia di ebrei furono immediatamente

---

[187] Gabriele Eschenazi, Gabriele Nissim, *Les juifs et le communisme après la Shoah*, 1995, Éd. De Paris, 2000, p. 258

licenziati e si ritrovarono da un giorno all'altro senza casa, senza cure mediche, senza amici... I "nemici del popolo" furono pubblicamente rimproverati e messi alla gogna[188]".

La disperazione degli ebrei era ulteriormente aggravata dal fatto che, non dimentichiamolo, "la maggior parte di loro si sentiva completamente assimilata: parlavano polacco, avevano completamente dimenticato l'yiddish, non andavano in sinagoga, non praticavano i riti religiosi ebraici e avevano educato i loro figli secondo i principi educativi polacchi", scrive Eschenazi... Eppure questi ex ebrei furono improvvisamente accusati di essere sionisti e di far parte di una quinta colonna dei "nemici della Polonia"[189]".

Fu quindi una "doccia fredda" per tutti quegli ebrei assimilati che "avevano creduto che il partito avrebbe permesso loro di sentirsi totalmente polacchi e di dimenticare l'ostilità che li circondava". Ma all'improvviso, il Partito attorno al quale avevano costruito la loro vita si stava rivoltando contro di loro. Tutto crollò.

Abbiamo, ad esempio, il caso di un certo Szchter Michnick, uno di quegli ebrei "perfettamente assimilati": "Per cinquant'anni è stato un intellettuale comunista, nonché editore delle opere di Karl Marx. Ha condotto ricerche sull'"errore" di Lenin che aveva aperto la porta alla degenerazione del socialismo. Nel 1968, dopo aver nascosto per tutta la vita le sue origini, si ricordò improvvisamente di provenire da una famiglia ebraica e di essere stato educato per diventare rabbino. Da un giorno all'altro divenne un fervente sionista. Voleva che suo figlio si stabilisse in Israele per contribuire alla difesa dello Stato ebraico[190]".

Gli ebrei, ancora una volta, erano stati "designati come i nemici", il "capro espiatorio", su cui il partito aveva "scaricato la responsabilità delle proprie mancanze". La loro impotenza era tale che circa ventimila ebrei lasciarono il Paese per la Svizzera, la Danimarca o gli Stati Uniti. Pochi, all'epoca, partirono per Israele. La cosa peggiore, spiega Eschenazi, era che "la grande maggioranza della popolazione era

---

[188] Gabriele Eschenazi, Gabriele Nissim, *Les juifs et le communisme après la Shoah*, 1995, Éd. De Paris, 2000, p.276

[189] Gabriele Eschenazi, Gabriele Nissim, *Les juifs et le communisme après la Shoah*, 1995, Éd. De Paris, 2000, p.260

[190] Gabriele Eschenazi, Gabriele Nissim, *Les juifs et le communisme après la Shoah*, 1995, Éd. De Paris, 2000, p.282

indifferente al destino degli ebrei... La solitudine morale in cui i polacchi lasciarono gli ebrei era molto difficile da sopportare... Nel 1968, gli intellettuali e la Chiesa polacca si accontentarono di osservare gli eventi senza schierarsi contro la campagna antisemita. Il capo indiscusso della Chiesa polacca, il cardinale Wszynski, riconosciuto a livello internazionale come rappresentante del bastione della resistenza anticomunista, non si preoccupò di intervenire[191]."

D'altra parte, perché la Chiesa sarebbe dovuta intervenire a favore di persone che non avevano smesso di perseguitarla? La realtà - ed è una cosa terribile da dire - è che i polacchi erano molto probabilmente contenti della situazione. Il risultato fu che "dopo il 1968, gli ebrei rimasti in Polonia erano pochissimi, non più di tre o quattromila". Come avrebbero dovuto affrontare la situazione i polacchi?

Dopo il crollo del blocco comunista, la campagna presidenziale del 1991 si svolse in un'atmosfera confusa. Lech Walesa, l'ex leader sindacale, era in corsa contro il primo ministro cattolico e liberale Tadeusz Mazowiecki: "Ben presto cominciarono a circolare strane voci su quest'ultimo. Personalità importanti non lo dichiaravano esplicitamente, ma tutti lo pensavano: Mazowiecki era un ebreo sotto mentite spoglie. All'inizio i suoi collaboratori di origine ebraica avevano seminato dubbi, ma poi anche lui fu accusato di essere un 'ebreo travestito da cattolico'".

L'antisemitismo era quindi purtroppo ancora molto virulento in Polonia. C'è una sola soluzione a questo tipo di problema, raccomanda Gabriele Eschenazi: "È probabile che episodi del genere si ripetano negli anni a venire, e questo accadrà finché l'antisemitismo non verrà dichiarato illegittimo. Se questo deve essere fatto, non è per accontentare gli ebrei o per mostrare solidarietà con loro, ma per il bisogno dei polacchi di liberarsi dei loro fantasmi[192]".

---

[191] Gabriele Eschenazi, Gabriele Nissim, *Les juifs et le communisme après la Shoah*, 1995, Éd. De Paris, 2000, p.260, 278-280

[192] Gabriele Eschenazi, Gabriele Nissim, *Les juifs et le communisme après la Shoah*, 1995, Éd. De Paris, 2000, p.289, 287

Romania liberata

Anche in Romania i leader ebrei svolsero un ruolo importante nell'instaurazione del comunismo dopo la seconda guerra mondiale[193]. Il libro di Eschenazi e Nissim presenta l'eloquente testimonianza di una certa Lya Benjamin, un'ebrea che era anche una fervente comunista:

"Durante la guerra, negli anni della clandestinità, la maggior parte dei leader comunisti erano ebrei; dopo il 23 agosto 1944, gli ebrei si rallegrarono per l'arrivo dei comunisti sovietici e molti desiderarono entrare a far parte del nuovo regime. A causa del loro ardente antifascismo, i servizi segreti della *Securitate* li considerarono elementi affidabili e ne accolsero un gran numero. L'idealismo portò questi ebrei al comunismo. Credevano talmente tanto in quell'ideale da risultare più fanatici dei loro compagni rumeni, che spesso avevano aderito al Partito solo per opportunismo. Sicuramente molti ebrei erano motivati dal desiderio di vendicarsi non solo del fascismo, ma anche dei rumeni. Dopo essere stati a lungo tagliati fuori dalla società, sentivano che era arrivato il momento di giocare un nuovo ruolo... Gli ebrei nutrivano grandi speranze per una possibile nuova vita nel loro Paese... "E non sorprenderà sapere che questo testimone era una persona "perfettamente integrata": "Non mi sentivo molto ebreo: ero stato educato in modo tale da sentirmi rumeno[194]".

Tra l'altro, è proprio per questo motivo che ha sposato un ebreo sionista, il che, riflettendoci, è molto coerente.

Molti ebrei cambiarono nome per evitare che l'antisemitismo nella popolazione crescesse. Il libro di Alain Brossat ci presenta la testimonianza di Pierre Sherf: il Partito, dice, "temeva che il risentimento della popolazione sarebbe cresciuto a causa del gran numero di ebrei all'interno della dirigenza del Partito; come molti altri,

---

[193] Il periodo tra le due guerre è stato studiato da Lucien Rebatet. Si possono leggere i suoi articoli sul settimanale *Je Suis Partout* del 15 aprile 1938 e quelli pubblicati tra il 23 settembre e il 28 ottobre 1938, dedicati alla Romania e alla Guardia di Ferro. Questi articoli sono stati ristampati in un libro intitolato *Les Juifs et l'antisémitisme*, pubblicato nel 2002.

[194] Gabriele Eschenazi, Gabriele Nissim, *Les juifs et le communisme après la Shoah*, 1995, Éd. De Paris, 2000, p.419

ho dovuto "romanizzare" il mio cognome; non mi chiamavo più Pierre Sherf, ma Petre Sutchu[195]".

Come in Ungheria, dove il grande ideologo marxista fu George Lukacs, la cui fama andò ben oltre i confini del Paese, il grande pensatore ufficiale rumeno fu un altro ebreo: "Salomon Catz che, sotto il nome di Constantine Dobrogeanu-Gherea, divenne il più grande ideologo marxista rumeno".

I nuovi leader della Romania erano i cosiddetti "moscoviti", cioè i rumeni che lasciarono la capitale russa ed entrarono nel settembre 1944 nei furgoni dell'Armata Rossa. Il loro leader era la figlia di un ebreo ortodosso, Ana Pauker. Apparteneva alla "troika" principale insieme a Georghiu Dej, il capo del Partito, e Vasile Luca. A Mosca, Ana Pauker lavorò per la propaganda sovietica e fu insegnante al Komintern. Marcel Pauker, suo marito, che aveva conosciuto in Svizzera, proveniva da una famiglia ebraica laica. Era stato uno dei fondatori del movimento comunista e un alto funzionario del Komintern. Fu vittima delle purghe e liquidato a Mosca nell'agosto del 1938. Era stata imprigionata in Romania dal 1936 perché membro di un partito fuorilegge. Nel 1941 fu rilasciata grazie a un accordo di scambio di prigionieri e tornò a Mosca, dove rimase per tutta la durata della guerra. Durante il suo soggiorno in URSS, cercò invano informazioni sulla sorte del marito, di cui non conosceva la sorte. Ma nulla poteva scuotere la fede cieca di Ana Paulker nel comunismo. Tornò in Romania nel settembre 1944 per partecipare alla presa di potere dei comunisti.

Gabriele Nissim ha fornito la testimonianza di Tatiana Pauker, figlia di Ana Pauker, interrogata nel 1991 a Bucarest: "Il padre di Ana era un ebreo ortodosso con una cultura religiosa molto rigida. Si chiamava Rabinson... Era molto legata alla sua famiglia. Aveva ottimi rapporti con suo fratello Enea (o Zalman, il suo nome ebraico) che era un ebreo osservante. Aveva un affetto sincero e un grande rispetto per lui... Non nascose mai la sua identità. Quando le veniva chiesto se fosse ebrea, non lo negava mai. Aveva mantenuto il cognome del marito, ma allo stesso tempo voleva essere considerata rumena. A differenza di molti ebrei che, dopo essere diventati comunisti, preferivano evitare i contatti con altri ebrei per non essere accusati di favoritismo nei confronti della comunità, lei si circondava di ebrei nel suo ministero estero... Questo

---

[195] Alain Brossat, Sylvia Klingberg, *Le yiddishland revolutionnaire*, Balland, 1983, pag. 340.

dimostra che mia madre non aveva complessi sull'essere ebrea e che si sentiva libera di circondarsi di amici e collaboratori ebrei. In pubblico, non rifiutò mai di compiere atti simbolici che potessero tradire le sue origini. Al funerale della madre seguì la tradizione ebraica e al cimitero si strappò i vestiti per fermare il ciclo della morte. Ricordo anche il giorno in cui, dopo il suo licenziamento nel 1952, andammo al teatro ebraico di Bucarest. Gli spettacoli erano in yiddish e dovevamo indossare delle cuffie per la traduzione istantanea, ma lei, che capiva lo yiddish, le rifiutò. Fu un gesto quasi simbolico[196]".

Anne Pauker era un'atea convinta: "Il comunismo le aveva permesso di superare l'ebraismo". Questo è probabilmente anche il motivo che la spinse a cercare di soffocare il cristianesimo e a perseguitare il clero ortodosso. "Era il commissario ideologico del Partito per conto di Stalin e fu lei a patrocinare i primi processi politici dal 1947 al 1949. Nel 1950-1952 sostenne il progetto del "canale della morte" di Stalin, la cui costruzione costrinse migliaia di prigionieri a lavorare in condizioni disumane per costruire un canale che collegasse il Danubio al Mar Nero. Si trattava di un vero e proprio gulag in cui perirono 120.000 persone in due anni[197]."

Per valorizzare l'analisi piuttosto blanda di Gabriele Nassim, ricordiamo qui questo passaggio del libro di Stéphane Courtois, "*Storia e memoria del comunismo in Europa*", che cita il caso del colonnello Nicolski, famoso per la sua crudeltà: "il cui vero nome era Boris Grünberg, agente del KGB in Romania, vice direttore della sinistra *Securitate* dal 1948 - la polizia politica - personalmente responsabile di migliaia di omicidi e inventore del terrificante esperimento di "rieducazione" della prigione di Pitesti. Nicolski si è spento serenamente nella sua splendida villa di Bucarest il 16 aprile 1992[198]".

---

[196] Gabriele Eschenazi, Gabriele Nissim, *Les juifs et le communisme après la Shoah*, 1995, Éd. De Paris, 2000, p.444

[197] Gabriele Eschenazi, Gabriele Nissim, *Les juifs et le communisme après la Shoah*, 1995, Paris, 2000, p.442. De Paris, 2000, p.442. La frase esatta è: "120.000 persone, tra cui molti ebrei, sono morte". Questa affermazione meriterebbe certamente uno studio attento.

[198] *Du Passé faisons table rase, Histoire et mémoire du communisme en Europe*, opera collettiva, a cura di Stéphane Courtois, ed. Robert Laffont, 2002, p.49.

In Romania, come in Cecoslovacchia, le prime purghe politiche iniziarono nel 1949. Decine di leader ebrei furono arrestati. Di fronte all'offensiva di Georghiu Dej, il segretario del partito, Ana Pauker ebbe la stessa reazione di Slansky e degli altri comunisti ebrei sotto processo a Praga: credeva che Stalin non l'avrebbe tradita. Si recò a Mosca per difendersi e accusare Dej, ma le porte del Cremlino rimasero chiuse. Durante un incontro con Dej nel 1951, Stalin le avrebbe chiesto un "pugno di ferro" contro gli agenti del titoismo e del sionismo. Vasile Luca, ministro delle Finanze, e Teohari Georgescu, ministro degli Interni, furono licenziati nel maggio 1952. La repressione colpì anche molti dirigenti ebrei dei livelli inferiori.

Anna Pauker, Ministro degli Affari Esteri, fu licenziata nel luglio 1952, esclusa dal Partito in settembre, arrestata nel febbraio 1953 e infine rilasciata poche settimane dopo la morte di Stalin. Era stata accusata di numerose malefatte, in particolare di "aver avuto contatti con i servizi segreti stranieri attraverso Israele, dove viveva suo padre, e di aver depositato denaro in Svizzera". Tuttavia, non fu mai esplicitamente bollata come sionista e, a differenza della Cecoslovacchia, non ci fu un'immediata epurazione degli ebrei ai vertici del Partito. Prova ne sia che al posto di Pauker al ministero degli Esteri, Dej nominò un altro ebreo: Simon Bughici.

Dopo l'eliminazione di Anne Pauker, Dej intraprese una silenziosa epurazione degli ebrei dalla vita pubblica, escludendoli dapprima dalla stampa e dal corpo docente universitario. L'esercito, la sicurezza e la magistratura furono interdetti agli ebrei, anche se l'esclusione fu graduale. Nessuna campagna antiebraica fu lanciata da Bucarest, tanto meno con la portata e la risonanza internazionale della campagna di Praga. Nel 1957, l'ultimo ebreo ancora presente nel Politburo, Chishinevsky, fu licenziato. "Le accuse contro gli ebrei non erano di carattere antisemita, non si parlava di sionismo ma piuttosto di deviazionismo ideologico e di tendenze piccolo-borghesi e anarchiche"[199]." Solo pochi ebrei continuavano a occupare posti chiave, ma non erano né nel Politburo né nella Segreteria del Partito. Dej li aveva quasi completamente eliminati dal Partito.

Ceausescu, il suo successore, facilitò anche la partenza degli ebrei dalla Romania, tanto che tra il 1961 e il 1975, 150.000 ebrei rumeni

---

[199] Gabriele Eschenazi, Gabriele Nissim, *Les juifs et le communisme après la Shoah*, 1995, Éd. De Paris, 2000, pp.436-438.

emigrarono nello Stato di Israele. "Tra loro c'erano molti ex ministri e importanti funzionari di partito. Ceausescu li lasciò partire in cambio del pagamento da parte di Israele di una somma compresa tra i 2.000 e gli 8.000 dollari per individuo". Nel 1975, nel Paese erano rimasti solo 60.000 ebrei, l'equivalente del 15% della popolazione del dopoguerra[200]".

La "vendita" degli ebrei allo Stato ebraico era un accordo comune a cui la comunità era abituata fin dall'antichità: "Nel Medioevo, spiega Eschenazi, gli ebrei avevano sempre contrattato per la loro vita. I grandi rabbini offrivano sempre denaro ai potenti... Nella Germania feudale, quando gli ebrei venivano espulsi da un ducato, si rivolgevano a un altro nobile e gli offrivano denaro perché accettasse di accoglierli. Rimanevano finché il duca non diventava antisemita e poi emigravano di nuovo[201]". Fu così che il rabbino Moses Rosen, emissario di Ceausescu, riuscì a negoziare la partenza di decine di migliaia di persone.

Ma a differenza degli altri Paesi comunisti, la Romania non ha avuto una politica estera ostile nei confronti di Israele. Non ha interrotto le relazioni con Israele dopo la Guerra dei Sei Giorni, come hanno fatto l'URSS e i suoi satelliti, e ha stabilito relazioni economiche e militari con lo Stato ebraico. Queste relazioni privilegiate tra Romania e Israele sono state celebrate con la visita di Golda Meir a Bucarest nel maggio 1972. Allo stesso modo, nell'agosto 1987, il Primo Ministro Yitzhak Shamir e il Rabbino Rosen si trovarono fianco a fianco nella sinagoga di Bucarest per applaudire Ceausescu.

La caduta del dittatore nel dicembre 1989 fu per i media occidentali l'occasione per una manipolazione su larga scala. Il massacro di Timisoara aveva causato 90.000 vittime. Ceausescu fu giustiziato sommariamente e si insediò un regime filo-occidentale. Alla fine gli investigatori scoprirono che il numero delle vittime di Timisoara era di 96, quasi mille volte inferiore a quello inizialmente dichiarato.

Nel 2000, c'erano solo 9.000 ebrei sui 23 milioni di abitanti della Romania. Ma come in Polonia, Gabriele Nissim ha spiegato che c'era

---

[200] Gabriele Eschenazi, Gabriele Nissim, *Les juifs et le communisme après la Shoah*, 1995, Éd. De Paris, 2000, p. 460

[201] Gabriele Eschenazi, Gabriele Nissim, *Les juifs et le communisme après la Shoah*, 1995, Éd. De Paris, 2000, p. 471

"antisemitismo senza ebrei". Nonostante la caduta del regime comunista, alcuni membri del popolo eletto tornarono a ricoprire posizioni di leadership: "Petre Roman, le cui origini ebraiche erano lontane (da parte del nonno), era stato un leader della rivoluzione del 1989 e del Fronte di Salvezza Nazionale, nonché Primo Ministro tra il 1990 e il 1991[202]". Brucan, "ebreo comunista fin dall'inizio" e che aveva fatto parte dell'opposizione negli ultimi anni del regime di Ceausescu, divenne bersaglio di numerosi attacchi a partire dal maggio 1990. Gli slogan che si potevano sentire nelle manifestazioni di protesta erano: "Roman e Brucan in Palestina!" A quanto pare, gli ebrei non avevano lasciato un buon ricordo nella popolazione...

Lustrazione in Cecoslovacchia

Fin dalla creazione della Repubblica cecoslovacca nel 1918, Tomas Mazaryk, il suo padre fondatore, si assicurò che qualsiasi accenno di antisemitismo fosse immediatamente eliminato. All'epoca, gli ebrei censiti erano 360.000, pari al 2,5% della popolazione, due terzi dei quali vivevano in Slovacchia e nella sottocarpatia di Rutena, nella parte orientale del Paese. La guerra aveva favorito un certo riavvicinamento: A Londra, i leader della resistenza ceca erano stati in contatto permanente con l'Agenzia Ebraica, tanto che quando fu proclamato lo Stato ebraico, la Cecoslovacchia fu il primo Paese a richiedere immediatamente l'instaurazione di relazioni diplomatiche ufficiali. Le armi utilizzate dai soldati israeliani per conquistare la Palestina erano di fabbricazione cecoslovacca e la forza aerea israeliana era stata fondata in territorio ceco. Il colpo di Stato comunista del febbraio 1948 non alterò le relazioni amichevoli tra i due Stati.

Il 1948 vide anche il ritiro della Jugoslavia di Tito e le prime purghe antisemite in URSS. Nel settembre 1949, nella capitale ungherese si svolse il primo processo-farsa, su richiesta diretta di Mosca: Laszlo Rajk, ex ministro degli Interni, era stato accusato di essere una spia di Tito al servizio degli USA. In Cecoslovacchia furono arrestati i principali leader comunisti, centinaia di alti funzionari dello Stato e del Partito, nonché ufficiali dell'esercito e dei servizi di sicurezza. Migliaia di comunisti di secondo piano furono condannati a lunghi periodi di

---

[202] Gabriele Eschenazi, Gabriele Nissim, *Les juifs et le communisme après la Shoah*, 1995, Éd. De Paris, 2000, p.487

detenzione a seguito di processi rapidi. Furono accusati di spionaggio, sabotaggio, nazionalismo borghese e crimini sionisti. Quasi tutti i leader comunisti slovacchi... furono giudicati colpevoli di "nazionalismo borghese"", scrive Nissim. Era un altro modo per dire che erano ebrei, dietro il loro cognome slovacco. Tale fu il destino, ad esempio, del potente capo della polizia segreta: Karel Svab[203]. Numerosi giornalisti, amministratori e funzionari furono revocati e allontanati dalla società.

Il processo al Segretario Generale del Partito Rudolf Slansky nel 1952 ebbe ripercussioni internazionali. Dei quattordici imputati, undici erano ebrei e tutti furono accusati di aver partecipato a una cospirazione ebraica mondiale. Slansky era stato anche accusato di aver permesso a "capitalisti" di lasciare il Paese con grandi quantità di oro, argento e gioielli[204].

A differenza di Janos Kadar in Ungheria, Klement Gottwald decise di dare al partito comunista cecoslovacco una svolta antisemita che sarebbe continuata anche dopo la morte di Stalin. Durante il processo, l'ebraismo degli imputati fu continuamente alluso. Il pubblico ministero, i giornalisti e persino gli stessi imputati si dilettavano, durante le loro "confessioni", a ricordare le loro origini, citando i loro vecchi cognomi se li avevano cambiati.

Tuttavia, Gabriele Nissim ha cercato di spiegare che erano dei buoni cecoslovacchi, "perfettamente integrati", perché da fedeli comunisti si erano opposti al sionismo, al nazionalismo ebraico e alla religione ebraica: "Gli ebrei comunisti misero da parte la loro identità ebraica per dimostrare che il comunismo era un superamento dell'ebraismo".

Ecco la testimonianza di Eduard Goldstücker, presidente dell'Unione degli Scrittori: "I comunisti ebrei erano convinti di far parte di un grande movimento, di una grande comunità umana, non ebraica, non diversa da quella umana. Avevano la sensazione di partecipare al tentativo di costruire uno Stato, una società fondata sulla fratellanza e sull'uguaglianza tra tutti gli uomini. Era un tipo di religione che sostituiva quella ebraica, una religione, diciamo così, umanista[205]".

---

[203] Gabriele Eschenazi, Gabriele Nissim, *Les juifs et le communisme après la Shoah*, 1995, Éd. De Paris, 2000, p.534, 548

[204] Gabriele Eschenazi, Gabriele Nissim, *Les juifs et le communisme après la Shoah*, 1995, Éd. De Paris, 2000, p.550, 551

[205] Gabriele Eschenazi, Gabriele Nissim, *Les juifs et le communisme après la*

Il compagno Slansky si è difeso sostenendo che le sue politiche pro-israeliane erano dirette contro il colonialismo britannico. Ha sposato una donna che non era ebrea e non ha trasmesso alcuna coscienza ebraica ai suoi figli", ha spiegato un testimone. Oggi, suo figlio non nega la sua ascendenza ebraica, ma non si sente ebreo... "Tuttavia, nella pagina seguente, Gabriele Nissim ha presentato la testimonianza di Pavel Bergman: "Sua figlia Marta Slanska mi ha detto che ha sempre pensato che suo padre avesse incoraggiato l'emigrazione in Israele perché voleva aiutare il suo popolo". Queste contraddizioni e questi paradossi sono molto frequenti nei libri degli intellettuali ebrei, che quasi sempre propongono gli stessi argomenti per spiegare le loro delusioni: "Stalin e i suoi alleati cercavano capri espiatori al solo scopo di scaricare su di loro i fallimenti del regime".

Dopo lo scoppio della Guerra dei Sei Giorni nel giugno 1967, il regime di Novotny lanciò la più intensa e violenta campagna anti-israeliana e anti-sionista di qualsiasi altro Paese dell'Europa orientale. La Cecoslovacchia fu il primo Stato comunista dopo l'Unione Sovietica a rompere le relazioni diplomatiche con Israele e il primo a inviare una grande delegazione politica e militare in Egitto e Siria.

Il 1968 fu l'anno della Primavera di Praga. La rivolta fu stroncata dalle truppe del Patto di Varsavia. Dei 18.000 ebrei rimasti, circa 6.000 lasciarono il Paese tra il 1968 e il 1970. Dopo la caduta del Muro di Berlino, Vaclav Havel, leader della Primavera di Praga, divenne primo ministro della nuova Repubblica Ceca, dando piene garanzie democratiche al mondo occidentale. Gabriele Nissim scrisse ingenuamente: "Come era già successo in molti altri Paesi dell'Europa orientale, la credibilità internazionale del nuovo regime democratico dipendeva dal suo atteggiamento nei confronti della questione ebraica[206]".

Germania Est

Nella Germania Est, creata nell'autunno del 1949, si svolse lo stesso copione degli altri Paesi satelliti dell'URSS. Gli ebrei "occuparono immediatamente posizioni importanti all'interno del Partito... In effetti,

---

Shoah, 1995, Éd. De Paris, 2000, p. 542, 543

[206] Gabriele Eschenazi, Gabriele Nissim, *Les juifs et le communisme après la Shoah*, 1995, Éd. De Paris, 2000, p. 565, 566, 546, 599

avevano la sensazione di tornare in Germania come vincitori[207]". La nuova costituzione condannava esplicitamente l'antisemitismo, ma l'idillio tra ebrei e comunisti non durò a lungo. "Uno dei primi a essere indagato fu il primo ministro ebreo della Propaganda e dell'Informazione, Gerhart Eisler. Nel luglio 1950 fu escluso dal Comitato Centrale e l'anno successivo fu accusato di essere stato sleale nei confronti di Stalin per aver criticato le sue politiche nel 1927 e nel 1928. Nonostante le numerose critiche, Eisler riuscì a mantenere la sua posizione nel ministero fino al 1953[208]".

Le relazioni con "la comunità ebraica internazionale" erano in gran parte determinate dalla questione dei risarcimenti di guerra. "Lo Stato ebraico, dove si erano rifugiati 500.000 sopravvissuti ai campi di concentramento[209], non aveva ancora deciso di normalizzare le sue relazioni con i tedeschi[210]", ha sottolineato Gabriele Nissim. Mentre la Repubblica Federale Tedesca aveva obbedito agli ordini degli Alleati, di Israele e del Congresso Ebraico Mondiale, pagando ingenti risarcimenti, la DDR (Repubblica Democratica Tedesca), che aveva già pagato i risarcimenti di guerra alla Polonia e all'URSS, non si considerava il successore del regime hitleriano, rifiutando di assumersi qualsiasi responsabilità morale e materiale nei confronti degli ebrei e dello Stato ebraico[211]. Questa posizione irritò la "comunità ebraica internazionale", tanto più che il regime comunista tedesco era il più filoarabo di tutti. Dalla fine degli anni '60 forniva armi ai palestinesi e nel 1971 avrebbe ricevuto la visita ufficiale di Yasser Arafat, capo dell'OLP.

Dopo la caduta del regime comunista, il Congresso ebraico mondiale, guidato dal miliardario Edgar Bronfman, intensificò la pressione. Il 13

---

[207] Gabriele Eschenazi, Gabriele Nissim, *Les juifs et le communisme après la Shoah*, 1995, Éd. De Paris, 2000, p. 614, 615

[208] Gabriele Eschenazi, Gabriele Nissim, *Les juifs et le communisme après la Shoah*, 1995, Éd. De Paris, 2000, p.628

[209] Sono i "miracolosi sopravvissuti" dei "campi di sterminio".

[210] Gabriele Eschenazi, Gabriele Nissim, *Les juifs et le communisme après la Shoah*, 1995, Éd. De Paris, 2000, p. 630

[211] "Nel 1990, i governi di Bonn avevano versato 37 miliardi di dollari (al tasso di cambio attuale) al governo israeliano e agli ebrei sopravvissuti, compresi quelli della Germania orientale", p. 631.

aprile 1990, il parlamento appena eletto "adottò una dichiarazione in cui la DDR confermava di assumersi la responsabilità morale dell'Olocausto e si scusava per la politica anti-israeliana perseguita dai governi precedenti e per il trattamento riservato dal Paese agli ebrei[212]". Anche i tedeschi dell'Est dovevano pagare.

Rifugio in Israele

La verità è che il sistema comunista si era decisamente rivoltato contro gli ebrei, anche se erano stati i primi a ispirarlo e persino a fondarlo. "In questo campo di rovine ideologiche, scriveva Alain Brossat, Israele è apparso, in mancanza d'altro, come un porto sicuro, come un rifugio... Poiché gli altri popoli continuano a vivere nella ristrettezza dei loro egoismi nazionali, ripetono spesso i nostri interlocutori, che altro si può fare se non affermarsi come nazione, come Stato[213]?".

Molti militanti comunisti partirono per la Palestina dopo la guerra per costruire lo Stato ebraico. È in Israele, all'inizio degli anni Ottanta, che Alain Brossat e Sylvia Klinberg raccolgono queste testimonianze: "Reduci da tante illusioni", scrivono, questi militanti sembrano essersi adagiati dopo tanti anni di peregrinazioni rivoluzionarie: "Non è una svolta ideologica spettacolare che li porta a vivere una vita "normale", pacifica, ritirata dalla politica, in un modesto complesso residenziale alla periferia di Tel Aviv, è soprattutto una conversione al "realismo".

Dal primo congresso sionista tenutosi a Bale nell'agosto del 1897, l'idea sionista aveva fatto molta strada per penetrare nelle menti delle persone. Theodor Herzl, che aveva capito che gli ebrei erano inassimilabili in Europa, era diventato il loro instancabile profeta. All'epoca gli ebrei in Palestina erano solo 25.000 su una popolazione totale di 450.000, ma la popolazione ebraica sarebbe cresciuta costantemente dopo la Dichiarazione Balfour del 1917 e la creazione di un "focolare ebraico" in Palestina.

La venuta del messia degli ebrei non coincide solo con l'instaurazione di un mondo di "pace", un mondo perfetto in cui tutti i conflitti saranno scomparsi. L'attesa messianica alimenta anche la speranza del "ritorno

---

[212] Gabriele Eschenazi, Gabriele Nissim, *Les juifs et le communisme après la Shoah*, 1995, Éd. De Paris, 2000, p. 677

[213] Alain Brossat, *Le Yiddishland révolutionnaire*, Balland, 1983, p.341, 342.

degli esuli" in Palestina, il ritorno a Sion e la ricostruzione del Tempio. Questa speranza di ritorno non è mai scomparsa. Gli ebrei hanno sempre pregato verso l'Oriente, verso Gerusalemme. Per 2000 anni, i loro salmi nostalgici hanno ripetuto all'infinito: "L'anno prossimo a Gerusalemme". Ritroviamo questo incantesimo nelle preghiere, nella liturgia, nelle feste e nelle celebrazioni del popolo ebraico.

Nel 1945 c'era ancora una guerra da combattere contro la potenza britannica che occupava la regione su mandato internazionale, alla quale si opponevano anche le popolazioni arabe che non intendevano lasciare che la loro terra venisse saccheggiata senza reagire. L'Haganah era l'esercito ebraico che avrebbe combattuto vittoriosamente. Era sostenuto da gruppi di attivisti come l'Irgoun e il gruppo Stern. Dopo l'assassinio di Abraham Stern nel febbraio 1942 a Tel-Aviv, la guida del gruppo passò a Nathan Yalin-Mor. Nell'introduzione al suo libro pubblicato nel 1978, si può leggere quanto segue: "Il gruppo Stern (all'epoca lo chiamavano banda Stern) fa esplodere la dinamite, spara a volontà e uccide senza pietà. Questo è vero. Ma nei tre o quattro anni precedenti la creazione dello Stato, sono loro, con Yalin-Mor a capo, a rendere la vita impossibile agli inglesi in Palestina. Uccidono Wilkin e Martin, i due ispettori "segreti" di Tel-Aviv che li stavano radunando. Attaccano convogli, fanno esplodere ferrovie e diramitano caserme con la tenace perseveranza di veri terroristi[214]".

Il rappresentante dell'imperialismo britannico, Lord Moyne, amico di Churchill, fu fucilato il 6 novembre 1944 al Cairo: "Il primo colpo di Benny uccise all'istante il generale residente. L'autista, che cercava di strisciare fuori, fu colpito da Zebulon[215]", scrive Yalin-Mor. Gli ebrei non se la prendevano più solo con le autorità locali, ma osavano attaccare l'Impero. Ma l'azione più simbolica di questa guerra ebraica in Palestina fu il bombardamento dell'Hotel King David. Il 2 luglio 1946, gli uomini dell'Irgoun fecero esplodere i sette piani dell'ala dell'albergo occupata dagli inglesi. Il bilancio fu di 200 morti e feriti.

---

[214] Nathan Yalin-Mor, *Israel*, *Israel, Histoire du groupe Stern*, Presses de la Renaissance, 1978, p. 18.

[215] Nathan Yalin-Mor, *Israel*, *Israel, Histoire du groupe Stern*, Presses de la Renaissance, 1978, p. 178.

L'Irgoun si era anche specializzato in azioni terroristiche contro i civili arabi: attentati nei mercati, incursioni su autobus e aziende che impiegavano personale arabo. Secondo una versione ampiamente diffusa in Israele, l'Haganah, l'esercito regolare, non avrebbe preso parte a nessuno di questi atti di cui i membri dell'Irgoun si sarebbero resi colpevoli. Ma alcune testimonianze sono in contrasto con la versione ufficiale. Il libro di Alain Brossat presenta la testimonianza di Yankel Taut, che contraddice la versione ufficiale. Dopo un attentato alla grande raffineria di Haifa, che aveva causato la morte di sette operai arabi alla fine del 1947, gli arabi si vendicarono uccidendo sette operai ebrei. Yankel Taut, dato per morto, fu l'unico sopravvissuto. Raccontava: "Dopo tutta questa vicenda, l'Haganah fece un'incursione nei due villaggi arabi tra Haifa e la raffineria, uccidendo una parte della popolazione ed espellendo l'altra parte, abbattendo sistematicamente tutti gli operai arabi della raffineria che trovarono nella zona. Quello che accadde a Deir Yassin fu tutt'altro che un caso isolato[216]".

La creazione dello Stato di Israele fu proclamata nel maggio 1948. Due anni dopo, il 5 luglio 1950, in occasione del 45° anniversario della morte di Theodore Herzl, il Parlamento israeliano adottò una legge - la "legge del ritorno" - che concedeva a tutti gli ebrei che lo desideravano il diritto di venire a stabilirsi in Israele e di acquisire automaticamente la cittadinanza israeliana al loro arrivo. La solidarietà tra gli ebrei di tutto il mondo trovò ancora una volta un'occasione per manifestarsi. Il miliardario barone Guy de Rothschild, della famosa famiglia di banchieri, ha lasciato un'interessante testimonianza nelle sue memorie pubblicate nel 1983. Raccontò come nel 1945 avesse aiutato una donna coinvolta nella "costruzione" dello Stato di Israele: "André Blumel, l'ex capo del gabinetto di Léon Blum, con cui ero molto amico, mi chiese di aiutarlo a salvare Léa Knout, una giovane donna ricercata per terrorismo. L'ho fatto volentieri e da allora sono rimasto in contatto con questa donna, che oggi conduce una vita serena come madre". Questa immancabile solidarietà, come si vede, funziona anche con i terroristi. E Guy de Rothschild ha aggiunto: "Il giorno in cui Israele dichiarò la sua indipendenza nel maggio del 1948, Alix e io manifestammo con gioia sfilando a braccetto sugli Champs Elysées con Madame Mendès France, che avevamo incontrato lì tra la folla[217]".

---

[216] Alain Brossat, *Le Yiddishland révolutionnaire*, Balland, 1983, p.319.

[217] Guy de Rothschild, *Contre bonne fortune...*, Belfond, 1983, p.353.

Dopo la vittoria sugli arabi nel 1967, le esazioni sono continuate durante l'occupazione della Cisgiordania e di Gaza. Il professor Israel Shahak ha elencato nel 1975 i 385 villaggi arabi distrutti, rasi al suolo, su 475 nel 1958. Dal giugno 1967 al novembre 1969, più di 20.000 case arabe sono state fatte saltare in aria in Israele e in Cisgiordania. Case, recinzioni e recinti, persino cimiteri furono rasi al suolo.

Non riepilogheremo qui la lunga litania delle violenze commesse dagli ebrei in Palestina; in primo luogo perché esistono già molti studi sull'argomento, e in secondo luogo perché il ricorso alla violenza estrema per conquistare una terra non è affatto una specificità ebraica. Anche le armate francesi di Luigi XIV, guidate da Louvois, commisero una serie di atrocità durante il sacco del Palatinato, e sappiamo che la conquista della Linguadoca da parte di Filippo Augusto non fu solo culturale. Ricorderemo anche, ad esempio, che quello che hanno subito i palestinesi è piccolo rispetto a quello che hanno subito gli arabi all'epoca delle conquiste di Gengis Khan. Purtroppo gli Stati, come le grandi civiltà, non si costruiscono solo sulla filosofia. Nella prefazione al libro di Nathan Yalin-Mor si può leggere questa riflessione di buon senso: Yalin-Mor "è a buon diritto uno dei fondatori dello Stato di Israele". Non è un caso che, fino ad oggi, il suo cognome sia stato sistematicamente nascosto. In effetti, pochissime nazioni confessano, dopo aver ottenuto la loro indipendenza, di dover la loro esistenza al senso politico dei loro uomini d'azione[218]."

La visione idealistica e rivoluzionaria del movimento sionista degli anni Cinquanta, e di quell'ideale dei kibbutz, quelle fattorie collettive che hanno fatto sognare tanti giovani militanti socialisti, è completamente tramontata. Per molti ebrei, lo Stato ebraico di oggi fa parte del processo di redenzione che deve portare alla liberazione degli ebrei di tutto il mondo.

Dopo la vittoriosa guerra del 1967, il carismatico rabbino Zvi Yehudah Hacohen Cook spiegò ai suoi studenti "che lo Stato d'Israele è lo strumento scelto da Dio per la redenzione del Suo Popolo... che la terra d'Israele è santa, santi gli alberi che vi crescono e le pietre che la tappezzano e le case che vi sorgono; che è un dono inalienabile di Dio

---

[218] Nathan Yalin-Mor, *Israel, Israel, Histoire du groupe Stern*, Presses de la Renaissance, 1978, pag. 12.

al Suo Popolo e che nessuno può arrogarsi il diritto di cedere ai gentili il più piccolo appezzamento di terra; e che il loro sacro diritto era di popolarla[219]".

La guerra dello Yom Kippur dell'ottobre 1973, pur essendo una vittoria israeliana, costò 2.500 morti e le sue ripercussioni politiche diedero un colpo letale al trionfalismo del 1967. Queste difficoltà scossero il sentimento di sicurezza, forza e autosufficienza degli israeliani. Fu allora, nel 1974, che nacque il movimento Gush Emunim (Il blocco della fede), i cui leader erano stati studenti del rabbino Hacohen Cook.

Questo movimento incorporava i temi nazionalisti e pionieristici degli israeliani all'interno di un quadro religioso messianico: "La terra di Israele, per il popolo di Israele, secondo la Torah di Israele" era il suo slogan. "I leader del Gush Emunim sostenevano che il processo messianico di redenzione del popolo ebraico era iniziato e che gli ebrei avevano un ruolo essenziale da svolgere. La mitzvah più importante all'epoca era l'insediamento nella Terra d'Israele", scrive Shmuel Trigano... Il tumulto che regnava in Israele dopo la guerra del 1973 fu percepito come uno dei dolori della nascita del Messia". Per il Gush Emunim, "il popolo ebraico ha un sacro diritto alla Terra d'Israele ed è suo sacro dovere riprendere possesso del Paese e popolarlo in ogni sua parte[220]". All'interno di questo gruppo, le moschee sul Monte del Tempio sono state viste come il principale ostacolo al processo di redenzione e la loro distruzione è ora all'ordine del giorno.

Questa visione del destino di Israele è anche quella esposta dall'ex combattente della resistenza Victor Tibika nel 1970, in un libro di propaganda sionista intitolato *Risveglio e unità del popolo ebraico*. Per lui, "è giunta l'ora del ritorno". Il destino di Israele "è stato annunciato dai profeti, che hanno predetto all'unanimità: la distruzione del Tempio,

---

[219] Eli Barnavi, *Las Religiones asesinas*, Turner publicaciones, 2007, Madrid, p. 67.

[220] Shmuel Trigano, *La société juive à travers l'histoire*, tome I, Fayard, 1992, p.303. Alcuni membri del Gush Emunim sono confluiti nell'ebraismo ultra-ortodosso adottandone lo stile di vita e l'aspetto esteriore (gli Jaredì), ma la maggior parte continua a vestirsi secondo gli standard contemporanei e a intraprendere carriere nell'economia moderna.

l'Esodo, l'Esilio, le persecuzioni, il bando, la restaurazione di Israele, il ritorno, la liberazione di Gerusalemme e la venuta del Messia[221]".

Non si tratta di un nazionalismo ordinario, equivalente a quello dei Goyim, ma di una visione grandiosa della storia, che abbraccia tutte le nazioni: "Non bisogna dimenticare", continua Tibika, "che Israele è una benedizione sia per gli ebrei che per l'umanità. Questo Stato non è stato ristabilito per dividere il mondo, ma per portare benedizione su tutte le nazioni, perché è attraverso Israele che il mondo sarà benedetto[222]". Dalla stessa prospettiva, Theo Klein, ex presidente del Consiglio rappresentativo delle istituzioni ebraiche in Francia (CRIF), ricordando la sua prima visita al Muro del Pianto nel 1967, ha scritto a sua volta: "Non ero davanti al Muro del Pianto: ero davanti al muro della speranza[223]".

Questa concezione escatologica dell'ebraismo, che integra lo Stato di Israele al suo centro, può anche essere considerata pericolosa per l'ebraismo mondiale. Elmer Berger, rabbino della Riforma ed ex presidente dell'American Council for Judaism, si è espresso su questo tema: "La tradizione profetica mostra chiaramente che la santità della terra non dipende dal suo suolo, né da quello del popolo o dalla sua presenza sulla terra. Solo l'alleanza divina, che si esprime nel comportamento del suo popolo, è sacra e degna di Sion". Ora, l'attuale Stato di Israele non ha il diritto di identificarsi con il culmine del progetto divino di un'era messianica? Questa è la pura demagogia della terra e del sangue... Il totalitarismo sionista... fa del popolo ebraico un popolo come gli altri[224]". E proprio gli ebrei non vogliono essere "come gli altri".

Jean-Christophe Attias ha espresso molto bene l'antagonismo religioso su questa questione: "Il sionismo propone una rottura con l'atteggiamento passivo degli ebrei, che hanno aspettato troppo a lungo

---

[221] Victor Tibika, 1967, *Réveil et unité du peuple juif*, 1970, p. 88.

[222] Victor Tibika, 1967, *Réveil et unité du peuple juif*, 1970, p. 39.

[223] Theo Klein, *Dieu n'etait pas au rendez-vous*, Bayard, 2003, p. 103.

[224] Elmer Berger, *La foi des prophètes et le Sionisme*, conferenza all'Università di Leiden (Pays-Bas), 20 marzo 1968, in *Le XXIe siècle, Suicide planétaire ou résurrection?*, L'Harmattan, Paris 2000, p. 106.

il Messia. Propone che siano gli ebrei stessi a prendere le redini del destino ebraico, una volontà di realizzare qui e ora sulla terra, e con mezzi umani, qualcosa che fino ad allora era solo un orizzonte diffuso nelle mani di Dio".

Questo messianismo secolarizzato costituisce quindi una rottura con la tradizione ebraica. Il sionismo è quindi percepito da alcuni gruppi ortodossi "come una vera e propria profanazione dell'ideale religioso[225]". Questi gruppi condannano il sionismo e lo Stato di Israele perché ritengono che gli ebrei siano stati esiliati per decreto divino e che il ritorno e il raggruppamento degli esiliati, così come l'indipendenza nazionale, possano avvenire legittimamente solo per decreto divino. In questo senso, "i sionisti compromettono seriamente la missione di Israele in esilio. Infatti, Israele non è in esilio solo per la punizione dei suoi peccati, ma per assumere, in mezzo a quell'esilio, una funzione etica, mistica e redentiva a fianco delle Nazioni... Tale è la missione di Israele in esilio: disperso e persino umiliato, è lì, ovunque, per redimere questo mondo[226]."

Lo Stato di Israele è quindi solo un altro elemento del processo di redenzione in cui lavorano gli ebrei di tutto il mondo. La distruzione di questo Stato non cambierebbe la loro missione. Per loro, Israele non ha la vocazione di ospitare tutti gli ebrei del mondo. È soprattutto un rifugio, dove gli ebrei che lo desiderano possono andare di tanto in tanto per ritemprarsi. È un rifugio per gli ebrei "nevrotici" - come ha scritto il romanziere americano Philip Roth - che non sopportano più la contraddizione tra la loro apparente fedeltà al Paese ospitante e il loro ebraismo. È anche un rifugio per ex militanti comunisti, per pensionati, per "perseguitati" e per delinquenti e criminali di ogni tipo, che sanno che non saranno mai estradati. Ne abbiamo visto numerosi esempi ne *Le speranze planetarie*. Ecco perché, nonostante tutto, la maggior parte degli ebrei continua a sostenere Israele. I leader antisionisti più virulenti dell'estrema sinistra non fanno eccezione. "Tutte le organizzazioni di

---

[225] Esther Benbassa, Jean-Christophe Attias, *Les juifs ont-ils un avenir?* J.C. Lattès, 2001, p.82, 83

[226] Esther Benbassa, Jean-Christophe Attias, *Les juifs ont-ils un avenir?* J.C. Lattès, 2001, p. 95

* *Les Espérances planétariennes*, Hervé Ryssen, Ed. Baskerville 2005

sinistra in Europa sono guidate da ebrei antisionisti[227]", ha scritto il famoso direttore della stampa Jean Daniel Bensaïd. Ma il più delle volte, il discorso antisionista che essi pronunciano nella stampa mainstream non è altro che una facciata[228].

Prima della guerra, molti ebrei credevano che la creazione di uno Stato sarebbe stata un nuovo ghetto. Ecco cosa pensava Elie Wiesel, nelle parole del *poeta ebreo assassinato,* che nel 1936 scrisse su un giornale contrario al progetto sionista: "Ho spiegato la mia opposizione di principio al sionismo. O si è religiosi, e quindi è vietato ricostruire il regno di Davide prima della venuta del figlio di Davide; oppure non lo si è, e in tal caso il nazionalismo ebraico metterebbe in pericolo gli ebrei che pretende di proteggere". Ha poi aggiunto: uno Stato ebraico in Palestina sarebbe un ghetto, e noi siamo contro i ghetti... Siamo a favore di un'umanità senza confini... Invece di barricare gli ebrei dall'umanità, cerchiamo di integrarli in essa, di saldarli insieme; non basta liberare l'ebreo, dobbiamo liberare l'uomo, e allora il problema sarà risolto[229]".

Questa idea di "umanità senza confini" che struttura lo sfondo dell'universo mentale degli ebrei di tutto il mondo è ricorrente e l'abbiamo sentita molte volte.

Il giornalista Guy Konopnicki aveva le stesse apparenti perplessità sullo Stato di Israele: "Non posso quindi condividere questo nuovo anelito degli ebrei, che li trasformerebbe anche in un banale Stato-nazione dai confini definiti. L'ebraismo che invoco rimane errante e cosmopolita, senza terra né radici. È ovunque e in nessun luogo, proprio come il mio patrimonio culturale[230]".

Anche l'ex leader del Maggio 1968, Daniel Cohn-Bendit, si è espresso sulla stessa linea in un libro-dialogo con l'ex ministro socialista Bernard Kouchner, poi passato alla destra "dura": "Per me l'ebreo è ancora l'ebreo della diaspora che vive ovunque e non in un Paese dove gli ebrei sono in maggioranza. Non appena avranno uno Stato e una nazionalità,

---

[227] Jean Daniel Bensaïd, *L'Ère des ruptures,* Grasset, 1979, p.117

[228] Si vedano, ad esempio, le testimonianze di Marek Halter e Guy Konopnicki, in *Les Espérances planétariennes,* Baskerville, 2005, pagg. 172, 173.

[229] Elie Wiesel, *Le Testament d'un poète juif assassiné,* 1980, Point Seuil, 1995, pagg. 164, 165.

[230] Guy Konopnicki, *La Place de la nation,* Olivier Orban, 1983, p. 24.

non saranno più ebrei come li abbiamo conosciuti per venti secoli, ma israeliani".

Ma per intellettuali e politici come Guy Konopnicki, Bernard Kouchner e Daniel Cohn-Bendit, i sentimenti verso Israele sono talvolta ambivalenti, come spesso accade nell'ebraismo. Bernard Kouchner ha aggiunto nelle pagine successive: "Conosco molti ebrei che non andrebbero a vivere in Israele, ma che vogliono che lo Stato di Israele esista[231]".

Gli ebrei dell'URSS, ad esempio, non sono andati tutti a vivere in Israele - tutt'altro. Dopo il crollo del comunismo, centinaia di migliaia di ebrei "perfettamente integrati" lasciarono il Paese senza rimpianti o rimorsi. Alcuni partirono per Israele, ma la maggior parte decise di stabilirsi negli Stati Uniti e nella Germania Est, dove l'immigrazione dalla Russia era stata dichiarata completamente libera per gli ebrei di origine tedesca. Questa decisione, presa dal parlamento di una DDR in declino come gesto di pentimento, fu poi mantenuta dalla Germania riunificata. Di conseguenza, nel giro di quindici anni la comunità ebraica tedesca si è decuplicata, raggiungendo i 220.000 membri nel 2005.

Certo, lo Stato tedesco è stato generoso. Un ebreo russo che ha deciso di stabilirsi in Israele ha ricevuto solo 28.000 euro, mentre un ebreo russo che ha deciso di stabilirsi in Germania è stato accolto a braccia aperte e con una donazione di 140.000 euro. Una famiglia ebrea di quattro persone ha così ricevuto dal contribuente tedesco 560.000 euro in un unico bonus di accoglienza.

Le Figaro del 20 gennaio 2005 affermava: "Decine di migliaia di ebrei dell'ex URSS immigrati in Israele avrebbero approfittato dei loro viaggi nei Paesi dell'ex blocco sovietico per distruggere i loro passaporti israeliani e chiedere l'ammissione in Germania[232]".

---

[231] Daniel Cohn-Bendit, Bernard Kouchner, *Quand tu seras président*, Robert Laffont, 2004, p. 344, 346

[232] Il 1° gennaio 2006, la Germania ha definitivamente abolito i diritti di immigrazione per gli ebrei provenienti dalla Russia e dai Paesi dell'ex blocco sovietico. Questa misura non è stata presa dai tedeschi perché spaventati in anticipo di disturbare la comunità ebraica internazionale, ma su richiesta dello stesso governo israeliano, preoccupato per la fuga dei suoi cittadini. (*Faits et documents* du 15 janvier 2006)

Il processo di "redenzione", come vediamo, continua soprattutto in "esilio", tra le nazioni.

2. Democrazia planetaria

La mutazione cosmopolita

Le speranze ebraiche sono oggi rappresentate molto meglio dall'ideale della società democratica che dal vecchio e ampiamente screditato progetto comunista. I due sistemi marxista e liberale, lungi dall'essere antagonisti, sono effettivamente due macchine ideologiche complementari che lavorano nella stessa direzione per la costruzione del Nuovo Ordine Mondiale universalistico tanto desiderato da Israele, in cui popoli, nazioni e confini saranno scomparsi.

Jacques Attali, uno dei più stretti consiglieri del Presidente Mitterrand, fa l'apologia del cosmopolitismo sfrenato in tutti i suoi libri. Questo intellettuale socialista è attualmente molto vicino alla destra liberale, ma conserva una comprensibile stima per Marx.

Nell'introduzione alla sua biografia di Karl Marx, pubblicata nel 2005, scrive:"... molto prima di tutti gli altri, vide come il capitalismo costituisse una liberazione dalle precedenti alienazioni... fece il caso del libero commercio e della globalizzazione, e previde che la rivoluzione, se fosse arrivata, sarebbe avvenuta solo come superamento di un capitalismo universale. È il primo pensatore "mondiale". È lo spirito del mondo".

Guy Ponopcki ha a sua volta ricordato che Karl Marx, nel *Capitale*, aveva "elogiato la merce e la rivoluzione capitalista" per spazzare via la tradizionale società europea che odiava. Konopcki ha anche citato queste parole: "Per far uscire il nostro Paese dalla sua arretratezza, dobbiamo iniettargli la praticità americana", aggiungendo: "Questa espressione è di Lenin, che sognava di eliminare il terribile carattere nazionale della Russia[233] *".

---

[233] Guy Konopnicki, *La Place de la nation*, Olivier Orban, 1983, p. 159.

* Lenin "aveva poca considerazione dei russi, che considerava pigri, molli e

Non è un caso che il marxismo sia nato dalla mente di un figlio di Israele. Morchedai Marx Levy, nonno di Karl Marx, era un rabbino di Treviri. Il suo secondogenito Herschel, nato nel 1777, "non è incline al rabbinato; è persino lontano dalla religione". Nel 1817, dopo la morte della madre, "decide di fare il salto: rinuncia all'ebraismo e cambia il suo nome da Herschel Marx Levy a Heinrich Marx. Tuttavia, non rompe con la sua comunità, in particolare con il fratello. Per far capire che la sua conversione è solo politica, e certamente temporanea, non sceglie la religione dominante della città, il cattolicesimo, ma il luteranesimo, la religione dei capi di Berlino... Herschel Marx Levy avrebbe potuto sperare di diventare l'avvocato che aveva sognato, ma il re di Prussia, Federico Guglielmo III, rese obbligatoria la conversione degli ebrei del suo Paese per poter esercitare una professione liberale o una carica pubblica... Nel 1814, nella sinagoga di Treviri, sposò un'ebrea olandese, Henrietta Pressburg, (che) proveniva da una famiglia ebrea di origine ungherese, da tempo stabilitasi nelle Province Unite... Il loro primo figlio nasce a Treviri il 5 maggio 1818. Non fu né circonciso né battezzato secondo il rito luterano. Quasi per provocazione, secondo la tradizione ebraica, gli fu dato il nome del padre e del nonno, ex rabbino della città: Karl Heinrich Mordechai... Nel 1824 - anno in cui a Londra fu prodotto il primo motore elettrico - Heinrich si decise e, nonostante l'opposizione della moglie, fece battezzare i suoi quattro figli in una chiesa luterana della città. La rottura con l'ebraismo fu d'ora in poi completa, sia per lui che per i suoi figli[234]".

Quest'ultima affermazione viene però smentita tre pagine dopo, ma sappiamo che le contraddizioni e i paradossi sono frequenti con gli intellettuali ebrei: "Karl ha dodici anni, l'età in cui i giovani ebrei, suoi cugini, preparano il loro *bar-mitzvah*. Conosce la comunità ebraica della città, ma non la frequenta quasi mai dalla morte dello zio. Sa anche che suo padre si è dovuto convertire per non abbandonare la sua professione e che sua madre, che si è sempre considerata ebrea, frequenta ancora le funzioni; intende assimilarsi. Pur leggendo

---

non troppo intelligenti. Quando si incontra un russo intelligente", disse a Gorki, "è quasi sempre un ebreo o ha sangue ebraico nelle vene", in Richard Pipes, *La rivoluzione russa*, 1990, Debols!llo, Penguin Random House Editorial, 2018, Barcellona, p. 380-381.

[234] Jacques Attali, *Karl Marx o el espíritu del mundo*, Fondo de cultura económica de Argentina, 2007, pagg. 13-15, 19-25.

l'ebraico, che la madre gli ha inculcato, rifiuta l'immagine dell'ebreo usuraio denunciata dal padre, di cui riconosce l'erede[235]".

Nel marzo del 1843, Karl Marx scrisse le sue opinioni sull'emancipazione degli ebrei e, se da un lato ci informava di "odiare la fede ebraica", dall'altro era chiaro che le sue motivazioni erano pienamente in linea con la lotta secolare degli ebrei contro la società cristiana: "L'obiettivo è quello di aprire il maggior numero possibile di brecce nello Stato cristiano e di introdurvi subdolamente il razionale".

In questa prospettiva emancipatoria, il capitalismo apolide e la società materialista globalizzata, che sradicano tutte le tradizioni ancestrali, rappresentano le armi più efficaci per dissolvere le nazioni ed estirpare le religioni.

Marx "ha scritto le più belle pagine mai pubblicate in elogio della borghesia, e vale la pena rileggerle oggi", ha detto Attali:"La borghesia non può esistere se non rivoluzionando incessantemente gli strumenti di produzione, il che equivale a dire l'intero sistema di produzione, e con esso l'intero regime sociale (...) L'epoca della borghesia si caratterizza e si distingue da tutte le altre per lo spostamento costante e agitato della produzione, per lo sconvolgimento ininterrotto di tutti i rapporti sociali, per un'inquietudine e una dinamica incessanti. Le relazioni incrollabili e ammuffite del passato, con tutto il loro seguito di idee e credenze vecchie e venerabili, crollano e le nuove invecchiano prima di mettere radici. Tutto ciò che si credeva permanente e perenne svanisce (...) La necessità di trovare mercati sprona la borghesia da un capo all'altro del pianeta (...). La borghesia, sfruttando il mercato mondiale, dà alla produzione e al consumo di tutti i Paesi un'impronta cosmopolita (...) Il basso prezzo delle sue merci è l'artiglieria pesante con cui demolisce tutte le mura della Cina, con cui costringe le tribù più barbare a capitolare nel loro odio per lo straniero (...) La borghesia sottomette le campagne all'impero della città. Crea città enormi, intensifica la popolazione urbana in proporzione elevata rispetto ai contadini, e strappa una parte considerevole della popolazione rurale al cretinismo della vita rurale[236]".

---

[235] Jacques Attali, *Karl Marx o el espíritu del mundo*, Fondo de cultura económica de Argentina, 2007, pag. 28.

[236] Karl Marx, Frederick Engels, *Manifesto del Partito Comunista*, ed. Fundación de Investigaciones Marxistas, Madrid, 2013, p. 54, 55, 56.

Con tali convinzioni "cosmopolite", non sorprende che Karl Marx fosse nel mirino degli antisemiti: "in quel periodo, egli stesso subisce innumerevoli attacchi antisemiti, poiché è considerato ebreo e bruno da tutti coloro - tra cui le sue figlie - che lo designano, gentilmente o meno, come "il moro"[237]."

In Inghilterra, dove inizia a scrivere il *Capitale,* la polizia tiene d'occhio "questo apolide con relazioni planetarie". Nella sua nuova residenza, "non c'è un solo repubblicano o socialista che venga dal Continente o dal Nord America senza passare a trovarlo, per ricevere le sue istruzioni o per ascoltare il suo oracolo. Parla loro indifferentemente in inglese, francese, tedesco, spagnolo e persino in russo, che ora impara per distrarsi, soprattutto quando soffre dei suoi foruncoli[238]".

Spazzando via le culture tradizionali, il capitalismo apre così la strada alla creazione dell'impero globale, che dovrebbe prefigurare l'avvento della fratellanza universale. In effetti, Marx ed Engels erano convinti di assistere all'emergere di un mercato mondiale, di un sistema di produzione e consumo su scala planetaria che avrebbe abolito i confini nazionali e culturali. Era uno sviluppo che vedevano a ragione, perché in un simile mercato planetario i nazionalismi e le religioni erano destinati a estinguersi:

"Quando avrà esaurito la mercificazione dei rapporti sociali e avrà esaurito tutte le sue risorse, il capitalismo, se non avrà distrutto l'umanità, potrebbe anche lasciare il posto a un socialismo globale. Per dirla in altro modo, il mercato potrebbe fare spazio alla fraternità... Ogni uomo diventerebbe cittadino del mondo e finalmente il mondo sarebbe fatto per l'uomo. Allora dovremo rileggere Karl Marx", scriveva il liberalissimo Jacques Attali nella conclusione del suo libro; "da lì trarremo le ragioni per non ripetere gli errori del secolo scorso[239]".

Possiamo quindi riassumere il tutto come segue: il comunismo è apparso troppo presto, e forse troppo brutalmente. Non dovrebbe essere altro che una conseguenza naturale della globalizzazione liberale e

---

[237] Jacques Attali, *Karl Marx o l'espíritu del mundo,* Fondo de cultura económica de Argentina, 2007, p. 204.

[238] Jacques Attali, *Karl Marx o el espíritu del mundo,* Fondo de cultura económica de Argentina, 2007, p. 239.

[239] Jacques Attali, *Karl Marx o el espíritu del mundo,* Fondo de cultura económica de Argentina, 2007, pag. 413.

dell'uniformazione planetaria generata dalla società materialista e dalla democrazia. A causa del fallimento del progetto di "fratellanza universale" del comunismo, gli intellettuali planetari hanno temporaneamente spostato le loro speranze sul progetto liberale, il cui obiettivo è identico: creare l'Impero della Pace.

Anche gli economisti liberali, come ad esempio Thomas Friedman, erano convinti che la globalizzazione fosse compatibile con un solo sistema economico: quello liberaldemocratico, capace di porre fine a guerre, tirannie e povertà.

In questa prospettiva, la rivolta studentesca del maggio '68 rappresentò il canto del cigno delle speranze comuniste. È noto che i principali leader del movimento di protesta erano ebrei. Furono infatti militanti ebrei a guidare i movimenti rivoluzionari, trotkisti, maoisti o anarchici, ispirati da un messianismo specificamente ebraico, anche se apparentemente secolarizzato. Un accademico israeliano, Yaïr Auron, lo ha notato in un libro intitolato *Gli ebrei dell'estrema sinistra nel maggio '68,* pubblicato per il trentesimo anniversario di quegli "eventi": "Dei quattro principali leader del maggio '68, Daniel Cohn-Bendit, Alain Krivine, Alain Geismar e Jacques Sauvageot, i primi tre sono ebrei[240]".

La rivista della comunità ebraica *Passages* dedicò il suo ottavo numero a questi eventi. Scrive Benoît Rayski: "C'era, nel maggio del '68, una folla compatta di volontari ebrei, sia ai vertici che alla base dei partiti, dei movimenti e dei gruppi che erano in prima linea in quell'evento insurrezionale... Occupavano un posto preminente, del tutto sproporzionato rispetto al numero di ebrei in Francia... Tutti, o quasi, provenivano da una posizione geografica ben definita: l'Europa centrale o orientale. Quasi tutti provenivano da famiglie che avevano sacrificato la loro vita in nome delle ideologie rivoluzionarie del XX secolo: bolscevismo, comunismo, trotskismo, bundismo, anarchismo... C'erano, in una folla di persone, i martiri dell'*Affiche rouge (Manifesto rosso),* gli ebrei del Komintern, instancabili rappresentanti della rivoluzione mondiale, i dirigenti ebrei e comunisti delle brigate internazionali, i giovani insurrezionalisti del ghetto di Varsavia, ecc. Quindi, più che una prova generale per un'ipotetica grande serata

---

[240] Leggere il capitolo: *Les Espérances planétariennes,* Hervé Ryssen, pagg. 265-270.

rivoluzionaria, il maggio '68 fu una grande festa d'addio. Fu, secondo Benoît Rayski, "una sorta di pavane rivoluzionaria di un mondo estinto".

Ma gli intellettuali ebrei tendono a dimenticare troppo in fretta le atrocità causate dalla dottrina marxista in tutto il mondo, e soprattutto le responsabilità inconfutabili di dottrinari, funzionari e carnefici ebrei durante il periodo sovietico. Lo storico israeliano Sever Plocker ha tuttavia ricordato, in un articolo intitolato *Stalin's Jew's*, pubblicato nel 2007, che il numero delle vittime della cheka ammonta ad almeno 20 milioni. Secondo lui, Ghenrij Yagoda è stato sicuramente "il più grande criminale del XX secolo", in quanto "responsabile di almeno 10 milioni di morti". "Non dobbiamo dimenticare", ha scritto Sever Plocker, "che alcuni dei più grandi criminali dei tempi moderni sono ebrei... Molti ebrei hanno venduto l'anima al demone della rivoluzione comunista e hanno le mani sporche di sangue per l'eternità". Sottolineiamo, tuttavia, che questo Sever Plocker è un'eccezione e che gli intellettuali ebrei, nel loro complesso, si sono sempre rifiutati di riconoscere al grande pubblico la loro enorme responsabilità nella tragedia comunista.

Il progetto planetario

Gli intellettuali planetari sono i più sfrenati propagandisti di immigrazione, miscegenazione e frontiere aperte. Che siano di destra o di sinistra, marxisti o liberali, atei o credenti, sionisti o "perfettamente integrati", si battono instancabilmente per la costruzione di una società multiculturale e per l'avvento di un mondo senza confini.

Tra questi, Jacques Attali è uno dei più influenti. In *Una breve storia del futuro*, pubblicato nel 2006, si ritiene ancora una volta ispirato come il profeta Elia, che annuncia la venuta del Messia: "La situazione è semplice: le forze del mercato hanno preso il sopravvento sul pianeta. Questa marcia trionfale del denaro, espressione ultima del trionfo dell'individualismo, spiega la maggior parte dei recenti sconvolgimenti della storia... Se questa evoluzione si arresta, il denaro distruggerà tutto ciò che può danneggiarlo e, a poco a poco, distruggerà tutti gli Stati, compresi gli Stati Uniti. Una volta diventato l'unica legge del mondo, il mercato creerà quello che chiamerò l'*iperimpero, una* rete inafferrabile e planetaria, creatrice di ricchezze mercantili e di nuove alienazioni, di fortune e di miserie estreme; la natura sarà totalmente soggiogata; tutto sarà privato, compresi l'esercito, la polizia e il sistema giudiziario".

Attali continuava profeticamente:"... si aprirà un nuovo orizzonte infinito di libertà, responsabilità, dignità, miglioramento di sé e rispetto per gli altri. Questo è ciò che chiamerò *iperdemocrazia*. Porterebbe all'istituzione di un governo mondiale democratico e di un insieme di istituzioni locali e regionali". In questa nuova configurazione del mondo, il dominio dell'impero americano avrà lasciato il posto a un sistema democratico planetario: "Sono convinto che, entro l'anno 2060, assisteremo alla vittoria dell'iperdemocrazia, la più alta forma di organizzazione umana, l'espressione ultima del motore della storia: la libertà[241]".

Questo iper-impero sarà "un impero senza terra, senza centro, vale a dire aperto... Gli individui saranno fedeli solo a se stessi; le aziende non avranno più una nazionalità; i poveri saranno un mercato tra gli altri; le leggi saranno sostituite dai contratti, la giustizia dall'arbitrato e la polizia dai mercenari".

Gli Stati scompariranno di fronte al nuovo potere delle imprese e delle città. "Le forze altruistiche e universalistiche, che sono già attive oggi, prenderanno il potere su scala globale, sotto la regola della necessità ecologica, etica, economica, culturale e politica". Un "Tribunale penale planetario garantirà la compatibilità della giurisprudenza sviluppata su ogni continente... Un'Agenzia Mondiale dell'Acqua proteggerà la disponibilità di acqua; un'autorità universale di mercato controllerà i monopoli e il rispetto del diritto al lavoro. Il controllo della qualità dei prodotti di consumo, in particolare di quelli alimentari, sarà affidato a un altro organismo. E un altro ancora controllerà le grandi compagnie di assicurazione, gli altri organi di governo e le grandi imprese essenziali per la vita[242]".

Naturalmente, possiamo chiederci quali siano queste "forze altruistiche" di cui parla Jacques Attali. A questa domanda l'autore ha dato una risposta onesta, e chi conosce l'ebraismo si rallegrerà della sua sincerità:

"I padroni dell'iper-impero saranno le star dei "circhi" e delle "compagnie teatrali": detentori di capitali di "compagnie circensi" e di beni nomadi, strateghi finanziari o d'affari, proprietari di compagnie di

---

[241] Jacques Attali, *Breve historia del futuro*, Ediciones Paidós Ibérica, 2007 Barcelona, p.13, 14.

[242] Jacques Attali, *Breve historia del futuro*, Ediciones Paidós Ibérica, 2007 Barcelona, p. 20, 233.

assicurazione e di tempo libero, architetti di software, creatori, giuristi, finanzieri, autori, designer, artisti, modellatori di oggetti nomadi; li chiamerò qui *ipernomadi*. Saranno decine di milioni, donne e uomini, molti dei quali lavoratori autonomi... costituiranno una nuova classe creativa, una *iperclasse*, che guiderà l'iperimpero". (p.176). Ma le visioni di Jacques Attali contengono delle lacune, ovviamente volontarie.

In attesa di quei giorni felici in cui gli iper-ebrei saranno in grado di gestire il pianeta, gli iper-giovani dovrebbero essere incoraggiati ad accettare docilmente le opzioni proposte loro. Così che, d'ora in poi, gli europei, in questo caso i francesi, dovranno mettere da parte i loro capricci. Ricordiamo che nel referendum del 25 maggio 2005 i francesi hanno votato massicciamente "no" al progetto di Costituzione europea, nonostante tutti gli avvertimenti dei loro ipercomunicatori (anche Paesi Bassi e Irlanda hanno votato contro). I capricci dei bambini viziati devono cessare, come prescriveva Attali:

"La Francia avrà interesse a contribuire alla creazione dell'*iperdemocrazia* che proteggerà i suoi valori e la sua stessa esistenza. Dovrà quindi proporre la creazione di organismi di governo mondiale con risorse proprie... A livello europeo, dovrà incoraggiare la creazione di un vero governo continentale".

Anche i francesi dovranno accettare un numero ancora maggiore di immigrati, perché da questo dipende la loro salvezza. Devono capire, scrive Attali, "che l'afflusso di popolazione, ben controllato e integrato, è la condizione della loro stessa sopravvivenza" (p.129). (p.129). Tutto questo, ovviamente, "per il maggior beneficio dell'umanità[243]".

All'inizio del suo libro, tuttavia, ci avverte che questa globalizzazione non sarà priva di sconvolgimenti: "Molto prima che l'Impero americano scompaia, molto prima che le condizioni di vita diventino quasi insopportabili, le popolazioni si contenderanno i territori e avranno luogo innumerevoli guerre; nazioni, pirati, mercenari, mafie e movimenti religiosi si doteranno di nuove armi" (p. 20). (p.20). In effetti, tutto sembra indicare che l'indebolimento degli Stati, le guerre e il caos generale siano favorevoli alla venuta del Messia.

Infine, l'edizione spagnola comprendeva un breve epilogo sulla Spagna, in cui l'autore esponeva le sue opinioni sul ruolo storico e futuro degli

---

[243] Jacques Attali, *Une brève Histoire de l'avenir*, Fayard, 2006, p.421, 423

spagnoli. La sua analisi non poteva essere più tipica e sintetica: "La Spagna ha avuto diverse occasioni per diventare la potenza dominante in Europa... Non lo è mai diventata", perché "non è mai riuscita a formare, far crescere o accogliere una *classe creativa*" (p.241). (p.241). Attali ha quindi sentenziato: "La Spagna non è mai diventata un "cuore" perché in nessun momento ha saputo aderire alle leggi della storia del futuro che ho appena descritto in queste pagine" (p.241).

La soluzione è quindi semplice: "Il futuro della Spagna dipenderà d'ora in poi dalla sua capacità di rispettare queste leggi e di seguire le regole del successo", come "una politica di immigrazione accettata e accompagnata da un'adeguata politica di integrazione, un percorso che la Spagna sembra pronta a intraprendere" (p.242). (p.242)

Società multiculturale

Per il sociologo Edgar Morin, il progetto planetario dovrebbe essere testato prima nei Paesi europei. L'Europa, scrive Morin, dovrebbe "diventare un luogo di sperimentazione per i concetti nuovi e originali che saranno poi proposti al mondo intero". Dovrebbe "integrare in sé ciò che è diverso da sé, ma allo stesso tempo non ridursi a questa integrazione: deve diventare un microcosmo come la civiltà planetaria[244]".

In un libro intitolato *Un desiderio per la politica*, Daniel Cohn-Bendit insisteva sulla necessità per gli europei di spalancare le frontiere. Il modello proposto dall'ex anarchico Cohn-Bendit era quello degli Stati Uniti liberali, dove era stata creata una società multirazziale sotto la guida di una potente lobby: "L'Europa deve pensare a se stessa come a una regione di immigrazione, proprio come gli Stati Uniti[245]". È infatti l'unico modo per entrare nella modernità.

Cohn-Bendit ha difeso un argomento spesso addotto dai discorsi cosmopoliti: "Prima di tutto, dobbiamo convincerci che ci sarà sempre un flusso di immigrazione a causa della forte disuguaglianza tra i paesi industrializzati e i paesi in via di sviluppo del Maghreb e dell'Africa... Questo vale per tutta l'Europa[246]".

---

[244] Edgar Morin, *Un nouveau commencement*, Seuil, 1991, p.94, 106

[245] Daniel Cohn-Bendit, *Une Envie de politique*, La Découverte, 1998, p.92.

[246] Daniel Cohn-Bendit, *Une Envie de politique*, La Découverte, 1998, pagg.

Alain Minc, il ricchissimo e influente saggista liberale, sosteneva lo stesso discorso ne *La macchina egualitaria,* pubblicato nel 1987, ma con l'enfasi di una rivelazione biblica. Nel capitolo intitolato *I dieci comandamenti,* non lasciava spazio a dubbi, affermando: "Tra un'Europa in pieno declino demografico e i Paesi sovrappopolati del Mediterraneo meridionale, l'effetto dei vasi comunicanti è inevitabile[247]".

È quanto ha voluto dirci anche Jean Daniel - uomo di sinistra - sulla rivista *Le Nouvel Observateur* del 13 ottobre 2005: "Nulla fermerà i movimenti di popolazioni miserabili verso un Occidente vecchio e ricco... Ecco perché, d'ora in poi, la saggezza e la ragione consistono nel prepararsi a ricevere e accogliere sempre più migranti... Dobbiamo renderci conto che le nazioni non saranno più quelle di oggi".

Le grandi migrazioni dei popoli del Sud verso il Nord sono inevitabili; è quindi inutile cercare di opporvisi. Ricordiamo, però, che nel vecchio discorso marxista era la "società senza classi" a essere "inevitabile". Questa analogia può lasciarci un po' circospetti, considerando le tragedie che questo tipo di profezia sembra portare con sé... Ma come avrete capito, non si tratta di analisi sociologiche, bensì di discorsi propagandistici occulti volti a togliere l'idea di difendersi.

Questa tendenza è in realtà il riflesso di un discorso molto caratteristico della mentalità cosmopolita: ci proiettano nel futuro sulla base di "profezie", dichiarando che tutto ciò che è stato scritto deve inevitabilmente realizzarsi; non combattete più, lasciate andare e tutto andrà bene! Gli sforzi degli intellettuali ebrei per farci accettare l'immigrazione non sono altro che l'applicazione concreta del loro messianismo.

Ovviamente, se gli europei si accontentassero di accettare con rassegnazione e loro malgrado la terzomondializzazione della loro cultura e del loro territorio, darebbero prova di una certa meschinità. Devono quindi convincersi che l'accoglienza degli immigrati li renderà migliori. Non solo gli immigrati regolari, ma anche quelli clandestini devono essere oggetto della loro attenzione. La dottrina dei "diritti umani" è un'arma terribilmente efficace per dissolvere la vecchia civiltà.

90-92.

[247] Alain Minc, *La Machine égalitaire,* Grasset 1987, p.264

Per il filosofo Etienne Balibar, la libertà di circolazione su scala planetaria è un "diritto imprescrittibile", come ha scritto sul prestigioso quotidiano *Le Monde* del 9 luglio 1998: gli immigrati clandestini "hanno il diritto di esigere la parità di trattamento, di contestare la legalità delle procedure amministrative a cui sono sottoposti... Ciò che vale per alcuni deve valere per tutti, anche per i più miserabili senza documenti. Anche loro hanno il diritto di presentare la loro situazione e di discutere il loro destino... Noi, che li sosteniamo e temiamo per loro, vi diciamo ancora una volta: non giocate con la vita delle persone, aprite davvero la strada al dialogo, alla mediazione e all'aiuto! Europei, aprite le vostre porte, aprite i vostri cuori, aprite... tutto! Certo, sarebbe bello se Etienne Balibar avesse le stesse parole per i suoi concittadini israeliani, ma sembra che per gli ebrei queste parole siano un prodotto esclusivamente riservato all'esportazione.

Le fasi successive dell'argomentazione planetaria sono di natura più prosaica. Il giornalista Philippe Bernard ha cercato di rispondere a una domanda spesso posta da coloro che si oppongono all'immigrazione: "Gli immigrati sono un profitto o un costo per la Francia? In un libro pubblicato nel 2002 e intitolato *"Immigrazione, la sfida globale"*, Philppe Bernard, editorialista fisso del quotidiano *Le Monde*, ha cercato di rispondere a questa domanda in modo coscienzioso.

"Per quanto riguarda la questione del costo degli immigrati, non ha molto senso, visto che il sistema di sicurezza sociale francese è un sistema a ripartizione basato proprio sulla solidarietà tra tutte le categorie: i sani pagano per i malati, gli attivi per i pensionati, i single per le famiglie numerose, ecc... A chi interessa conoscere il costo dei bambini o dei diabetici?". In ogni caso, ha aggiunto, "non esiste in Francia un bilancio sociale generale sul tema[248]..."

Tuttavia, qualsiasi osservatore che visiti un ospedale in una qualsiasi città della Francia può constatare di persona l'origine del famoso "buco" nel sistema di sicurezza sociale. Ma su questo punto il signor Philippe Bernard ha mostrato soprattutto la tipica *"Chutzpah"* dei suoi colleghi, quella sfacciataggine senza ritegno che caratterizza il pensiero cosmopolita.

---

[248] Philippe Bernard, *Immigration le défi mondial*, Gallimard, 2002, Folio, p.161

Sarebbe bene che gli europei capissero che questa terzomondializzazione dei loro Paesi, lungi dall'essere una catastrofe, è in realtà uno straordinario beneficio, un'incredibile fortuna, un vero e proprio dono del cielo, il cui rifiuto sarebbe un tremendo errore. Tutti questi immigrati sono davvero indispensabili per sostituire la popolazione europea che invecchia. In fin dei conti, dobbiamo riconoscere che gli intellettuali ebrei sono molto preoccupati per il destino degli europei.

Allo stesso modo, una delle figure chiave dietro la guerra degli Stati Uniti in Iraq nel 2003, Paul Wolfowitz, allora vice del Segretario alla Difesa Ronald Rumsfeld e poi diventato presidente della Banca Mondiale, ha incoraggiato la Russia ad aprire le sue frontiere all'immigrazione di massa dal Terzo Mondo. In un rapporto del 2005 sull'economia russa, ha scritto:

"La Russia trarrebbe beneficio da un cambiamento sostanziale della sua politica di immigrazione. L'immigrazione è una delle condizioni principali per un'economia stabile in Russia. La popolazione del Paese sta invecchiando e diminuendo... Per compensare questo spopolamento, sarebbe necessario un afflusso annuale di un milione di immigrati".

Ancora una volta, capirete che Paul Wolfowitz non sostiene minimamente questa stessa politica di immigrazione quando si tratta dello Stato ebraico.

In breve, se si capisce bene, gli immigrati dal terzo mondo vengono a salvarci. Lo conferma un articolo del quotidiano *Libération* del 25 luglio 2005: "Secondo le proiezioni di Eurostat presentate da Serge Feld dell'Università di Lovanio, l'Unione Europea perderà 14 milioni di abitanti entro il 2030". Si tratta di "un rischio che può essere mitigato solo mantenendo l'immigrazione". Entro il 2030, "l'immigrazione farà guadagnare all'UE 25 milioni di abitanti". Questo articolo, intitolato "L'immigrazione in soccorso dell'Europa", è firmato da un certo Eric Aeschlimann.

Ovviamente, a tutti questi intellettuali, così gentilmente preoccupati per le nostre pensioni, non viene in mente che gli europei possano ricorrere a politiche nataliste. Lo ha espresso chiaramente Daniel Cohn-Bendit: "Una politica pro-natalista mi sembra assolutamente inutile... La famiglia non è un valore in sé...". La famiglia non è un valore in sé", per poi passare a promuovere le coppie omosessuali: "Ciò che apprezzo di più sono le relazioni all'interno della coppia. A prescindere dal sesso della coppia: una coppia omosessuale dovrebbe avere gli stessi diritti di una coppia eterosessuale". E Cohn-Bendit ha continuato: "Perché questo desiderio malato di avere un figlio proprio, quando non è possibile, per qualsiasi motivo...? Non vedo il senso della procreazione artificiale. Perché non rendere più facile l'adozione?".[249]

Cohn-Bendit si è anche dichiarato a favore di una grande politica di immigrazione e integrazione controllata e finanziata dai contribuenti. Dobbiamo "attuare una politica di integrazione, scolarizzazione e alloggio. Sono favorevole alla fissazione di quote per raggiungere questo obiettivo". Infine, ha svelato il suo grandioso piano per l'Europa: "Nel suo complesso, l'Unione Europea potrebbe consentire l'ingresso di 500.000 immigrati... Periodicamente, ogni otto-dieci anni, si dovrà procedere a un'operazione di regolarizzazione applicando, come è stato fatto in Francia con gli immigrati privi di documenti, la "presunzione di integrazione"[250]".

Questa ossessione per la miscegenazione dei popoli europei non è nuova. Già nel 1963, il ministro di Charles De Gaulle, Michel Debré, ripopolò alcuni dipartimenti della metropoli francese con centinaia di bambini provenienti dall'Isola della Riunione. Quarant'anni dopo, nel settembre 2005, approfittando del generale stato di pentimento degli europei bianchi, l'Association des Réunionnaires de Creuse ha denunciato lo Stato davanti al tribunale amministrativo di Limoges per la "deportazione" di 1630 bambini di Réunion tra il 1963 e il 1980[251]. Vediamo quindi che liberali, socialisti ed ex rivoluzionari sono completamente d'accordo: le loro opinioni sono determinate non tanto dal loro impegno politico quanto dalla loro fede messianica.

Anche i Paesi musulmani sono nel mirino dei "benefattori dell'umanità". In nome della "modernità", Daniel Cohn-Bendit ha invitato gli europei a dare prova di buon senso e ad accettare l'ingresso della Turchia nell'Unione Europea: "Per quanto riguarda la Turchia,

---

[249] Daniel Cohn-Bendit, *Une Envie de politique*, La Découverte, 1998, p. 104, 105, 113.

[250] Daniel Cohn-Bendit, *Une Envie de politique*, La Découverte, 1998, pagg. 90-92.

[251] Si legga l'indispensabile lettera di Emmanuel Ratier, *Faits et Documents* (1 settembre 2005). Michel Debré, ex ministro del generale de Gaulle, era nipote di un rabbino dell'Alsazia.

penso che l'argomento secondo cui l'Europa sarebbe un club cristiano sia del tutto aberrante... Integrare la Turchia in Europa significherebbe costruire un ponte di modernità verso tutta l'Asia centrale e il Medio Oriente e negare la divisione tra Paesi islamici e cristiani". E ha aggiunto senza ridere: "Gran parte della Turchia è già europea".[252]

Nel settimanale *Le Point* del 29 settembre 2005, il filosofo miliardario Bernard-Henri Levy ha elaborato questo punto e sembra essere in completo accordo con l'ex sinistra Cohn-Bendit[253]. Per lui, l'Europa è essenzialmente un'idea, un concetto, perché, secondo lui, "non ha limiti, non ha frontiere realmente prescritte o imposte"... Da questo punto di vista, non c'è più alcuna obiezione al fatto che un Paese di antica cultura musulmana come la Turchia, nella misura in cui abbraccia l'eroismo della ragione, non possa entrare a far parte della costituzione europea... Sono tra coloro che credono che l'Europa abbia una funzione piuttosto che una collocazione geografica".

Uno dei principali consiglieri di Jacques Chirac, Pierre Lelllouche, deputato della destra liberale e presidente dell'assemblea della NATO, lo ha dichiarato senza mezzi termini in *Actualités juives* del 23 dicembre 2004[254]: "Voglio che la Turchia entri nell'Unione Europea perché è un Paese musulmano". Inoltre, la Turchia era all'epoca un alleato di Israele, il che poteva segretamente motivare le posizioni politiche di Pierre Lellouche.

Nello stesso numero del settimanale, Nicolas Sarkozy ha dichiarato il 21 dicembre 2004, di ritorno da Israele: "Il problema non è la Turchia, ma l'identità dell'Europa. Se vogliamo davvero espanderci in questa parte del mondo, dobbiamo prima integrare Israele, la cui popolazione, in gran parte di origine europea, condivide i nostri valori".

Il fenomeno della dissoluzione dei popoli e degli Stati è comunque "ineluttabile", come ha scritto anche Philippe Bernard. Per motivarci in tale impresa, Bernard ha cercato di stimolarci pungolando il nostro orgoglio nazionale: "Questa progressiva globalizzazione della

---

[252] Daniel Cohn-Bendit, *Une Envie de politique*, La Découverte, 1998, p.224.

[253] BHL (Bernard-Henri Levy) ha venduto la sua azienda di materiali da costruzione per 2,6 miliardi di franchi.

[254] Citato in *Faits et Documents* del 15 gennaio 2005, lettera di Emmanuel Ratier. Jacques Chirac era Presidente della Repubblica all'inizio del XXI secolo.

popolazione mette alla prova le pretese universalistiche della Francia, che si trova di fronte a ostacoli considerevoli. La Repubblica è così debole da non poter affrontare queste sfide? I francesi devono mobilitarsi e "gridare forte" i valori del loro Paese: "l'uguaglianza tra uomini e donne, il rifiuto della discriminazione, l'istruzione per tutti, la separazione tra le religioni e lo Stato - attenuando allo stesso tempo il loro giacobinismo per permettere alle nuove identità meticcie di entrare e affermarsi, come il pianeta e, perché no, di ispirare la futura legislazione dell'Unione Europea[255]".

Il libro di Philippe Bernard si conclude con questo bellissimo ottimismo. Ricordo di averlo chiamato un giorno, dieci anni fa. Nonostante fosse un uomo molto impegnato, riuscii a convincerlo al telefono: "Ho solo una domanda, signor Bernard, solo una... Lei è ebreo? Lei è ebreo?" Si fece una piccola risata imbarazzata in risposta a... Era il periodo in cui stavo scoprendo che dietro gli articoli di stampa più fanaticamente a favore dell'immigrazione, c'era quasi sempre un intellettuale ebreo.

Mettere in riga l'Islam

La nuova società multietnica e multiculturale che hanno messo in piedi di recente comporta già grandi pericoli per il futuro. Durante i disordini razziali del novembre 2005, 14.000 veicoli sono stati incendiati e quattro francesi hanno perso la vita. Gli intellettuali ebrei hanno ovviamente una responsabilità schiacciante per questa situazione, proprio come i dottrinari ebrei avevano fatto per i trenta milioni di vittime del bolscevismo in URSS.

Inoltre, gli stessi ebrei cominciavano a raccogliere i frutti di questa nuova società multirazziale. Dal settembre 2000, la seconda Intifada in Palestina aveva dato vita nelle periferie francesi a un movimento di solidarietà tra i giovani musulmani maghrebini e subsahariani, che cominciavano a manifestare un antisemitismo virulento. Abbiamo quindi assistito a una moltiplicazione degli incidenti antisemiti. Ciò ha spinto una parte dell'intellighenzia cosmopolita a sostenere una forte politica di sicurezza. Alain Finkielkraut, Pascal Bruckner, André Glucksmann, Alexandre Adler e altri hanno abbandonato le loro idee progressiste per sostenere la destra "dura" e la candidatura di Nicolas

---

[255] Philippe Bernard, *Immigration le défi mondial*, Gallimard, 2002, Folio, p.279

Sarkozy alla presidenza della Repubblica nel maggio 2007. Si trattava ora di consolidare la società multirazziale in pericolo di disintegrazione.

Il settimanale *Le Point* del 27 aprile 2006 ha pubblicato un dossier sull'antisemitismo e sulla preoccupante emigrazione degli ebrei francesi in Israele. In esso, Alain Finkielkraut denunciava l'aggressività di questi immigrati, che si dichiaravano anche vittime dell'Occidente, entrando così pericolosamente in competizione con la propaganda vittimistica ebraica:

"Oggi l'ebreo è di nuovo attaccato nella carne, e io non ho intenzione di disertare il campo di battaglia... In Francia ci sono schiavi immaginari, indigeni immaginari che vogliono liquidare gli ebrei. Senza dubbio credono che l'Olocausto sia una scelta e sono invidiosi. Non so se gli ebrei siano cambiati, ma la situazione è nuova. Ne soffro non solo come ebreo, ma anche come francese, quando due degli insulti più comuni sono proprio "maledetto ebreo" e "maledetto francese"". Doppia sofferenza, dunque, per Alain Finkielkraut.

Nello stesso numero di *Le Point*, Julien Dray, una delle figure emblematiche del partito socialista ed ex trotzkista, tra i fondatori di SOS Racisme, ha riconosciuto alcuni errori: "La verità è che la comunità si è smarrita in questa direzione. È diventata una lobby, un gruppo di pressione sulla politica estera della Francia. È un atteggiamento suicida, perché, lobby contro lobby, non può competere". È chiaro che, rispetto alla formidabile lobby dei commercianti magrebini, la lobby ebraica non è all'altezza.

Il ricercatore Pierre-André Taguieff, come al solito, si è annidato nell'influenza cospirativa: "Il sospetto che gli ebrei non siano buoni cittadini non è nuovo ed è diventato l'oggetto principale delle accuse di antisemitismo moderno. Oggi, alcuni fanno addirittura rivivere lo spettro della "cospirazione ebraica mondiale", ribattezzata "complotto americano-sionista". Ciò significa che tutti gli ebrei, compresi i francesi, sono sospettati di far parte del gigantesco complotto". E ha dichiarato inequivocabilmente: "gli islamici sono i nostri nemici giurati".

Il filosofo Bernard-Henri Levy ha esortato i Goyim a mobilitarsi contro il grande pericolo che minaccia la comunità ebraica: l'Islam militante.

"Sono in guerra contro il fondamentalismo musulmano contemporaneo[256]".

Su *Le Point* del 2 novembre 2006, Elie Bernavi, ex ambasciatore israeliano in Francia, intervistato da Elisabeth Levy dopo la pubblicazione del suo libro *Killer Religions*, ha anche esortato a prendere misure severe contro gli islamisti: "Di fronte all'Islam fondamentalista e rivoluzionario, l'Occidente ha abbassato la guardia".

L'influenza dell'Islam nelle periferie francesi lo preoccupa particolarmente. Secondo lui, l'uso del velo islamico è un segnale preoccupante: "Voglio essere a casa nelle nostre città... Che ci piaccia o no, la soglia di tolleranza viene messa in discussione... Non voglio dover scegliere tra fascisti islamici e fascisti semplici... Non si tratta di inseguire il velo per le strade, ma di portare avanti un discorso da club. Apparteniamo a un club che è aperto a tutti, ma ha le sue regole". A quanto pare, gli ebrei non si sentono patriottici come quando si sentono minacciati.

Naturalmente, non si trattava affatto di incoraggiare gli europei a espellere dall'Europa i milioni di musulmani sbarcati di recente, ma di far sì che i musulmani abbandonassero la loro religione, proprio come molti cristiani europei avevano già fatto con la loro. Daniel Cohn-Bendit si è affrettato a mettere i puntini sulle i: "È chiaro che la religione musulmana deve intraprendere un processo di secolarizzazione, seguendo il percorso intrapreso dalla Chiesa cattolica. Ci sono volute molte riforme e conflitti, a volte sanguinosi, perché le religioni europee accettassero la loro separazione dallo Stato... Potremo raggiungere questo obiettivo solo mettendo tutte le religioni su un piano di parità". E Daniel Cohn-Bendit, affinché nessuno possa attribuire le sue idee alla sua ebraicità, ha aggiunto: "Sono ateo, sono indifferente a tutte le religioni. Ma voglio la democrazia. Per tutti[257]."

Ma anche in questo caso, l'odio laico per il cristianesimo si fa sentire di tanto in tanto nel discorso egualitario di Cohn-Bendit: "Il suono delle campane della domenica dà fastidio anche a me. Se si può regolare il

---

[256] Bernard-Henri Levy, *Récidives*, Grasset, 2004, p.415-421

[257] Daniel Cohn-Bendit, *Une Envie de politique*, La Découverte, 1998, p.86, 87.

numero delle campane e il loro orario - per esempio, la notte - si può anche regolare il canto del muezzin[258]".

Sarebbe infatti più "moderna". "Gli europei dovrebbero ricordare che le loro democrazie hanno potuto svilupparsi solo sullo sfondo della Riforma e del ritiro del cristianesimo", ha scritto Cohn-Bendit. Bernard Kouchner ha risposto: "Sono completamente d'accordo. Nel 1905, la legge sulla separazione tra Chiesa e Stato ha portato il Paese sull'orlo della guerra civile... Abbiamo perseguitato le congregazioni, costringendo gli ordini all'esilio. Ci furono scontri con le truppe. Daniel Cohn-Bendit ha riassunto il problema in poche parole: "Come l'Europa del XIX e dell'inizio del XX secolo, l'Islam ha davanti a sé una grande riforma secolare. Sarà fatta con la lotta e con il dolore[259]". È chiaro che sarà piuttosto con dolore.

Il Gran Rabbino di Francia, Joseph Sitruk, era senza dubbio d'accordo con queste affermazioni. Ma ha cercato di coprirsi le spalle e ha dichiarato alla *Tribune juive* nell'ottobre 2004: "Sono stato senza dubbio quello che ha promosso maggiormente l'accettazione dei musulmani in Francia". Gli intellettuali ebrei non possono quindi essere accusati di razzismo.

Anche l'economista liberale Guy Sorman ha presentato al pubblico i suoi slogan per governare l'Islam: "Il mondo musulmano non è ostaggio del Corano, ha scritto, non è alienato dalla sua religione, ma è vittima della dittatura dei suoi chierici: ulema, ayatollah e altri imam. Quando si libereranno di questo clericalismo, i musulmani recupereranno le loro radici, con una religione che non è affatto ostile alla libertà individuale. Questa rivoluzione sociale e religiosa sarà paragonabile alla nostra riforma luterano-calvinista[260]". E Guy Sorman ha osato dire: "I fondamentalisti, che confondono il velo e l'Islam, sono pessimi musulmani; hanno letto male il Corano[261]". Ciò che è molto chiaro è che Daniel Cohn-Bendit, Bernard-Henri Levy e Guy Sorman conoscono molto bene la Torah e il Talmud.

---

[258] Daniel Cohn-Bendit, *Une Envie de politique*, La Découverte, 1998, p. 122.

[259] Daniel Cohn-Bendit, Bernard Kouchner, *Quand tu seras président*, p. 183

[260] Guy Sorman, *Le Bonheur français*, Fayard, 1995, p.123, 124

[261] Guy Sorman, *Le Bonheur français*, Fayard, 1995, p. 132.

Vediamo, infatti, come la loro critica all'Islam radicale fosse finalizzata solo a favorire l'integrazione degli immigrati musulmani nelle società europee. Dopo le rivolte del novembre 2005, gli intellettuali ebrei hanno continuato a promuovere il loro progetto di società multiculturale.

Eppure sappiamo che una politica di fermezza è possibile. Il 7 gennaio 2003, ad esempio, l'India ha annunciato l'espulsione di 20 milioni di bangladesi privi di documenti. In un comunicato, il ministero ha giustificato questa decisione con la grave minaccia rappresentata dalla "presenza di un gran numero di immigrati senza documenti". Se è vero che i principali media occidentali non riportano tali informazioni, l'immigrazione non è un fenomeno inevitabile, ma piuttosto una politica deliberata per la distruzione della civiltà europea. La società multiculturale e multirazziale sembra agli ebrei una garanzia che li protegge da una reazione nazionale dei popoli europei contro il loro progetto politico. Lo ha raccontato molto bene anche Elie Wiesel nelle sue memorie durante un viaggio in India: "Trascorro uno Shabbat con una famiglia ebraica a Bombay. Vado alla sinagoga. Lì gli ebrei mi dicono con soddisfazione quanto sono fortunati. I Sassoon e i Kaduri sono famiglie ricchissime, dinastie, ma a nessuno verrebbe in mente di odiarli per le loro origini o per i loro legami ebraici: ci sono così tante etnie, così tante lingue, così tante culture e tradizioni in questo immenso Paese che gli ebrei non attirano l'attenzione[262]".

In effetti, l'ideale è non attirare troppo l'attenzione su di sé. Purtroppo, però, l'intera storia del popolo ebraico dimostra che è quasi sempre difficile sottomettersi a questo imperativo.

Il modello liberale

Gli economisti ebrei sono i campioni della deregolamentazione liberale e dell'economia di mercato globalizzata. Guy Sorman (Berl Zormann) è un economista liberale e prolifico saggista internazionale. In *Felicità francese*, pubblicato nel 1995, ha spiegato di essere soprattutto un

---

[262] Elie Wiesel, *Mémoires, Tome I*, Le Seuil, 1994, p.287. Anne Kling, autrice del libro *La France licratisée* [aggettivo LICRA], (2006), ha fatto notare che l'Institute for Jewish People's Policy Planning, presieduto dall'ex ambasciatore statunitense Dennis Ross, ha pubblicato nel 2006 un rapporto che contiene un paragrafo intitolato: "Sostenere le politiche multiculturali": "... La Francia è un paese che non può essere considerato come un'entità di massa.

discepolo di Raymond Aron: "Come si può affermare di essere liberisti francesi senza essere stati, in un modo o nell'altro, allievi di Raymond Aron", ha scritto. Si sono conosciuti all'inizio degli anni Ottanta quando collaborava con la rivista *L'Express,* di cui Raymond Aron era il direttore editoriale e Jimmy Goldsmith il proprietario[263].

Guy Sorman ha anche quella tendenza, molto caratteristica nella comunità ebraica, a esaltare le virtù dei suoi correligionari: "*Du Pouvoir* è il libro che mi ha fatto aderire al pensiero liberale. È uno dei più bei testi mai scritti in francese". Precisò poi che il suo autore, Bertrand de Jouvenel, era, come lui, di "origine ebraica". Gli uomini che hanno contribuito a formare il suo pensiero economico sono tutti grandi geni:

"Friedrich von Hayek, Karl Popper e Milton Friedman: questi uomini hanno contribuito a migliorare la condizione umana", ha scritto Sorman, aggiungendo maliziosamente: "E, a proposito, la nazionalità dei miei principali interlocutori è irrilevante.

"Negli anni Ottanta, qualsiasi pensatore liberale doveva conoscere Hayek. Era come un pellegrinaggio obbligatorio per ascoltare il teorico più creativo del nostro secolo. La sua conversazione valeva il viaggio, perché abbagliava l'interlocutore ancor più dei suoi austeri libri... Il suo genio è stato ignorato in Francia quasi quanto è stato lodato in Gran Bretagna e negli Stati Uniti. Hayek è arrivato a noi attraverso Margaret Thatcher e Ronald Reagan... Di origine ceca, studiò in Austria e poi andò in esilio volontario in Gran Bretagna negli anni Venti; a causa di una storia d'amore, andò a insegnare all'Università di Chicago negli Stati Uniti; da lì, raggiunta l'età della pensione, fu invitato all'Università di Friburgo in Germania, dove trascorse i suoi ultimi anni. Qual era la nazionalità di Friedrich von Hayek, se la domanda ha un senso? Rispose con orgoglio che era cittadino britannico perché i suoi figli erano britannici. Anche Karl Popper sosteneva di essere britannico, sebbene fosse nato a Vienna, avesse insegnato in Nuova Zelanda e fosse giunto in Gran Bretagna dopo la Seconda Guerra Mondiale in età avanzata. Sebbene i suoi genitori non fossero britannici, Milton Friedman, invece, non può che essere americano, perché il suo pensiero è molto impregnato dei luoghi in cui ha vissuto. Ma non è stato così per Hayek e Popper, veri cosmopoliti[264]".

---

[263] Guy Sorman, *Made in USA*, Fayard, 2004, Livre de Poche, 2006, p.25, 26

[264] Guy Sorman, *Le Bonheur français*, Fayard, 1995, pagg. 26-29.

Il pensiero "anglosassone" è un fattore determinante per gli economisti liberali, e gli Stati Uniti rappresentano oggi il modello di società che il resto dell'umanità dovrebbe imitare. In un altro libro, *Made in USA*, Guy Sorman ci ha dato un'idea del posto degli ebrei in quel Paese: "Mai nella sua storia gli ebrei sono stati così prosperi, numerosi e sicuri come negli Stati Uniti". È la Terra Promessa? Per gli ebrei sembra proprio di sì... La maggior parte di loro è ricca e influente e ha scuole pubbliche e centri culturali propri... L'influenza degli ebrei, soprattutto nelle industrie culturali, è così sproporzionata, pari all'1% della popolazione, che il resto del mondo la percepisce come una lobby che determina la politica estera del Paese".

Naturalmente, Guy Sorman si è affrettato ad aggiungere: "Il sospetto è eccessivo, ma i lobbisti ebrei non lo negano". Certo, esiste una lobby ebraica negli Stati Uniti", riconoscono i leader delle fondazioni sioniste di New York e Los Angeles, la cui missione è influenzare il governo americano. Ma una lobby in America, lungi dall'essere un'infamia, contribuisce alla vitalità democratica della nazione[265]".

Anche Bernard Henri Levy, un altro filosofo dei media, ha elogiato il modello americano. Nel suo libro *American Vertigo*, pubblicato nel 2006, ha interpretato il ruolo di un giornalista che gira per gli "States", interrogando alcuni personaggi che gli sembrano emblematici di quel Paese. Ad esempio, nella comunità araba locale, ha cercato di individuare il più "goy" di tutti, in questo caso un ingenuo giornalista della comunità araba del Michigan:

"Sapete qual è il mio modello? Gli ebrei, ovviamente; questa incredibile '*storia di successo*' americana che è la costituzione e il trionfo della lobby ebraica; quello che gli ebrei sono riusciti a creare, questo potere che sono stati in grado di ottenere, di guadagnarsi con il sudore della fronte, questo percorso che hanno tracciato e che li ha portati al cuore di tutte le influenze, come potete non ispirarvi ad esso? Siamo indietro di cinquant'anni, è vero; loro sono dieci volte più forti di noi, d'accordo; ma vedrete come ce la faremo; un giorno saremo loro pari[266]".

---

[265] Guy Sorman, *Made in USA*, Fayard, 2004, Livre de Poche, 2006, pag. 137.

* Anglicismo snob a volte usato in Francia.

[266] Bernard-Henri Levy, *Vertigine americana*, Editorial Ariel, 2007, Barcelona, p.46

Bernard Henri sembra un po' circospetto: "Non dico che questo discorso sia privo di elementi di confusione". Ma, in fondo, era contento che, per una volta, la sua comunità non passasse per un nemico, ma per un modello - "un oscuro oggetto di desiderio", scriveva. È vero che, in questa competizione permessa dal modello liberale, gli ebrei hanno poco da temere che i goyim li superino. Il giorno in cui questi ultimi sapranno gestire il denaro come gli ebrei sarà passato da millenni.

Naturalmente, Bernard-Henri Levy non poteva non visitare un rabbino Lubavitch di Brooklyn. L'intervista di quattro pagine è del tutto incoerente, in quanto non ha altro scopo se non quello di mostrare ai lettori che gli ebrei sono una comunità come tutte le altre[267].

Né la sua intervista con George Soros ha fatto molta luce sulla portata della lobby ebraica citata da Guy Sorman. Abbiamo appreso, semplicemente, che alcuni miliardari hanno la capacità di accumulare rapidamente immense fortune: "Da un lato, l'iper-magnate che, quando gli chiedo se non ha talvolta la coscienza sporca per queste fortune guadagnate in modo così curioso, non è lontano dal rispondermi che attaccare una moneta, allarmare gli istituti bancari, costringerli a reagire e inventare, non è un crimine, ma un favore alla società, un gesto rivoluzionario, un dovere". Ma Bernard-Henri Levy, lui stesso cento volte milionario, sembra avere un certo affetto per questo squalo della finanza. Per questo George Soros è, in un certo senso, anche un filosofo, oltre che un filantropo. La sua ammirazione per Karl Popper non si è mai esaurita[268]. Lo ammirava fin dalla giovinezza e desiderava persino essere come il famoso filosofo europeo. Infine, Bernard-Henri ha espresso la sua opinione su quello che rimane uno dei peggiori predatori finanziari del pianeta: "Fin troppo umano. Un'altra incarnazione di un sistema che, per metà del pianeta, è una rappresentazione del disumano e di quella parte emotiva e patetica dell'umanità[269]."

---

[267] Bernard-Henri Levy, *Vertigine americana*, Editorial Ariel, 2007, Barcellona, p. 137.

[268] Su Karl Popper, si veda *Les Espérances planétariennes*, Hervé Ryssen, Baskerville, 2005, p. 23, 140, 196, 322.

[269] Bernard-Henri Levy, *American vertigo*, Editorial Ariel, 2007, Barcellona, p. 263, 264.

In fondo, tra un milionario ebreo appassionato di filosofia e umanesimo e un filosofo ebreo umanista e milionario, è naturale che ci sia un certo rispetto reciproco, a prescindere dalle differenze politiche.

I finanzieri ebrei sono effettivamente i re di Wall Street. Questa indiscussa supremazia finanziaria è stata esemplificata in un articolo della rivista *Le Point* del 9 febbraio 2006, intitolato "Steven Cohen, il Manitou di Wall Street".

Steven Cohen era la "star del mercato azionario". Intorno a lui amava mantenere la segretezza: "Il vero boss di Wall Street non vive a Manhattan, ma appartato in una casa a Greenwich (Connecticut) chiusa da un muro alto quattro metri". Steven Cohen, 49 anni, non si fa quasi mai vedere... Nel 2005 ha intascato 500 milioni di dollari. Qual è il suo segreto? Sa tutto prima di chiunque altro. Con gli occhi incollati agli schermi di controllo, analizza migliaia di dati e si infuria quando gli analisti di Wall Street non gli danno lo scoop su un'informazione. Gli investitori che gli affidano i loro soldi (4 miliardi di dollari) lo pagano caro per i suoi servizi. Cohen riceve il 3% delle somme come commissioni di gestione (contro una media dell'1,44%) e il 35% dei profitti (contro una media del 19,2%)". Cohen "professa un capitalismo totale: 'Si mangia ciò che si uccide'", dice ai suoi broker, che vengono remunerati in base alla loro competenza e alle loro prestazioni".

George Soros è ancora, ovviamente, la star dello spettacolo. È uno degli uomini più ricchi del pianeta e il simbolo della speculazione internazionale. Quando acquista miniere d'oro, il prezzo del metallo giallo sale e scende se si viene a sapere che sta vendendo. Nel 1992 raggiunse l'apice della gloria quando mise a segno uno dei più clamorosi colpi finanziari del secolo. In pochi giorni, intuendo la debolezza della valuta britannica, mobilitò quasi 10 miliardi di dollari contro la sterlina. La Banca d'Inghilterra vacillò sotto l'assalto della speculazione e alla fine dovette svalutare e ritirare la propria moneta dal Sistema Monetario Europeo. Soros è diventato "l'uomo che ha fatto crollare la Banca d'Inghilterra". In questo modo, ha intascato più di un miliardo di dollari in una settimana. Il suo patrimonio personale è stato stimato (nel 1998) in 70 miliardi di dollari. "Dalla caduta del comunismo nel 1989, ha dedicato la maggior parte del suo tempo alla sua *Open Society Foundation*. Difende i principi di libertà e i diritti umani, "per preservare la pace, l'ordine e il diritto a livello planetario[270]". In questo modo, Soros finanzia progetti culturali e scientifici, sostiene scrittori, artisti e "la stampa indipendente e democratica" (sic). Nel 1995, le fondazioni Soros avevano cinquanta uffici in tutto il mondo e impiegavano un migliaio di persone. Queste fondazioni insegnano e professano la tolleranza e i valori democratici della "società aperta", soprattutto nei Paesi dell'Europa centrale, dove la sua famiglia è originaria.

Prima di George Soros, il guru di Wall Street era un altro finanziere ebreo. Samuel Pisar, un uomo d'affari di successo che conosceva le principali borse del mondo, ci ha detto: "C'è un guru a Wall Street. Si dedica al dollaro e agli amanti del dollaro. È il capo economista della potente Salomon Brothers, che mette sotto gli occhi di tutti le emissioni obbligazionarie della maggior parte dei governi e delle multinazionali del mondo. Il suo nome è Henry Kaufman. Quando parla, e non ha bisogno di molte parole, i mercati azionari mondiali iniziano a sperare o a tremare. Le sue previsioni vengono seguite in un secondo, registrate dalle banche, interpretate dalle cancellerie. Le fortune si fanno e si disfano[271]".

Samuel Pisar aveva accumulato la sua colossale fortuna grazie alla fruttuosa collaborazione con l'Unione Sovietica. Vi aveva trascorso diversi soggiorni, soprattutto con il suo amico, il famoso Armand Hammer, presidente della società occidentale Petroleum e multimilionario a vent'anni:

"Hammer, all'età di ventitré anni, si recò in Unione Sovietica. Il giovane capitalista americano avrebbe incontrato personalmente la maggior parte dei leader sovietici, avrebbe fatto amicizia con loro e avrebbe infine sviluppato con loro la prima partnership economica americano-sovietica". Tornato negli Stati Uniti, Hammer diventerà il "re" di molte cose: whisky, bestiame, arte, petrolio, ecc., accumulando una delle più grandi fortune del mondo e un potere in grado, se lo volesse, di rovesciare le economie di molti Paesi. Il suo lussuoso ufficio a Los Angeles è pieno di foto con capi di Stato firmate con elogi". E

---

[270] George Soros, *La Crise du capitalisme mondial*, Plon, 1998, p. 151.

[271] Samuel Pisar, *La Ressource humaine*, Jean-Claude Lattès, 1983, pag. 24, 313.

Pisar ha precisato: "È con questo favoloso e insondabile martello che è arrivato a Mosca nel 1972[272]".

Nel suo libro sugli ebrei in Russia, *Duecento anni insieme*, il dissidente russo Aleksandr Solzhenitsyn ha sottolineato che Armand Hammer, in quanto favorito di Lenin, aveva ottenuto la concessione per i depositi di amianto a Alapayevsk già nel 1921. "In seguito, esportò spudoratamente i tesori delle collezioni imperiali negli Stati Uniti. Tornò spesso a Mosca sotto Stalin e Kruscev, per continuare a importare cargo pieni di icone Fabergé, dipinti, porcellane e oggetti di oreficeria".

Queste affermazioni sono state confermate da Jacques Attali: "Armand Hammer (...) divenne uno dei leader del commercio est-ovest, conciliando la sua amicizia con Lenin e la sua piena adesione al sistema capitalista. Sfruttò le miniere di amianto in URSS, importò automobili e trattori, acquistò dallo Stato opere d'arte russe in cambio di prodotti industriali[273]".

Non ci occuperemo qui di tutti quei finanzieri più o meno mafiosi che hanno saccheggiato tutte le ricchezze della Russia dopo il crollo del comunismo[274]. All'epoca i media occidentali parlavano di "mafia russa".

Così vediamo che lo scrittore yiddish Cholem-Aleikhem aveva ragione quando scrisse nel 1913: "Le più grandi bestie e gli squali della borsa sono per lo più ebrei. I loro nomi si contano sulle dita di una mano: Rothschild, Mendelssohn, Bleichroeder, Yankl Schiff [275]". Evidentemente, nulla è cambiato sotto questo aspetto.

Gli intellettuali ebrei possono avere una certa simpatia per il protestantesimo degli anglosassoni. Lo storico dell'ebraismo Leon Poliakov aveva notato le affinità tra il mondo anglosassone e l'ebraismo.

---

[272] Samuel Pisar, *La Ressource humaine*, Jean-Claude Lattès, 1983, pagg. 170, 171.

[273] Jacques Attali, *Los Judíos, el mundo y el dinero*, Fondo de cultura económica de Argentina, Buenos Aires, 2005, p.403.

[274] Leggere *Les Espérances planétariennes*, Baskerville 2005, p.410-412 [e *La Mafia juive*, Baskerville, 2008].

[275] Cholem-Aleikhem, *La Peste soit de l'Amérique*, 1913, Liana Levi, 1992, p.295.

Esse erano "dovute soprattutto alla conoscenza dell'Antico Testamento, quasi del tutto ignorata, almeno fino alla metà del XX secolo, dai cattolici, compresi quelli praticanti".

Queste affinità si manifestarono in Inghilterra a partire dal XVII secolo. Il Paese era appena uscito da una guerra civile conclusasi con l'esecuzione del re Carlo I ed era in fermento, soggetto a speranze apocalittiche. Cromwell aveva preso il potere e installato una dittatura. Uno dei suoi compagni, Johm Sadler, proclamò che gli inglesi discendevano dalle dieci tribù perdute di Israele. "Come annunciò lo stesso Cromwell, gli inglesi erano il nuovo popolo eletto; inoltre, aggiunge Poliakov, i genealogisti medievali collegavano i Britanni all'antenato Shem e, come prova finale, "Brit-Ish" significava in ebraico "Uomo dell'Alleanza". In dettaglio, i loro antenati danesi discendevano dalla tribù di Dana, i loro antenati gotici da Gad, e così via... Si formò così la setta degli "israeliti britannici".

I puritani e altri visionari dell'epoca indicavano il Papa come l'Anticristo. È in questo contesto caotico che gli ebrei, che erano stati espulsi nel 1290, furono reintrodotti sull'isola: gli ebrei, spiega Poliakov, "stavano ancora aspettando il Messia che, secondo le credenze, non sarebbe apparso finché non fossero stati dispersi sulla faccia della terra". Fu allora, in quegli anni, che Menasseh Ben Israel pubblicò il suo famoso libro *La speranza di Israele, un trattato sulla mirabile dispersione delle dieci tribù e sul loro inevitabile ritorno*".

Il libro era rivolto principalmente a un pubblico cristiano, scrive Poliakov, perché la vera ambizione di Menasseh Ben Israel era quella di ottenere la riammissione degli ebrei in Inghilterra. Dopo aver convinto i suoi numerosi contatti inglesi della rilevanza della sua tesi, nel 1655 si recò da Cromwell, egli stesso sostenitore della riammissione. "Alla fine, un gruppo di ricchi marrani fu ammesso segretamente, in attesa di una legalizzazione che non ebbe luogo fino alla fine del XVII secolo[276]".

La setta israelita britannica si sviluppò e in seguito la regina Vittoria e il re Edoardo VII ne divennero patroni onorari. Alla fine contava centinaia di migliaia di membri e pubblicava persino un settimanale, *The National Message*, che difendeva i valori tradizionali britannici. "Per quanto riguarda l'ascendenza ebraica, la setta pubblicò nel 1877

---

[276] Léon Poliakov, *I samaritani*, Anaya & Mario Muchnik, 1992, Madrid, p. 82.

un'opera intitolata *Le dieci tribù perdute di Israele*, che forniva cinquecento prove tratte dalle Scritture appositamente studiate per dimostrare la purezza biblica della loro razza, in contrapposizione agli ebrei infedeli, quei "bastardi"[277]."

Negli anni '80, gli israeliti britannici sostenevano con veemenza le politiche liberali di Margaret Thatcher. Oggi sono solo una piccola setta rispetto alla loro progenie americana, i Mormoni (Movimento della Chiesa dei Santi degli Ultimi Giorni).

Questa alleanza tra puritani anglosassoni ed ebrei, alimentata dalla linfa dell'Antico Testamento, è stata la vera matrice della società capitalista, liberale e cosmopolita che oggi tende a espandersi su tutto il pianeta. Il trionfo dello spirito cosmopolita è dovuto a questa simbiosi, al tempo stesso religiosa e vilmente materialista, che rappresenta il cosmopolitismo contemporaneo, "cioè il realismo ebraico e protestante del capitalismo che ritiene che il profitto sia il motore della creazione[278]", come ha scritto Guy Konopnicki.

Nella seconda metà del XIX secolo, il Regno Unito era stato il primo Paese europeo ad essere guidato da un ebreo. Benjamin Disraeli era diventato primo ministro durante il regno della regina Vittoria, di cui era amico. Sostenitore di uno Stato britannico forte, Disraeli si assicurò il controllo della Gran Bretagna sulle rotte indiane acquistando quote del Canale di Suez, guadagnandosi il soprannome di "Sfinge".

Israel Zangwill, celebre figura della letteratura ebraica, scrisse di Disraeli nel 1898 che "si considerava proveniente da una razza di aristocratici la cui missione era di civilizzare il mondo". E aggiungeva: "Come Heine, egli sente che l'Inghilterra puritana, erede dell'antica Palestina e la cui Chiesa di Stato custodisce il principio semitico generalizzato, è destinata, in virtù della sua energia fisica e morale, a realizzare gli ideali di Sion".

La preoccupazione di Disraeli per la grandezza dell'Impero britannico non deve trarre in inganno: "Il suo cuore è sempre con il suo popolo, con la sua gloria passata, con il suo persistente potere di ubiquità,

---

[277] Léon Poliakov, *I samaritani*, Anaya & Mario Muchnik, 1992, Madrid, p.66, 67

[278] Guy Konopnicki, *La Place de la nation*, Olivier Orban, 1983, p. 193.

nonostante l'ubiquità della persecuzione. Si considera un discendente di una razza eletta, l'unica a cui Dio abbia mai parlato[279]".

Guerre e rivoluzioni, "in nome dei diritti umani".

È risaputo che i movimenti evangelici americani sono stati i più fedeli sostenitori dei presidenti George Bush senior e junior nelle guerre che hanno condotto contro l'"asse del male". Dopo una prima guerra in Iraq nel 1991, gli Stati Uniti hanno invaso l'Afghanistan dopo gli spettacolari attentati dell'11 settembre 2001 e infine l'Iraq l'anno successivo.

Non si può tuttavia ignorare che numerosi ebrei erano all'epoca molto influenti all'interno dell'amministrazione statunitense: Paul Wolfowitz era Assistente Segretario di Stato per la Difesa; in seguito fu nominato a capo della Banca Mondiale. Richard Perle era a capo del Comitato consultivo del Defense Policy Board; Douglas Feith era vicesegretario di Stato alla Difesa; Mickael Rubin era consigliere dell'Ufficio del Segretario alla Difesa su Iran e Iraq, ecc.[280]...

Il settimanale *Rivarol** del 12 maggio 2006 ha riportato che alcuni giornali israeliani si sono apertamente rallegrati dell'influenza decisiva di numerosi ebrei nell'amministrazione statunitense. "I posti chiave alla Casa Bianca sono occupati da ebrei". Questo è stato il grido di trionfo del *Jerusalem Post* del 25 aprile 2006: "Dopo aver nominato Joshua Bolten capo dello staff della Casa Bianca, il presidente George W. Bush ha scelto un altro ebreo, Joel Kaplan, come vice di Bolten", ha esultato il giornale. Erano presenti anche altri assistenti presidenziali, come il segretario alla Sicurezza interna Michael Chertoff, il vice consigliere per la Sicurezza nazionale Elliott Abrams e il pilastro della Casa Bianca Jay Lefkowitz, ecc. Tanto che, sottolinea il quotidiano israeliano, da quando Bush si è insediato è stato approvato di iniziare ogni riunione di gabinetto con una breve preghiera ebraica. Bolten ha quindi chiesto aiuto ai rabbini per "trovare una preghiera ebraica appropriata per la

---

[279] Israel Zangwill, *Rêveurs de ghetto*, Tome II, 1998, Éditions Complexe, 2000, p. 213, 214.

[280] Vedi: *Les Espérances planétariennes*, Hervé Ryssen, Baskerville, 2005, pagg. 134, 135.

* Settimanale storico della destra nazionale francese fondato nel 1951.

sicurezza e il benessere dei membri del gabinetto". Si apprende così che Joshua Bolten leggeva una preghiera "ad alta voce, in ebraico e in inglese, a ogni riunione". Inoltre, in occasione della festa di Purim, che commemora la liberazione degli ebrei dalla Persia grazie a Ester, si tenne una funzione religiosa e le cucine della Casa Bianca furono debitamente "kasherate" per l'occasione.

È vero che c'erano ancora più ebrei alla Casa Bianca sotto il presidente Clinton, ha ricordato il *Jerusalem Post,* che ha citato i nomi di Robert Reich, Robert Rubin, Sandy Berger, Lawrence Summers, Madeleine Albright, Aaron Miller, Dennis Ross e Martin Incyk. Il giornale non ha menzionato che gli ultimi due sono stati coinvolti in scandali politici e finanziari di alto profilo.

Negli ultimi decenni la lobby ebraica è stata estremamente potente all'interno dei governi statunitensi. La sua influenza sulla politica americana, in particolare sulla politica estera, è stata rivelata per la prima volta quasi ufficialmente da un rapporto di due accademici, Stephen Walt e John Mearsheimer. Il rapporto, intitolato "La lobby di Israele e la politica estera degli Stati Uniti", dimostrava magistralmente come la lobby, attraverso l'American Israel Public Affair Committee (AIPAC), avesse preso il controllo del Congresso e dell'esecutivo degli Stati Uniti e avesse messo l'esercito, la finanza e i media al servizio dello Stato ebraico. Il documento fu pubblicato dall'Università di Harvard, dove Walt era professore, e fu riconosciuto dalla prestigiosa *London Review of Books*. In esso si potevano leggere passaggi molto eloquenti sullo scatenamento della guerra in Iraq nel marzo 2003:

"La guerra è stata motivata, in gran parte, dal desiderio di aumentare la sicurezza di Israele... In effetti, gli israeliani erano così guerrafondai che i loro alleati negli Stati Uniti hanno chiesto loro di abbassare i toni per evitare che tutti venissero a sapere che la guerra, se ci sarebbe stata, sarebbe stata per conto di Israele..."

"Gli opinionisti neoconservatori non hanno perso tempo per impiantare nell'opinione pubblica l'idea che l'invasione dell'Iraq fosse essenziale per vincere la guerra al terrorismo. Nel numero del 1° ottobre del *Weekly Standard*, Robert Kagan e William Kristol hanno invocato un'offensiva per spazzare via il regime iracheno dopo la sconfitta dei Talebani. Lo stesso giorno, Charles Krauthammer ha sostenuto sul *Washington Post* che, una volta terminata la guerra in Afghanistan, la Siria doveva essere il prossimo obiettivo, seguito dall'Iran e dall'Iraq: *"La guerra al terrorismo finirà a Baghdad quando avremo eliminato il regime terroristico più pericoloso del mondo"*. Iniziò quindi una campagna mediatica incessante per convincere l'opinione pubblica a invadere l'Iraq. La parte cruciale di questa campagna fu la manipolazione delle informazioni in modo da far credere che Saddam Hussein rappresentasse una minaccia imminente. Ad esempio, Libby fece pressione sugli analisti della CIA affinché trovassero prove a favore della guerra e contribuì a preparare il *briefing* presentato da Colin Powell al Consiglio di Sicurezza delle Nazioni Unite.

"Al Pentagono, il *Policy Counter Terrorism Evaluation Group era* incaricato di trovare i legami di *Al-Qaeda* con l'Iraq che i servizi di intelligence avrebbero dovuto ignorare. I suoi due membri principali erano David Wurmser, un neo-conservatore integralista, e Michael Maloof, un libanese-americano con stretti legami con Richard Perle. Un altro gruppo del Pentagono, l'Office of Special Plans (OSP), aveva il compito di scoprire prove che potessero essere utilizzate per "vendere la guerra". Questo ufficio era diretto da Adam Shulsky, un neo-conservatore vicino a Wolfowitz, e comprendeva tra le sue fila persone provenienti da *think tank* filo-israeliani. Queste due organizzazioni erano state create all'indomani dell'11 settembre e riferivano direttamente a Douglas Feith. Come quasi tutti i neoconservatori, Feith è profondamente fedele a Israele; ha anche rapporti di lunga data con il Likoud".

I due autori concludono: "Data la devozione dei neo-conservatori per Israele, la loro ossessione per l'Iraq e la loro influenza nell'amministrazione Bush, non sorprende che molti americani abbiano sospettato che la guerra fosse stata progettata per favorire gli interessi di Israele. Ci sono pochi dubbi sul fatto che Israele e la *lobby* siano state le principali influenze che hanno fatto precipitare la decisione di entrare in guerra. Una decisione che probabilmente gli Stati Uniti non avrebbero preso senza il loro impegno".

Anche il governo britannico è stato fortemente influenzato da questa lobby, che ha esercitato forti pressioni a favore del governo israeliano. Il primo ministro laburista britannico Tony Blair era evidentemente sotto la sua influenza, come ha notato e descritto il giornalista e scrittore Israel Shamir:

"Michael Levy, noto anche come Visconte Reading, amico di Ariel Sharon, è l'eminenza grigia dietro il leader laburista". Questo fervente sionista aveva organizzato la sua campagna elettorale. Israel Shamir ha citato questa testimonianza: "Un ebreo onesto, Philip Weiss, riconosce, sul quotidiano *New York Observer*: "Gli ebrei e la destra hanno stretto un'alleanza... e insieme, spingeranno per la guerra[281]".

Appena risolta la questione irachena, il presidente iraniano Ahmadinejad ha assunto il ruolo di portavoce della resistenza musulmana. L'esagerazione guerrafondaia di molti intellettuali ebrei è stata nuovamente verificata, ad esempio, dal settimanale *Le Point* del 22 dicembre 2005. Bernard-Henri Levy intitolò il suo articolo: "È ancora possibile fermare i fascislamisti di Teheran?" Rispetto all'attuale regime iraniano, che minacciava di mettere le mani sulla bomba atomica, le "velleità bellicose" di Saddam Hussein erano in realtà "un dolce scherzo", scrisse Levy. Si tratta quindi di superare la "pusillanimità del mondo libero": "Dobbiamo muoverci in fretta", scriveva il filosofo, "perché ci resta poco tempo".

Nel novembre 2004, Richard Perle, il "principe delle tenebre", ha partecipato alla 20a Conferenza Europea presso l'Università Ebraica di Gerusalemme. Lungi dal riconoscere i suoi errori sulle fantomatiche "armi di distruzione di massa" che avevano giustificato l'invasione dell'Iraq, Perle colse l'occasione per minacciare l'Iran con un intervento degli Stati Uniti, presentandolo come una nuova crociata delle democrazie: "Dobbiamo aiutare gli iraniani che vivono sotto il giogo dei mullah e che chiedono il nostro aiuto. Se tutto indica che potrebbero avere armi nucleari, dobbiamo intervenire[282]".

Gli intellettuali ebrei hanno l'abitudine di dipingere i loro nemici come i nuovi Adolf Hitler. È già successo nel 1999, quando hanno cercato di dipingere il presidente serbo Milosevic come un tiranno sanguinario e di spingere per una guerra contro la Serbia; così come è successo nel 1991 per fare pressione sull'Occidente affinché intervenisse contro

---

[281] Israel Shamir, *L'autre Visage d'Israel*, Éditions Al Qalam, 2004, p. 379, 394. Il settimanale *Le Point* del 20 luglio 2006 ha confermato che questo Michael Levy era un amico del Primo Ministro britannico Tony Blair, che aveva incontrato a una cena organizzata da un diplomatico israeliano. Levy aveva iniziato a raccogliere fondi per il Partito Laburista, che fino ad allora era stato finanziato principalmente dai sindacati. Questo lo aveva aiutato a ricevere il titolo di Lord Lord dopo la vittoria di Tony Blair nel 1997. Nell'estate del 2006, il 60enne Lord è stato accusato di aver raccolto milioni di sterline in prestiti da ricchi industriali in cambio di titoli onorifici e seggi alla Camera dei Lord. Da allora gli inglesi lo hanno soprannominato "Lord Cashpoint".

[282] Lettera di Emmanuel Ratier, *Faits-et-Documents* del 15 novembre 2004.

Saddam Hussein e il suo "quarto esercito del mondo[283]". Sul quotidiano *Le Figaro* del 12 gennaio 2006, il deputato Pierre Lellouche, stretto consigliere di Jacques Chirac, ha affermato che il nuovo presidente iraniano, Mahmoud Ahmadinejad, è una nuova incarnazione di Hitler: "All'alba del sesto anno del nuovo millennio, Adolf Hitler si è reincarnato nelle vesti di un oscuro terrorista iraniano".

È quanto ha dichiarato il presidente del Congresso ebraico europeo, Pierre Besnainou, quando è stato eletto presidente del Fondo sociale ebraico unificato [284] nel giugno 2006: "Senza alcuna discussione possibile, la priorità deve essere la neutralizzazione di questo nuovo Hitler". L'obiettivo era quello di eliminare "il rischio di vedere un dittatore antidemocratico e pericoloso dotarsi di un'arma nucleare da usare contro i Paesi della regione, compreso Israele". Per me, il pericolo si concentra sul presidente iraniano". Il giornalista ha poi chiesto: "Sta lavorando per rendere i leader europei consapevoli di questo pericolo?

- Sì, a mio avviso si tratta di un lavoro importante. Quando Israele è stato esposto al pericolo del terrorismo e costretto a difendersi, il mondo, che non conosceva la portata di questo flagello, non ha capito la reazione dello Stato ebraico. Con l'attacco al World Trade Center, gli Stati Uniti e altri Paesi europei hanno improvvisamente preso le misure necessarie. Oggi il presidente iraniano minaccia di cancellare Israele dalla carta geografica e, mentre le nazioni protestano verbalmente, non si rendono ancora conto di quanto questa minaccia le riguardi indirettamente. La minaccia iraniana non è ancora sufficientemente percepita in Europa, e dobbiamo agire per risvegliare le coscienze".

Ormai lo avrete capito: se Israele è minacciato e se New York, la principale città ebraica del mondo e cuore della finanza internazionale, può essere stata l'obiettivo di questi attacchi, allora l'Occidente deve reagire e dichiarare guerra al mondo musulmano e ai "nemici della civiltà". Israele, infatti, sembra fare le sue guerre solo sul sangue degli altri. Ma, dopo tutto, non si tratta forse di costruire l'Impero della "Pace"?

---

[283] "Era lo Stato di Israele, che aveva il quarto esercito più grande del mondo, e non l'Iraq". (JMB)

[284] http://www.guysen.com/articles.php?sid=4688

Nel suo libro del 2006 *Il grande disordine globale*, lo speculatore internazionale George Soros ha rivelato alcune informazioni sul suo ruolo nella diffusione della democrazia nei Paesi dell'ex blocco sovietico:

"Ho istituito fondi per lo sviluppo delle capacità in diversi Paesi, tra cui la Georgia, dopo la Rivoluzione delle Rose del 2003 e la caduta del regime del presidente Eduard Shevardnadze. Questi fondi erogavano 1.200 dollari al mese ai ministri del governo, più una sovvenzione agli agenti di polizia". Ma George Soros si è lamentato amaramente: "Sono stato vittima di una campagna di calunnie creata e diretta dalla Russia. Sono stato accusato di aver pagato il governo georgiano[285]".

Naturalmente Soros si preoccupa molto degli interessi degli europei e si presenta come l'apostolo dell'immigrazione e dell'ingresso della Turchia nell'Unione Europea: "Dato l'invecchiamento della popolazione, l'immigrazione è una necessità economica. L'Unione Europea, in quanto prototipo delle società aperte del mondo, deve accogliere l'immigrazione e accettare l'ingresso di nuovi membri[286]".

Il suo impegno umanitario lo ha portato anche a sostenere l'intervento contro la Serbia: "Ho preso posizione a favore di una politica più interventista nella guerra civile jugoslava, per arginare le violazioni dei diritti umani", ha scritto. A Natale del 1992, ho annunciato una donazione di cinquanta milioni di dollari per gli aiuti umanitari alla città assediata di Sarajevo". Mi sono unito a un gruppo bipartisan, il *Consiglio d'azione per la pace nei Balcani*, che ha incoraggiato l'amministrazione Clinton ad assumere una posizione più aggressiva sulla Bosnia. Paul Wolfowitz apparteneva al mio stesso gruppo e insieme facemmo pressioni sul Segretario di Stato Madeleine Albright. Ho anche sostenuto l'intervento della NATO in Kosovo[287]".

---

[285] George Soros, *Le grand Désordre mondial*, Éditions Saint-Simon, 2006, p. 137.

[286] George Soros, *Le grand Désordre mondial*, Éditions Saint-Simon, 2006, pagg. 164, 167.

[287] George Soros, *Le grand Désordre mondial*, Éditions Saint-Simon, 2006, p. 83. Nel dicembre 1996, il presidente statunitense Bill Clinton aveva rinnovato la sua squadra di politica estera. Al Dipartimento di Stato, Madeleine K. Albright ha sostituito Warren Christopher. Albright è il cognome del marito divorziato, mentre la "K" sta per Korbel, una famiglia ebraica originaria della Cecoslovacchia. Al Ministero della Difesa, William Perry ha lasciato il posto

Soros si era anche espresso a favore dell'intervento militare in Afghanistan nel 2001, contro quei disgraziati talebani, colpevoli di professare una religione "oscurantista": "Ho sostenuto l'invasione dell'Afghanistan, patria di Bin Laden e dei campi di addestramento di Al-Qaeda[288]". Nel 2003, invece, si è opposto alla guerra in Iraq di George Bush e dei neoconservatori, colpevoli, secondo lui, di essere "sostenitori della supremazia americana". Denunciò poi, senza ridere, gli elementi più reazionari di questa "destra" cristiana e "nazionalista", gli unici responsabili della guerra: "Negli Stati Uniti di oggi, la macchina della propaganda di destra... è riuscita, in modo straordinario, a imporre la sua interpretazione della realtà". Ha poi insistito: "La politica di Bush contiene un forte tema nazionalista". E qui ha accusato i due goyim addomesticati, il vicepresidente Dick Cheney e il segretario alla Difesa Donald Rumsfeld, di essere stati i principali protagonisti di questa avventura bellicosa. Sono loro due che "sono riusciti in gran parte a imporre le loro opinioni all'amministrazione Bush[289]".

Ricordiamo semplicemente, per ragioni formali, gli obiettivi perseguiti da George Soros: "Il mio obiettivo, ha detto, è la creazione di una società mondiale aperta" per contribuire alla "pace" nel mondo.

L'occupazione dell'Iraq da parte delle truppe statunitensi nel 2003 e la guerra civile in corso che ha devastato il Paese si sono rivelate catastrofiche. Dopo la sconfitta elettorale dei repubblicani nel 2006, i "neoconservatori" hanno proiettato la loro colpa su un "capro espiatorio" in modo molto biblico. Nel settimanale politico *Marianne* del 27 gennaio 2007, in un articolo si leggeva: "Diversi di loro, tra cui Richard Perle, Kenneth Adelman, David Frum e Michael Rubin, hanno appena scritto congiuntamente su *Vanity Fair*, una critica senza precedenti e virulenta del presidente Bush e della sua amministrazione... I quattro "falchi" non hanno rimorsi: l'idea della guerra, ribadiscono, era

---

a William S. Cohen. L'ex vice di Lake, Samuel R. Berger, occupava ora il posto strategico di responsabile della sicurezza nazionale, ecc. Leggere *Les Espérances planétariennes*, p. 119

[288] George Soros, *Le grand Désordre mondial*, Éditions Saint-Simon, 2006, p. 109.

[289] George Soros, *Le grand Désordre mondial*, Éditions Saint-Simon, 2006, pagg. 90-93.

"buona", ma è stata "la sua esecuzione a finire male", a causa dell'"incompetenza" della Casa Bianca".

Ancora una volta, dobbiamo capire che la responsabilità di queste guerre è solo dei cristiani. Guy Sorman ha riconosciuto, tuttavia, le responsabilità di alcuni leader ebrei: "La guerra in Iraq è dunque una macchinazione di intellettuali ebrei più preoccupati della sicurezza di Israele che di quella degli Stati Uniti? Certamente, i più ferventi sostenitori dell'esportazione della democrazia in Medio Oriente appartengono a un'intellighenzia di ebrei newyorkesi, spesso di estrema sinistra, che si definiscono neo-conservatori". Ma Guy Sorman ha subito aggiunto: "Questa teoria del complotto sionista non regge a nessuna analisi[290]".

Secondo lui, i veri colpevoli della guerra in Iraq sono i 40 milioni di evangelisti, battisti e pentecostali americani, irredimibili "imperialisti", come li ha definiti.

Un altro noto saggista, Pascal Bruckner, ha dichiarato su *Le Figaro* del 5 novembre 2003: "Il cristianesimo e l'islam hanno in comune il fatto di essere due religioni imperialiste, convinte di possedere la verità e sempre pronte a portare la salvezza agli uomini, che sia con la spada, l'auto de fe o il rogo dei libri... In nome di un Dio misericordioso, hanno ucciso e liquidato, direttamente o indirettamente, milioni di persone". Al contrario, l'ebraismo, come ben comprenderete, è una religione di Pace e Amore.

Questa politica, al tempo stesso immigrazionista in Europa e guerrafondaia in Oriente, non può che suscitare resistenze qua e là. In effetti, Jacques Attali aveva perfettamente percepito i pericoli che essa rappresentava: "Potremmo dirigerci, nel peggiore degli incubi, verso un accordo tra le due religioni figlie contro la madre, l'Islam e il Cristianesimo contro l'Ebraismo[291]". Certo, sappiamo che gli ebrei hanno avuto per secoli una virtù: quella di far arrabbiare il mondo intero e di metterlo contro di loro.

---

[290] Guy Sorman, *Made in USA*, Fayard, 2004, Livre de Poche, 2006, p.304

[291] Jacques Attali, *Los Judíos, el mundo y el dinero*, Fondo de cultura económica de Argentina, Buenos Aires, 2005, p. 499.

Una guerra mondiale, se necessario

Già prima della Seconda guerra mondiale, i nazionalisti di tutti i Paesi europei erano allarmati dal guerrafondaio sfrenato dei rappresentanti delle rispettive comunità ebraiche nei loro Paesi.

In un libro volto a combattere l'idea di "cospirazione" ebraica, Norman Cohn ha riferito che negli anni Trenta i nazionalisti francesi denunciarono vigorosamente il guerrafondaio ebraico: "Per tutto l'agosto e il settembre del 1938, *La France enchaînée* pubblicò articoli con titoli come "Pericolo di guerra: cospirazione ebraico-russa in Cecoslovacchia"; "La guerra sta arrivando, la guerra degli ebrei"; "Gli ebrei avranno il coraggio di scatenare la guerra mondiale? La pubblicazione della nuova edizione dei Protocolli è stata accompagnata dal seguente annuncio: "È il giudaismo che ha creato il fronte democratico. È l'ebraismo che ha fatto uscire gli Stati Uniti dal loro splendido isolamento. È il giudaismo che vuole la guerra". Norman Cohn aggiunse inoltre che, sotto pressione, "il governo francese dovette prendere la misura, all'epoca straordinaria, di limitare la libertà di stampa". Il 25 aprile 1939 fu emanato un decreto che proibiva, sotto pena di ammenda o di detenzione, ogni propaganda antisemita[292]".

Anche Lord Beaverbrook, direttore del *Daily Express*, che fu anche Ministro britannico per la produzione aeronautica e Ministro di Stato durante la Seconda Guerra Mondiale, aveva notato questa tendenza nella comunità ebraica. Nelle sue lettere del 9 marzo e del 9 dicembre 1939, conservate nei "Beaverbrook papers", scrisse:

"Gli ebrei hanno una forte presenza nella stampa... Il *Daily Mirror* è forse di proprietà degli ebrei. Il *Daily Herald appartiene* agli ebrei. Il *New Chronicle* dovrebbe chiamarsi *Jews Chronicle*. Non sono sicuro del *Daily Mail*... Per anni sono stato convinto che avremmo evitato la guerra, ora sono scosso. Gli ebrei potrebbero trascinarci in guerra; non

---

[292] Norman Cohn, *Il mito della cospirazione ebraica mondiale. I Protocolli degli Anziani di Sion*, Digital Editor pdf: Titivilius, 2016, p.159. Robert Brasillach lo racconta in *Notre avant-guerre*: "L'antisemitismo, nonostante l'allontanamento di M. Blum dal governo, si rafforzava. Uno strano decreto legge prevedeva sanzioni contro chi incitava all'odio razziale o religioso contro i cittadini francesi, compresi i suoi "abitanti". Brasillach aggiunge ironicamente: "Da quel momento in poi gli ebrei furono chiamati "abitanti"".

intendo deliberatamente, ma in ultima analisi, è probabile che la loro influenza politica ci trascini in essa[293]".

Un ex resistente socialista, Paul Rassinier, scrisse un libro sull'argomento nel 1967, intitolato *I responsabili della Seconda Guerra Mondiale*. In esso accusava il Presidente degli Stati Uniti Roosevelt, uomo di sinistra e massone di rito scozzese di 32° grado: "Il suo entourage è ebreo, almeno la maggior parte dei suoi più importanti collaboratori. Morgenthau, il suo Segretario di Stato al Tesoro, è ebreo; i suoi consiglieri più influenti, Baruch e Weiman, anche; Cordell Hull, del Dipartimento di Stato, è sposato con un'ebrea..."

Paul Rassinier ha ricordato che quando Hitler salì al potere, il *Daily Express* statunitense del 24 marzo 1933 titolò in prima pagina: "I popoli ebraici di tutto il mondo dichiarano guerra finanziaria ed economica alla Germania[294]". Il *Jewish Chronicle* dell'8 maggio 1942 ricordava: "Siamo stati in guerra con la Germania dal primo giorno della presa del potere da parte di Hitler[295]". Anche il Primo Ministro britannico Chamberlain, in una lettera alla sorella del 10 settembre 1939, avrebbe scritto: "Sono gli Stati Uniti e il mondo ebraico internazionale che ci hanno gettato in guerra".

Nel suo pamphlet del 1942 intitolato *America ebraica*, Pierre Antoine Cousteau - fratello del famoso comandante oceanico, esploratore e documentarista - raccontò anche come i pubblicisti ebrei avvelenassero la situazione internazionale. Durante uno dei suoi viaggi negli Stati Uniti nel 1935, vide fino a che punto gli americani erano incitati dalla stampa: "Avevo tra le mani una rivista che mostrava una "sala di tortura" in un campo di concentramento tedesco. Certo, la foto era stata scattata

---

[293] Citato nel programma radiofonico *Le libre Journal* di Serge de Beketch, 17 marzo 2005.

[294] Nel film di Roman Polanski *Il pianista*, vediamo questo padre di famiglia esclamare: "I banchieri ebrei dovrebbero convincere gli Stati Uniti a dichiarare guerra alla Germania!".

[295] Paul Rassinier, *Les Responsables de la Seconde Guerre mondiale*, Nouvelles éditions latines, 1967, pagg. 74, 78.

in modo tale da essere piuttosto confusa, ma terrificante. Era difficile capire che la stanza delle torture era in realtà un bagno con doccia[296]".

Pierre-Antoine Cousteau distrusse in poche righe le argomentazioni addotte dagli ebrei, che erano quasi sempre le stesse: "Le persone che negano l'assoggettamento di Roosevelt all'ebraismo insistono molto sul fatto che solo uno dei suoi ministri (Morgenthau) è ebreo e che il congresso non conta più di una dozzina di ebrei, che può essere considerata una percentuale ragionevole. Ma ancora una volta, dobbiamo distinguere le apparenze dalla realtà. I ministri sono semplici esecutori e il vero potere è esercitato dal "trust dei cervelli", quello che ha fatto scorrere fiumi di inchiostro e di cui non si parla quasi più, anche se il suo potere è ancora intatto. Tuttavia, questo "brain trust" è un affare strettamente ebraico".

Tra i consiglieri personali di Roosevelt, "il più anziano era Bernard Baruch, che il *Jewish Examiner* del 20 ottobre 1933 chiama teneramente 'il Presidente non ufficiale'...". Prima del 1914, aveva già accumulato una fortuna colossale speculando a Wall Street su tabacco, zucchero, rame e gomma. Allo scoppio della guerra, entra a far parte del "Comitato per le industrie belliche"; diventa una sorta di dittatore dell'economia. Nessun commerciante di armi può ottenere credito senza la sua approvazione. Decide anche quanto materiale ricevere dagli Alleati e come distribuirlo. I profitti che intasca dal sangue degli altri sono inimmaginabili. In effetti, ha ammesso a una commissione parlamentare d'inchiesta che lo ha interrogato - timidamente, come sempre - sui suoi raggiri: "Probabilmente ha avuto più potere di chiunque altro durante l'ultima guerra". Quando si aprì la conferenza di pace a Parigi, Bernard Baruch seguì le orme di Wilson. Portò con sé 117 collaboratori, tutti ebrei, che lo aiutarono a consolidare i suoi prodigiosi profitti nei corridoi della conferenza. Questo profittatore di guerra, un uomo che ha accumulato la sua stravagante fortuna sui massacri in Europa, è anche un cinico. È stato spesso citato per aver detto al *Chicago Tribune*: "Il patriottismo non è altro che un mucchio di sciocchezze". Il patriottismo è forse un "mucchio di sciocchezze", rispondeva Cousteau, ma quando si tratta di patriottismo ebraico, i tipi come Baruch non esitano. Sono pronti a sacrificare tutto per la salvezza della loro razza. Questo è il "presidente non ufficiale", l'uomo che

---

[296] Pierre-Antoine Cousteau, *L'Amérique juive*, Éditions de France, 1942, p. 45.

Roosevelt vede quasi ogni giorno e senza il quale non si può prendere nessuna decisione importante".

Un'altra figura del "trust di cervelli" era Felix Frankfuter. Questo marxista, nato a Vienna nel 1882, "era incaricato di creare la struttura legale del New Deal", scrive Cousteau. Approfittò immediatamente della situazione per collocare alcuni dei suoi fratelli di razza: Herbert Feiss nella Segreteria di Stato, Benjamin Cohen e Nathan Margold come consulenti finanziari del Ministero degli Interni, David-T Lilienthal a capo della T.V.A. e Charles Wyzanski come consulente tecnico del Ministero del Lavoro". Nel gennaio 1939 fu nominato da Roosevelt giudice inamovibile della Corte Suprema degli Stati Uniti.

Felix Frankfurter aveva un collaboratore chiave alla Corte Suprema, un altro giudice di nome Louis Dembitz Brandeis. È stato senza dubbio il vero padre del New-Deal. "Si dice che abbia istigato l'elezione dell'ebreo Lehmann alla carica di governatore dello Stato di New York per sostituire Roosevelt. Si dice anche che abbia influenzato la nomina alla Corte Suprema dell'ebreo Samuel Rosenmann, che Roosevelt chiamava il suo 'braccio destro'. Le sue richieste si estesero anche all'avvocato Samuel Untermeyer, consigliere personale di Roosevelt, capo dell'organizzazione del boicottaggio delle merci "razziste", le cui simpatie comuniste erano pubblicamente note... Cousteau ha scritto che potremmo continuare a fare nomi. Dal momento in cui Roosevelt salì al potere, gli ebrei si accanirono su tutte le amministrazioni e i ministeri, tanto da sembrare una gigantesca caccia all'uomo. Anche quando il ministro responsabile non è ebreo, lo sono i suoi immediati subordinati". Cousteau cita una litania di nomi ormai dimenticati, ricordando di sfuggita che la Francia del 1937, sotto Léon Blum, subì la stessa situazione: "L'afflusso degli ebrei, la loro corsa alle piazze (tutti i posti e subito!)[297]". L'unica differenza era che, negli Stati Uniti, un ariano era nominalmente a capo del governo. Ma "l'ideale è governare attraverso un intermediario, gestire una figura di provata sudditanza, un ebreo sintetico. Il signor Roosevelt è quell'uomo[298]".

---

[297] Pierre-Antoine Cousteau, *L'Amérique juive*, Éditions de France, 1942, pag. 71-77.

[298] "Forse è lo stesso timore, lo stesso desiderio di non essere sotto i riflettori che spiega il curioso approccio del rabbino capo di Parigi che, secondo Blumel, andò a incontrare Léon Blum per dirgli: "Se rifiuta la presidenza del Consiglio, "noi" ci impegniamo a versargli una pensione a vita equivalente allo stipendio

Durante la crisi economica del 1929, Roosevelt, uomo di sinistra, si scagliò con forza contro il potere dei finanzieri. La sua elezione nel 1932 non fu però una vittoria contro il capitalismo. L'analisi di Pierre-Antoine Cousteau fu molto concisa: "Fu subito chiaro che la conquista del denaro da parte dei plutocrati ebrei non era priva della conquista delle masse da parte degli agitatori ebrei. Questo stesso dualismo, la cui rappresentazione più perfetta è l'attuale alleanza tra Wall Street e il Cremlino[299]."

Anche Pierre-Antoine Cousteau ha raccontato un aneddoto particolarmente eloquente: "Già alla vigilia dell'altra guerra, cioè solo venticinque anni prima dell'inizio della conquista, gli ebrei occupavano posizioni così importanti negli Stati Uniti che nulla poteva essere intrapreso senza il loro consenso". André Tardieu, che fu Alto Commissario di Francia negli Stati Uniti dall'aprile 1917 al novembre 1918, raccontò con una certa ingenuità, in *L'Année de Munich,* come ebbe questa rivelazione. La sua delegazione era stata accolta correttamente, ma niente di più, ed era stata accolta con una sorta di sorridente indifferenza che rendeva il suo compito particolarmente difficile. A dire il vero, agli "americani" non importava molto della Francia, di La Fayette o delle grandi memorie storiche che servivano solo ad animare i discorsi alla fine dei banchetti. Al contrario, la missione britannica che operava in parallelo ottenne tutto ciò che chiedeva, e Monsieur André Tardieu si rese improvvisamente conto che il suo capo, il Visconte Reading, era nato Rufus Isaac. Quell'aristocratico ebreo non perse tempo a corteggiare gli ariani. Andò dritto al punto, assediando il giudice Brandeis, che era il confidente del paralitico Wilson, e i suoi ufficiali che lo accompagnavano, ebrei per la maggior parte, non facevano altro che cercare negli ambienti ebraici. André Tardieu capì che questa era la chiave del problema e che, se voleva evitare il fallimento, doveva smettere di parlare male di La Fayette e sedurre i veri padroni del Paese. Così affiancò ai cappellani dei suoi servizi segreti due rabbini fotogenici, che esibiva in ogni momento, e si circondò di ufficiali ebrei copiosamente decorati che

---

del capo del governo"" (Jean Lacouture, Sociologie de l'antisémitisme, Paris, 1977, p. 301-303, in François de Fontette, Sociologie de l'antisémitisme, PUF, 1984, p. 309). (Jean Lacouture, *Léon Blum,* Paris, 1977, p. 301-302, in François de Fontette, *Sociologie de l'antisémitisme,* PUF, 1984, p. 38).

[299] Pierre-Antoine Cousteau, *L'Amérique juive,* Éditions de France, 1942, pagg. 58 e 68.

raccontavano a chiunque li ascoltasse le loro "imprese" belliche e adulavano al meglio i loro fratelli di razza newyorkesi. In seguito, il signor André Tardieu ricevette da Pichon, il nostro Ministro degli Affari Esteri, un telegramma scritto da lui stesso e contenente l'adesione della Francia al progetto Balfour per la creazione di una casa israeliana in Palestina. Non appena ebbe il telegramma, il signor Tardieu lo portò al giudice Brandeis, che, dice, "pianse di gioia". Da quel momento in poi, la causa fu vinta. Tardieu conclude: "Le nostre relazioni con il governo americano, la finanza americana e la stampa americana, di cui avevamo un gran bisogno, sono state notevolmente facilitate". Non si potrebbe spiegare meglio che, ancora nel 1917, gli ariani non avevano posto negli Stati Uniti[300].

È noto che anche il filosofo Henri Bergson fu inviato negli Stati Uniti da Aristide Briand all'inizio del 1917 per convincere gli americani a entrare in guerra con i Paesi dell'Intesa[301]. Fu grazie agli eserciti americani che si poté salvare la situazione catastrofica in cui si trovavano gli Alleati nel 1917, dopo il crollo della Russia e gli ammutinamenti delle truppe francesi.

La Prima Guerra Mondiale aveva portato alla distruzione delle grandi monarchie europee, l'Impero tedesco, l'Impero austro-ungarico, l'Impero russo e l'Impero ottomano. È quasi certo che all'epoca molti ebrei pensassero che le profezie si stessero avverando. Maimonide, uno dei più grandi pensatori ebrei del Medioevo, considerato ancora oggi uno dei principali riferimenti dell'ebraismo, spiegò nella sua *Epistola allo Yemen*, nel 1172, i cambiamenti che il Messia avrebbe portato: "Quando apparirà, Dio farà tremare i re della terra, che saranno inorriditi all'annuncio della sua venuta. I loro regni cadranno; non potranno sollevarsi contro di lui, né con la guerra né con la rivolta[302]".

Tuttavia, alcuni americani avevano aperto gli occhi sulle conseguenze del conflitto e su chi ne sarebbe stato il principale beneficiario. Il 20 maggio 1920, il grande industriale Henry Ford lanciò la sua crociata

---

[300] Pierre-Antoine Cousteau, *L'Amérique juive*, Éditions de France, 1942, p. 32, 33

[301] Michel Winock, *Edouard Drumont et Cie*, Seuil, Paris, 1982, pagg. 173-174.

[302] Gershom Scholem, *Le Messianisme juif*, 1971, Calman-Levy, 1974, pagg. 57-59.

contro l'ebraismo creando un giornale settimanale, il *Dearborn Independant*, e scrivendo un libro sobriamente intitolato *The International Jew*. I suoi nemici organizzarono una congiura del silenzio intorno al giornale, fino a quando la questione non divenne troppo estesa. Un boicottaggio della sua produzione automobilistica lo costrinse infine a capitolare. Nel gennaio 1922, il *Dearborn Independant* pubblicò "una nota imbarazzata in cui spiegava di dover rinunciare ai suoi attacchi, ma invitava tutti i Goyim a non perdere di vista la questione ebraica". Gli ebrei, scriveva Cousteau, avevano messo a tacere il più ricco uomo d'affari d'America".

Tra i resistenti americani, va ricordato padre Coughlin, che arringava milioni di ascoltatori ogni settimana. Egli "censurava il capitalismo e il marxismo con una ferocia degna di un fascista". Aveva sostenuto Roosevelt con tutta la sua eloquenza, ma ben presto si rese conto che il presidente stava "tradendo la causa degli umili, che stava consegnando il Paese agli ebrei, che stava portando il Paese in guerra". Nel 1935, al microfono, denunciò per la prima volta il ruolo dei "banchieri internazionali". "La parola ebreo non era stata pronunciata", scrive Cousteau, "ma non c'era alcun dubbio, e i rabbini di New York si alzarono immediatamente per accusare Coughlin di fomentare 'l'odio razziale'". Padre Coughlin divenne sempre più chiaro e preciso nelle sue accuse e finì per denunciare apertamente la "crociata ebraica". "Ma non appena cominciò a denunciare l'influenza di Israele e il desiderio di guerra degli ebrei, le stazioni radio, una dopo l'altra, come per magia, gli tolsero i microfoni. Escluso dalla radio, padre Coughlin fu disarmato. Allo scoppio delle ostilità gli diedero il colpo di grazia accusandolo di alto tradimento, di essere un venduto alla Germania".

Rimaneva Charles Lindbergh. Eroe nazionale, il famoso aviatore che aveva attraversato l'Atlantico per la prima volta nel 1927. Ha guidato il movimento contro la guerra. "Il suo coraggio, la sua intelligenza e la sua correttezza sono messi in discussione. Il vincitore dell'Atlantico non è altro che un venduto, il leader della "quinta colonna". Pubblicisti ebrei impazienti, vili quanto i gangster che hanno assassinato suo figlio, sono decisi a disonorarlo[303]".

---

[303] Pierre-Antoine Cousteau, *L'Amérique juive*, Éditions de France, 1942, pagg. 87-95.

Nel suo romanzo *Il complotto contro l'America*, pubblicato nel 2004, il famoso scrittore americano Philip Roth ha immaginato una storia terribile, mescolando fatti e finzione e capovolgendo le situazioni, come fanno di solito gli intellettuali ebrei: nel 1940, Charles Lindberg sconfisse Roosevelt e vinse le elezioni. Ecco cosa si legge sulla copertina del libro: "La paura invase ogni casa ebraica in America. Non solo Lindbergh aveva pubblicamente accusato gli ebrei di aver spinto il Paese in una guerra insensata con la Germania nazista in un discorso trasmesso alla radio nazionale, ma dopo essersi insediato come 33° Presidente degli Stati Uniti aveva negoziato un "accordo" cordiale con Adolf Hitler". Gli ebrei furono, ancora una volta, le grandi vittime, sempre perseguitati e sempre innocenti.

Nel 1942, il figlio del presidente Lindbergh viene rapito: "Nelle funzioni religiose di tutto il Paese si prega per la famiglia Lindbergh. Le tre principali stazioni radio annullano la loro programmazione regolare per ritrasmettere la messa alla Cattedrale Nazionale di Washington, alla quale partecipano la First Lady e i suoi figli. La radio tedesca si scaglia contro gli organizzatori del "complotto": "Il complotto è stato pianificato e organizzato dal guerrafondaio Roosevelt (in collusione con il suo Segretario al Tesoro ebreo, Morgenthau, il suo giudice della Corte Suprema ebreo, Frankfurter, e il banchiere d'affari ebreo Baruch) ed è stato finanziato dagli usurai ebrei internazionali Warburg e Rothschild ed eseguito sotto il comando del sicario meticcio di Roosevelt, il gangster ebreo La Guardia, sindaco della città ebraica di New York insieme al potente governatore ebreo dello Stato di New York, il finanziere Lehman, al fine di riportare Roosevelt alla Casa Bianca e lanciare una guerra totale ebraica contro il mondo non ebraico[304]."

Philip Roth si esprime alla fine del romanzo attraverso il suo personaggio: "Il sindaco La Guardia dice: 'C'è una cospirazione in atto, naturalmente, e citerò volentieri le forze che la guidano: isteria, ignoranza, malvagità, stupidità, odio e paura. Che spettacolo rivoltante è diventato il nostro paese! Falsità, crudeltà e malvagità ovunque, e la forza bruta dietro le quinte in attesa di farci fuori. Ora leggiamo sul *Chicago Tribune* che per tutti questi anni i mastri fornai ebrei in Polonia hanno usato il sangue del figlio rapito di Lindbergh per fare *le matzoh*

---

[304] Philip Roth, *La Conjura contra América*, Círculo de lectores de Barcelona, in prestito dal Grupo Editorial Mondadori, 2005, copertina e p. 339, 341.

della Pasqua ebraica, una storia tanto folle oggi quanto lo era quando fu ideata dai maniaci antisemiti cinquecento anni fa. Le loro bugie, e i loro inganni, sono implacabili[305]."

---

[305] Philip Roth, *La Conjura contra América*, Círculo de lectores de Barcelona, in prestito dal Grupo Editorial Mondadori, 2005, p.346.

PARTE SECONDA

LO SPIRITO TALMUDICO

1. La mentalità cosmopolita

In ginocchio davanti a Israele

Il nuovi intellettuali ebrei hanno una tendenza naturale a biasimare il resto dell'umanità. Tra tutte le specificità del popolo eletto, questo tratto caratteriale è senza dubbio uno dei più evidenti. Nel primo volume delle sue memorie, Elie Wiesel ha raccontato quanto segue: "Nel 1979, durante una visita ufficiale a Mosca, incontrai il generale sovietico Vassily Petrenko che, alla testa delle sue truppe, aveva liberato il campo di Auschwitz. Abbiamo condiviso i nostri ricordi. Lui mi descrive come le unità sotto il suo comando si erano preparate per l'assalto, mentre io gli racconto come aspettavamo lui e i suoi soldati". Ti aspettavamo come un ebreo religioso aspetta il Messia", ha scritto Wiesel, poi ha rimproverato: "Perché non sei arrivato qualche ora prima, perché hai ritardato, perché hai ritardato, perché hai ritardato, perché hai ritardato, perché hai ritardato, perché hai ritardato, perché hai ritardato, perché hai ritardato, perché hai ritardato, perché hai ritardato, perché hai ritardato, perché hai ritardato, perché hai ritardato, perché hai ritardato? Wiesel continuò il suo discorso pieno di sensi di colpa: "Mi diede spiegazioni vaghe, di natura tecnica: strategia, meteorologia, logistica. Non mi ha convinto. Il fatto è che l'esercito sovietico avrebbe potuto fare uno sforzo, ma non l'ha fatto. E nemmeno l'esercito americano... Tra gli obiettivi fissati dallo Stato Maggiore alleato, nessuno prevedeva i campi di sterminio; la loro liberazione non è avvenuta in seguito a una direttiva prioritaria, ma per puro caso". E ha aggiunto: "Vigliaccamente, gli uomini si rifiutarono di ascoltare[306]".

Gli uomini sono vigliacchi e anche, diciamolo francamente, bastardi, come si legge sotto la penna di altri autori: "Quando i nostri figli piangevano sotto il patibolo, il mondo taceva, direbbe il poeta Nathan Alterman [307]." La soluzione finale, dobbiamo credere, è stata "immaginata dagli hitleriani, con la complicità almeno passiva di una buona parte dell'umanità[308]."

Gli europei erano estremamente indifferenti ai poveri ebrei, sempre perseguitati e sempre innocenti. Manes Sperber, intellettuale impegnato, amico di André Malraux e Albert Camus, scriveva nel 1952: "Conosciamo i fatti, i colpevoli. La complicità non è sufficientemente sottolineata. Alcune circostanze sono nascoste: per esempio, la vicina Russia, amica del regime hitleriano fino al giugno 1941, avrebbe potuto salvare gli ebrei di Polonia; i potenti Stati Uniti, neutrali fino al dicembre 1941, avrebbero potuto aiutare. Quando arrivarono gli innumerevoli giorni e notti di assassinio metodico, le vittime, un intero popolo in mezzo al mondo, erano sole, sole come un bambino al suo primo incubo". E questa politica criminale, sostiene Sperber, continuò sotto Stalin: "Gli ebrei scomparvero dall'URSS senza processo, senza camere a gas, senza attirare l'attenzione, senza fare rumore[309]".

Nel 1978 Manes Sperber lamentava ancora: "La catastrofe organizzata dai tedeschi era stata attivamente incoraggiata da altri popoli e guardata con indifferenza dal resto del mondo... La memoria non può essere dissipata, ricorda quelle navi piene di ebrei in fuga che vagavano per gli oceani e alla fine affondavano miseramente perché nessun porto, nessun Paese, dal più potente al più umile, accettava di concedere loro un asilo anche solo temporaneo; mi ricorda gli insorti del ghetto di Varsavia, che in mezzo a un paesaggio lunare vuoto e spopolato, provocavano un nemico onnipotente; non si aspettavano più nulla, perché anche la disperazione era vietata a quei giovani esseri: morirono nel nulla. Ma

---

[306] Elie Wiesel, *Mémoires, Tome I*, Le Seuil, 1994, pagg. 120, 133, 134.

[307] Victor Malka, *In Israele*, Guide Bleu, Hachette 1977, p. 27.

[308] CinémaAction, Cinéma et judéité, Annie Goldmann (dir.), Cerf, 1986, pag. 29.

[309] Manès Sperber, *Être Juif*, Odile Jacob, 1994, p. 124, 125.

noi viviamo, colpevoli della loro fine senza aver commesso alcuna colpa, colpevoli di tutto[310]."

Tuttavia, sarebbe un errore pensare che il popolo ebraico sia completamente solo in questo mondo di odio e ipocrisia. Ci sono persone, tra i Goyim, che non hanno perso la faccia agli occhi dell'ebraismo. Non sono molti, ovviamente, per cui è importante dare loro un posto meritato in questa sede. Ne *Il potere del bene,* lo scrittore Marek Halter ci ha mostrato la via della saggezza, partendo dal conforto che "il Bene esiste", scriveva con la lettera maiuscola. Ha quindi intrapreso un "viaggio nella terra dei Giusti" per rendere loro omaggio: "Riportando le loro testimonianze, messe a tacere per tanto tempo, ho voluto creare una "memoria del Bene". Perché il Bene è speranza. E senza speranza non si può vivere". "Il mondo si basa su trentasei Giusti", diceva Rabbi Rabbah... Secondo il Talmud, in ogni generazione sono presenti per sostenere il mondo". Essi dimostrano che "ci sono stati individui che ci hanno permesso di non perdere la fiducia nell'umanità[311]".

Il viaggio di Marek Halter è iniziato naturalmente nella sua Polonia, dove tanti ebrei vivevano prima della Seconda Guerra Mondiale. "Si è sempre detto che in Polonia gli ebrei non avevano nessuno che li raggiungesse, ed ecco una donna che, con l'aiuto di pochi amici, è riuscita a salvare tanti bambini! Irena Sendler percepisce la mia sorpresa, la mia incredulità". Capiamo meglio la sorpresa di Marek Halter quando sentiamo il detto: "Ci sono voluti mille polacchi per salvare un ebreo. Ma bastava un polacco per denunciare mille ebrei".

Halter raccontò quindi le indicibili sofferenze del popolo ebraico in quel periodo buio e chiese all'anziana donna: "Perché tanti polacchi, tanti cattolici, non hanno fatto nulla per aiutare i bambini ebrei? Suor Ludovica rimase in silenzio per qualche secondo, poi, con gli occhi e la voce lucidi, cominciò a ridere. "Chiedilo a loro!".

- Perché hai salvato i bambini ebrei?" Sorride. Dietro gli occhiali spessi, nei suoi occhi brilla una calda semplicità". Per Dio, naturalmente. Perché Dio ha detto di aiutare il prossimo. E poi... "Si interrompe e con voce limpida dice: "Non potevamo smettere di salvare i bambini ebrei,

---

[310] Manès Sperber, *Être Juif,* Odile Jacob, 1994, p. 28, 29.

[311] Marek Halter, *La force du Bien,* Robert Laffont, 1995, p. 7, 8

perché quando salvavamo un bambino ebreo era come se salvassimo il bambino Gesù[312]."

Finalmente una sana riflessione da parte di un buon cattolico. Va detto che, troppo spesso, i cattivi istinti e le "pulsioni di morte" dei cattolici si sono manifestati a danno di altre comunità: "Perché? Perché contro i musulmani, i protestanti, gli zingari, gli omosessuali e tanti altri? Perché l'omicidio di questi o quelli, a volte? Perché l'omicidio degli ebrei, sempre[313]?". È qui che capiamo che Marek Halter voleva rassicurarsi: poiché gli ebrei non sono le uniche vittime, è che il Male viene necessariamente dagli oppressori e non da loro stessi.

Dopo la Polonia, Marek Halter continua il suo "viaggio iniziatico nella terra dei Giusti" fino a raggiungere i Paesi Bassi: "Questo paese ha il maggior numero di Giusti in Europa: un terzo dei 9295 - ma paradossalmente ha anche la più alta percentuale di ebrei deportati in Europa occidentale". Infatti, "nel Paese di Anna Frank, l'ottanta per cento degli ebrei olandesi è stato deportato con l'attiva collaborazione della popolazione... Come è possibile che ci sia tanta apatia e compiacenza nei confronti del crimine in un Paese che ha dimostrato fin dall'antichità la sua tolleranza e il suo umanesimo, un Paese dove gli Ugonotti francesi hanno potuto rifugiarsi, un Paese che ha accolto gli Enciclopedisti e gli Illuministi...? Questa domanda è dolorosa, scrive Halter, e nessuno è in grado di fornire una spiegazione illuminante o di produrre un'analisi definitiva".

Non esiste infatti una spiegazione valida per l'antisemitismo. Per Marek Halter, l'antisemitismo è un mistero. E aggiunge: "E improvvisamente ci troviamo di fronte a questo paradosso: la vergogna dei Giusti! Si vergognavano del comportamento della maggior parte dei loro concittadini, che erano così disposti a collaborare con i nazisti e a denunciare gli ebrei durante la guerra e che, ora in tempo di pace, guardavano con sospetto, con la coscienza sporca e persino con una certa velata ostilità, quei soccorritori che, a differenza loro, avevano rischiato la vita per aiutare i perseguitati. Molti di questi soccorritori se ne andarono. Molti andarono in Sudafrica per unirsi ai boeri... Preferirono stare con i lontani discendenti dei loro antenati olandesi, piuttosto che continuare a vivere, come se nulla fosse accaduto, in

---

[312] Marek Halter, *La force du Bien*, Robert Laffont, 1995, p. 14, 34

[313] Marek Halter, *La force du Bien*, Robert Laffont, 1995, p. 36.

mezzo ai loro contemporanei il cui comportamento avevano trovato odioso durante la guerra e ipocrita dopo la guerra. Altri sono emigrati lontano: Canada, Australia, come se volessero allontanarsi il più possibile dagli olandesi"[314]. Ecco come ci piacciono gli olandesi: pieni di cattiva coscienza e di disprezzo per i loro stessi connazionali.

Il pellegrinaggio di Marek Halter lo ha portato in Lituania, dove ha incontrato Nathan Gutwirth: "Cosa faceva in Lituania, signor Gutwirth? - Il Talmud", rispose. Nel 1936 andai a studiare il Talmud alla yeshiva di Vilnius. Avevo lasciato l'Olanda, dove avevo completato la mia istruzione e dove viveva la mia famiglia. Vilnius aveva allora centocinquantaquattromila abitanti, un terzo dei quali erano ebrei. Non dimenticate che, a quel tempo, Vilnius era chiamata la "Gerusalemme del Nord" perché aveva la più grande yeshiva del mondo: una sorta di università internazionale, con studenti provenienti da tutto il mondo, dagli Stati Uniti e persino dall'Australia... Nel settembre 1939, abbiamo visto arrivare decine di migliaia di ebrei polacchi dalla Polonia invasa, e gli ebrei lituani li hanno accolti a braccia aperte.

Di fronte all'avanzata delle armate tedesche, gli ebrei lituani pensano solo a tentare la fuga in Estremo Oriente: "La notizia si è diffusa nella comunità ebraica, soprattutto tra i rifugiati polacchi. Migliaia di persone si sono affollate davanti al consolato giapponese: tutti volevano un visto!". Tempo Sugihara, il console giapponese, decise allora di aggirare il divieto del suo governo e di rilasciare quanti più visti possibile: "Circa seimila visti sarebbero così stati rilasciati in tutta fretta... Questi ebrei, con i documenti in regola, avrebbero preso interi treni per andare verso est attraverso l'Unione Sovietica. Avrebbero attraversato l'intera Russia, via Vladivostok, per sbarcare in Giappone: una fuga collettiva sulla Transiberiana! Nathan Gutwirth ricorda questo viaggio: "Immaginate di arrivare in Giappone dopo un viaggio di tre settimane sulla Transiberiana, subito dopo Pearl Harbor, il 7 dicembre 1941: c'erano missioni militari della Wehrmacht che preparavano progetti con i loro alleati dell'esercito giapponese. E all'improvviso videro migliaia di ebrei sbarcare da Vladivostok, provenienti dai confini della Lituania. Devono aver pensato a un incubo... I giapponesi erano sorpresi e totalmente impreparati. Evidentemente, avrebbero licenziato il console lituano, Tempo Sugihara, e inviato tutti gli ebrei a Shanghai,

---

[314] Marek Halter, *La force du Bien*, Robert Laffont, 1995, p. 99-104.

la città che controllavano. Fu così che nacque il quartiere ebraico di Shanghai[315]".

Tempo Sugihara, il console giapponese a Vilnius, era quindi un Giusto, perché rischiò la vita per salvare gli ebrei. Qualche pagina più avanti apprendiamo che questo Giusto aveva un figlio di nome Nobuki: "Nobuki Sugihara, quarantaquattro anni, è un tagliatore di diamanti nella capitale mondiale delle pietre preziose, Anversa". Come è noto, il taglio delle pietre preziose ad Anversa è una specialità "giapponese".

In Danimarca, Marek Halter ha potuto congratularsi per il salvataggio di quasi tutti i 7.500 ebrei del Paese che i pescatori hanno aiutato a fuggire in Svezia: "La mia ricerca sui Giusti non poteva fare a meno del Paese dei Giusti, ha scritto Halter". Ma non esageriamo con le celebrazioni, perché se i danesi fossero irreprensibili, non sarebbero goyim: "Curiosamente, lungi da ciò che avrei potuto credere, il fatto di aver appreso che alcuni pescatori danesi non avevano rischiato la vita in modo del tutto gratuito per gli ebrei mi ha rallegrato. Dopo tutto, questi danesi sono persone normali. Anche loro hanno i loro difetti, le loro bassezze, le loro meschinità[316]."

Tuttavia, possiamo chiederci, di fronte a tanto altruismo e sacrificio da parte di questo piccolo popolo danese: "Un miracolo? No, bisognava avere la volontà", rispose Henry Sundoe... Gli ebrei erano nostri amici, erano danesi. Non abbiamo mai avuto il minimo problema con loro". Marek Halter conferma: "Arrivati su invito del re Cristiano IV nel 1662, gli ebrei erano in Danimarca da duecentosettantotto anni quando scoppiò la Seconda guerra mondiale. In origine erano sefarditi di Amsterdam e ashkenaziti di Amburgo. In breve tempo sono diventati danesi. Questo fu costantemente sottolineato dai loro soccorritori".

Ecco la testimonianza di un danese che ha apprezzato Marek Halter: "Gli ebrei? Danesi come noi, con la loro domenica che cade di sabato, che non ha mai dato fastidio a nessuno". Si percepisce in queste pagine il piacere dello scrittore nel riferirsi a queste parole e come segretamente rideva della credulità del goy. Ma questo goy danese andò oltre le sue speranze: "Se gli ebrei sono in debito con i danesi (e continuano a ripeterlo da allora), anche noi danesi siamo grati a loro per

---

[315] Marek Halter, *La force du Bien*, Robert Laffont, 1995, pag. 121-123.

[316] Marek Halter, *La force du Bien*, Robert Laffont, 1995, pagg. 137-138.

l'opportunità e la possibilità che ci hanno offerto di aiutarli: ci hanno permesso, salvando loro, di salvaguardare la nostra dignità[317]".

Marek Halter ha continuato la sua ricerca in Francia, insieme al suo amico, il cardinale-arcivescovo di Parigi: "Sai, mi disse un giorno il cardinale Lustiger... coloro che chiamiamo "Giusti" e che hanno salvato molti ebrei... hanno capito questo fatto: Israele è la nostra fonte. Non si può inquinare la propria fonte, lasciarla prosciugare. Se lo facciamo, se accettiamo che la nostra fonte sia danneggiata, ci condanniamo a morire di sete. Non possiamo non amare la nostra fonte... Ho notato che i veri credenti, i veri fedeli, professano un amore indescrivibile: un vero amore per gli ebrei, il popolo di Dio, un amore religioso[318]". È così che ci piacciono i vescovi e i cardinali: pieni di ammirazione per Israele.

Ma sembra necessario qui precisare le origini di monsignor Lustiger, che possono aver influenzato le sue profonde riflessioni: "Ancora oggi il mio nome di stato civile è Aron. Il fatto che io sia ebreo non è un segreto per nessuno a Orleans, dove mi trovavo durante la guerra". I suoi documenti d'identità falsi gli erano stati consegnati da un sindaco della regione di Orléans e riportavano il suo cognome Lustiger, oltre a un nome inventato, Jean-Marie. "Nonostante quei documenti fossero in regola, mio padre fu scoperto e io pure. Fuggimmo a Tolosa. È stato allora che siamo fuggiti a Tolosa[319]".

Ma i cattolici non sono gli unici a riconoscere l'antica saggezza degli ebrei. Anche Marie Brottes, una protestante della regione delle Cévennes, ha parlato con Marek Halter: "Che cosa significa per te un ebreo? -Beh, gli ebrei sono... il popolo di Dio. Quindi rispettiamo questo[320]". Ben detto.

Anche il finanziere Samuel Pisar, che ha lasciato una dolorosa testimonianza della sua esperienza nei campi di sterminio nel suo libro

---

[317] Marek Halter, *La force du Bien*, Robert Laffont, 1995, p. 141-150.

[318] Marek Halter, *La force du Bien*, Robert Laffont, 1995, p. 172, 210-213

[319] Lustig è il nome di un truffatore ebreo di origine ceca che, nel 1925, si spacciò per viceministro responsabile della demolizione della Torre Eiffel. Aveva riunito le più importanti società di recupero di metalli ferrosi all'Hotel Crillon, in Place de la Concorde, per bandire una gara d'appalto, e poi era fuggito a New York con il denaro intascato.

[320] Marek Halter, *La force du Bien*, Robert Laffont, 1995, op.cit., p. 248.

Il sangue della speranza, sapeva riconoscere i Giusti tra le nazioni. Ha ricordato in particolare il gesto di Willy Brandt, l'ex cancelliere tedesco, che "si inginocchiò davanti al memoriale del ghetto di Varsavia, chiedendo silenziosamente perdono a nome del popolo tedesco, lui che aveva indossato un'uniforme straniera per combattere il suo Paese impazzito [321]". Ecco come ci piacciono i cancellieri tedeschi: in ginocchio davanti a Israele.

Nel 1992, quattrocento anni dopo l'espulsione degli ebrei, era giunto il momento che anche il re di Spagna chiedesse scusa. Il giornalista Serge Moati ha ricordato questo episodio: "Nel 1992, Juan Carlos I, re di Spagna, lontano successore di Isabella la Cattolica, abrogò solennemente il decreto di espulsione del marzo 1492 e si scusò ufficialmente con il popolo ebraico[322]".

Gli intellettuali cosmopoliti sembrano amare particolarmente i goyim pentiti. D'altra parte, i capi della comunità ebraica non tollerano di essere affrontati e di veder negate le loro richieste. È noto come l'ex presidente francese, François Mitterrand, sia stato duramente perseguitato alla fine della sua carriera per essersi rifiutato di riconoscere la colpevolezza della Francia per gli eventi durante l'occupazione tedesca. Il suo successore, Jacques Chirac, si è immediatamente prostrato, come richiesto, al suo arrivo all'Eliseo nel 1995. Egli riconobbe ufficialmente la responsabilità dello Stato, il che fece scattare automaticamente le procedure di richiesta di risarcimento e di compensazione finanziaria. Questo risarcimento è stato un punto importante e persino indispensabile nel processo di pentimento.

Ma gli europei non sono colpevoli solo di aver rinchiuso gli ebrei nei campi di concentramento. Anzi, tutta la loro storia testimonia che sono responsabili di quasi tutti i mali della terra, come dimostrano gli ultimi due secoli. Nel settimanale *Le Point* dell'8 dicembre 2005, il filosofo Bernard-Henri Levy ha ribadito il suo ripudio del colonialismo. L'ideologia coloniale è "innegabilmente" un'"ideologia criminale", ha affermato. Aggiungeva: "L'idea coloniale era, di per sé, un'idea perversa; l'avventura coloniale è stata, fin dall'inizio, una pagina buia della nostra storia; c'è nel gesto e nel volto di coloro che vogliono rivedere questa evidenza, nel loro aplomb, nella loro passione e

---

[321] Samuel Pisar, *Le Sang de l'espoir*, Robert Laffont, 1979, p. 244.

[322] Serge Moati, *La Haine antisemite*, Flammarion, 1991, p. 96, 97.

nell'entusiasmo sazio di vecchi rimbambiti che finalmente danno libero sfogo alle loro idee, un odore di arretratezza superata che non si sentiva da tempo". Levy aveva tuttavia espresso altrove il suo disgusto per il canto "celebrato e fetido" degli africani. Ma a quanto pare, queste considerazioni sul colonialismo non impedirono all'affascinante BHL (Bernard-Henri Levy) di approfittare dell'immensa fortuna accumulata dal padre nello sfruttamento e nell'esportazione del legname africano.

Anche il noto sociologo Edgar Morin ha espresso il suo disgusto per la civiltà europea: "Dobbiamo prendere coscienza della complessità di questa colossale tragedia". Questo riconoscimento deve includere tutte le vittime, scriveva: ebrei, neri, zingari, omosessuali, armeni, colonizzati dell'Algeria o del Madagascar. È necessario se vogliamo superare la barbarie europea[323]".

Questa "barbarie europea" si manifesta ancora oggi nel terzo mondo. Infatti, tutti concordano sul fatto che quando un bambino muore di fame in Africa, la colpa non può che essere dei bianchi. E poiché l'uomo bianco sta finalmente abbassando la testa, questo è il momento migliore per approfittare della situazione. È così che prosperano le organizzazioni caritatevoli e le ONG che aiutano il terzo mondo. Il liberalissimo Guy Sorman ci ha spiegato come funzionano, rivelando di sfuggita alcuni aspetti che ben si adattano al nostro attuale studio dell'ebraismo.

Nel dicembre 1979, scrive, quando le truppe sovietiche invasero l'Afghanistan, "Françoise Giraud, la più famosa e indiscussa di noi, lanciò un appello di aiuto in *Europa 1 sotto* forma di uno slogan elementare e forte: con cento franchi sarebbe stato possibile acquistare e inviare una tenda per proteggere dal freddo gli afghani in fuga sulle montagne del Pakistan. Il giorno dopo gli assegni si accumularono in grandi sacchi. Nacque così l'AICT (*Action Internationale Contre la Faim*), che sarebbe diventata una delle più grandi ed efficaci organizzazioni umanitarie francesi". Anche Bernard-Henri Levy, "senza il quale l'AICF non sarebbe mai nata", era ovviamente membro dell'associazione. Levy "voleva soprattutto vendicarsi di Bernard Kouchner, che lo aveva cacciato dalla sua stessa associazione, "una

---

[323] Edgar Morin, Culture et barbarie européennes, Bayard, 2005, p. 91, 92. Sulla colpevolizzazione, si vedano *Les Espérances planétariennes* e *Psychanalyse du judaïsme*, nonché i due capitoli sul cinema.

nave per il Vietnam"" e che in seguito avrebbe creato *Médecins sans frontières (Medici senza frontiere)*.

Guy Sorman ha rivelato un'informazione importante: "Il donatore medio, una vedova di Montargis, non sa che quando dona cento franchi per una buona causa, solo pochi franchi andranno al bambino mendicante che ha visto sul volantino nella cassetta delle lettere o sul manifesto destinato a farle venire la cattiva coscienza". Almeno la metà dei suoi soldi sarà andata a pagare la campagna pubblicitaria per biasimare i goyim, e l'altra metà a pagare le spese dell'associazione e gli stipendi del personale, che sono "nel complesso, paragonabili a quelli delle aziende private". È anche noto che i direttori di queste associazioni godono di stipendi da amministratore delegato non tassati, alloggi di lusso, indennità di viaggio, ecc... "L'importanza della campagna di sensibilizzazione, della raccolta di fondi e del clamore mediatico è solo una dimostrazione di forza e di notorietà, ha riconosciuto Guy Sorman. Una volta acquisita la notorietà, possono poi rivolgersi ai veri finanziatori, che sono le amministrazioni locali, nazionali, europee o mondiali[324]".

Questa implacabile predisposizione a dare la colpa agli altri è, ovviamente, una temibile arma da guerra per mettere in ginocchio l'avversario (e nel frattempo svuotargli le tasche). Nel 1985, la scrittrice Geneviève Dormann ha espresso il suo pensiero in modo forte e chiaro: "Gli ebrei mi fanno incazzare, lo dico chiaramente. Quando, alla minima occasione, mi rinfacciano quello che abbiamo fatto loro quando ero ancora una bambina, cercando di farmi provare un senso di colpa o una cattiva coscienza, e gioendone in modo sadico, mi arrabbio con loro come farei con i vandeani che mi accusano di aver distrutto i loro villaggi e ucciso selvaggiamente i loro antenati... Rivendico il diritto di amare gli ebrei buoni e di mandare gli altri a spasso[325]". La maggior parte degli intellettuali francesi non ha questo coraggio, soprattutto quelli che più gridano contro il "terrorismo intellettuale", il "pensiero unico" e la "correttezza politica".

---

[324] Guy Sorman, *Le Bonheur français*, Fayard, 1995, pagg. 88, 91-94.

[325] *Le Crapouillot*, febbraio 1985

Un'elevata intolleranza alla frustrazione

Gli intellettuali cosmopoliti possono anche essere pronti a scagliarsi contro i loro avversari, insultandoli senza remore. Uno dei casi più emblematici si è verificato nella primavera del 2000, quando lo scrittore Renaud Camus ha pubblicato un libro che ha messo in subbuglio il mondo giornalistico ed editoriale. Uomo di sinistra e omosessuale, la sua prosa non aveva mai turbato i media fino alla pubblicazione, in un libro intitolato *Campagna per la Francia* di alcune parole perfettamente anodine che furono giudicate antisemite. A pagina 48 Camus scrive a proposito del programma *Panorama* della radio pubblica France Culture: "I collaboratori ebrei di *Panorama di France Culture* esagerano un po': sono circa quattro su cinque in ogni programma, o quattro su sei, o cinque su sette, il che, in una radio nazionale e quasi ufficiale, costituisce una chiara sovrarappresentazione di un gruppo etnico o religioso". In un altro passaggio del suo libro, a pagina 408, insiste: "Cinque partecipanti e quale proporzione di non ebrei? Minima, se non inesistente. Ecco, questo mi sembra, non proprio scandaloso forse, ma esagerato, e fuori luogo, scorretto. E no, non sono antisemita, e sì, considero che la razza ebraica abbia dato uno dei più alti contributi spirituali, intellettuali e artistici all'umanità di sempre. E considero i crimini antisemiti dei nazisti probabilmente l'apice dell'abominio raggiunto dall'umanità. Ma no, no, non ritengo opportuno che un talk show, preparato e annunciato in anticipo, cioè ufficiale, sull'integrazione nel nostro Paese, su un'emittente pubblica, si svolga esclusivamente tra giornalisti e intellettuali ebrei o di origine ebraica... Lasciateci in pace con questo terrorismo che non ci permette di aprire la bocca su tali argomenti! Questo programma e molti altri sono profondamente distorti dalla composizione esageratamente di parte dei loro partecipanti". E ha aggiunto: "Mi infastidisce e mi rattrista vedere come, in molti casi, questa cultura e civiltà [francese] abbia come principali portavoce e organi di espressione una maggioranza di ebrei".

Le reazioni a queste parole furono molto rivelatrici del clima di terrore che regnava da tempo in Francia, soprattutto nel mondo della cultura. Fu il giornalista Marc Weitzmann a lanciare per primo l'accusa, su *Les inrockuptibles* del 18 aprile 2000 - la rivista dei giovani che si credono ribelli. *Le Monde* del 20 aprile ha pubblicato un articolo indignato. Laure Adler, direttrice di *France-Culture*, e Jean-Marie Cavada, presidente di *Radio-France*, hanno annunciato l'intenzione di denunciarlo per odio razziale [326]. Catherine Tasca, Ministro della Cultura e della Comunicazione, ha espresso pubblicamente la sua disapprovazione. Anche Jean Daniel, direttore del settimanale *Le Nouvel Observateur*, si è indignato nella pubblicazione del 3 maggio 2000 in modo piuttosto particolare: "Il signor Renaud Camus non ha nemmeno l'astuta pervicacia di far notare che da quando gli ebrei hanno rinunciato a presentarsi come ebrei, si sono di fatto negati la possibilità esclusiva di parlare in nome della Francia". Avete capito: gli ebrei non esistono, è un miraggio, un'allucinazione antisemita. Il signor Renaud Camus è caldamente invitato a cercare di curare la sua "malattia[327]".

Sul quotidiano *Le Monde* del 4 maggio 2000, Patrick Kéchichian ha smontato sotto i nostri occhi la "retorica del discorso antisemita", cominciando col denunciare la paranoia dello scrittore che si è dichiarato vittima di una "caccia alle streghe" e di un "linciaggio" mediatico. Patrick Kechichian ha giustamente sottolineato che Renaud Camus aveva già mostrato segni di una "giudeofilia quasi militante": "Lo scrupolo che esprime è rivelatore della sua mentalità... questa protesta di simpatia è una procedura vecchia quanto l'antisemitismo stesso... Che grande cultura! Che grande cultura! Che popolo ammirevole! Che sofferenze... Ma anche: che invasione! Che arte di essere ovunque! È un ritornello stantio e trito, che ricorda il famoso spettro della "lobby" ebraica, come si è visto recentemente nelle parole di François Mitterrand citate da Jean d'Ormesson, che non è ancora caduto in disuso e che, mascherato dietro una falsa obiettività, diffonde lo stesso disprezzo. L'ammirazione troppo enfatizzata è solo la controparte simmetrica di un'esasperazione, di un odio inconfessato[328]."

Tutti avranno capito che è del tutto inutile dilungarsi in precedenti dichiarazioni di ammirazione, nella vana speranza di evitare l'infame sputo, se si vuole esprimere la minima critica ai rappresentanti mediatici della comunità ebraica. Kechichian ha concluso il suo intervento:

---

[326] Jean-Marie Le Pen era stato condannato per "incitamento alla discriminazione razziale" nel 1986, citando l'influenza mediatica dei papi dei media "Jean-François Kahn, Jean Daniel, Ivan Levaï e Jean-Pierre Elkabbach".

[327] *Les Espérances planétariennes*, p.365, 366. *Psychanalyse du Judaisme*, p. 219, 220

[328] Su François Mitterrand, cfr. *Les Espérances planétariennes*, p. 332.

"Questo modo - molto "vecchia Francia", anche nello stile - di spingere gli ebrei fuori dai confini della cultura francese è assolutamente inaccettabile". Per lui, le dichiarazioni di Renaud Camus "sono chiaramente contaminate da questa perversione dello spirito". Sembra essere un leitmotiv degli intellettuali ebrei accusare i loro avversari di disordine mentale.

Di fronte all'entità delle proteste, il direttore delle edizioni Fayard, Claude Durand, decise di ritirare il libro dalla vendita e di ripubblicarlo senza i passaggi incriminati. I tagli e le correzioni al testo della *Campagna di Francia* rappresentavano circa dieci pagine su cinquecento. Jean-Etienne Cohen-Seat, amministratore delegato di Hachette-Livres, un gruppo di proprietà di Fayard, ha motivato la sua decisione in modo molto conciso: "Il libro di Renaud Camus fa schifo".

Ma tre settimane dopo la scomparsa del libro dalle librerie, *Campagne de France* ha continuato ad alimentare la polemica. Michel Polac, ex presentatore di un programma televisivo culturale, ha scritto sul giornale *Charlie-Hebdo* il 17 maggio 2000, denunciando "le 'stronzate' antisemite di questo piccolo scrittore". Le pagine di Renaud Camus erano, secondo lui, "vomitevoli". E continuava: "Per questo sciocco, un ebreo senza radici non può capire la letteratura francese. Bisogna forse testimoniare un antenato crociato per avere il diritto di parlare? E per gli altri, stabilire un numerus clausus? E per di più, questo pover'uomo ha citato dei nomi: deve avere nella sua biblioteca del castello il *Dictionnaire des Juifs* e *Comment reconnaître un Juif*, libri pubblicati durante l'occupazione tedesca nella stessa collezione di *Bagatelles pour un massacre* e *Les Beaux Draps**".

Il 25 maggio, l'espertissimo Bernard-Henri Levy ha gentilmente titolato il suo articolo sul settimanale *L'Événement du jeudi*: "Bisogna guardare in faccia la merda". Come al solito, Bernard-Henri si è dilungato, lanciando invettive: "Odio l'antisemitismo che si sente nella *campagna francese*. E sono molto arrabbiato perché alcuni cercano di negare o minimizzare il carattere odioso di queste pagine... pagine, parole, assolutamente pestilenziali" che possono solo provocare "orrore" e "repulsione". "Renaud Camus pratica un antisemitismo francese molto antico, influenzato da Charles Maurras, che ritiene che un ebreo - uno straniero, un meteco - sia incapace di comprendere le sottigliezze della cultura francese. È stupido, è abietto, non si può discutere". E Levy ha aggiunto: "Tutte queste righe non sono solo dubbie, sono odiose". Non si può, di fronte a tanta ragionata perversità, contenere una costante e diffusa nausea[329]."

Come si vede, non si trattava di discutere la questione di fondo, ossia la "sovrarappresentazione degli ebrei nei media". Tuttavia, "BHL" si è dichiarato contrario alla censura: "Questo libro non dovrebbe essere ritirato o censurato. Non credo che si possa combattere l'odio con la censura o con la legge. Non credo che si possa "bandire" efficacemente il male... Non si può far finta che Celine non abbia scritto *Bagatelles pour un massacre*". Una buona educazione civica, fin dalla più tenera età, dovrebbe essere sufficiente a contenere il pericolo, a patto che il bombardamento mediatico sia permanente.

Il 25 maggio 2000 è apparsa sul quotidiano *Le Monde* una petizione firmata da Jacques Derrida, Serge Klarsfeld, Claude Lanzman, Philippe Solers, Jean-Pierre Vernant, ecc. "Riteniamo inquietante la campagna che cerca di far passare l'autore della *Campagna per la Francia come una* vittima. È urgente affermare con chiarezza che le parole di Renaud Camus sono opinioni criminali, che in quanto tali non hanno il diritto di essere espresse... Questo non ha nulla a che vedere con la libertà di espressione. Chi lo pensa, lo scrive e lo pubblica... pensa, scrive e pubblica opinioni criminali, razziste e antisemite. Questo non ha nulla a che fare con la libertà di espressione... Dichiariamo che le parole di Renaud Camus sono opinioni criminali e che, pertanto, difendere o ripubblicare il suo libro in nome della libertà di espressione o per qualsiasi altro motivo significa, che lo si voglia o no, difendere e pubblicare opinioni criminali e riprovevoli. Il pubblico deve saperlo. Questo non viene cancellato... Dichiariamo che non è permesso nessun offuscamento, nessuna illusione. E permettere che tali opinioni vengano insinuate, per debolezza o per qualsiasi altro motivo, significa acconsentire all'insidiosa installazione del peggio".

Nell'*Art Press* del giugno 2000, Jacques Henric ha pubblicato la sua analisi, indicando anche la malattia mentale di Renaud Camus: "Siamo in presenza di una malattia endemica, che periodicamente si manifesta di nuovo", ha scritto, criticando "questo ritiro nazionalista con

---

[329] *Le Point* del 26 giugno 2002

* I due famosi e virulenti pamphlet antisemiti di Louis-Ferdinand Celine, pubblicati prima della guerra, pubblicato da Omnia Veritas Ltd, www.omnia-veritas.com.

sfumature xenofobe" e "le sue parole palesemente deliranti", "sciovinistee reazionarie".

Il 18 giugno, lo scrittore setino Philippe Solers ha avuto modo di esprimersi sul quotidiano *Le Monde*: "L'errore di Claude Durand è soprattutto letterario, scrive Sollers: crede che Renaud Camus sia uno scrittore importante, mentre in realtà si tratta di prosa ammuffita... È un antisemitismo decoroso, il più pericoloso di tutti. È anche un sintomo che non è scomparso ed è dovuto all'era Mitterrand: la mattina vedo Bousquet e il pomeriggio vado a SOS Racisme. Questo vecchio antisemitismo francese, un po' cupo, è una tradizione che deve scomparire".

La *Campagna in Francia* è riapparsa il 4 luglio in una nuova edizione, in cui i passaggi scandalosi erano stati lasciati in bianco. Il direttore della casa editrice Fayard ha annunciato che il libro era stato ripulito dai passaggi controversi dall'autore stesso, "con delle barrature bianche, come cicatrici inflitte alla nostra libertà di espressione e, in primo luogo, alla libertà di critica".

Il presidente della Lega dei diritti dell'uomo, Michel Tubiana, ha espresso il suo punto di vista nel numero di luglio 2000 di *Hommes et Libertés*, la rivista dell'associazione. Il suo articolo, molto pedagogico, era intitolato: "Il razzismo spiegato a uno scrittore e al suo editore". Denunciava i "passaggi inaccettabili": "Che ci piaccia o no, questo tipo di racconto ci riporta a precedenti che sappiamo essere insopportabili". Più seriamente, alcune delle sue parole sono assolutamente nauseanti".

Sul problema della "sovrarappresentazione", anche Michel Tubiana ha avuto una risposta di istintiva autodifesa: "Mi rifiuto di rispondere per confutare le parole di Renaud Camus. L'approccio razzista è evidente e, detto da un uomo di cultura, è ancora più insopportabile". Non si può discutere: si attacca.

Per la Lega dei diritti dell'uomo, la questione non dovrebbe essere posta e discussa in questo modo: "Poniamo il dibattito su una base reale... È possibile giudicare gli individui in base alle loro origini e non in base alle loro azioni e ai loro pensieri? Invece di accusarci di censura, sono queste le domande a cui gli amici e l'editore di Renaud Camus dovrebbero rispondere". Il problema è che gli "atti" e i "pensieri" sono fortemente legati alle "origini".

Michel Tubiana ha osservato che, nel ripubblicare il libro, l'autore e l'editore "hanno dato prova di una strana e inspiegabile ostinazione: ci saremmo aspettati che l'editore ammettesse il suo errore e che Renaud

Camus comprendesse la natura del dibattito che aveva suscitato. Ma non c'è stato nulla da fare. L'editore si è avvolto nelle pieghe della libertà di pensiero e di espressione, che non erano in discussione, e l'autore ha assunto la postura della vittima incompresa. Non hanno capito nulla o hanno fatto finta di non capire". Sicuramente questi francesi sono senza speranza.

La risposta di Claude Durand, direttore della casa editrice Fayard, si concludeva così: "Neanche i censori più incalliti dei regimi totalitari del XX secolo avevano inventato questa nuova formula di oggi: il divieto di barrare il bianco in qualsiasi testo".

Le uniche due voci leggermente discordanti tra gli intellettuali della "comunità" sono state quelle di Alain Finkielkraut ed Elisabeth Levy. Su *Le Monde* del 6 giugno 2000, Alain Finkielkraut ha scritto timidamente dei suoi colleghi: "In questo caso, ci voleva meno coraggio che opportunismo per unirsi alla mischia". Da parte sua, Elisabeth Levy, conduttrice di un programma culturale, ha citato le parole polemiche di Renaud Camus nel suo libro *Les Maîtres censors*, pubblicato nel 2002, avendo però cura di fare riferimento ad esse in una nota a piè di pagina: "I brani citati sono stati riprodotti numerose volte dalla stampa". Questa precauzione, che le ha permesso di proteggersi da eventuali azioni legali, la dice lunga sulla libertà di espressione in Francia all'inizio del XXI secolo. Per quanto riguarda Bernard-Henri Levy, ha scritto: "Potremmo rispondere allo scrittore che è sempre più urgente confutare che denunciare, convincere che demonizzare. Ma questo sarebbe probabilmente giudicato tipico di uno spirito monacense[330]". Elisabeth Levy fu una coraggiosa eccezione, ed è per questo che non si dovrebbe dire o puntare il dito contro "gli ebrei" in generale, anche se l'eccezione dimostra la regola.

Uno dei più grandi pensatori francesi del XIX secolo, Ernest Renan, aveva già notato questi tratti caratteriali molto specifici. Nella sua *Vita di Gesù*, nel 1863, disse: "Uno dei principali difetti della razza ebraica è la sua durezza nelle controversie e il tono ingiurioso in cui quasi sempre le coinvolge... La mancanza di sfumature è una delle caratteristiche più costanti dello spirito semitico[331]".

---

[330] Elisabeth Levy, *Les Maîtres censeurs*, Lattès, Poche, 2002, p.346. Lo spirito degli accordi di Monaco (1938)

[331] François de Fontette, *Sociologia dell'antisemitismo*, PUF, 1984, p.9.

La dittatura dei media

Naturalmente, lo scrittore Renaud Camus non è stato il primo a notare la "sovrarappresentazione" degli ebrei nei media. I giornalisti di "estrema destra" avevano già fatto riferimento alla predisposizione militante della comunità ebraica. François Brigneau, una delle figure di spicco del giornalismo nazionale di destra della seconda metà del XX secolo, scrisse nel 1975: "In Francia sono seicentomila su cinquanta milioni di francesi, ma sono preponderanti nella stampa. Io stesso ho trascorso più della metà dei miei venticinque anni di carriera lavorando ai giornali di M. Lazareff e M. Lazurick: sono preponderanti nel cinema, nella radio, nella televisione, nello show business... Li vediamo nel settore bancario, in tutte le imprese; svolgono un ruolo molto importante nell'élite intellettuale". François de Fontette, che ha riportato queste parole, ha aggiunto, indignato e lamentando che "la "moratoria Auschwitz" è scaduta": "Come gli emigranti di un tempo, l'autore di queste righe non ha imparato né dimenticato nulla[332]".

Queste idee sono ancora oggi fortemente condannate in Francia. Anche il presidente del Fronte Nazionale (FN), Jean-Marie Le Pen, ha dovuto affrontare lo sfogo della tribù dei media dopo alcune sue dichiarazioni. Il giornalista Serge Moati si riferisce a una di queste dichiarazioni: "Il 26 ottobre 1985, durante la festa "Bleu-Blanc-Rouge" del FN, gridò a una folla estasiata: "Dedico il vostro benvenuto a Jean-François Kahn, Jean Daniel, Ivan Levaï, Elkabach, a tutti i bugiardi della stampa di questo Paese. Queste persone sono la vergogna della professione". La LICRA (Lega internazionale contro il razzismo e l'antisemitismo) lo ha immediatamente denunciato. Jean-Marie Le Pen è stato condannato e Serge Moati ha osservato: "Il considerando della corte di condanna afferma: "L'antisemitismo non è un problema degli ebrei, ma un problema di tutti. Un attacco antisemita contro uno è in realtà una minaccia per tutti". Possiamo notare come la giurisprudenza non avesse ancora integrato la fraseologia della comunità ebraica che, senza dubbio, avrebbe preferito l'espressione: "una minaccia per tutta l'umanità".

Nell'agosto 1989, la retorica di Jean-Marie Le Pen salì a un livello superiore. In un'intervista al quotidiano *Présent*, denunciò "le grandi internazionali come l'internazionale ebraica che svolge un ruolo

---

[332] François de Fontette, *Sociologia dell'antisemitismo*, PUF, 1984, pag. 121, 122.

notevole nella costruzione dello spirito anti-nazionale[333]". Ma all'inizio del 1990, l'immunità parlamentare europea del presidente del Fronte Nazionale fu revocata per consentire alla magistratura di occuparsi dell'affare "internazionale ebraica". Anche in questo caso fu duramente condannato. Il pubblicista Alain Minc, indignato, ancor più quando queste parole sono state riprodotte dalla stampa, ha scritto: "Le Pen si scaglia contro il peso degli ebrei nei media. È la nuova mitologia collettiva equivalente alla fantasmagoria bancaria di cinquant'anni fa: il simbolo del potere nell'ombra". E intanto *Le Monde* permette ai sondaggisti di porre la domanda: "Gli ebrei hanno troppo potere nei media? "Strana domanda. Strana pubblicazione, scrive Alain Minc: i tabù sono apparentemente scomparsi per sempre, perché secondo il sondaggio, un terzo dei francesi risponde in modo affermativo[334]."

È davvero scandaloso che i francesi possano lamentarsi della "sovrarappresentazione" degli ebrei nei media, dal momento che gli ebrei sono francesi come tutti gli altri, "perfettamente integrati". Peggio ancora, *Le Monde*, nonostante sia il "giornale di riferimento", ha fatto eco a questi "fetori nauseabondi", rendendo così evidente che la Francia è un Paese irrimediabilmente antisemita. In effetti, Alain Minc ha dimenticato di dirci che era il presidente della Société des lectors du *Monde* e che il giornale era di proprietà di persone legate alla potente famiglia Bronfman, che gestiva anche il World Jewish Congress[335].

Il peso del conformismo ha reso impossibile esprimersi anche su altre questioni, come l'invasione migratoria e la terzomondializzazione della Francia, o la disuguaglianza delle razze, ad esempio. Nel settembre 1996, Jean-Marie Le Pen dichiarò a LCI: "Credo nell'uguaglianza delle opportunità, ma credo anche nell'ineguaglianza delle razze. Credo che ci siano disuguaglianze tra gli uomini in tutti i campi, e anche che ci sia una gerarchia all'interno delle civiltà. La storia lo dimostra. (*Rivarol*, 13 settembre 1996). Anche in questo caso, il MRAP (Movimento contro il razzismo e per l'amicizia tra i popoli), vicino al Partito Comunista, non ha tardato a denunciare. Jean Kahn, presidente della Commissione

---

[333] Serge Moati, *La Haine antisémite*, Flammarion, 1991, pag. 191.

[334] Alain Minc, *La Vengeance des nations*, Grasset, 1990, p. 128.

[335] Leggete l'indispensabile *Encyclopédie politique française* di Emmanuel Ratier.

consultiva dei diritti dell'uomo, si è dichiarato "profondamente scioccato" e addirittura "sconvolto".

Non riepilogheremo qui le innumerevoli denunce presentate dalle minoranze etniche contro i patrioti francesi che hanno denunciato l'islamizzazione e la terzomondializzazione del Paese negli ultimi decenni. Citiamo solo il processo allo scrittore Jean Raspail per il suo articolo del 17 giugno 2005 pubblicato su *Le Figaro*. L'autore prevedeva che i francesi autoctoni sarebbero diventati una minoranza in Francia entro il 2050. La massiccia invasione migratoria, durante gli ultimi venticinque anni del XX secolo, aveva effettivamente cambiato la popolazione francese.

Nel novembre 2005 sono scoppiati gravi disordini nelle periferie delle grandi città, in cui hanno perso la vita quattro francesi e sono stati incendiati più di quattordicimila veicoli. A differenza di altri media europei, in particolare di quelli russi, la televisione francese non ha mai menzionato che i disordini erano chiaramente di carattere razziale. *Le Monde* del 17 novembre 2005 ha citato Hélène Carrère d'Encausse, storica specializzata in Russia e segretaria perpetua dell'Académie française, in un'intervista al settimanale *Les Nouvelles de Moscou*: "La televisione francese è così politicamente corretta che è diventata un incubo. Abbiamo leggi che Stalin avrebbe potuto immaginare. Si va in prigione se si dice che ci sono cinque ebrei o dieci neri in televisione. Non si può esprimere la propria opinione sui gruppi etnici, sulla Seconda guerra mondiale e su molte altre cose".

Dal 2001, in Francia si sono verificati numerosi incidenti antisemiti in concomitanza con il conflitto in Medio Oriente. Nel 2004, la reazione contro l'influenza della "lobby" è stata rafforzata dal popolarissimo comico franco-camerunense Dieudonné. Quando lavorava in duo con Elie Semoun, Dieudonné, insieme a molti altri artisti cosmopoliti, si era lanciato nella lotta contro "l'estrema destra". Ma dopo essersi arrabbiato con il suo partner artistico e la sua denuncia dell'"asse americano-sionista", Dieudonné ha dovuto affrontare non solo un boicottaggio mediatico, ma anche pressioni per cancellare i suoi spettacoli e persino attacchi fisici a lui e al suo pubblico, inducendolo a radicalizzare ulteriormente il suo discorso. Tutti i media lo hanno diffamato e gli hanno ordinato di scusarsi. Il suo nuovo spettacolo, pochi mesi dopo, si intitolava ironicamente "*Le mie scuse*". In realtà, si trattava di un duro atto d'accusa contro la lobby ebraica e lo Stato di Israele. Dieudonné, dopo aver vinto i suoi diciassette processi, incarnava, come lui stesso diceva divertito, l'"asse del male da solo".

Nel marzo 2005, in un programma radiofonico su Meditérranée FM a cui Dieudonné ha partecipato, il conduttore ha dichiarato: "Gli ebrei del Medio Oriente hanno avuto un ruolo importante nella tratta degli schiavi, poiché molti commercianti erano ebrei". Al che il comico nero ha risposto:"... La verità è che anche il popolo ebraico, che sostiene di essere sempre stato perseguitato, ha partecipato a persecuzioni infami. Anche loro devono affrontare questo fatto". Il 10 aprile 2005, un altro presentatore aveva affermato quanto segue: "L'ebraismo, l'ho già detto, rimane una religione che è come un club privato, bisogna quasi avere un visto d'oro per esserne membri... è un club di privilegiati, un club di ricchi, estremamente chiuso agli altri... "

Queste parole "insopportabili" non potevano rimanere impunite. Il CRIF ha quindi chiesto di adottare tutte le misure necessarie "per contenere l'ondata di antisemitismo audiovisivo e radiofonico" e, nell'ottobre 2005, il Consiglio superiore dell'audiovisivo ha inviato una diffida all'emittente radiofonica.

A proposito di Dieudonné, la cantante "francese" Shirel, una "nuova star" dei reality, ha espresso la sua opinione sulla rivista *Tribune juive* nell'ottobre 2004: "Perché Dieudonné e tanti altri, che pronunciano insulti antisemiti, non sono dietro le sbarre? Non capisco. Mi chiedo se questo clima insopportabile non sia, forse, un appello o un segno che è arrivato il momento per tutti gli ebrei di Francia di tornare a casa in Israele". Questa giovane donna, che era andata a vivere in Israele per qualche tempo, aveva seguito gli insegnamenti di illustri rabbini e aveva compreso le cause dell'antisemitismo: "Il rabbino Aviner, con cui ho studiato in Israele, analizza le cause dell'antisemitismo come il rifiuto da parte di altri popoli della parola di Abramo, che ha dato al mondo la nozione di coscienza. È scomodo dover dire a chi ci circonda che ciò che sta facendo non è giusto, buono e corretto. È vero che spiegare la giustizia agli uomini li disturba, ma questa è anche la missione del popolo ebraico".

La repressione ha colpito anche i rappresentanti delle minoranze etniche. Anche Kemi Seba, leader di un movimento giovanile nero, ha denunciato con forza il coinvolgimento di commercianti ebrei nella tratta degli schiavi. La sua denuncia cruda e senza mezzi termini della "lobby sionista" nelle sue conferenze, molto più esplicita di quella dei nazionalisti francesi, gli è valsa due mesi di carcere nel 2007. Ma la sua determinazione è rimasta intatta.

I legami tra la sinistra antisionista e la destra nazionale erano evidenti. Nell'ottobre 2005, un comunicato stampa di Jean-Marie Le Pen chiedeva le dimissioni del presentatore Marc-Olivier Fogiel, contro il quale si erano mobilitati anche i sostenitori di Dieudonné. Riuniti nell'associazione *République sociale, hanno* denunciato Fogiel come "portavoce della dittatura del politicamente corretto nel servizio pubblico". *République sociale* stava conducendo una "battaglia repubblicana contro la dittatura dei media" e per "la riconquista da parte dei cittadini del servizio pubblico audiovisivo".

Dopo la visita di Dieudonné alla festa annuale del Fronte Nazionale nel novembre 2006, Bruno Gollnish e alcuni altri leader del partito hanno ricambiato la visita, recandosi alla Salle Zénith il mese successivo per applaudire il suo spettacolo; si sono presentate 5.000 persone, nonostante l'ampio boicottaggio da parte dei media. I nazionalisti francesi si sono mescolati sorprendentemente con i "giovani" di periferia di origine afro-maghrebina.

Il 28 settembre 2004, lo scrittore repubblicano anticomunista Alain Soral, che stava firmando le dediche dei suoi libri in una libreria parigina, è stato a sua volta vittima di giovani attivisti ebrei che hanno fatto irruzione nella libreria, spaccato la vetrina e aggredito i clienti. Un anno dopo i fatti, la polizia non aveva effettuato alcun arresto. Intervistato in modo informale e colloquiale durante un servizio televisivo di strada di qualche giorno prima, Alain Soral "sembrava aver oltrepassato la linea rossa" quando ha dichiarato: "Da 2500 anni a questa parte, ogni volta che mettono piede da qualche parte, vengono molestati dopo cinquant'anni - perché questa è più o meno la loro storia...". Quando "con un francese, un ebreo sionista, dici che forse ci sono dei problemi che vengono da loro, che forse hanno fatto degli errori, che non è sistematicamente colpa degli altri se nessuno riesce a mandarli giù, ti rendi conto che il tizio inizia ad abbaiare, a urlare, impazzisce. Tutti sbagliano tranne loro. Non si può avere un dialogo". Infine, Alain Soral ha tratto questa conclusione: "C'è una psicopatologia del giudaismo-sionismo che rasenta la malattia mentale". Alain Soral è stato assicurato alla giustizia per queste parole. Due anni dopo l'aggressione, ha aderito ufficialmente al Fronte Nazionale.

In *Operazione Shylock*, il romanziere americano Philip Roth, invece, ha confermato queste parole attraverso uno dei suoi personaggi antisemiti, a cui ha tirato fuori la lingua: "Le persone più antisemite del mondo sono quelle che sono state sposate con un ebreo o un'ebrea. Ti dicono tutti la stessa cosa: sono un branco di stupidi". E ha continuato: "Spendono miliardi di dollari per combattere l'antisemitismo. E l'antisemitismo non ha avuto altra scelta che andare sottoterra... Sono consapevoli di non piacere a nessuno, perché? Perché? Per le cose che fanno... Se anche solo si pensa di dire qualcosa, si diventa immediatamente *antisemiti*. Come ci si può stupire che l'antisemitismo sia diventato clandestino. Cosa si può fare al riguardo? Perché, andiamo, come si fa a *non essere* antisemiti? Diavolo, sono nati con il gene delle pubbliche relazioni impiantato in loro. Nascono con quel gene, tanto aggressivo quanto[336]".

Negli Stati Uniti, anche il famoso attore e regista australiano Mel Gibson ha avuto problemi per alcune sue dichiarazioni. Arrestato in stato di ebbrezza su un'autostrada di Malibu alla fine del luglio 2006, Gibson aveva pronunciato parole ritenute antisemite, affermando che gli ebrei erano "responsabili di tutte le guerre del mondo". È vero che, all'epoca, lo Stato di Israele aveva appena lanciato un'offensiva distruttiva sul Libano. Il presidente dell'influente Lega Antidiffamazione americana, Abraham Foxman, aveva immediatamente invitato Hollywood a prendere le distanze da "questo antisemita". Pur essendo molto ricco, dopo il successo mondiale del suo film sulla *Passione di Cristo,* Mel Gibson ha dovuto mettersi in ginocchio. *Le Figaro* del 2 agosto 2006 ha trascritto le sue parole: "Non ci sono scuse e non ci deve essere tolleranza per chi pensa o esprime qualcosa di antisemita. Voglio scusarmi con tutti i membri della comunità ebraica per le parole violente e offensive che ho detto a un poliziotto la notte in cui sono stato arrestato. Sappiate che non sono antisemita. Non sono bigotto. L'odio, qualunque esso sia, è contrario alla mia fede". Il suo pentimento è andato oltre: "Non chiedo solo perdono. Vorrei fare di più e incontrare i leader della comunità ebraica, con i quali potrei parlare e trovare un modo per riparare il danno fatto". Il mea culpa di Gibson sembra soddisfare Abraham Foxman: "Siamo felici che Mel Gibson accetti finalmente la responsabilità dei suoi commenti antisemiti e le sue scuse sembrano sincere. Quando avrà terminato la sua riabilitazione [nella lotta contro l'alcol], saremo pronti ad aiutarlo nell'altra riabilitazione per combattere la malattia del pregiudizio".

Vediamo come aveva ragione Edouard Drumont, nel 1886, quando scriveva su *La France juive:* "All'ebreo mancherà sempre, rispetto al cristiano, ciò che costituisce l'attrattiva delle relazioni sociali:

---

[336] Philip Roth, *Operación Shylock*, Debolsillo, Editorial Mondadori, 2005 Barcelona, p. 296, 297, 299

l'uguaglianza. L'ebreo - si tenga presente questa osservazione - non sarà mai uguale a un uomo di razza cristiana. O si getta ai tuoi piedi o ti schiaccia sotto il suo tallone; è sempre sopra o sotto, mai accanto".

Criticare Israele

Anche gli intellettuali più cosmopoliti e conformisti possono essere vittime della repressione. Per essere perseguiti è sufficiente criticare la politica repressiva dello Stato israeliano. Nel maggio 2002, Daniel Mermet, conduttore e produttore di un programma della radio di Stato *France Inter,* è stato citato a comparire davanti al tribunale di Parigi per incitamento all'odio razziale. Il motivo erano una serie di dichiarazioni rilasciate durante una serie di programmi dedicati alla situazione in Israele. Daniel Mermet è stato accusato di aver lasciato che gli ascoltatori si esprimessero in segreteria telefonica, secondo la "regola intangibile" del programma di trasmettere i messaggi nella loro interezza. Dei 35 messaggi trasmessi quella settimana, sette sono stati considerati odiosamente razzisti, del tutto insopportabili per i leader della comunità ebraica francese. Per esempio, questa reazione di un ascoltatore sullo Stato di Israele: "Che razza di potere mortale è quello che si abbandona all'omicidio di bambini e alle mutilazioni, che giustifica l'inaccettabile giorno dopo giorno con un'impudenza criminale, e che ha l'infame arroganza di trattarci come razzisti quando osiamo, timidamente, protestare contro questo comportamento indegno?".

Questo era troppo, e il suddetto Mermer è stato denunciato dall'Unione degli Studenti Ebrei di Francia (UEJF), dall'associazione Avvocati Senza Frontiere e dalla LICRA. Tra i testimoni della parte civile in questo processo c'era la personalità mediatica Alain Finkielkraut. Il filosofo ha scritto su *Le Monde* del 1° giugno 2002: "Il 95% degli ebrei francesi sono sionisti, nel senso che hanno una solidarietà di destino con Israele. Bandire questo Stato come fascista o nazista significa escludere, con il pretesto dell'antirazzismo, tutti coloro che, in quanto ebrei, lo sostengono". Non la pensa così, invece, Rony Brauman, ex presidente di Medici senza frontiere, citato dalla difesa, per il quale il sionismo "è sia un movimento di liberazione nazionale che un movimento coloniale". In questo senso, ha aggiunto, contiene una parte di razzismo".

Daniel Mermet è stato finalmente rilasciato. In un'intervista rilasciata al quotidiano comunista *l'Humanité* il 10 settembre 2002 (pubblicata sul suo sito web), ha spiegato la sua versione: "Il danno subito va ben oltre un parere legale favorevole. Quando si calunnia, rimane sempre qualcosa. Il mio onore professionale è stato minato. Sono stato chiamato antisemita, e non per niente. Per me questa accusa equivale a un tentativo di assassinio morale". Daniel Mermet ha assicurato che sarà presente alla Festa *dell'Umanità* per parlare di questa ingiustizia: "La confusione tra Stato di Israele, popolo ebraico e sionismo deve essere denunciata. È diventata un'arma di intimidazione contro l'intera professione".

Anche il sociologo planetario Edgar Morin è stato deferito alla giustizia per un articolo pubblicato su *Le Monde* il 4 giugno 2002 dal titolo "Israele-Palestina: il cancro". In quell'articolo, Edgar Morin scriveva: "è difficile immaginare che una nazione di fuggiaschi, proveniente dal popolo più perseguitato della storia dell'umanità, che ha subito le peggiori umiliazioni e il peggior disprezzo, sia in grado di trasformarsi in due generazioni in un 'popolo dominante e sicuro di sé' e, fatta eccezione per una minoranza ammirevole, in un popolo sprezzante, soddisfatto di umiliare gli altri". Edgar Morin ha continuato: "Gli ebrei di Israele, discendenti delle vittime del ghetto dell'apartheid, a loro volta ghettizzano i palestinesi. Gli ebrei che sono stati umiliati, disprezzati, perseguitati, umiliano, disprezzano e perseguitano i palestinesi. Gli ebrei vittime di un ordine spietato impongono il loro ordine spietato ai palestinesi. Gli ebrei vittime di disumanità mostrano una terribile disumanità. Gli ebrei, capri espiatori di tutti i mali, ora fanno di Arafat e dell'Autorità Palestinese dei capri espiatori, ritenendoli responsabili di attacchi che non riescono a fermare".

Per Edgar Morin, gli ebrei che vivono in Israele sembrano essere di natura molto diversa dagli ebrei della diaspora. Ma i ricorrenti hanno giudicato il sociologo colpevole di "generalizzazione": alludendo "a un'intera nazione o a un gruppo religioso nel suo insieme" ha commesso il reato di diffamazione razziale. *Le Monde* del 30 marzo 2004 ha riportato che, in questo caso, il sociologo aveva il sostegno di un centinaio di personalità intellettuali, francesi e straniere, anch'esse critiche nei confronti della politica israeliana di Ariel Sharon. La loro dichiarazione di sostegno a Edgar Morin recitava così: "Gli accusatori di Morin credono di difendere lo Stato di Israele. In realtà, corrono il rischio di ravvivare l'antisemitismo se identificano completamente l'attuale politica del governo israeliano con lo Stato di Israele e il popolo ebraico".

La denuncia delle associazioni ebraiche è stata infine respinta, ma è chiaro che anche gli intellettuali ebrei non sono stati risparmiati dai procedimenti giudiziari. Edgar Morin, un ebreo di origine sefardita, di nome Nahoum, sostenitore di un mondo senza frontiere, ha espresso la sua opinione su *Le Monde* del 23 luglio 2005: "L'ebraismo non è un blocco uniforme, e ridurlo a un partito religioso o nazionalista non è solo mutilarlo, ma anche negare il suo contributo universale. Dopotutto, Spinoza stesso fu escluso dalla sinagoga, e la sua luce brilla ancora su di noi dopo che i suoi persecutori sono stati dimenticati".

In definitiva, si tratta di dispute tra intellettuali ebrei che litigano sulla loro interpretazione dell'universalismo e del messianismo ebraico. Alcuni pensano che lo Stato di Israele sia criminale, altri no. Alcuni pensano che sia necessario, altri no.

Anche il geopolitico Pascal Boniface, direttore dell'autorevole Istituto per le Relazioni Internazionali e Strategiche (IRIS), aveva avuto qualche scontro con la lobby sionista in Francia, dopo aver pubblicato nel 2003 un libro intitolato *È permesso criticare Israele?* in cui studiava gli agenti e i corrispondenti politico-mediatici della lobby filo-israeliana. In un'intervista rilasciata a *Le Quotidien d'Oran* il 1° ottobre 2003, ha rivelato che sette editori avevano rifiutato di pubblicare il suo libro: "Penso che chiunque abbia letto il libro abbia potuto constatare che non potevo essere accusato di razzismo. In Francia ci sono leggi che proteggono dalle espressioni razziste. La conclusione che ne traggo è che l'argomento è così delicato che gli editori hanno paura di impegnarsi, il che la dice lunga sull'entità delle pressioni. Posso solo immaginare, perché non ho spiegazioni. Eppure ho pubblicato una ventina di libri individualmente e altrettanti collettivamente: non ho mai avuto questo tipo di difficoltà... Quando si critica il governo israeliano, non come Stato e la sua esistenza, ma l'azione politica del governo israeliano, si viene subito etichettati come antisemiti dagli ultras filoisraeliani. Questa accusa di antisemitismo è ovviamente pesante da sopportare... Oltre a questa accusa, ci sono altre minacce. A seguito dei miei scritti sul Medio Oriente, sono state esercitate pressioni sui membri del consiglio di amministrazione dell'IRIS affinché si dimettessero o mi rimuovessero dalla mia posizione di responsabilità. A loro volta, sono state esercitate pressioni sui nostri partner affinché smettessero di lavorare con noi". Pascal Boniface ha concluso: "Come lettore, noto che in Francia è molto più facile criticare gli arabi e i musulmani. Un esempio: quando un dignitario religioso arabo ha problemi o viene attaccato, quasi nessuno reagisce. Al contrario, quando il rabbino Farhi è stato accoltellato in circostanze non perfettamente chiarite, quattro ex primi ministri si sono precipitati al suo capezzale[337]. È normale che la classe politica mostri solidarietà quando si verifica un'aggressione antisemita, ma lo stesso dovrebbe essere fatto quando si verifica un'aggressione antiaraba... "E Pascal Boniface avrebbe potuto aggiungere:"...e sarebbe ancora più normale difendere i francesi autoctoni quando vengono attaccati dall'uno o dall'altro nel loro stesso Paese". Ma sarebbe stato chiedergli troppo.

Nell'aprile 2001, due anni prima di lasciare il Partito socialista, Pascal Boniface aveva inviato ai vertici del partito, François Hollande e Henri Nallet, un rapporto interno sugli eventi in Medio Oriente, in cui richiamava l'attenzione sulla politica israeliana di Ariel Sharon e sull'importanza dell'elettorato filo-palestinese in Francia: "Immaginate: dopo una guerra, un Paese occupa dei territori contro le leggi internazionali. Trentaquattro anni dopo, questa occupazione continua nonostante le condanne della comunità internazionale. Le persone che vivono in questi territori occupati si vedono imporre obblighi eccessivi, leggi di emergenza e la negazione del loro diritto all'autodeterminazione. La distruzione delle case, la confisca delle terre, l'imprigionamento senza processo, l'umiliazione quotidiana e, fino a poco tempo fa, la tortura legalizzata sotto il nome di "pressione fisica moderata" sono pratiche comuni. Questa popolazione si ribella e chiede la creazione di uno Stato indipendente nei territori occupati, come stabilito dalle Nazioni Unite. Inizia quindi un ciclo di violenze e repressioni, durante il quale le forze della potenza invasore sparano e uccidono regolarmente i manifestanti e gli attacchi mortali contro la popolazione della potenza invasore. In una situazione del genere, un umanista, e a maggior ragione un uomo di sinistra, condannerebbe la potenza invasore. Immaginate un Paese in cui il Primo Ministro è stato direttamente collegato al massacro di civili, soprattutto donne e bambini, in campi profughi disarmati. Un Paese il cui leader del terzo partito politico al potere tratta i membri di una delle principali comunità nazionali come "serpenti", o peggio, "vipere", e propone di annientare questi criminali e ladri sparando loro con super-missili. Un Paese in cui estremisti armati possono organizzare impunemente pogrom contro civili disarmati. Sarebbe una situazione inaccettabile. Eppure questa è la situazione che viene tollerata in Medio Oriente".

---

[337] Le indagini dimostrarono che il rabbino Farhi si era accoltellato. Cfr. *Les Espérances planétariennes*, p. 376.

Pascal Boniface è rimasto scioccato dal trattamento riservato a chi ha osato esprimere critiche: "Tutti coloro che si oppongono alle politiche del governo israeliano sono sospettati di non condannare l'Olocausto o di essere antisemiti... Il terrorismo intellettuale che consiste nell'accusare di antisemitismo coloro che non accettano le politiche dei governi di Israele (e non dello Stato di Israele) può essere efficace nel breve termine, ma catastrofico nel medio termine... Fortunatamente,

Alcuni intellettuali di origine ebraica, come Rony Brauman e Pierre Vidal Naquet, si sono pubblicamente dissociati dalla repressione israeliana, evitando il pericolo di accomunare tutti[338]".

Anche Alain Menargues, direttore dell'informazione di *Radio-France International* (RFI, 400 giornalisti a Parigi, 300 corrispondenti nel mondo), aveva subito lo stesso tipo di problemi dopo la pubblicazione del suo libro intitolato *Il muro di Sharon*, nel 2004. In esso denunciava le discriminazioni su cui era stato fondato lo Stato ebraico e la costruzione di un muro di sicurezza al confine con i territori palestinesi. Dopo un'accesa campagna di stampa, è stato infine licenziato. Dopo il suo allontanamento forzato da RFI, Alain Menargues non sembrava convinto del suo errore, come riportava il mensile della comunità ebraica *L'Arche* nel maggio 2005: "lungi dal fare onestamente ammenda per i suoi scritti antisemiti, se ne vanta, sviluppando per di più una teoria del complotto, secondo la quale le sue disgrazie deriverebbero dalla famosa lobby di cui non si può fare il nome". Che Ménargues avesse un'impudenza davvero incredibile! *L'Arche* continua: "Avremmo potuto pensare che tali aberrazioni avrebbero reso l'autore una persona non grata per tutti i cittadini che si riconoscono nella democrazia e nell'antirazzismo. Non ci siamo sorpresi quando abbiamo scoperto che il suo libro, una raccolta di fantasie antiebraiche medievali e di testi copiati da autori neonazisti e negazionisti, gode di una sorprendente pubblicità negli "Amici del *Monde diplomatique*"". Era quindi "urgente intervenire presso la direzione del *Monde diplomatique* per fermare questo scandalo".

La tesi di Alain Menargues era infatti insostenibile: per lui il "muro di Sharon" non è stato costruito per proteggere gli israeliani dal terrorismo, ma per operare una separazione tra "puri" e "impuri": "Questa

---

[338] Pascal Boniface, *Est-il permis de critiquer Israël*, Robert Laffont, 2003, p. 233-238. Pascal Boniface è stato successivamente messo da parte dalla direzione del Partito socialista.

separazione tra puri e impuri è un comandamento inequivocabile nel Levitico (il terzo libro dei cinque libri della Torah)". Riguardo ai 613 comandamenti che regolano la vita quotidiana degli ebrei, Menargues scrive: "Questi comandamenti hanno lo scopo di fare del "popolo di Dio" un popolo diverso da quello che lo circonda: "Non farai ciò che si fa nel paese d'Egitto, dove hai abitato, e non farai ciò che si fa nel paese di Canaan, dove ti sto portando; non seguirai le loro usanze... Perché tutte queste abominazioni sono quelle che hanno commesso gli uomini di quei paesi che vi hanno abitato prima di voi, e il paese è contaminato" (Levitico 18, 3 e 27)". È chiaro che Alain Menargues dava prova di un antisemitismo delirante, come ha visto il giornale *L'Arche* che ha affermato: "Quello che avete appena letto non è un estratto della *Francia ebraica* di Drumont, né dello *Stürner* di Streicher, ma dell'organo degli Amici del *Monde diplomatique*. In questo passaggio, l'odio antiebraico si basa su una totale ignoranza". *L'Arche ha* quindi denunciato con forza le "fantasie antisemite del signor Menargues sul "puro e l'impuro" nell'ebraismo" e il mito della "cospirazione ebraica" che egli sembra alimentare parlando di "agenti influenti" che, secondo lui, avrebbero organizzato una campagna di stampa diffamatoria. "Forse il signor Menargues sarebbe così gentile da fornire ai suoi ascoltatori l'elenco dei testi negazionisti e neonazisti che ha utilizzato per scrivere il suo libro?".

Lasciamo che sia Alain Menargues a spiegarsi. In una lunga intervista rilasciata a Silvia Cattori sul sito nord-palestinese.org nel novembre 2004, l'ex direttore di *Radio-France internationale ha espresso il* suo stupore: "Faccio questo mestiere da trent'anni. Nessuno dei miei colleghi avrebbe potuto pensare, prima che questi attacchi si scatenassero contro di me, che un giorno sarei stato chiamato razzista o antisemita... Sono molto irritato nel vedere come una libertà fondamentale stia scomparendo in Francia... Non posso concepire che nel mio Paese ci sia un terrorismo intellettuale che imbavaglia le persone, pena la loro distruzione". Alla domanda: "Perché non ci sono più giornalisti che dicono le cose come stanno?", Menargues ha risposto: "Perché alcuni devono sbarcare il lunario. Ci sono molti giornalisti che la pensano come me. Ma non sono liberi. I direttori dei giornali hanno paura di perdere abbonati e introiti pubblicitari".

La sua conclusione è stata la seguente: "Accusando tutti, la parola antisemita viene banalizzata. Questi eccessi finiranno per ritorcersi contro lo Stato di Israele e, purtroppo, contro i cittadini ebrei che accettano tutti questi abusi. In seguito a tutto ciò che ho subito, ho ricevuto migliaia di e-mail di solidarietà e anche di esasperazione.

L'intolleranza di alcuni rischia di fomentare l'odio di altri". Menargues ha anche menzionato le manipolazioni nel caso del rabbino che si è auto-accoltellato e dell'incendio di una sinagoga: "Se tutti i giornalisti facessero davvero il loro lavoro onestamente, potremmo fermare il torrente di menzogne riversato su tutto ciò che riguarda il mondo arabo". Come Pascal Boniface, avrebbe potuto ricordare i suoi compatrioti, ma sarebbe stato un atteggiamento di "estrema destra".

Il mensile comunitario *L'Arche*, nel maggio 2005, si è allarmato per la riorganizzazione del panorama politico. Infatti, Alain Menargues "aveva ripetuto le sue farneticazioni antiebraiche in diversi interventi pubblici, a partire dalla stazione radiofonica di estrema destra *Radio Courtoisie*". Questa deriva era quindi molto preoccupante per la comunità, soprattutto perché "le sue tesi "antisioniste" erano state riprese in vari ambienti di estrema sinistra". Evidentemente, questa convergenza tra i due estremi riportava alla mente della comunità ebraica brutti ricordi.

La dittatura che si è progressivamente imposta in Francia sul mondo della letteratura e della cultura francese nel suo complesso ha ridotto notevolmente la libertà di espressione. Nel novembre 2005, l'editore francese del libro di Israel Shamir *L'altra faccia di Israele è stato condannato* a tre mesi di reclusione con la condizionale e a una multa di 10.000 euro. Inoltre, ha dovuto pagare 12.000 euro di danni e 1.500 euro di spese legali alla Lega internazionale contro il razzismo e l'antisemitismo (Licra). L'editore aveva 30 giorni di tempo per ritirare il libro dalla vendita, pena una multa di 100 euro per ogni copia rimasta alla scadenza del termine. Il tribunale aveva basato la sua sentenza sul fatto che il libro presentava "gli ebrei" come "dominatori del mondo", nel contesto di una "terza guerra mondiale" attualmente in corso, secondo l'autore. Tuttavia, questo era solo un aspetto del libro, che si concentrava ampiamente sulla questione palestinese.

Nel 2003, Schoemann ha inviato lettere minatorie con proiettili di fucile a una quindicina di personalità note per la loro vicinanza alla causa palestinese. "La prossima non arriverà per posta", ha scritto a ciascuno dei destinatari. Il 65enne ha dichiarato di essere stato espulso all'età di due anni e, durante l'udienza, ha affermato che la parte civile era composta da "antisemiti". Nel febbraio 2007, Schoemann è stato condannato in appello a una multa di 500 euro per ciascuno dei denuncianti. "Quando si è bretoni, corsi o musulmani, si va in galera", ha denunciato uno degli avvocati, indignato per questo verdetto lassista.

Le pressioni esercitate contro chiunque osasse criticare, e le conseguenti rappresaglie, non erano un fenomeno nuovo in Francia, e potevano essere esercitate anche contro i più alti dignitari dello Stato. Il giornalista François Brigneau, nel quotidiano *National Hebdo* del 31 ottobre 1996, ha ricordato i problemi del generale de Gaulle dopo le sue parole in seguito alla Guerra dei Sei Giorni del 1967:

"Il generale de Gaulle aveva un'amicizia speciale con lo Stato ebraico. Il suo brindisi è spesso citato: "Israele, nostro amico, nostro alleato... "pronunciato con voce vibrante". Il 2 giugno 1967, tuttavia, de Gaulle decise il blocco totale e immediato delle spedizioni di armi in Medio Oriente. Il 5 giugno, l'esercito israeliano attaccò su tutti i fronti. La Guerra dei Sei Giorni iniziò con lo schiacciamento dell'aviazione egiziana sulla pista di decollo: "Ovunque, i soldati vittoriosi della Pace (Shalom! Shalom!) occuparono la penisola del Sinai, il Golan e la Cisgiordania. L'embargo - che non era rispettato e non lo sarebbe mai stato - non li aveva minimamente disturbati. De Gaulle lo mantenne, tuttavia, condannando Israele e rifiutando di "dare per scontati i cambiamenti apportati sul terreno dall'azione militare". Il 27 novembre, nel corso di una conferenza stampa rimasta famosa, de Gaulle osò parlare di uno "Stato di Israele bellicoso e deciso ad aggredire se stesso" e di un "popolo sicuro di sé e dominatore". "Immediatamente, gli shofar suonarono da tutte le parti", scrisse François Brigneau. Il rabbino capo Kaplan accusò il generale de Gaulle di aver "dato carta bianca alle campagne di discriminazione". Raymond Aron, considerato uno spirito superiore e moderato, scrisse: "Il generale de Gaulle ha volontariamente aperto un nuovo periodo della storia ebraica, forse anche dell'antisemitismo". Sei mesi dopo, nel maggio 1968, una rivolta studentesca, guidata da capibanda per lo più ebrei e organizzata da tutte le stazioni radio, si trasformò in una rivolta e scosse il potere di De Gaulle. Undici mesi dopo, il regime crollò nella notte del referendum perduto".

In effetti, il referendum dell'aprile 1969 sulla regionalizzazione aveva portato alla partenza del generale. Nel suo libro, François Brigneau ha presentato testimonianze tratte dal libro di Samy Cohen *De Gaulle, i gollisti e Israele* (Alain Moreau, 1974, p. 209). "Un libro che non è ostile ai sionisti", ha sottolineato Brigneau. Sei mesi dopo il referendum, François Mauriac ebbe a dire: "Ho visto, qualche mese prima del referendum, come la politica di de Gaulle nei confronti di Gerusalemme abbia fatto impazzire alcune persone. E non si trattava di individui privi di mezzi". Nel *Libre Journal* de *Radio Courtoisie del* 19 dicembre 2003, Brigneau raccontava ancora: "Sei mesi dopo, nel *Figaro littéraire*,

François Mauriac rivelava "ciò che nessuno osava ricordare per paura di essere accusato di essere un antisemita". Una delle ragioni della vittoria del "No" al referendum fu la politica del generale nei confronti di Israele. Mi pento di non aver conservato alcune lettere di amici ebrei, ferventi gollisti, in cui improvvisamente diventavano implacabili avversari" (24 novembre 1969)".

Il libro di Samy Cohen ha fornito altre testimonianze, come quella dell'ambasciatore Leon Noel, che ha denunciato gli "israeliani di Francia": "Durante il fatidico referendum dell'aprile 1969, la loro opposizione ha pesato così tanto che non è esagerato dire che sono stati in gran parte responsabili del risultato". Edmont Michelet, ex deportato, ministro della Giustizia e ministro di Stato, lo ha confermato: "Coloro che hanno deciso la maggioranza sono le centinaia di migliaia di ebrei... Hanno in mano gran parte dei media".

La politica occidentale nei confronti di Israele sembrava quindi essere stata decisa per lungo tempo da influenti ebrei, sia negli Stati Uniti che in Europa. Nel programma *Libre Journal* del 5 settembre 2006, François Brigneau ha presentato la testimonianza di Forrestal, ultimo Segretario della Marina di Roosevelt e Ministro della Difesa del Presidente Truman. Il 29 novembre 1947, le Nazioni Unite votarono la creazione di uno Stato ebraico. A proposito della spartizione della Palestina, Forrestal scrisse nel suo *diario:* "26 luglio 1946: gli ebrei hanno scatenato una propaganda molto vigorosa per costringere il Presidente [Truman]. Il 3 dicembre 1947 scrisse: "È del tutto deplorevole che la politica estera del nostro Paese possa essere determinata dal contributo di un gruppo di interessi privati all'interno del partito". (p.225) François Brigneau continua: "Poche settimane dopo, fu lanciata contro Forrestal una campagna stampa e radiofonica simile a quelle che avevano costretto Ford al pentimento e Lindbergh all'ostracismo. Fu accusato di malsano anticomunismo e antisemitismo. Sono parole che uccidono. Un anno dopo, il Presidente Truman accettò le sue dimissioni. Il 23 maggio 1949, Forrestal si gettò dal 16° piano del Bethesda Maritime Hospital nel Maryland, dove era ricoverato per disturbi mentali. Il suo diario fu pubblicato nel 1952.

Diciassette anni prima di Edouard Drumond e della sua *Francia ebraica*, Roger Gougenot des Mousseaux aveva pubblicato un libro sullo stesso argomento nel 1869. Sebbene non avesse lo stesso stile del suo successore, alcune delle sue riflessioni sono ancora oggi stranamente attuali. Ne *Gli ebrei, l'ebraismo e l'ebraicizzazione dei popoli cristiani*, scriveva nell'introduzione: "Singolare audacia, anzi, l'audacia dell'ebreo che... alza la mano non solo contro la libertà di stampa ma contro la libertà stessa della storia, non appena sente i punti che lo feriscono". E ancora:"... Chi non lo prenderebbe come una vittima innocente? Si lamenta, piange, sospira, si lamenta, mescola grida di dolore a grida di furore; riempie, stordisce il mondo di accuse... le sue suppliche le raddoppia con l'insolenza delle sue minacce; chiede aiuto ai suoi compatrioti di fuori; esige, invocando quelli che chiama i suoi diritti, l'intervento di popoli stranieri... tratta questi principi come se fosse un'altra potenza; si rivolge a loro con un tono di superiorità, e della cui obbedienza dubita; osa, di fronte all'Europa liberale, minacciarli con la sua influenza sulla libertà di stampa e di parola".[339]

Bugie e calunnie

Gli insulti che "alcuni" intellettuali ebrei rivolgono a chi non piace loro possono essere accompagnati da menzogne e calunnie. Ecco un testo del "filosofo" Bernard-Henri Levy, scritto a bruciapelo tra i due turni delle elezioni comunali del 1995, per mettere in guardia gli elettori della città di Vitrolles dal candidato di "estrema destra". Bernard-Henri Levy ha ripubblicato *l'Appel de Vitrolles* nel 2004, nel suo libro intitolato *Récidives*: "Se il signor Megret dovesse vincere, assisteremmo a una proliferazione di bande e milizie private. Fucili e lupara uscirebbero dalle cantine... I giovani di Vitrolles, per la maggior parte disgustati, deciderebbero di andarsene a farsi una vita e di lasciare la città agli stupidi che hanno deciso di consegnarla a questi barbari. Vitrolles sarebbe stata una città maledetta...". Bernard-Henri Levy ha descritto il programma di Megret come segue: "Un programma ultraliberista. Il che significa chiaramente: un programma terribile per i deboli; spietato nei confronti degli emarginati; un programma in cui solo i forti sono rispettati e in cui si prevede, come in tutti i programmi fascisti, di schiacciare gli umili, gli storpi, i piccoli. A Mégret non interessano gli umili. Mégret disprezza gli emarginati... So che a Vitrolles ci sono uomini e donne che conservano una parte del loro cuore sull'altra sponda del Mediterraneo, in quell'Algeria in cui sono cresciuti e che giorno dopo giorno è coperta di lutto dal terrorismo senza volto degli

---

[339] Roger Gougenot des Mousseaux, *Gli ebrei, il giudaismo e la giudaizzazione dei popoli cristiani*. Versione Pdf. Tradotto in inglese dalla professoressa Noemí Coronel e dalla preziosa collaborazione dell'équipe di Catholic Nationalism. Argentina, 2013. p. XXXIII, XXXIV e p. 470.

islamisti. Ebbene, voglio che sappiano che il signor Mégret è uno di quelli che approva questo terrore? Voglio che sappiano che gli amici del signor Mégret sono complici degli assassini che stanno facendo dell'Algeria una terra di rovina e di sofferenza. Il signor Megret è il crimine. Il signor Megret è la guerra. Il signor Megret non è l'erede di coloro che hanno fatto la Francia, ma di coloro che, nel corso dei secoli, non hanno smesso di disfarla... Sono i nemici della Francia. Ed è per questo che dobbiamo, senza sosta, ricordare loro la loro indegnità[340]". Evidentemente, nulla di tutto ciò è avvenuto dopo l'elezione di Bruno Megret a sindaco di quel comune del sud della Francia. In ogni caso, Bernard-Henri Levy non ha avuto paura di rendersi ridicolo ripubblicando il suo articolo.

Anche lo scrittore "francese" Albert Cohen ha menzionato questa tendenza di "alcuni" ebrei a mentire e calunniare in uno dei suoi romanzi intitolato *Mangiatori di noci*. In esso descrive la vita degli ebrei di Cefalonia, una delle isole greche da cui egli stesso proviene. Il romanzo è comico e burlesco, ma sotto le righe si nascondono verità determinanti. *Mangiaunghie* è un personaggio raccapricciante e colorito: "Mangiaunghie si alzò dal letto completamente vestito e procedette a compiere incerte abluzioni benedicendo l'Eterno,... borbottò frettolosamente la sua preghiera, ringraziò Dio di averlo fatto uomo e non donna, (e) lo pregò di trasferire i suoi peccati sul conto celeste dei suoi nemici... Alle sue attività di macellatore sinagogale di polli, di consulente legale, di falso testimone di incidenti, di falso creditore di mercanti falliti e di pisaouvas... aggiunse la redditizia professione di non-calunniatore di notabili. La sua clientela di non calunniatori non era vasta, ma era selezionata[341]". In altre parole, si impegnava, in cambio di denaro contante, a non parlare male degli ebrei importanti e delle loro famiglie per un certo periodo di tempo.

Ritroviamo la stessa maleducazione patologica nel romanzo *Operazione Shylock* di Philip Roth, pubblicato nel 1993: "Perché noi ebrei ci trattiamo con così poco riguardo? Perché noi ebrei, quando siamo tra di noi, perdiamo la cortesia che è normale in ogni convivenza? Perché dobbiamo ingigantire ogni offesa, perché dobbiamo litigare ogni volta che c'è una provocazione...? La mancanza di amore degli ebrei per i loro compagni ebrei... l'animosità, il ridicolo, l'odio puro e

---

[340] Bernard-Henri Levy, *Récidives*, Grasset, 2004, pag. 477, 478.

[341] Albert Cohen, *Comeclavos*, Anagrama, 1989, Barcellona, p. 38.

semplice di un ebreo per un altro? Perché c'è così tanta divisione tra gli ebrei... Chi ha messo in testa agli ebrei che bisogna sempre parlare, se non gridare o fare battute a spese di qualcuno, o smascherare i difetti del proprio migliore amico al telefono per un pomeriggio intero?[342]".

Anche il grande scrittore russo Aleksandr Solzhenitsyn ha parlato di questa tendenza, apparentemente diffusa nella comunità ebraica. Abbiamo visto, all'inizio di questo libro, come lo statista russo Derjavine avesse studiato le cause della carestia in Bielorussia all'inizio del XIX secolo. Derjavine aveva concluso che il ruolo dei distillatori e dei commercianti di alcolici ebrei aveva avuto conseguenze terribili, che lo spinsero a ordinare la chiusura di alcune distillerie, come quella del villaggio di Liozno. Dopo aver consegnato il suo rapporto allo zar nel 1801, Derjavine fu odiosamente calunniato. Una donna ebrea di Liozno lo aveva denunciato, accusandolo di averla violentata in una distilleria e di aver dato alla luce un bambino nato morto. Il Senato ordinò un'inchiesta e Derjavine rispose: "Sono stato in quella distilleria appena un quarto d'ora; non solo non ho picchiato nessuna ebrea, ma con i miei occhi non ne ho vista una". Si sforzò di essere ricevuto dall'Imperatore: "Che mi rinchiudano in una fortezza", dichiarò, prima di supplicare lo Zar. "Come potete fidarvi di una denuncia così assurda, così inverosimile[343]?". L'ebreo che aveva scritto questa calunniosa denuncia a nome della donna fu infine condannato a un anno di reclusione.

Meno noto di Bernard-Henri Levy, l'intellettuale Albert Caraco espresse esplicitamente queste sfortunate inclinazioni. Figlio di un intermediario finanziario levantino, nacque a Costantinopoli nel 1919 e trascorse l'infanzia a Berlino prima di fuggire in Sud America con i genitori di fronte alla minaccia nazista. Tornato in Europa dopo la distruzione della Germania, pubblicò una ventina di libri, tra cui *Apologia per Israele,* pubblicato nel 1957, in cui dichiarava bruscamente, con rispetto per i suoi simili: "Ingannare gli spiriti, calunniare, mentire, confidare nella loro buona fede... Hanno un'anima bianca per poter essere più scuri e non morire mai della loro malizia[344]

---

[342] Philip Roth, *Operación Shylock,* Debolsillo, Editorial Mondadori, 2005 Barcelona, p. 384, 385

[343] Alexandre Soljénitsyne, *Deux Siècles ensemble, Tome I,* Fayard, 2002, pag. 62.

[344] Albert Caraco, *Apologie d'Israël,* 1957, L'Age d'homme, 2004, p. 53.

" In *Otto saggi sul male,* pubblicato nel 1963, scriveva: "Si può mentire, purché si menta senza fermarsi, tornando sempre ad accusare chi si calunnia... La cosa principale è l'insistenza... Colpire dieci volte e anche cento volte, rinnovando la calunnia... A ciò si aggiunge un'aria di moderazione, in modo che le atrocità siano meglio accettate... Il metodo più collaudato è quello di far passare per pazzi coloro che si sforzano di capire[345]".

Già nel IV secolo Gregorio di Nissa attribuiva loro questi difetti: "Seguaci del diavolo, razza di vipere, informatori, calunniatori, cervelli ottenebrati, lievito farisaico, Sinedrio di demoni, esecrabili maledetti, lapidatori, nemici di tutto ciò che è bello[346]".

Repressione contro gli storici

Nel 1990, su *Le Figaro* del 3 aprile, un'ex comunista di origine ebraica, Annie Kriegel, denunciava "un'insopportabile polizia del pensiero ebraico". È questa polizia che, sotto la spinta del rabbino Sirat[347], ha lanciato l'idea di una legge anti-revisionista che è stata infine votata grazie all'ex primo ministro socialista di origine ebraica Laurent Fabius. Fabius ha giustamente rivendicato di essere lo sponsor di questa iniziativa parlamentare. La campagna mediatica organizzata intorno alla profanazione delle tombe ebraiche nel cimitero di Carpentras aveva paralizzato l'opposizione al voto finale sulla legge Sirat-Fabius-Gayssot. Questa legge limitava significativamente la libertà di espressione in Francia, in quanto condannava qualsiasi studio o ricerca sulla versione ufficiale della storia stabilita dai vincitori della Seconda guerra mondiale a Norimberga nel 1946.

Nel dicembre 2005, in previsione di una futura conferenza revisionista internazionale che si sarebbe tenuta in Iran, il famoso professor Faurisson ricordò al pubblico che i principali storici revisionisti erano "in prigione, in esilio o in una situazione precaria", tanto che era loro

---

[345] Albert Caraco, *Huits Essais sur le mal*, L'Age d'homme, 1963, p. 331, 332.

[346] François de Fontette, *Histoire de l'antisémitisme*, PUF, 1982, p. 29. La lapidazione era davvero in voga a quel tempo tra i figli di Abramo.

[347] Bollettino *dell'Agence télégraphique juive*, 2 giugno 1986, p. 1.

* Vedi anche http://www.ihr.org/jhr/v16/v16n2p-2_Faurisson.html.

vietato attraversare le frontiere e transitare in un aeroporto internazionale*.

Lo storico Ernst Zündel, sposato con un'americana e che viveva tranquillamente nello Stato del Tennessee, era stato arrestato davanti a casa sua il 5 febbraio 2003 e imprigionato con un falso pretesto. È stato estradato in Canada dove, per due anni, è marcito in un carcere di massima sicurezza in condizioni degradanti. È stato infine consegnato alla Germania, dove è stato rinchiuso nella prigione di Mannheim, in attesa di essere processato per revisionismo. In Canada, come in Germania, ai revisionisti fu negato il diritto di difendersi e di mettere in discussione ciò che era "di dominio pubblico". Ricordiamo che Ernst Zündel era stato vittima di un incendio doloso a Toronto il 7 maggio 1995, che aveva distrutto la sua casa. Pochi giorni dopo, aveva ricevuto un pacco bomba che la polizia aveva dovuto disinnescare facendolo esplodere[348].

Sempre negli Stati Uniti, vicino a Chicago, il tedesco Germar Rudolf era stato rapito, separato dalla moglie e dai figli americani e consegnato alla Germania, dove era stato imprigionato a Stoccarda. Il revisionista belga Siegfried Verbeke è stato arrestato all'aeroporto di Amsterdam nel 2005 e consegnato alla Germania, dove è stato rinchiuso nella prigione di Heidelberg. Il famoso storico britannico David Irving era stato arrestato mentre transitava per l'Austria e imprigionato a Vienna. Queste quattro persone rischiavano pene detentive di diversi anni "tranne forse David Irving, se, come suggerisce il suo avvocato, ritratta, esprime il suo pentimento e chiede l'indulgenza della corte". Irving sarebbe stato effettivamente rilasciato nel dicembre 2006, pochi giorni dopo la conferenza internazionale revisionista di Teheran.

Nel settembre 2003, il revisionista austriaco Wolfgang Froehlich, ex parlamentare di estrema destra, è stato condannato a un anno di reclusione e a due anni di libertà vigilata dopo aver pubblicato un libro che denunciava la "menzogna" delle camere a gas. Altri revisionisti erano in prigione in Germania o in Austria, scrive Faurisson, citando l'avvocato Manfred Roeder. Il 2 dicembre 1999, Manfred Roeder è stato condannato a due anni di carcere da un tribunale di

---

[348] Per gli atti di violenza commessi negli Stati Uniti, si veda Mark Weber, *The Zionist Terror Network, Background and Operation of the Jewish Defense League and other Criminal Zionist Group, A Special Report,* Institute for Historical Review, Revised and Updated Edition, 1993.

Grevesmuehlen per aver definito il genocidio nazista degli ebrei una "impostura". Nell'agosto 1995, il leader nazionalista tedesco Bela Ewald Althans è stato condannato a tre anni e mezzo di carcere da un tribunale di Berlino per aver negato l'Olocausto. Il 15 dicembre 1994, Althans era già stato condannato a 18 mesi di carcere a Monaco di Baviera per aver negato su una videocassetta VHS la morte di milioni di ebrei da parte dei nazisti. Nel novembre 1992, il presidente del partito nazionalista tedesco NPD, Guenther Anton Deckert, è stato condannato a un anno di libertà vigilata a Mannhein per aver definito la cifra di sei milioni di ebrei vittime del nazismo come "inettitudine cerebrale" e "assurdità". Fredrick Töben: cittadino australiano di origine tedesca, attivo come revisionista in Australia e su Internet. Mentre transitava in Germania per indagare in loco sulla repressione giudiziaria del revisionismo in quel Paese, è stato arrestato e incarcerato. Anche in Polonia, nella Repubblica Ceca e in altri Paesi europei i revisionisti sono stati perseguitati e condannati. Anche in Svezia Ahmed Rami è stato imprigionato.

Poi ci sono stati i divieti professionali di ogni tipo in vari Paesi, così come i drammi familiari e i suicidi causati dalla repressione. In Germania, a Monaco, il 25 aprile 1995, il revisionista Reinhold Elstner si era immolato per protestare contro l'"Himalaya di menzogne" riversate sul suo popolo. La stampa tedesca mainstream ha ignorato il suo atto eroico e la polizia tedesca ha confiscato i mazzi di fiori deposti sul luogo del sacrificio e ha proceduto all'arresto di coloro che avevano espresso la loro solidarietà.

Nell'aprile 2000, lo svizzero Gaston-Amaudruz, direttore di un mensile revisionista, è stato condannato a 12 anni di carcere dal tribunale correzionale di Losanna per aver messo in dubbio l'esistenza delle camere a gas e aver messo in dubbio la cifra di sei milioni di ebrei uccisi dai nazisti. Anche in Svizzera René-Louis Berclaz è stato incarcerato, mentre il suo connazionale, il professor Jurgen Graf, è stato condannato nel 1999 a una multa di 50.000 franchi dal tribunale correzionale di Parigi per aver inviato ai parlamentari francesi un libro intitolato *L'Holocauste au scanner* (*L'Olocausto sotto lo scanner*).

Un altro caso da ricordare è quello di Georges Theil, ex consigliere regionale del Fronte Nazionale (FN), condannato nel gennaio 2006 dal tribunale correzionale di Lione a sei mesi di reclusione e a una multa di 10 000 euro per aver negato i crimini contro l'umanità, dopo aver denunciato in un'intervista televisiva la "fantasia" delle camere a gas. Per fatti analoghi era già stato condannato nel 2001 dalla Corte d'appello di Grenoble a tre mesi di libertà vigilata e a una multa di 50 000 franchi. Anche Jean Plantin, perseguito a Lione, e Vincent Reynouard a Limoges, avevano ricevuto varie condanne, comprese pene detentive. Lo stesso Robert Faurisson, condannato nel 1981 e nel 1991, è comparso davanti al tribunale correzionale di Parigi nel luglio 2006 per aver rilasciato un'intervista telefonica su temi revisionisti all'emittente televisiva iraniana "Sahar". Il 3 ottobre 2006 è stato condannato a tre mesi di libertà vigilata e a una multa di 7500 euro.

L'assedio sembrava avvicinarsi. Anche Bruno Gollnisch, numero due del Fronte Nazionale e deputato europeo, doveva comparire davanti al tribunale di Lione, dopo aver dichiarato nell'ottobre 2004: "Non c'è nessuno storico serio che sottoscriva pienamente le conclusioni del processo di Norimberga. Credo che, per quanto riguarda il dramma dei campi di concentramento, la discussione debba essere libera. L'esistenza delle camere a gas dovrebbe essere discussa dagli storici". Questa semplice affermazione aveva provocato una reazione di indignazione generale nella stampa e fu sufficiente per consegnarlo alla giustizia. Nel gennaio 2007, il tribunale correzionale di Lione ha condannato Bruno Gollnisch a tre mesi di libertà vigilata e a una multa di 5.000 euro per aver "negato l'esistenza di un crimine contro l'umanità". È stato inoltre condannato a pagare 55.000 euro di danni alle parti civili.

Nel quotidiano *Libération* del 28 dicembre 2005, Jack Bensimon ha dichiarato la sua soddisfazione per le leggi in vigore: "Oggi, grazie a questa legge Gayssot, non sono più gli ebrei a doversi nascondere, ma gli antisemiti, che devono nascondere il loro antisemitismo nel loro subconscio. Finché sarà così, il nostro Paese sarà al sicuro dai pogrom, la cui memoria è ancora molto presente nel subconscio collettivo ebraico, e anche individuale".

Robert Faurisson ha ricordato che in Francia gruppi armati di ebrei si aggiravano liberamente, attaccando impunemente la gente e persino tra le mura del tribunale di Parigi. Dal 1978 al 1993, egli stesso aveva subito una dozzina di attacchi rimasti impuniti. "Se gli ebrei e i sionisti ricorrono alla violenza fisica e alla repressione giudiziaria in questo modo, è perché i revisionisti li hanno sconfitti di misura nel campo del dibattito scientifico e storico".

Gli attivisti ebrei agivano di fatto nell'impunità. Attraverso Betar* e con l'accordo del Ministero degli Interni, la minoranza ebraica francese aveva creato formazioni paramilitari, senza alcun parallelo nel resto della popolazione francese o in qualsiasi minoranza straniera presente sul territorio francese. Faurisson ha contato, dal 19 giugno 1976 al 2 aprile 1991, circa cinquanta casi di attacchi fisici commessi da ebrei organizzati. Nei cinquanta casi individuati, "le vittime sono state centinaia. Si tratta di morti, ferite gravi con coma, handicap e gravi postumi, ma anche di aggressioni con acido, atti di barbarie, cavate di occhi, gravi percosse in presenza di polizia o di guardie di sicurezza che si rifiutano di intervenire, diversi ricoveri in ospedale e numerosi agguati". La maggior parte di queste aggressioni sono state trascurate dai media o riportate brevemente. Alcune sono state condonate da pubblicazioni o organizzazioni ebraiche che, in generale, dopo qualche parola di biasimo, hanno lasciato intendere che le vittime meritavano la loro sorte e che, d'ora in poi, non c'era da aspettarsi alcuna clemenza se la rabbia ebraica fosse stata provocata di nuovo. D'altra parte, ha sottolineato Faurisson, "è degno di nota come nessun ebreo sia mai stato vittima di un solo attacco da parte di un gruppo di estrema destra o revisionista[349]".

Sappiamo invece che l'assassinio politico è una pratica che non ripugna agli ebrei organizzati, per non parlare degli attacchi ai palestinesi[350]. Centinaia di vittime da una parte, e dall'altra, vittime il cui totale è zero. Nella stampa della comunità ebraica, gli appelli alla violenza fisica erano all'ordine del giorno. Jacques Kupfer, presidente dell'Herout de France, ha messo in guardia dalla risposta ebraica all'ascesa del nazionalismo francese. Sulla *Tribune juive* del 25 maggio 1995 scriveva: "Non ho mai pensato che l'antisemitismo potesse essere risolto con dichiarazioni o discussioni filosofiche. Ma so come si risolve il problema degli antisemiti: in modo molto fisico. I giovani ebrei devono essere preparati a questo: niente pianti, niente paura, niente lutto".

---

[349] Sugli attacchi fisici commessi contro i patrioti francesi, si veda il libro di Emmanuel Ratier, *Les Guerriers d'Israël: Enquête sur les milices sionistes* ("I guerrieri di Israele: un'inchiesta sui gruppi militanti sionisti", Facta, 37, rue d'Amsterdam, 75008 Parigi, 1995).

* Milizia ebraica di autodifesa.

[350] Sugli omicidi politici: cfr. *Les Espérances planétariennes*, p. 295-301. Si può aggiungere l'assassinio nel 1916 del ministro Stürgkh da parte di Fréderic Adler, figlio di Victor Adler, che guidava il movimento socialdemocratico in Germania. Si veda anche Nachman Ben-Yehuda, *Political Assassination by Jews, A Rhetorical Device for Justice*, New York, State University of New York Press, 1993.

L'ex ministro socialista Bernard Kouchner (ora sostenitore della destra liberale) e il suo collega Daniel Cohn-Bendit sono stati altrettanto combattivi, ma hanno privilegiato la via legale: "Contro l'antisemitismo che si manifesta in Francia, i colpevoli devono essere prima di tutto perseguiti e condannati, come voi giustamente dite. Il problema non si risolverà solo con la forza. Dani, abbiamo il nostro lavoro da fare. Forza, questa lotta è necessaria[351]".

Di fronte all'inesorabile ascesa dell'antisemitismo (da circa 3000 anni), l'intellettuale Michel Winock, professore di scienze politiche, ha presentato la seguente analisi: "Non è la prima volta che in Francia una crisi antisemita si manifesta come sintomo di una crisi democratica. Le ultime elezioni presidenziali del 2002 sono state rivelatrici. Quando la Repubblica vacilla, gli ebrei sono i primi ad essere colpiti. Oggi la crisi è dovuta soprattutto alle difficoltà di integrazione di una popolazione immigrata o immigrazionista, poco istruita, emarginata, troppo spesso discriminata: un terreno fertile per la propaganda comunitaria, antirepubblicana e antioccidentale. In questa crisi... ognuno al proprio livello deve impegnarsi. Il senso di apertura, la capacità di ascoltare gli altri, l'educazione continua, la responsabilità dei media, la vigilanza di fronte al razzismo e all'antisemitismo, e allo stesso tempo il fermo impegno nei confronti dei valori laici, gli unici che ci permettono di *"vivere insieme"* *, al di là delle differenze che dobbiamo rispettare. È una sfida immensa: raccoglierla è il prezzo della pacificazione francese[352]". La "pace" è infatti al centro della concezione ebraica del mondo.

Anche negli Stati Uniti si è intensificata la repressione degli antisemiti. Il quotidiano *Rivarol* del 29 aprile 2005 riportava il caso dell'americano Matt Hale, 33 anni, laureato in legge nell'Illinois e presidente della Church of the Creator, un movimento nazionalista che pretendeva di

---

[351] Daniel Cohn-Bendit, Bernard Kouchner, *Quand tu sera président*, Robert Laffont, 2004, pag. 336.

[352] Michel Winock, *Eduard Drumond et Cie, antisémitisme et fascisme en France*, Seuil, Paris 1982, pag. 385.

Vivere insieme": *"Vivre ensemble"*: eufemismo politicamente corretto in Francia, che serve come slogan mediatico per la popolazione. La sua definizione sarebbe: capacità e volontà degli abitanti, in un ambiente di diversità sociale e culturale, di condividere il proprio spazio vitale in modo armonioso.

opporsi al "potere sionista" ricorrendo sistematicamente ai tribunali come strumento di lotta. A quanto pare, Matt Hale stava diventando fastidioso. L'8 gennaio 2003, Michaël Chertoff, figlio di un rabbino e futuro ministro della Giustizia di George Bush, ne ordinò l'arresto con il pretesto che aveva cercato di organizzare l'assassinio di un giudice. In base alla nuova legislazione antiterrorismo in vigore negli Stati Uniti dopo gli attentati dell'11 settembre 2001 (il Patriot Act), fu tenuto in isolamento per quindici mesi e considerato un terrorista come i prigionieri islamici afghani e iracheni detenuti a Guantanamo. Nell'aprile 2004 è comparso in tribunale con la tuta arancione dei criminali più pericolosi. L'intera accusa si basava sulla testimonianza di un testimone dell'accusa, Anthony Evola, che si rivelò essere un agente dell'FBI sotto copertura nell'entourage di Hale, che gestiva il suo servizio di sicurezza privato, e che avrebbe testimoniato di aver ricevuto da Hale l'ordine di assassinare il giudice Lefkow. Matthew Hale si è difeso, denunciando "lo stato di polizia di George Bush" e i "media controllati dagli ebrei". Il 6 aprile 2005 è stato condannato a quarant'anni di carcere.

"Gli ebrei sono sempre vittime quanto basta per diventare carnefici", scriveva Alphonse Toussenel nel 1845, nell'introduzione al suo libro *Les juifs rois de l'époque, histoire de la féodalité financière* (*I re ebrei dell'epoca, storia del feudalesimo finanziario*). L'ideale sarebbe la legge sovietica di Lenin, che condannava gli antisemiti alla pena di morte. Potremmo anche riprendere le parole scritte da Louis-Ferdinand Celine nel suo famoso pamphlet del 1937, *Bagatelles pour un massacre*: "Ogni antisemita avrà la testa tagliata". Questo renderebbe tutto ancora più semplice.

Crudeltà

Un piano di "pacificazione" era già stato stabilito durante la Seconda guerra mondiale. Il "Piano Kaufmann" è passato alla storia per illustrare questo desiderio di "pacificazione" di individui e nazioni. Il testo di Theodore N. Kaufmann, consigliere di Roosevelt, fu pubblicato nel 1941 negli Stati Uniti da Argyle Press con il titolo *"Germany must perish"*. Il settimanale *Rivarol* del 31 maggio 1996 ne ha pubblicato una parte:

"Resta ora solo da stabilire il metodo migliore, il più pratico e rapido, con cui radere al suolo la nazione tedesca. E sia ben chiaro che il massacro e l'esecuzione all'ingrosso devono essere esclusi. Oltre a essere impraticabili, se applicati a una popolazione di circa 70 milioni di persone, tali metodi sono incoerenti con gli obblighi morali e le pratiche etiche della civiltà. Rimane quindi un solo modo per liberare il mondo, per sempre, dal germanesimo: fermare la fonte da cui nascono queste anime incontinenti della guerra, impedendo al popolo tedesco di riprodursi per sempre nella sua specie. Questo metodo moderno, noto alla scienza come sterilizzazione eugenetica, è allo stesso tempo pratico, umano e completo. La sterilizzazione è diventata un proverbio della scienza, come il metodo migliore per la razza umana per sbarazzarsi di ciò che le fa male: i degenerati, i pazzi, i criminali ereditari... Quando ci si rende conto che le misure sanitarie, come le vaccinazioni e i trattamenti con il siero, sono considerate un beneficio diretto per la comunità, certamente la sterilizzazione del popolo tedesco non può essere considerata altro che una grande misura, promossa dall'umanità, per immunizzarsi, per sempre, contro il virus del germanesimo. La popolazione della Germania, esclusi i territori conquistati e annessi, è di circa 70 milioni di persone, quasi equamente divise tra maschi e femmine. Per realizzare il progetto di estinzione della Germania sarebbe necessario sterilizzarne circa 48 milioni, cifra che esclude, a causa della limitata capacità di procreare, i maschi oltre i sessant'anni e le femmine oltre i quarantacinque anni... Considerando 20.000 chirurghi, come cifra arbitraria, e ipotizzando che ognuno di loro effettui un minimo di venticinque operazioni al giorno, non ci vorrebbe più di un mese, al massimo, per completare la sterilizzazione... Naturalmente, dopo la sterilizzazione completa, il tasso di natalità in Germania cesserà. Con un tasso di mortalità normale del 2% all'anno, la vita tedesca diminuirebbe di 1,5 milioni di vite all'anno.

Il Time Magazine ha definito queste idee "fenomenali"; il *Washington Post ha parlato* di una "teoria provocatoria, presentata in modo interessante", mentre il *New York Times ha* titolato: "Un piano per una pace duratura per le nazioni civilizzate". Queste idee hanno senza dubbio contribuito a influenzare gli strateghi americani e britannici nei loro massicci bombardamenti delle città e delle popolazioni civili tedesche con gigantesche quantità di bombe incendiarie.

Dopo la sconfitta della Germania, molti ebrei lasciarono ovviamente aperta la strada alla loro vendetta. Dopo la caduta del Terzo Reich, più di cinque milioni di soldati tedeschi furono imprigionati, stipati in campi recintati con filo spinato nelle zone di occupazione americana e francese. Lo storico canadese James Bacque ha pubblicato nel 1989 un libro molto interessante su questo episodio dimenticato della storia, *Other Losses, in cui* descrive le terribili condizioni di vita in questi campi che causarono la morte di centinaia di migliaia di prigionieri: "Il terreno dei campi divenne rapidamente un sudicio pantano di feci e urina, un vero e proprio focolaio di epidemie. Mal nutriti, senza riparo, privi delle più elementari strutture sanitarie, i prigionieri cominciarono presto a morire di fame e di malattie. Dall'aprile 1945 alla metà del 1946, quasi un milione di persone furono annientate, la maggior parte nei campi americani, gli altri in quelli francesi... Per più di quarant'anni, questo tragico episodio della Seconda guerra mondiale è rimasto nascosto negli archivi alleati".

Tra il 1947 e i primi anni Cinquanta, James Bacque scrisse che "i tedeschi stimano che 1.700.000 soldati, ancora vivi alla fine delle ostilità, non siano mai tornati a casa. Tutte le potenze alleate sostengono di non sapere dove si trovino questi uomini. Stati Uniti, Gran Bretagna e Francia accusano la Russia di aver commesso atrocità nei suoi campi di internamento[353]".

Queste cifre non includono le innumerevoli perdite dovute all'evacuazione dei 12 milioni di tedeschi dai territori della Prussia orientale, della Pomerania, della Slesia e dei Sudeti, ora sotto la dominazione russa, polacca e ceca.

Ricordiamo il caso di un certo Salomon Morel, comandante del campo di lavoro di Swietochlowice-Zgoda dal febbraio al novembre 1945. All'età di 75 anni, Salomon Morel è stato infine accusato nel 1996 dalla giustizia polacca di "violenza fisica e psicologica contro i prigionieri tedeschi". Il suo ruolo nei crimini commessi nei campi di Swietochlowice era stato chiarito dall'Istituto della Memoria Nazionale, un'istituzione creata negli anni '90 in Polonia dopo la caduta del comunismo. Questa istituzione, presieduta da un ebreo polacco di nome Leon Kieres, era stata eletta dal Parlamento e si era posta l'obiettivo di chiarire le pagine oscure del periodo nazista e comunista.

Il testo inizialmente pubblicato in polacco riportava che le scarse condizioni di vita e igieniche avevano portato alla drammatica

---

[353] James Bacque, *Morts pour raisons diverses*, 1989, Éditions Sand, 1990 per l'Éd. Française, p. 16-18. (Leggere in spagnolo *Crimen y Perdón*, di James Bacque, Editorial Machado, 2013, Madrid).

* Theodore N. Kaufmann, *Germany Must Perish*, versione pdf, Kamerad Publishing House, p. 41.

diffusione di tifo, febbre tifoidea e dissenteria[354]. Non era stato fatto nulla per prevenire il diffondersi dell'epidemia, nemmeno per alloggiare i prigionieri. Inoltre, i prigionieri vivevano nel terrore instaurato dal comandante: "Il sabato di Pasqua del 1945, le guardie e il comandante Morel fecero irruzione nel campo di notte e picchiarono i prigionieri con fruste, calci di fucile e gambe di sgabelli". In quell'occasione, circa trenta testimoni avevano subito maltrattamenti. Salomon Morel avrebbe picchiato a morte i tedeschi.

John Sack, un ebreo americano, ha scritto nel suo libro *"Occhio per occhio"*[355], che gli ebrei polacchi arruolati dopo la guerra nei servizi di sicurezza staliniani si vendicavano di tutti i tedeschi che cadevano nelle loro mani, ma anche di tutti gli oppositori dello stalinismo. Salomon Morel era uno di loro: "Avrebbe voluto sparare a tutti. Ma il manganello gli dava una maggiore soddisfazione emotiva". Ad Auschwitz, alle SS era vietato picchiare gli ebrei per loro soddisfazione personale, ma le guardie di Salomon Morel non temevano alcuna limitazione del potere. A volte distinguevano la "punizione corporale" dalla "punizione generale", quando afferravano il tedesco per le gambe e le braccia e gli sbattevano la testa contro un muro come si fa con un ariete. Cacciavano i tedeschi portandoli nei canili e li picchiavano se non volevano abbaiare. Li costringevano a picchiarsi tra loro. Violentavano le donne e addestravano i cani a mordere i loro genitali a comando.

È così che, dal febbraio all'ottobre 1945, i prigionieri furono trattati nel campo gestito da Salomon Morel. Dei 6000 prigionieri, 1800 erano morti a causa dei maltrattamenti e di un'epidemia di tifo. Perseguito dall'Interpol per crimini contro l'umanità, Salomon Morel si era rifugiato in Israele nel 1992, dopo essere stato per tutta la vita un ufficiale dei servizi di sicurezza sotto il regime comunista.

Poche informazioni sono note sui gruppi di "vendicatori" ebrei dopo la guerra. Tra i più famosi c'era il gruppo Nakan, il cui nome in ebraico significava "vendetta". Il quotidiano *Rivarol* del 12 aprile 1996 riporta che un programma televisivo israeliano intitolato "Occhio per occhio",

---

[354] Il testo tradotto dal polacco all'inglese è stato pubblicato nella newsletter n. 55 (maggio 1997) dell'Istituto di Adelaide (Australia). La rivista *Tabou* di Jean Plantin offre una versione francese del testo nel numero 1, Éditions Akribeia, 2002.

[355] John Sack, *Occhio per occhio*, Basic Books, 1993. www.johnsack.com

trasmesso il 25 febbraio 1996, ha ospitato e intervistato Ava Kuvner, l'ex leader di uno di questi gruppi di vendicatori. Egli raccontò in dettaglio e con un certo orgoglio l'ambiziosa soluzione escogitata per liquidare sei milioni di tedeschi avvelenando l'acqua di Monaco, Norimberga, Amburgo e di altre grandi città tedesche. Questo piano sarebbe stato elaborato e sostenuto calorosamente da Haïm Weizman, il futuro primo presidente dello Stato ebraico. Fu Weizman a indirizzare Kuvner verso i chimici competenti, ha confermato Dan Setton nel suo libro del 1995 *Vengeance*. Quel progetto, forse troppo ambizioso, fallì nonostante i molti mesi di preparazione. Ecco cosa dice Israel Shamir, pubblicista israeliano e convertito al cristianesimo ortodosso, nel suo libro *L'altra faccia di Israele*: "Fortunatamente, il complotto fu scoperto e i funzionari britannici arrestarono Kuvner in un porto europeo". Questa storia è stata pubblicata l'anno scorso in Israele, in una biografia di Kuvner scritta da Dina Porat, direttore del centro di ricerca sull'antisemitismo dell'Università di Tel-Aviv[356]". Shamir ha aggiunto che "Abba Kovner" aveva anche tentato di "avvelenare le fonti del Rhine.. Lo si può leggere nella sua biografia, senza alcun accenno di rimorso o vergogna, scritta dalla storica israeliana Anita Shapira[357]".

Nel programma televisivo, Kuvner si è vantato di essere riuscito ad avvelenare "migliaia di SS" introducendo pane preparato con stricnina nei campi in cui erano imprigionati. Dan Setton ha stimato in 15.000 il numero di prigionieri tedeschi che hanno consumato pane avvelenato. Il programma televisivo è stato "stranamente silenzioso sui risultati dell'operazione". Tuttavia, era ancora sorprendente sentire i criminali vantarsi delle loro azioni con il pretesto della "giustizia", rammaricandosi solo di non aver "portato a termine la loro vendetta". Haïm Weizman avrebbe dato il suo nome all'Istituto Weizman, un omologo dell'Istituto Pasteur francese. Nessun capo di Stato in visita in Israele si risparmia una visita riverente a questo prestigioso istituto.

Nel 2000 la televisione israeliana aveva trasmesso un'altra inchiesta su questi "vendicatori" ebrei che operavano nella Germania occupata. Due anziani israeliani, Leipe Distel e Joseph Harmatz, membri dei Nokim (in ebraico *Vendicatori*), hanno ammesso di aver fatto parte di uno squadrone della morte, diretto da Tel Aviv, che mirava ad avvelenare

---

[356] *Haaretz*, 28 aprile 2001

[357] Israel Shamir, *L'autre visage d'Israël*, Éditions Al Qalam, 2004, p. 139, 333

con l'arsenico migliaia di prigionieri tedeschi in un campo americano vicino a Norimberga. Nel 1946, dopo essere stati assunti per lavorare nella panetteria del campo, riuscirono a impregnare di arsenico 3.000 pagnotte. I registri avevano conservato le cartelle cliniche di centinaia di prigionieri con gravi disturbi allo stomaco. Il settantaquattrenne Joseph Harmatz ha commentato così l'argomento: "Noi ebrei abbiamo agito con la moralità dalla nostra parte. Gli ebrei hanno il diritto di vendicarsi dei tedeschi". Rafi Eitan, ex direttore delle operazioni del Mossad, ha riassunto così le azioni dei Nokim (probabilmente erano centinaia): "Hanno agito senza riguardo e senza ulteriori formalità. Si accontentavano di giustiziare tutti i nazisti che trovavano. Per loro, gli atti erano giustificati dalla regola biblica: 'Occhio per occhio, dente per dente'".

Il giornalista Emmanuel Ratier ha riferito in *Faits et Documents* che nell'aprile 2002, dopo anni di ritardi, le autorità giudiziarie tedesche, in particolare il procuratore generale di Norimberga, Klaus Hubmann, che si era rifiutato di cedere alle pressioni, hanno finalmente deciso di aprire un'indagine penale senza precedenti sugli squadroni della morte ebraici del dopoguerra. Si scoprì che numerosi membri degli squadroni della morte erano diventati agenti e leader del Mossad. Da Tel Aviv, Harmatz ha definito l'indagine "ridicola": "Queste persone sono degli idioti, ha detto. Comunque non riconosco la Germania. E di certo non ho intenzione di andarci. Le autorità israeliane non permetteranno mai che vengano qui a interrogarci. Ne abbiamo abbastanza degli interrogatori tedeschi[358]".

Dopo la guerra, lo Stato di Israele volle porre fine a queste azioni disordinate. Un numero del febbraio 1985 del *Crapouillot* riporta che il colonnello Schadmi, capo dell'Haganah[359] in Europa, incaricato di smantellare le reti esistenti, dovette ordinare il rapimento dei "vendicatori" che si rifiutavano di rinunciare alle loro attività e trasferirli in Israele.

Elie Wiesel ha anche menzionato alcuni eccessi commessi dai suoi compagni ebrei nei campi tedeschi durante la guerra: "Come si può spiegare che il figlio del grande leader sionista polacco Yitzhak

---

[358] *Faits et documents*, 15 aprile 2002

[359] Haganah: la prima organizzazione paramilitare che ha combattuto le truppe britanniche per l'indipendenza di Israele.

Grinbaum, un kapò ad Auschwitz, si sia spinto a torturare, umiliare e picchiare i suoi compagni ebrei, specialmente se erano religiosi o sionisti? "Questi kapò ebrei che ci picchiano, perché? Per dimostrare ai boia che possono essere proprio come loro[360]?" Vediamo qui, dopo tutto, che gli ebrei possono essere uomini come tutti gli altri...

Nel suo libro sugli ebrei in Russia, anche il grande scrittore russo Aleksandr Solzhenitsyn ha richiamato l'attenzione sul ruolo di numerosi ebrei negli organi della repressione bolscevica: "Ora avevano un potere quasi illimitato che non avrebbero mai potuto immaginare prima. Non sapevano come fermarsi, farsi da parte, trovare in se stessi un freno o la necessaria lucidità". Solzhenitsyn citò uno storico ebreo, G. Landau, che scrisse del periodo bolscevico: "Siamo stati colpiti da qualcosa che non ci aspettavamo di trovare negli ebrei: crudeltà, sadismo e violenza che sembravano estranei a un popolo lontano dalla vita di guerra; coloro che ieri non sapevano maneggiare il fucile, ora erano tra gli assassini e i boia[361]".

Questi istinti sono stati portati alla ribalta in altri periodi storici più antichi. Ne *L'altra faccia di Israele,* Israel Shamir ha ricordato la conquista della Palestina da parte dei Persiani nel VII secolo. Nel 614, la Palestina faceva parte dell'Impero bizantino, successore dell'Impero romano. Gli ebrei di Palestina si allearono allora con i loro correligionari babilonesi per dare una mano ai persiani nella loro conquista della Terra Santa. 26.000 ebrei parteciparono all'offensiva. Dopo la vittoria persiana, gli ebrei perpetrarono "un enorme olocausto": "diedero fuoco alle chiese e ai monasteri, uccidendo i monaci e i sacerdoti e bruciando i libri". Fu "l'anno più orribile della storia della Palestina fino al XX secolo", scrive Shamir, citando il professore dell'Università di Oxford Henry Milman: "Finalmente era giunta l'ora tanto attesa del trionfo e della vendetta. Gli ebrei non persero l'occasione e lavarono la profanazione della città santa con il sangue dei cristiani". Secondo Shamir, comprarono i cristiani prigionieri dai persiani e li uccisero nella riserva di Mamilla. Nella sola città di Gerusalemme, gli ebrei massacrarono tra i 60.000 e i 90.000 cristiani palestinesi". Pochi giorni dopo, resisi conto dell'entità del massacro, i

---

[360] Elie Wiesel, *Mémoires, Tome I,* Le Seuil, 1994, p. 111, 113.

[361] Alexandre Soljénitsyne, *Deux Siècles ensembles,* Fayard, 2003, p. 146.

soldati persiani impedirono agli ebrei di continuare i loro abusi e oltraggi... Il genocidio del 614 dopo Gesù Cristo fu il più terribile, anche se non fu l'unico genocidio perpetrato dagli ebrei in quell'epoca caotica[362]."

Israel Shamir ha naturalmente ricordato altri tragici episodi in Palestina, in particolare il massacro del villaggio di Deir Yassine, alla periferia di Gerusalemme: "Nella notte del 9 aprile 1948, i gruppi terroristici ebraici Etsel e Lethi attaccarono questo pacifico villaggio e massacrarono tutti, uomini, donne e bambini". I leader di queste bande terroristiche, Menahem Begin e Itzhac Shamir, sarebbero poi diventati primi ministri di Israele. Eppure nessuno dei due espresse alcun rimorso, e addirittura "Begin visse fino alla fine della sua vita in una casa con vista panoramica su Deir Yassine". Per loro non ci fu nessun tribunale di Norimberga, nessuna vendetta, nessuna penitenza", ma "un tappeto di rose che portava al premio Nobel per la pace". Quando il massacro fu reso noto, Ben Gourion, all'epoca primo ministro di Israele, annunciò che gli autori erano "bande di arabi scatenati". Tre giorni dopo, i gruppi paramilitari furono incorporati nell'esercito israeliano in via di formazione e un'amnistia generale li assolse dai loro crimini.

Lo stesso schema, cioè la negazione, seguita da scuse e infine da un gesto di clemenza e promozioni, è stato applicato dopo la prima atrocità commessa dal Primo Ministro Sharon nel 1953. Questa ebbe luogo nel villaggio palestinese di Qibya, dove l'unità di Sharon fece saltare in aria con la dinamite le case con i loro abitanti, massacrando una sessantina di persone, uomini, donne e bambini. Quando la vicenda fu rivelata, il Primo Ministro Ben Gourion iniziò accusando le bande arabe. Questo atto, ancora una volta, non rovinò la carriera di Ariel Sharon, che sarebbe diventato a sua volta Primo Ministro. Shamir ha citato un terzo esempio, quello del massacro di Kafr Kasem, dove le truppe israeliane avevano radunato i contadini per mitragliarli. "Quando fu impossibile negare il caso e un deputato comunista rivelò gli infami dettagli, i colpevoli furono deferiti alla corte marziale e condannati a lunghe pene detentive; furono rilasciati dopo pochi mesi e il comandante fu nominato direttore dell'ufficio "Israel Borrowing"[363]".

---

[362] Israel Shamir, *L'autre visage d'Israël*, Éditions Al Qalam, 2004, p. 133-137.

[363] Israel Shamir, *L'autre visage d'Israël*, Éditions Al Qalam, 2004, p. 143-146.

Un rapporto dell'Agence France Presse del 22 maggio 2006 ha rilevato che "la maggior parte dei militari e dei coloni israeliani coinvolti in uccisioni illegali di palestinesi ha continuato a godere dell'impunità". Nel suo rapporto annuale, Amnesty International ha riferito su queste violazioni dei diritti umani in Israele: "Le indagini e i procedimenti giudiziari sono stati rari. Il più delle volte non hanno portato a condanne... Nei casi eccezionali in cui gli israeliani sono stati riconosciuti colpevoli di omicidio o di violazione dei diritti fondamentali dei palestinesi, le pene inflitte sono state lievi". Il rapporto ha anche rilevato gli abusi "ricorrenti" perpetrati contro i palestinesi dai coloni ebrei: "I coloni israeliani hanno regolarmente attaccato i palestinesi e le loro proprietà in Cisgiordania. Hanno distrutto raccolti, sradicato o bruciato ulivi, inquinato serbatoi d'acqua e impedito ai contadini di coltivare le loro terre per costringerli ad andarsene". Il rapporto specifica che, nella maggior parte dei casi, l'esercito e la polizia israeliani non sono intervenuti. "Invece, Israele ha usato tutti i mezzi a sua disposizione - soprattutto le misure che violano il diritto internazionale come gli assassinii e le sanzioni collettive - contro i palestinesi responsabili di attacchi contro gli israeliani o sospettati di coinvolgimento diretto o indiretto in tali attacchi". Infine, ha menzionato che "le accuse di tortura dei prigionieri palestinesi non sono state oggetto di indagini serie".

Vediamo come l'avvelenamento dei pozzi d'acqua sembra essere un'antica usanza di questi "vendicatori" ebrei. È anche abbastanza sorprendente notare come la maggior parte degli storici ebrei si strappino i capelli per le terribili "accuse" dei cristiani che, già nel Medioevo, incolpavano gli ebrei di avvelenare l'acqua dei pozzi. Ma questa è senza dubbio una leggenda, un mito propagato dagli antisemiti per danneggiare il popolo ebraico, sempre vittima, eterno capro espiatorio.

Un'altra accusa, altrettanto assurda, era quella di sostenere che gli ebrei praticassero l'omicidio rituale di bambini cristiani (libelli di sangue) per mescolare il loro sangue al pane azzimo consumato durante le feste ebraiche di Pasqua (Pesach). Queste accuse false, ignobili e orribili erano ancora numerose nel XIX secolo e anche in tempi più recenti. È il caso di Tisza-Eszlar, in Ungheria, ad esempio: nel 1882, la sinagoga della città fu distrutta dopo la scomparsa di una ragazza di quattordici anni. Nel giugno 1891, a Xanten, nella Prussia renana, fu ritrovato il corpo di un bambino; il crimine fu attribuito al desiderio degli ebrei di raccogliere sangue. Nel 1899, un ebreo di nome Hilsner fu condannato per omicidio rituale in Boemia. Naturalmente, questi pregiudizi erano persistenti. Il caso Beilis, nel 1911, fu di alto profilo. Anche se il povero disgraziato fu assolto, la giuria dichiarò solennemente che gli omicidi rituali esistevano senza dubbio", ha scritto Leon Poliakov, "[364]".

Un altro caso di alto profilo si verificò a Damasco, una città parzialmente cristiana. Nel 1840, un frate cappuccino, padre Thomas, scomparve misteriosamente. Il suo corpo fu ritrovato a marzo (dopo la festa di Purim) nelle fogne del quartiere ebraico. Il console francese Ratti-Menton attribuì la colpa della scomparsa a membri della comunità ebraica e sostenne l'azione legale contro personalità di spicco accusate di omicidio rituale. A Parigi, Adolphe Thiers, appena nominato presidente del Consiglio da Luigi Filippo, espresse la sua solidarietà al console francese. Ma i finanzieri Fould e Rothschild intervennero con tutte le loro forze e promossero una campagna di stampa contro Thiers. Quest'ultimo li attaccò dal rostro della Camera: "Voi rivendicate in nome degli ebrei e io rivendico in nome della Francia!" Ancora una volta, lo storico Leon Poliakov ci ha dato un'idea del potere della comunità ebraica internazionale dell'epoca: "I Rothschild alla fine vinsero la causa, minacciando di trarre profitto dal calo degli affitti. Thiers dovette dimettersi. Gli ebrei intrapresero allora la lotta per la riabilitazione delle vittime della calunnia medievale e la ottennero grazie all'intervento britannico. Ma l'avvertimento era stato dato e questa vicenda segna l'origine delle organizzazioni di difesa degli ebrei, a partire dall'Alleanza Israelitica Universale[365]".

Questa Alleanza israelita fu creata nel 1860 da un francese del Midi, "perfettamente integrato": Adolphe Crémieux. Nel 1866 era già accorso in Russia per difendere gli ebrei: "A Saratov, un gruppo di ebrei fu accusato di omicidio rituale. Adolphe Crémieux vi si recò e ne ottenne

---

[364] Léon Poliakov, *Histoire des crises d'identités juives*, Austral 1994, p.210.

[365] Léon Poliakov, *Los Samaritanos*, Anaya & Mario Muchnik, 1992, Madrid, p. 111. Un libro pubblicato nel 2005 sull'argomento, *La Sangre cristiana*, presenta le confessioni di un ex rabbino pentito della Moldavia (*Refutación de la religion de los judíos*, 1803). Egli affermava che erano sufficienti alcune gocce. A proposito del caso di Damasco, si può leggere che tutti gli ebrei accusati confessarono l'omicidio. Dieci di loro furono condannati a morte e infine salvati grazie all'intervento di Adolphe Crémieux, Moïse Montefiore e di finanziatori internazionali.

l'assoluzione[366]". Nel 1870 divenne il primo ministro della Giustizia della nuova Repubblica francese e, come sappiamo, concesse immediatamente la cittadinanza francese ai suoi connazionali algerini, mentre le armate prussiane stavano ancora marciando sul territorio nazionale.

Se andiamo indietro nella storia, scopriamo che ci sono decine di diffamazioni di sangue in tutta Europa. In Spagna, il famoso caso del Santo Niño de La Guardia è stato il più emblematico. In Polonia, nel XVIII secolo, la comunità ebraica era in subbuglio e ancora lacerata dal conflitto tra i rabbini e i sabbatiani, i discepoli del "falso messia" Shabtai Tzvi e del suo successore Jacob Frank. I sabbatiani, dichiarati eretici dai rabbini, furono duramente perseguitati [367], ma contrattaccarono attaccando il Talmud, "dicendo che era falso e malvagio", riferisce David Bakan, aggiungendo: "Arrivarono ad accusare il Talmud di imporre l'uso del sangue cristiano, testimoniando e giurando che gli ebrei perpetrassero crimini rituali[368]." Questo è ciò che scrisse anche Gershom Scholem, uno dei più grandi pensatori ebrei del XX secolo: "Durante le loro discussioni pubbliche con i rabbini ebrei di Lvov nel 1759, i membri della setta non si sottrassero dal ricorrere all'accusa di crimine rituale, l'accusa più insopportabile e dolorosa per la sensibilità ebraica, ancor più di quelle che attaccavano le loro credenze". Ma Scholem si affretta ad aggiungere che, secondo lo storico Meir Balaban, "i sabbatiani lo fecero su istigazione del clero cattolico, che aveva interesse a possedere tale documento per i propri scopi[369]".

L'ultimo grande caso di crimine rituale si è verificato nel 1946 a Kielce, in Polonia. Un pogrom scoppiò in seguito a un'accusa di omicidio rituale. In totale, 42 ebrei furono giustiziati dalla folla, 5 dalla polizia e più di 70 furono gravemente feriti. Kielce rappresentò l'episodio più significativo di antisemitismo in Polonia nel dopoguerra: "Solo tra il novembre 1944 e l'ottobre 1945", ha scritto Gabriele Eschenazi, "circa

---

[366] Léon Poliakov, *Histoire des crises d'identités juives*, Austral 1994, p. 67.

[367] Sui sabbatiani, cfr. *Psychanalyse du Judaïsme*, H. Ryssen, Baskerville, p. 158-166.

[368] David Bakan, *Freud et la tradition mystique juive*, 1963, Payot, 2001, p. 132.

[369] Gershom Scholem, *Le Messianisme juif*, 1971, Calmann-Levy, 1974, p. 144.

350 ebrei furono uccisi dai polacchi. Dalla liberazione alla fine del 1947, le vittime furono circa 1500". A Rzeszow, nel 1945, "si diffuse la notizia che una pattuglia della polizia aveva trovato nella casa di un rabbino i corpi torturati di almeno sedici bambini. La comunità ebraica fu costretta a fuggire sotto la protezione della polizia[370]".

Nel febbraio 2007, un altro caso spiacevole è scoppiato in Italia e ha causato un grande scandalo. Il professor Ariel Toaff aveva appena pubblicato un libro di 400 pagine intitolato *Pasque di sangue, gli ebrei d'Europa e i libelli di sangue*. Il professor Toaff, dell'Università Bar-Ilan di Gerusalemme, ha suscitato grande scalpore nei media riconoscendo che alcuni ebrei ashkenaziti del nord Italia praticavano omicidi rituali.

Il quotidiano *Actualité juive* del 1° marzo 2007 ha riassunto la vicenda: "*Pasque di sangue*, il libro dello storico Ariel Toaff, con una tiratura di sole 1.000 copie, sarebbe forse passato relativamente inosservato se un altro storico, Sergio Luzzato, anch'egli ebreo, non avesse scritto una recensione entusiastica del libro sul quotidiano *Corriere della Sera*", definendo il libro "un atto intellettuale inedito e coraggioso". Ha definito la pubblicazione del libro "un atto intellettuale inedito e coraggioso". Ariel Toaff ha sostenuto che, durante il Medioevo, "tra il 1100 e il 1500, alcune, forse parecchie, crocifissioni di bambini cristiani avevano effettivamente avuto luogo" per mano di "una minoranza di fondamentalisti ashkenaziti". Il giornale ha fornito ulteriori dettagli: "polverizzato, il sangue veniva mescolato con il pane azzimo e il vino consumati nelle notti del seder, (il pasto pasquale). Si può facilmente immaginare l'onda d'urto prodotta da tali dichiarazioni. Del resto, Ariel Toaff, professore di storia medievale, non era altro che il figlio dell'ex rabbino capo di Roma, Elio Toaff, che fu ricevuto da Papa Giovanni Paolo II nella sinagoga di Roma. Il giorno dopo, tutti i giornali italiani parlarono del libro, le cui mille copie furono esaurite in un solo giorno". Ariel Toaff ha poi insistito, ricordando sul quotidiano La *Stampa* le persecuzioni degli ebrei durante le Crociate: "Da quel trauma è nata una passione per la vendetta che, in alcuni casi, ha generato certe reazioni come l'omicidio rituale di bambini cristiani". Lo storico cita anche "il commercio di sangue secco su entrambi i versanti delle Alpi, con fiale timbrate kosher dai rabbini". Immediatamente sconfessato dagli storici

---

[370] Gabriele Eschenazi, Gabriele Nissim, *Les Juifs et le communisme après la Shoah*, 1995, Éd. De Paris, 2000, p. 231-239.

transalpini, Ariel Toaff fu disapprovato dal padre, dalla comunità ebraica locale e "da tutto l'ebraismo italiano", oltre che dall'Università di Bar-Ilan. Dopo aver ricevuto varie pressioni, Toaff ha rilasciato alcune dichiarazioni contraddittorie e ha chiesto al suo editore, El Molino, di non ripubblicare la sua opera finché non avesse modificato alcuni capitoli. L'autore ha anche dichiarato che i profitti della vendita del libro sarebbero andati alla Anti-Diffamation League, con sede negli Stati Uniti, per esprimere "il suo profondo rammarico". Naturalmente, *Actualité juive* ha pubblicato un altro articolo di uno storico ebreo che ha definito il libro "allucinante".

In un libro che esamineremo più dettagliatamente in seguito, il dottor Georges Valensin ha menzionato una certa inclinazione alla crudeltà in alcuni suoi simili. Riferendosi alla ritirata dalla Russia della Grande Armée di Napoleone, riportò la testimonianza del generale Marbot, che scrisse nelle sue *Memorie*: "Infami ebrei si avventavano sui francesi feriti o malati; li spogliavano dei loro vestiti e li gettavano nudi dalle finestre al freddo di meno 30°C[371]". Su questi eventi è nota anche la testimonianza del capitano Coignet, che scrisse nei suoi famosi *Cahiers*: "Gli ebrei e i russi sgozzarono un migliaio di francesi; le strade di Vilna erano coperte di cadaveri. Gli ebrei erano i carnefici dei nostri francesi. Fortunatamente la Guardia li fermò e l'intrepido maresciallo Ney ristabilì l'ordine".

Nel 2002, Jacques Attali ha avuto, curiosamente, l'interpretazione esattamente opposta: "Centomila polacchi (tra cui ebrei) muoiono da eroi coprendo la ritirata della Grande Armata[372]" Chi ha letto i nostri libri precedenti ha notato questa propensione di molti intellettuali ebrei ad andare contro la verità quando questa li infastidisce, e ad accusare sistematicamente le loro vittime di ciò di cui probabilmente sono colpevoli. Nel 1869, Gougenot des Mousseaux notò questo comportamento caratteristico e individuò nell'"ebreo" "la sua

---

[371] Georges Valensin, *La Vie sexuelle juive*, Éditions philosophiques, 1981, p. 131.

[372] Jacques Attali, *Los Judíos, el mundo y el dinero*, Fondo de cultura económica de Argentina, Buenos Aires, 2005, p.342.

invincibile audacia, la sua caratteristica tenacia nel negare tutti i crimini, di fronte a tutte le prove[373]".

Anche Voltaire aveva notato una certa forma di crudeltà negli ebrei. Nella versione integrale del suo *Dizionario filosofico*, scrisse: "Lo spirito sedizioso di quel popolo li induceva a commettere nuovi eccessi: il loro carattere era crudele in tutte le epoche, e il loro destino era sempre quello di essere puniti". Notò inoltre che l'Antico Testamento abbondava di esempi di massacri: "Quasi tutti i canti... sono pieni di imprecazioni contro tutti i popoli vicini. Non si parla d'altro che di uccisioni, stermini, sventramenti di madri e frantumazione di cervelli di bambini contro le pietre". (*Mélanges, Dieu et les hommes, cap. 21*). Voltaire continua con la sua pungente ironia: "Iefte immola la figlia al suo dio sanguinario; Ehud uccide il suo re in nome del Signore; Yael inchioda la testa di un generale; Sansone ripete le imprese di Ercole; gli ebrei vogliono praticare la pederastia con un angelo e un levita; un levita fa a pezzi la moglie in dodici pezzi; 400 000 soldati vengono uccisi in un piccolo territorio; storie di 600 vergini e favole di cannibali; Dio si vendica dei Cananei infliggendo loro emorroidi; Samuele smembra il re Agag; Saul consulta una pitonessa; il violinista Davide, alla testa dei suoi filibustieri, saccheggia e massacra senza risparmiare la vita dei neonati che allattano, come comanda il rito ebraico... Bisogna ammettere che i nostri briganti erano meno colpevoli agli occhi degli uomini; ma le vie del dio degli ebrei non sono le nostre" (*Voltaire, Examen important de milord Bolingbroke, cap. 7 e 8*).

Voltaire prosegue scrivendo: "Secondo il vostro Libro dei Numeri, c'erano sedicimila donne per i vostri soldati, sedicimila donne per i vostri sacerdoti; e dalla parte dei soldati, trentadue furono prelevate per il Signore. Che cosa ne è stato fatto? Qual è la parte del Signore in tutte le vostre guerre, se non quella del sangue? (*Dizionario filosofico*, non espurgato).

Nel suo *Testamento di un poeta ebreo assassinato,* Elie Wiesel ha comunque cercato di convincerci che gli ebrei sono incapaci di compiere qualsiasi atto di barbarie. In esso racconta le avventure del suo eroe durante la guerra civile spagnola. Egli si rivelò "goffo e

---

[373] Roger Gougenot des Mousseaux, *Gli ebrei, il giudaismo e la giudaizzazione dei popoli cristiani*. Versione Pdf. Tradotto in spagnolo dalla professoressa Noemí Coronel e dalla preziosa collaborazione dell'équipe del Nazionalismo cattolico. Argentina, 2013, p. 244

inadatto al combattimento". Sarà quindi assegnato al servizio di "propaganda e cultura". Dopo aver descritto le crudeltà commesse da entrambe le parti in guerra, Wiesel insiste nel discolpare i volontari internazionali: "I volontari internazionali, tuttavia, si sono comportati onestamente. È forse perché c'erano molti ebrei nelle loro file? Perché gli ebrei sembrano incapaci di commettere certe ignominie, anche quando si tratta di vendetta. Gli Stern, i Lordi, i Frenkel, gli Stein - che provenivano da comunità ebraiche sparse in Ungheria, Romania e Polonia - dimostrarono magnanimità nei confronti dei vinti", ci racconta Elie Wiesel, che infine conclude: "La loro avversione alla crudeltà non l'avrebbero mai attribuita alle loro origini ebraiche, ma piuttosto alla loro ideologia marxista [374]". Elie è una persona straordinaria.

La teologia della vendetta

La vendetta non è considerata un sentimento nobile nella civiltà cristiana. Israel Shamir ha sostenuto che non è un sentimento nobile nemmeno nella civiltà musulmana: "Nelle letterature cristiana e musulmana, l'idea della vendetta appare raramente come tema principale di un libro importante. "Vendicatore" è un termine negativo nella cultura cristiana e in quella musulmana". La cultura ebraica, invece, "è satura di vendetta, poiché deriva direttamente dall'Antico Testamento. Non c'è da stupirsi che Israele abbia introdotto la vendetta nella sua politica quotidiana. I suoi attacchi contro i palestinesi sono chiamati *peulot tagmul*, atti di vendetta". Shamir, che viveva in Israele, non ha avuto difficoltà a illustrare le sue parole: "L'invasione del Libano nel 1982, con le sue 20.000 vittime libanesi e palestinesi, cristiane e musulmane, fu un atto di vendetta per il tentato assassinio dell'ambasciatore israeliano a Londra. Durante l'ultima Intifada, ogni azione terroristica israeliana è stata etichettata come "punizione" o "rappresaglia" dagli israeliani e dai media statunitensi[375]". Allo stesso modo, durante l'estate del 2006, i media hanno dipinto la distruzione del Libano sotto un diluvio di fuoco come un atto di rappresaglia in risposta al rapimento di due soldati israeliani da parte di Hezbollah.

---

[374] Elie Wiesel, *Le Testament d'un poète juif assasiné*, 1980, Points Seuil, 1995, pagg. 209-211.

[375] Israel Shamir, *L'autre visage d'Israël*, Éditions Al Qalam, 2004, p. 245.

Jean-Paul Sartre aveva già messo in guardia dal desiderio di vendetta degli ebrei e come era noto a tutti: "Durante l'occupazione [tedesca], i democratici si opponevano profondamente e sinceramente alle persecuzioni antisemite, ma di tanto in tanto sospiravano: 'Gli ebrei torneranno dall'esilio con una tale insolenza e appetito di vendetta che temo un risorgere dell'antisemitismo'[376]".

Anche la saggista Viviane Forester, che abbiamo già citato nei nostri libri precedenti, ha trascritto in alcuni dei suoi libri la rabbia di alcuni ebrei. Nel corso della Seconda guerra mondiale, il Comitato nazionale di resistenza ebraica in Polonia inviò un messaggio al mondo intero: "Il sangue di tre milioni di ebrei grida vendetta e sarà vendicato! La punizione colpirà non solo i cannibali nazisti, ma anche tutti coloro che non hanno fatto nulla per salvare un popolo condannato[377]".

La vendetta trasuda anche dal libro *Souvenirs del* famoso gangster Pierre Goldman, pubblicato nel 1975. Dopo aver partecipato agli eventi del maggio 1968 a Parigi, trascorse un periodo in Venezuela prima di tornare in Francia sotto falsa identità. Si avviò sulla strada del gangsterismo e delle sanguinose rapine a mano armata, anche se ammise che queste pratiche erano ben lontane dal suo ideale rivoluzionario. Fu arrestato nell'aprile 1970 in possesso di un falso passaporto venezuelano[378]. Suo padre era un comunista che aveva partecipato alle Brigate Internazionali: "Uccide i tedeschi [fascisti]. Con odio, con gioia, senza esitazione. Scultore e sportivo, combatte e combatte bene. Ha meritato la sua nazionalità francese e non è mai stato così ebreo come in quel momento... Nel comunismo si sognava una fratellanza internazionale, un'internazionale e un socialismo in cui il popolo ebraico, la sua identità ebraica non sarebbero stati aboliti. Nessuno era più ebreo di questi nuovi Asmodei, di questi nuovi Maccabei, di questi figli del popolo del libro che presero le armi per scrivere la storia sacra della ribellione ebraica".

La madre di Pierre Goldman era un'ebrea comunista polacca che sarebbe diventata membro del Partito Comunista Francese: "Nella mia culla c'erano volantini e armi nascoste", scrive Golman. In ogni caso,

---

[376] Jean Paul Sartre, *Réflexions sur la question juive*, Gallimard, 1946, Folio, 1954, pagg. 68-69.

[377] Viviane Forrester, *Le Crime occidentale*, Fayard, 2004

[378] Su Pierre Goldman: Cfr. Psychanalyse du Judaïsme, p. 134-136.

egli era franco riguardo alla sua appartenenza identitaria: "Essere francese o non essere francese non è mai stata una preoccupazione per me: per me la questione non si poneva. Credo di aver sempre saputo di essere semplicemente un ebreo polacco, nato in Francia... Sono nato ateo e sono nato ebreo[379]", ha affermato Goldman.

Si unisce all'Unione della Gioventù Comunista con uno spirito plasmato da idee di vendetta: "Ho imparato il marxismo da Politzer (che sapevo essere un filosofo e un combattente, un pensatore e uno dei primi comunisti ad aver preso le armi. Sapevo che questo professore era stato fucilato. Sapevo che era ebreo). Sognavo la guerra civile, la guerra antifascista, un vero ritorno del tempo, della storia... Ero stufo, ero impregnato, ero tormentato da film e racconti su quella guerra, dalle immagini dell'Olocausto".

Gli eventi in Algeria sono stati l'occasione per alimentare il suo odio: "Ho un odio feroce, ebraico, per i poliziotti pogromisti delle retate del 1961. Non capisco come le vittime assassinate a Charonne non vengano vendicate". A Compiégne, incontra il figlio di un ex FTP: "I nostri piani: rubare armi e uccidere alcune personalità note per le loro simpatie verso l'OAS*. La guerra d'Algeria è finita prima che noi possiamo agire".

A Parigi si iscrive alla Sorbona, ma dedica la maggior parte del suo tempo all'azione militante: "Mi dedico a padroneggiare le sottigliezze del dibattito marxista. Parlo. Ma molto presto mi dedico all'organizzazione della lotta contro i gruppi di estrema destra (perché l'odio mi spinge a farlo)... Questo è ciò che chiameremo il servizio di sicurezza dell'UEC (Unione degli Studenti Comunisti). Abbiamo attaccato coloro che distribuivano volantini fascisti e monarchici[380]".

Alla base della sua lotta politica c'erano anche alcuni impulsi criminali. A Evreux, all'inizio degli anni Sessanta, "era associato a gangster ebrei, papponi e alcuni motociclisti". Goldman si arruolò quindi su un mercantile norvegese e salpò per il Messico. Senza documenti regolari,

---

[379] Pierre Goldman, *Souvenirs obscurs d'un juif polonais né en France*, Points Seuil, 1975, pagg. 29-33.

* L'Organizzazione dell'Esercito Segreto (OAS) (*Organisation de l'Armée Secrète*) era un'organizzazione terroristica francese di estrema destra creata a Madrid nel 1961 dopo il tentativo di colpo di Stato contro De Gaulle.

[380] Pierre Goldman, *Souvenirs obscurs d'un juif polonais né en France*, Points Seuil, 1975, pp. 39-43.

fu respinto alla frontiera e finì in una prigione americana: "Nella mia cella, il responsabile era un ebreo dal corpo enorme e scimmiesco, anche se basso e tarchiato, che mi accolse come un amico fraterno... Questo ebreo, originario dell'Europa orientale, come me, era in carcere per rapina a mano armata... Rischiava una condanna a vent'anni, poiché era recidivo, ma era indifferente alla detenzione[381]". Pierre Goldman prese molto male il fatto di essere confinato con i bianchi; avrebbe preferito stare con i neri. In effetti, i suoi migliori amici a Parigi erano Guadalupani, e con loro avrebbe preparato le sue rapine qualche anno dopo. Quando disertò la Francia per evitare il servizio militare, vagò tra Praga, Berlino e Bruxelles, "nei bar frequentati dalla malavita e dai lumpen delle Indie occidentali".

Nel 1967, all'epoca della Guerra dei Sei Giorni, scrisse: "Ho incontrato due compagni ebrei, marxisti-leninisti e presumibilmente antisionisti, che ipocritamente si rallegravano della potenza e dell'abilità bellica delle truppe di Dayan. Sorridevo tra me e me di questa terribile e nascosta complicità che segretamente condividevamo come ebrei. Pensai ai santi combattenti del ghetto, al loro assoluto coraggio. Pensai agli ebrei delle Brigate Internazionali, agli ebrei del gruppo Manouchian-Boczov, agli ebrei dell'Orchestra Rossa e agli ebrei dei servizi speciali del Komintern stalinista... E ricordai la gioia sfacciata di mio padre quando vibrava per il trionfo delle armi ebraiche[382]".

L'atmosfera generale sembrava propizia per grandi azioni: "Decisi di recarmi a Cuba il prima possibile. Avevo allacciato contatti con compagni della Guadalupa e, nel caldo parigino, stavamo preparando violenti fuochi insurrezionali e sanguinose operazioni di liberazione". All'epoca aveva 24 anni ed era in contatto con i rivoluzionari della Guadalupa e del Congo. "Ho rubato un passaporto, che ho falsificato, e ho aspettato... Quando ho lasciato la Francia, pensavo che in Venezuela

---

[381] Pierre Goldman, *Souvenirs obscurs d'un juif polonais né en France*, Points Seuil, 1975, p. 53.

[382] Pierre Goldman, *Souvenirs obscurs d'un* juif *polonais né en France*, Points Seuil, 1975, p. 62. Abbiamo già citato a questo proposito i casi di Herbert Marcuse, Marek Halter, Guy Konopnicki e Alexandre Adler in *Les Espérances planétariennes*, pp. 172, 173. Daniel Cohn-Bendit ha raccontato: "Ricordo che all'epoca stavo superando un esame. Uscivo ogni ora per ascoltare il telegiornale. Non dissi nulla a nessuno, ma ero sopraffatto". (André Harris, Alain de Sédouy, *Juifs et Français*, Grasset, 1979, Poche, p.191).

avrei vissuto esperienze e grandi prove che mi avrebbero cambiato. Cambiare o morire, questa era la mia ossessione. Diventare ciò che non sono mai stato. Strapparmi da questa ripetizione perpetua in cui mi vedevo con disgusto e repulsione. Pensavo anche che fosse importante per me perire prima dei trent'anni e morire purificato dalle vergognose scorie che mi trascinavo dietro[383]".

Vivendo in clandestinità, si tiene lontano dagli eventi del maggio '68 a Parigi e parte per il Venezuela. Lì trascorse un periodo di tempo con i guerriglieri prima di tornare a Parigi: "Volevo strappare, rompere il corso pacifico delle relazioni politiche in questo Paese, introdurvi la violenza, provocarla". L'idea di una lotta armata in Francia lo affascinava profondamente".

Nel 1969 iniziò le sue rapine a mano armata con due complici delle Indie Occidentali, che si conclusero con l'omicidio di due farmacisti. Un giorno arrivò a confessare ai "capi nascosti di una grande e fattiva organizzazione di sinistra" (maoista): "Ho vissuto nel crimine, momenti unici e puri di fratellanza totale, silenziosa e muta, che mi aveva unito a neri sconosciuti e armati[384]".

La sentenza definitiva dopo l'assoluzione in appello nel 1976 suscitò grande indignazione. Fu infine ucciso nel 1979 da un misterioso gruppo "Honneur de la Police". Una recente indagine sull'"assassinio di Pierre Goldman" ha sostenuto che questo gruppo era probabilmente una copertura dietro la quale si nascondeva il GAL (Grupo Antiterrorista de Liberación) spagnolo. Dopo il suo rilascio, Goldman aveva trafficato armi per l'ETA (indipendentisti baschi) e droga con Bauer (socio di Mesrine) tra Spagna e Svezia. Nonostante questo curriculum caotico, la comunità ebraica era riuscita a far passare Goldman come un martire.

Ecco cosa scriveva Bernard-Henri Levy nel 1986: "Pierre Goldman era un ebreo, uno dei nostri grandi scrittori ebrei, uno che ha fatto molto per la gloria e l'esemplarità del nostro ebraismo, e forse è morto perché era troppo fedele ad alcuni dei nostri testi e comandamenti, a volte fino all'allucinazione, cadendo anche negli scivoloni più estremi. A mio

---

[383] Pierre Goldman, *Souvenirs obscurs d'un juif polonais né en France*, Points Seuil, 1975, p. 73.

[384] Pierre Goldman, *Souvenirs obscurs d'un juif polonais né en France*, Points Seuil, 1975, pagg. 80-100.

parere, era, a suo modo, un Giusto di cui la nostra comunità piange la perdita[385]".

Questa solidarietà ebraica orgogliosamente rivendicata fu rilevata anche dai goyim, ma all'epoca fu considerata "antisemita". Nel giornale *Je Suis Partout* del 17 febbraio 1939, Robert Brasillach scrisse, ad esempio: "Si sostengono volentieri l'un l'altro, rifiutano di smettere di essere solidali con la feccia del loro popolo, e mentre un francese disconosce un Landru*, l'ebreo più fine e intelligente è sempre a disagio quando si parla male di Bela Kun davanti a lui", il famoso leader bolscevico che si distinse in Ungheria per la sua crudeltà. È vero che Bernard-Henri Levy e Pierre Goldman provengono da un background familiare simile, perché Levy ha scritto: "Mio padre era un antifascista di prima classe, volontario a 18 anni nella Spagna repubblicana, poi nell'esercito francese per partecipare alla lotta contro i nazisti[386]".

In effetti, il suo spirito vendicativo sembrava essere diretto molto più contro gli europei che contro il "capitalismo" e la società liberale, date le relazioni e gli impegni antirazzisti del gangster e del filosofo. Ma nel caso di Pierre Goldman, sembra abbastanza chiaro che la sua militanza radicale rifletteva una crisi d'identità che spesso sconfinava, negli ebrei, nell'odio di sé e nella follia.

Il fondatore del socialismo in Germania, Ferdinand Lassalle, proveniente da una famiglia ebraica ortodossa, era egli stesso torturato dalla sua identità ebraica e dall'idea di vendetta contro l'uomo bianco e la civiltà europea. Ecco cosa scrisse di lui Leon Poliakov: "Da adolescente, sognava l'ora dello scandalo di Damasco e di diventare il messia vendicatore degli ebrei[387]... Annunciava la sua speranza di vedere arrivare presto l'ora della vendetta e proclamava la sua sete di sangue dei cristiani". Lassalle cambiò però le sue ambizioni e trascese la sua nevrosi nel messianismo comunista: "Quando la sua vita movimentata lo rese il messia della classe operaia tedesca, la sua furia

---

[385] Bernard-Henri Levy, *Questions de principe*, deux, Grasset, 1986, poche

* Landru, serial killer francese dell'inizio del XX secolo.

[386] Bernard-Henri Levy, *Récidives*, Grasset, 2004, p. 388.

[387] Il caso di Damasco: nel 1840, alcuni membri della comunità ebraica della città furono accusati di crimini rituali.

sembrò essere diretta solo contro i suoi fratelli[388]." Infatti, come Marx, iniziò a vituperare contro i suoi compagni.

L'idea di un Messia vendicatore è stata recentemente esplorata dall'accademico israeliano Yacob Yuval dell'Università Ebraica nel suo libro *Two Nations in Your Midst (Due nazioni in mezzo a te)*[389]. "Yuval cita numerosi antichi testi ebraici a sostegno della sua tesi", ha scritto Israel Shamir. "Alla fine dei tempi (quando verrà il Messia), Dio distruggerà e sterminerà tutte le nazioni tranne gli israeliti", secondo Sefer Nitzahon Yashan, scritto da un ebreo tedesco del XIII secolo". Shamir ha citato anche Klonimus Ben Judah, che ebbe una visione delle "mani di Dio piene di cadaveri di goyim". Cento anni prima delle Crociate e dei massacri perpetrati contro gli ebrei, il rabbino Simon Ben Yitzhak implorava già Dio di "brandire il gladio e sgozzare i goyim[390]".

Il rabbino Shmuel Boteach ha studiato l'escatologia ebraica in un saggio intitolato *Il tempo dell'odio*: "L'ebraismo, ha scritto, ci obbliga a disprezzare e a combattere i malvagi ad ogni costo... L'unico modo di reagire al male impenitente è quello di muovergli una guerra totale fino a sradicarlo dall'universo... Per amore della giustizia, la giusta risposta al malvagio è odiarlo con ogni fibra del nostro essere e augurargli di non trovare mai pace, né qui, in questo mondo, né nell'altro[391]".

Nel suo libro del 1957, *Apologia di Israele,* il pensatore Albert Caraco esprimeva in modo molto esplicito nei suoi aforismi il grande pensiero talmudico: "Vi dico, Romani: per essere crudeli come il nostro avversario, abbiamo troppo, troppo da vendicare" (p. 78). L'onore degli ebrei si chiamerà vendetta e la loro redenzione la spada, ma una spada di giustizia" (p. 176) "Per quanto ci maledicano e per quanto ci sgozzino, i loro figli saranno nostri, su di loro ci vendicheremo dei padri" (p. 247).

Caraco continua: "Fingono di resistere agli ebrei, e bene: si arrenderebbero per mancanza di resistenza, perché l'odio che provano per loro dà loro vita e li costringe a difendersi, rianimati e solerti, prigionieri di un furore insaziabile, fatti diventare sputafuoco... Non si

---

[388] Léon Poliakov, *Histoire de l'antisémitisme*, tomo II, Point Seuil, 1981, p. 226.

[389] Due nazioni nel tuo grembo, Tel Aviv, 2000, Alma/Am Oved.

[390] Israel Shamir, *L'autre visage d'Israël*, Éditions Al Qalam, 2004, p. 242, 243.

[391] Israel Shamir, *L'autre visage d'Israël*, Éditions Al Qalam, 2004, p. 270.

vendicano così male di tutti coloro che li offendono: non li trattano più come uomini, ma come oggetti, come semplici incidenti, negando loro anche l'evidenza, addirittura seppellendoli e diffamandoli da morti o semplicemente dimenticandoli per sempre, uccidendoli così una seconda volta[392]."

La passione di distruggere

Lo scrittore Romain Gary ha vinto il Premio Goncourt una prima volta con il romanzo *Le radici del cielo* e una seconda volta con *La vita davanti*. Ebreo di origine lituana, il suo vero nome era Roman Kacew. Suo padre, Ariel-Leib Kacew, era un pellicciaio a Wilna (Vilnius), in Lituania. A tredici anni, quando lasciò Varsavia per stabilirsi a Nizza negli anni '30, entrò nella Resistenza nell'agosto del 1940 e si unì al Gruppo Lorrraine dell'Aeronautica libera francese. Nel 1943 scrisse il suo primo romanzo in inglese, incoraggiato dal suo compagno di stanza, Joseph Kessel, combattente volontario come lui. Il libro fu subito tradotto in francese con il titolo *European Education*, un resoconto della resistenza polacca, e il suo "talento travolgente" fu acclamato da Raymond Aron, come trascritto nella rivista *Les Cahiers de L'Herne* dedicata al personaggio (2005). Kessel, Aron, Gary: tutti nella stessa famiglia. Il suo impegno precoce nella Resistenza gli varrà una carriera diplomatica a tutti gli effetti. Nel *Nouvel Observateur* del 26 febbraio 2004, che gli ha dedicato alcune pagine, si legge: "Ha avuto a che fare con più di un gerontoide della vecchia Francia che fissava con imbarazzo questo meteco riciclato in diplomatico". Il suo primo incarico è stato a Sofia, in Bulgaria.

Romain Gary era prima di tutto un intellettuale ebreo, a giudicare dalla sua produzione letteraria. *Tulipano*, il suo secondo romanzo, pubblicato nel 1946, fu dedicato a Leon Blum. Secondo *Les Cahiers de L'Herne*, Gary denunciava "le atrocità del nazismo, il nazionalismo, l'indifferenza, la riscrittura della storia, il ruolo dei media, l'insegnamento dell'odio". Il romanziere si esprime attraverso il suo eroe: Tulip "critica il concetto di Stato sovrano, una schifosa vacca sacra". (*Tulipano*, p. 53). In un altro suo romanzo, *L'Homme à la colombe (1958)*, l'eroe Johnny sostiene un "governo mondiale" (p. 44). In *Le radici del cielo* (1956) e *I mangiatori di stelle* (1966), denuncia

---

[392] Albert Caraco, *Apologie d'Israël*, 1957, L'Age d'homme, 2004, pag. 150.

l'oppressione dell'uomo bianco nelle colonie[393]. Romain Gary si afferma così come un vero intellettuale ebreo, manifestando le stesse ossessioni di quasi tutti i suoi coetanei, come abbiamo mostrato in *Speranze planetarie* (2005) e *Psicoanalisi dell'ebraismo* (2006).

Nel 1967, Gary entrò nel gabinetto del Ministro dell'Informazione del generale de Gaulle. "Gaullista, si sentiva tuttavia un uomo di sinistra. Nel 1968, non si identifica più con la maggioranza al potere, motivo per cui si dichiara a favore di François Mitterrand nel 1974. Plasmato dal cosmopolitismo, provava piacere nel capovolgere i valori tradizionali della società europea: "La resistenza alle gerarchie sociali e alla cultura ufficiale... il cambiamento dei valori, il disprezzo degli ideali più nobili, la costante permutazione dell'alto e del basso" erano lo sfondo delle sue opere: "*Para Sganarelle* (saggio, 1965) era, in questo senso, un vero e proprio manifesto", secondo *Les Cahiers de L'*Herne... Da solo, un libro come *Lady L.* (romanzo, 1963) esemplificava questa svolta carnevalesca, che poneva un'ex prostituta all'apice dell'aristocrazia inglese". (p.295). Riconosciamo qui perfettamente il marchio dell'intellettuale ebreo, ossessionato dalla sovversione dei valori tradizionali. Era evidentemente un "americanofilo" e appassionatamente "antirazzista". Negli Stati Uniti, si unì a 23 movimenti anti-segregazione e prese le parti delle Pantere Nere.

Questa sovversione dei valori è stata quasi sempre osservata, in un modo o nell'altro, negli intellettuali ebrei. Anche i cambiamenti radicali di situazione sono spesso oggetto di caricatura. Nel film di Steven Spielberg, *Twilight Zone: The Movie* (USA, 1983), ad esempio, il razzista Bill si troverà nei panni di un perseguitato dal razzismo. Nello stesso stile, il romanzo *Focus* di Arthur Miller, pubblicato nel 1945, metteva un americano medio nei panni di un ebreo, facendogli vivere le ansie quotidiane dell'antisemitismo[394]. Tali inversioni di ruolo furono messe in scena anche nel film di Joseph Losey *Il servo* (GB, 1963): un servo riuscì a dominare l'aristocratico per cui lavorava, che finì per cadere nell'alcolismo.

Nel suo *Apologia di Israele*, pubblicato nel 1957, Albert Caraco ha espresso molto bene questo desiderio di distruzione della società tradizionale. I suoi diciannove libri furono pubblicati da Vladimir

---

[393] I Cahiers de l'Herne, Romain Gary, p. 143, 137

[394] Cfr. *Psychanalyse du Judaïsme*, p. 223, 224.

Dimitrijevic, un editore serbo. Dopo il suicidio dello scrittore nel 1971, Dimitrijevic pubblicò alcune delle sue opere postume. Nel 1984 dichiarò: "Suo padre e io siamo stati i suoi unici veri lettori... Non siamo più abituati a sentire una voce così tonante, una lingua così bella e imperativa". A nostro avviso, dopo aver affrontato ed esaminato a fondo centinaia di libri di intellettuali ebrei, riteniamo che Caraco sia stata la lettura più ardua e faticosa di tutte. Per questo motivo abbiamo cercato con questo autore, come con altri del resto, di dare forma al suo pensiero disponendo i suoi aforismi in modo da facilitarne la lettura.

Ecco dunque il destino dell'umanità, secondo Albert Caraco: "Roma e La Mecca sono impure per sempre, pagane per sempre... La Chiesa e l'Islam sono bastardi, e nulla cancellerà la loro bastardaggine finché un membro della razza eletta sopravviverà, carnalmente... Dio ha una sola casa sulla terra: Gerusalemme" (p. 73, 244). "Gli ebrei seppelliranno Roma e la Mecca e daranno alla loro storia un senso umiliante dello spirito che regna nelle pagine della Bibbia" (p. 318). E insisteva: "Siamo nel momento in cui Roma e l'Islam finiranno, non do loro un secolo di vita". (p.246)

Caracus conferma che il metodo degli ebrei per raggiungere i loro obiettivi è quello di sradicare tutte le società tradizionali, di livellare tutte le differenze, tutte le tradizioni per arrivare a un mondo di "pace" in cui sussisterà solo il popolo di Israele, che avrà conservato con cura la sua memoria: "La fede dei popoli, la faranno vacillare, senza che la loro vari, e quando il mondo non avrà né fede né leggi, saranno tra noi per fondarne una e promulgarne altre" (p.176). "Chi non vuole da noi non vuole da Dio. La nostra elezione non è mai cessata, è solo attraverso di noi che l'Eterno Dio metterà alla prova coloro che pretendono di servirlo". (p.322).

L'Islam rappresentava evidentemente un rivale di statura: "Dove l'Islam si prostra, noi preghiamo in piedi; dove l'Islam trema, noi non abbiamo più paura" (p. 322). (p.322). Quanto alla Chiesa cattolica, d'ora in poi il suo destino è già segnato: "La vendetta di Israele [costringerà] la Chiesa a temerla, ad armarsi, a lottare infine per essere colpevole e morire da infedele... Quando gli ebrei invaderanno la Chiesa, quest'ultima oserà pregare per gli ebrei? Certamente no, ma così la Chiesa sarà doppiamente sconfitta". (p.186)

Ritroviamo anche nel pensiero di Albert Caraco la "tendenza diabolica" espressa dallo scrittore austriaco Joseph Roth[395]: "La Chiesa, scrive Caraco, ha voluto che fossero i demoni a servirla, ma essi lo sono allo scopo di abbatterla e di conquistare sulla rovina generale le virtù e il potere che sono loro negati" (p.165). (p.165). "Chi non chiude le orecchie di fronte ad esse è veramente perduto. Infatti, non hanno fondamento se non nella rovina, vivono della morte che seminano... Sono malvagi, e chi vi resiste non è buono... La fine dei tempi è iniziata, i segni si stanno già moltiplicando". (p.225)

Infine, Caracus evoca le immagini tipiche degli ebrei per descrivere i tempi messianici, facendoli diventare portavoce di guerre e catastrofi: "L'eccesso e il caos finiscono ciò che deve morire, la stessa rinascita richiede violenza, e le convulsioni della nascita [del Messia] preludono al suo regno, la guerra costringerà il secolo a cambiare forma" (p.226). (p.226). Per questo "il caos è il segno del suo regno" (p. 172). (p.172). "Ciò che non possono ottenere, lo riformano; ciò che non possono riformare, lo distruggono". (p.171).

Numerosi intellettuali e registi ebrei avevano già manifestato il loro odio per la Chiesa cattolica in modo più o meno velato, attraverso la loro produzione letteraria o cinematografica. Il romanziere americano Philip Roth, ne Il *male di Portnoy*, non esitava a parlare, attraverso il suo personaggio malato, di "tutte le stronzate cattoliche" e di "quelle sporche scuole cattoliche". E ancora: "Puoi darlo per scontato, Alex: non sentirai mai in vita tua un *mishegoss*[396] così privo di senso e così pieno di sporcizia come la religione dei cristiani[397]".

Alberto Caraco incitava gli ebrei a entrare nella Chiesa per distruggerla dall'interno, anche se non insisteva troppo su questo punto: "Gli ebrei, scriveva, non sarebbero saggi a rovinare la Chiesa invece di dominarla... È attraverso Gesù che essi possederanno l'universo e lo domineranno

---

[395] Sulle tendenze diaboliche, cfr. *Psychanalyse du Judaïsme*, p. 249-252.

[396] Mishegoss: follia, stoltezza

[397] Philip Roth, *El mal de Portnoy*, Seix Barral, Barcellona, 2007, in prestito a Debolsillo, Mondadori, Barcellona, 2008 p. 95, 137, 38. (Traduzione edulcorata di R. Buenaventura di "orrende stronzate cattoliche", "fottuta chiesa cattolica" e "schifezze confuse e disgustose senza senso come la religione cristiana").

pacificamente... Rimarranno ebrei diventando cristiani, saranno liberi di scegliere la via invece di essere minacciati[398]".

Queste inclinazioni distruttive erano ancora una volta evidenti nelle parole di Elie Wiesel quando descriveva la Germania della Repubblica di Weimar tra le due guerre: "La Germania sconfitta dava l'impressione che tutto fosse permesso sul suo suolo tranne che prendersi sul serio", scriveva Wiesel. Si rompevano idoli, si smantellavano statue, si appendevano le abitudini religiose, si derideva il sacro e, come se non bastasse, si sacralizzava la risata per il gusto di ridere[399]... La capitale, in permanente effervescenza, ricordava le città peccaminose della Bibbia. Il talmudista che è in me arrossì e distolse lo sguardo. Prostituzione, pornografia, depravazione dei sensi e dello spirito, perversione sessuale e così via; la città si spogliava, si truccava, si umiliava senza remore, brandendo la sua degenerazione come un'ideologia. Dietro l'angolo di *Chez Blum,* in un club privato, uomini e donne, o donne tra loro, ballavano nudi. Altrove, le persone si drogavano, si frustavano a vicenda, strisciavano nel fango, trasgredivano tutti i limiti; mi ricordavano gli usi e i costumi dei Sabatiani. I valori si erano invertiti, i tabù erano stati eliminati, la gente sentiva forse l'avvicinarsi della tempesta[400]?".

Due pagine più avanti, Elie Wiesel scriveva ingenuamente: "Berlino sembrava dominata dagli ebrei... Giornali e case editrici, teatri e banche, grandi magazzini e salotti letterari. Gli antisemiti francesi che vedevano l'ebreo ovunque avevano ragione... almeno nel caso tedesco. Le scienze, la medicina, le arti: l'ebreo dava il tono, lo imponeva".

Anche nell'antichità gli ebrei erano oggetto delle stesse accuse. Lo storico ebreo Flavio Giuseppe raccolse gli scritti antiebraici dell'epoca nella sua opera *Contro Apione.* Flavio Giuseppe citò ad esempio Lisimaco di Alessandria, uno studioso greco del I secolo a.C.: "Mosè... esortò gli ebrei a non essere gentili con nessuno, a seguire i peggiori consigli e ad abbattere tutti i santuari e gli altari degli dei che avrebbero

---

[398] Albert Caraco, *Apologie d'Israël*, 1957, L'Age d'homme, 2004, p. 126, 126, 148.

[399] Elie Wiesel, *Le Testament d'un poète juif assasiné*, 1980, Points Seuil, 1995, pag. 100.

[400] Elie Wiesel, *Le Testament d'un poète juif assasiné*, 1980, Points Seuil, 1995, pag. 124.

trovato". Il grande storico dell'ebraismo, Leon Poliakov, ha aggiunto nella sua *Storia dell'antisemitismo*: "Anche in un autore che parla degli ebrei e delle loro istituzioni con molta benevolenza, Ecateo di Abdera, troviamo questo commento:" [Mosè] istituì un modo di vivere contrario all'umanità e all'ospitalità". Altri autori greci (Diodoro Siculo, Filostrato), così come alcuni autori latini (Pompeo Trogo, Giovenale) riprendono le stesse accuse, che vediamo riassunte in modo lapidario in questo famoso passo di Tacito: "I Giudei... hanno tra loro un attaccamento ostinato, una commiserazione attiva, che contrasta con l'odio implacabile che professano per il resto del genere umano. Non mangiano né dormono mai con gli stranieri. Questa razza, pur essendo molto incline alla depravazione, si astiene da qualsiasi commercio con donne straniere... "E più laconicamente: "Tutto ciò che noi veneriamo, essi lo odiano; d'altra parte, tutto ciò che per noi è impuro, per loro è permesso".

Nel IV secolo d.C., i predicatori cristiani lanciarono violente diatribe contro di loro. Abbiamo già visto cosa ne pensava Gregorio di Nissa. Giovanni Crisostomo aveva la stessa opinione: "Lupanar e teatro, la sinagoga è anche un covo di ladri e un covo di bestie selvatiche[401]". Ma già millecinquecento anni prima, nell'antico Egitto, gli ebrei manifestavano le stesse deplorevoli inclinazioni. Elie Wiesel ha ricordato come Giuseppe, venduto dai suoi fratelli ebrei, si fosse assicurato una posizione di fidato consigliere del Faraone: "Al culmine della sua gloria, il Faraone gli diede il soprannome di Tzofnat Paneach, il decifratore di codici[402]."

Gli intellettuali ebrei si vantano spesso di aver resistito nei secoli, mentre le civiltà egizia, babilonese, persiana, greca e romana sono scomparse da tempo. Ma senza dubbio dimenticano di dirci quale ruolo hanno avuto nella scomparsa di queste grandi civiltà.

Questa distruttività si manifesta quotidianamente nel nostro tempo, soprattutto attraverso la propaganda televisiva. Ad esempio, nel 2006, una serie televisiva francese, *Plus belle la vie (Più bella la vita)*, ha dato

---

[401] Léon Poliakov, *Histoire de l'antisémitisme*, Tome I, Point Seuil, 1981, pagg. 19, 20, 33.

[402] Elie Wiesel, *Celebrazione biblica. Retratos y leyendas del Antiguo Testamento*, Muchnik Editores, 1987, Barcellona, Spagna.

un'idea di questo odio implacabile. Il quotidiano *Présent* del 24 marzo 2006 presentava una sintesi dei temi trattati da questa serie, in cui i nordafricani e i neri erano naturalmente ammirati, "super simpatici", mentre il maschio bianco ed eterosessuale ne usciva molto male. La serie esaltava ovviamente la miscegenazione: una madre di famiglia tradiva il marito con il suo capo, un nero, un uomo buono sotto tutti i punti di vista. Un'altra donna francese, Juliet, si innamora di un altro nero. Ma lui era un immigrato clandestino. Così fa di tutto per farlo regolarizzare. Alla fine trova una soluzione, grazie a un poliziotto omosessuale - un bianco - che decide di rubare un passaporto dal suo commissariato per darlo all'immigrato clandestino. L'apologia della miscegenazione e dell'omosessualità è infatti il marchio di fabbrica: era l'inconfondibile timbro ebraico. La serie presenta anche: un poliziotto che ha una relazione con il figlio del proprietario di un bar di Marsiglia; due uomini gay che lottano per adottare un bambino; una barista che scopre di avere origini nordafricane; un prete depravato. Donne bianche incoraggiate ad abortire: una ragazza di 15 anni rimane incinta. Poi chiedeva all'amica: "Lo tengo o lo sniffo? Succhia, ragazzona, soprattutto se è bianco": questo è quanto suggerivano il regista e lo sceneggiatore. I bianchi sono bastardi, questo è certo. Ovunque vadano, fanno il male. L'opposto degli ebrei, del resto. Nella serie potremmo vederli, ad esempio, testare un nuovo vaccino sui poveri neri in Africa. Questa sfortunata esperienza avrebbe decimato la popolazione del paese. C'era anche quel militante di "estrema destra" che era stato condannato per aver investito con la sua auto un povero nordafricano, ecc... Tutti questi scherzi di cattivo gusto venivano trasmessi ogni sera alle 20 su un canale pubblico. Dobbiamo ringraziare Olivier Szulzynger per questi copioni.

I film e le serie che distillano messaggi distruttivi sono innumerevoli. Ne abbiamo dato un resoconto non esaustivo nei nostri due libri precedenti. Ma possiamo citare qui la serie americana *Cold Case*, che distillava un messaggio anticattolico. Uno degli episodi raccontava la storia di una ragazza di colore che era stata violentata e uccisa vent'anni prima. Il colpevole fu finalmente arrestato: si trattava di un prete nero. In un altro episodio, fu trovato il corpo di un bambino. Le indagini stabilirono che era un orfano e che era stato rapito dalle suore. Le suore erano, ovviamente, molto sgradevoli e praticavano punizioni corporali sui bambini. Una di loro partorì un bambino, che consegnò al suo ex amante, per somministrargli un trattamento di elettroshock dal quale il bambino non si sarebbe mai ripreso. Un terzo capitolo racconta la storia di un bambino trovato morto. Le indagini avevano portato a tre uomini di colore, ma il principale sospettato era riuscito a fuggire. Vent'anni dopo, il dossier fu riaperto e questa volta le indagini avrebbero portato a tre personaggi, ognuno più orribile dell'altro. Il primo è un prete, ovviamente pedofilo, perché è risaputo che i preti sono tutti pedofili, come chiarisce il regista - anche se questa è la classica inversione ebraica dell'accusa, come vedremo più avanti. Il secondo sospetto era la madre del ragazzo, una tipica americana della classe media incapace di far fronte alle proprie responsabilità familiari. Alla fine scoprimmo che il vero colpevole era un negoziante del quartiere. Era stato lui a lanciare le spregevoli accuse contro quegli adolescenti neri. Questo tizio disgustoso era un razzista ignobile, che voleva che la polizia fosse più presente nel quartiere, per far salire i prezzi delle case. Questa gentaglia non si tira indietro di fronte a nulla pur di fare soldi!

Un quarto capitolo si svolgeva negli anni Settanta e presentava un gruppo di affascinanti rivoluzionari hippie. Il loro capo era un nero molto cool e molto simpatico e la sua ragazza era una bellissima bionda. Quest'ultima doveva essere uccisa da un bastardo bianco, che si rivelava essere un informatore dell'FBI.

In un quinto capitolo, l'eroe si chiamava Ben: era un re bello, seducente, seduttore, discotecaro di cui tutte le ragazze erano innamorate. Evidentemente, il suo successo generava l'odio e l'invidia di quei piccoli disgraziati goyim, perché sicuramente sono degli orribili antisemiti. Ben era ebreo e per questo sarebbe stato assassinato. Fortunatamente, giustizia sarà fatta. Una scena finale molto commovente mostra la famiglia ebrea in lacrime, ancora una volta vittima dell'odio. Il produttore di questa serie era nientemeno che Jerry Bruckenheimer, un importante regista statunitense.

Nel 1925, in *La rivoluzione surrealista*, lo scrittore Louis Aragon aveva espresso in modo molto esplicito questa stessa rabbia distruttiva, anche se è vero che era un fervente stalinista: "Rovineremo questa civiltà che voi amate tanto, scriveva... Mondo occidentale, siete condannati a morte. Noi siamo i disfattisti d'Europa: guardate come questa terra è arida, matura per tutti i fuochi[403]".

Molto prima di lui, all'epoca di Napoleone III, Gougenot des Mousseaux aveva citato nel suo libro un certo Ernest Desjarcins, professore universitario. Egli si era arreso all'evidenza: "Essi

---

[403] Elisabeth Levy, *Les Maîtres censeurs*, Lattès, Poche, 2002, p. 238.

introducono ovunque, per effetto stesso della loro presenza, i germi della distruzione e della dissoluzione, poiché la loro tendenza è quella di sorgere ovunque sulle rovine degli altri[404]".

Insolenza

Alexandre Minkowski era un medico piuttosto famoso in Francia negli anni Settanta. Professore di neonatologia ed "ebreo anticonformista", si era sfogato in un libro intitolato *Il mandarino scalzo*, pubblicato nel 1975. I suoi genitori "appartenevano all'intellighenzia polacco-ebraica". Erano fuggiti in Germania, dove gli ebrei erano "in una situazione privilegiata, mentre in Francia erano sotto i riflettori a causa dell'affare Dreyfus (1894-1906)". Alla fine si stabilirono in Francia.

Come la maggior parte degli ebrei, Alexandre Minkowski si dichiarava un francese "perfettamente integrato": è un "francese nato a Parigi e totalmente integrato". Fu probabilmente per amore della Francia che si unì alla Resistenza nel 1940: "Contrariamente ai miei genitori che, come ho detto, consideravano un onore indossare la stella gialla... io la trovavo fastidiosa". Anche se non citava alcun atto armato a cui aveva partecipato, le sue motivazioni sembravano sincere. Non capiva perché i colleghi dell'ospedale lo considerassero un intruso: "Ero solo un altro francese, di nome Monkowski", scriveva. Evidentemente era indignato dal comportamento di quei francesi che si rifiutavano di andare a morire di nuovo in trincea per gli interessi altrui. Il fatto è che pochissimi dei suoi amici erano resistenti: "Mio padre aveva rischiato la vita per venire in Francia: "Ave Francia, Regina delle Nazioni!" Tuttavia, a Parigi scoprii un villaggio di galline amare, la borghesia medica alla testa... Qualche voce coraggiosa era eccezionalmente udibile nella nostra facoltà di codardi".

Il combattente della Resistenza Alexander Minkowski conosceva, tuttavia, i suoi limiti: "Ho sempre aspirato a comandare, a essere un capo. Ma stranamente non nella Resistenza". Nel 1944, una volta assicurata la sconfitta della Germania, si arruolò nell'esercito francese che avrebbe invaso il Paese sconfitto. Figlio di un borghese, medico e

---

[404] Roger Gougenot des Mousseaux, *Gli ebrei, il giudaismo e l'ebraicizzazione dei popoli cristiani*. Versione Pdf. Tradotto in spagnolo dalla professoressa Noemí Coronel e dalla preziosa collaborazione dell'équipe del Nazionalismo cattolico. Argentina, 2013, p. 461

tirocinante in un ospedale, diventa capitano in un battaglione di combattimento: "In Alsazia ricevetti un encomio che recitava: "Buon tiratore di uomini". Ha fatto uccidere metà delle sue truppe sotto il suo comando"... La cosa più forte è che era talmente imbevuto di valori militari che mia moglie, dopo aver letto il testo, ha dovuto farmi capire la barbarie di questo[405]"

La borghesia francese con la quale si è confrontato non gli ispirava fiducia: "La xenofobia della borghesia francese è leggendaria; è riemersa alla spicciolata sotto l'occupazione tedesca. Bisogna combatterla senza tregua". Esprime inoltre la sua ripugnanza nei confronti della Francia tradizionale. I suoi genitori avevano già "qualche dubbio sull'istituzione cattolica", che lui "considera perniciosa". Esisteva ancora "una seria controversia con la Chiesa cattolica". Parlando di un sacerdote missionario cattolico in Indocina, sentenziò brutalmente: "Non si è mai abbastanza violenti contro quei crociati[406]".

Nel 1946 si trasferì negli Stati Uniti per completare la sua formazione medica come pediatra. "Mi sono sentito subito a casa", ha dichiarato questo francese "totalmente integrato". E aggiunge: "Come il mio amico regista Jean-Pierre Melville, amo gli Stati Uniti, fisicamente e carnalmente[407]". Possiamo notare che a pagina 23 del suo libro, egli affermava inoltre di essere un "cittadino del mondo". Anche se è vero che aggiungeva di essere a favore di "una morale dell'ambiguità". E infatti, qualche pagina dopo, dichiarava: "Non sono un sionista, non sento il bisogno di stabilirmi in Israele. Sono francese.

Negli Stati Uniti, Alexander Minkowski ebbe modo di osservare il comportamento di alcuni suoi coetanei ai vertici della scala sociale: "Poiché guadagnavo pochissimo, fui assunto come domestico da un ricco ebreo tedesco di nome Rothschild. I Rothschild avevano una posizione privilegiata a Chicago, poiché possedevano grandi negozi di

---

[405] Alexandre Minkowski, *Le Mandarin aux pieds nus*, 1975, Points Seuil, 1977, pagg. 70-79.

[406] Alexandre Minkowski, *Le Mandarin aux pieds nus*, 1975, Points Seuil, 1977, pagg. 24, 37, 43, 159.

[407] Alexandre Minkowski, *Le Mandarin aux pieds nus*, 1975, Points Seuil, 1977, p. 85, 90. Jen-Pierre Melville (Achod Malakian) è il regista de *L'armée des ombres*, un film che glorifica la resistenza "francese".

abbigliamento... Aveva un autista nero che picchiava con uno scacciamosche". Evidentemente, un comportamento così sprezzante può aver incoraggiato l'antisemitismo: "Ho scoperto più tardi che l'antagonismo tra ebrei e neri era quasi definitivo[408]".

In un altro libro, intitolato *L'Impertinente*, il grande borghese Alexandre Minkowski raccontava di essere un fervente militante di sinistra e di essersi impegnato con Pierre Mendes-France. Naturalmente, ha elogiato i benefici della società multiculturale: "Se ricordiamo la ricchezza culturale, artistica e commerciale della comunità giudeo-araba della Spagna del XIV secolo (a cui i Re Cattolici posero fine, con disgrazia del loro Paese e del mondo civile), possiamo solo sperare nel ritorno di quell'epoca felice. Forse questo è un esempio per la salvezza dell'Europa, e perché no del mondo? Propongo di fondare con alcuni volontari un movimento per un'Europa giudeo-araba[409]". Sicuramente si tratta di un'altra "impertinenza". Il che ci fa pensare che anche Minkowski meriterebbe qualche colpo di "scacciamosche".

Seminare la discordia e provocare "pruriti" sembra essere il passatempo di questi spiriti "anticonformisti"[410]. Daniel Cohn-Bendit, ad esempio, rappresentava nel maggio '68 il giovane ribelle insolente, eroe di tutta la gioventù francese. Trent'anni dopo, nel novembre 1998, il direttore del settimanale *L'Evénement du jeudi*, George-Marc Benamou, lo elogiava in prima pagina in questi termini: "Dany il rompipalle". Dany, si diceva, aveva "quella freschezza provocatoria" e riusciva a "far uscire di senno la carcassa reazionaria".

Alexander Minkowski aveva la stessa abitudine e procedeva allo stesso modo: "Paradossalmente, direi che oggi può essere un vantaggio essere ebreo: per quanto mi riguarda, posso abbandonarmi impunemente ad azioni al limite della provocazione... Da diversi anni pubblico articoli contro gli eccessi della polizia e della magistratura, contro l'ordine costituito, contro la borghesia medica, contro gli scandali. Quando Milliez lo fa - Milliez è un cattolico che viene dai gesuiti - viene attaccato pubblicamente, perseguitato, ecc. Io sono relativamente protetto, nella misura in cui i nostri avversari hanno paura di essere considerati antisemiti. Approfittiamone finché possiamo, potrebbe non

---

[408] Alexandre Minkowski, *L'Impertinent*, Jean-Claude Lattès, 1984, p. 88.

[409] Alexandre Minkowski, *L'Impertinent*, Jean-Claude Lattès, 1984, 189

[410] Si legga *Psychanalyse du Judaïsme*, p. 69.

durare per sempre [411] !". In quest'ultimo caso Minkowski ha probabilmente ragione.

Roger Gougenot des Mousseaux aveva già notato queste caratteristiche dello spirito ebraico: "Quando il vento del tempo volge all'increculità, alle persecuzioni contro la Chiesa, come quelle di oggi, l'ebreo, dimenticando l'oppressione sotto la quale è vissuto a lungo e la mano generosa che la Chiesa gli ha teso, diventa arrogante, insolente, odioso; riempie il mondo con le sue lamentele; si associa a qualsiasi movimento ostile alla Chiesa e diventa con la sua intolleranza rivoluzionaria il più insignificante dei settari... è cattivo quando è perseguitato, arrogante e insolente, difficilmente si sente protetto!".[412]

Il disprezzo e la derisione della società europea tradizionale e il disprezzo per i goy sono spesso espressi dagli intellettuali ebrei. Il famoso romanziere americano Philip Roth ha scritto a proposito delle abitudini alimentari dei non ebrei: "Lasciate che i *goyim* affondino i loro denti in ogni creatura immonda che striscia e ringhia sulla faccia della terra immonda, noi non contamineremo così la nostra umanità. *Lasciateli* (se capite cosa intendo) ingozzarsi di qualsiasi cosa si muova, per quanto odioso e abietto sia l'animale, o grottesco, *shmutzig* (sporco) o stupido possa essere la creatura in questione. Che mangino anguille e rane e maiali e granchi e aragoste; che mangino avvoltoi, che mangino carne di scimmia e di puzzola se vogliono - una dieta di creature abominevoli che si adatta perfettamente a una razza così irrimediabilmente vana e vuota da bere, divorziare e combattere con i pugni. Tutto ciò che questi imbecilli mangiatori di esecrazioni sanno fare è sbruffare, insultare, deridere e, prima o poi, colpire".

---

[411] Alexandre Minkowski, *Le Mandarin aux pieds nus*, 1975, Points Seuil, 1977, p. 44.

[412] Goschler, di origine ebraica, *Dict. encycl. allemand*, supra pag. 453; 1861 in Roger Gougenot des Mousseaux, *Gli ebrei, il giudaismo e la giudaizzazione dei popoli cristiani.* versione pdf. Tradotto in inglese dalla professoressa Noemí Coronel e dalla preziosa collaborazione dell'équipe di Catholic Nationalism. Argentina, 2013, p. 317, 308

* WASP (White Anglo-Saxon Protestant), "White Anglo-Saxon Protestant", americano di origine nordeuropea appartenente alla chiesa protestante. I WASP sono considerati la classe dirigente degli Stati Uniti.

I cinesi non meritano più rispetto degli europei: "L'unico popolo al mondo di cui, mi sembra, noi ebrei non abbiamo paura sono i cinesi. Primo, perché parlando inglese fanno sembrare mio padre Lord Chesterfield in persona al loro confronto; secondo, perché le loro teste sono piene di riso fritto; terzo, perché per loro non siamo ebrei, ma *bianchi* - forse *addirittura* anglosassoni, vai a capire! Per loro siamo una variante WASP* dal naso grosso[413] " È chiaro che gli sciocchi cinesi non capiranno mai la vera natura degli ebrei, i loro metodi e i loro obiettivi. Ma per il romanziere americano era difficile dissimulare i suoi sentimenti: "I *Goyim* fingevano di essere qualcosa di speciale, mentre in realtà *eravamo i* loro superiori morali. E ciò che ci rendeva superiori era proprio l'odio e il disprezzo che ci riversavano con tanta abbondanza![414]".

Questa mentalità è stata confermata da molte altre testimonianze. Lo scrittore Israel Shamir è un ex ebreo che ha preferito abbandonare l'ebraismo, in contrasto, secondo lui, con la morale dell'umanità. In *The Other Face of Israel*, ha ripetuto questa massima pronunciata dal rabbino Yaakov Perrin il 27 febbraio 1994 e citata dal *New York Times* il 28 febbraio 1994[415]: "La vita di cento gentili non vale l'unghia di un ebreo".

Ascoltate anche la risposta del rabbino capo dei Lubavicth, interrogato sulla possibilità di vita extraterrestre: "È possibile che esistano altre forme di vita, ma queste creature sarebbero di un livello di intelligenza inferiore al nostro, poiché non possiedono la Torah, l'emanazione unica della saggezza del Creatore che è stata rivelata solo al popolo ebraico[416]".

Queste parole sembrano riflettere una mentalità ampiamente condivisa. Ad esempio, ne *L'ultimo giusto*, il romanziere André Schwarz-Bart raccontava la storia del povero Mardocheo che, aggredito da contadini polacchi, riuscì a difendersi - cosa incredibile per un povero ebreo - e a sconfiggere i suoi assalitori: "Mardocheo, stordito e quasi ubriaco di

---

[413] Philip Roth, *Lamento de Portnoy*, Alfaguara, Madrid 1977-1997, p. 78 e *El mal de Portnoy*, Seix Barral, Barcellona, 2007, in prestito a Debolsillo, Mondadori, Barcellona, 2008, p. 87.

[414] Philip Roth, *Il lamento di Portnoy*, Alfaguara, Madrid 1977-1997, p. 54.

[415] Israel Shamir, *L'autre visage d'Israël*, Éditions Al Qalam, 2004, pag. 380.

[416] *Actualité juive* del 4 settembre 1997, cfr. *Faits et Documents*.

sangue, scoprì improvvisamente il mondo cristiano della violenza... Quella stessa notte, tornando a casa, seppe che d'ora in poi avrebbe avuto la meglio sui suoi simili, quanto di più irrisorio e insignificante, di un corpo strettamente legato alla terra, alle piante e agli alberi, su tutti gli animali, innocui o pericolosi - compresi quelli che portano il nome di uomini[417]."

Sono tutte parole che fanno pensare che le citazioni più insultanti del Talmud, che si leggono nei libri "antisemiti", siano forse, in fondo, perfettamente vere: "Solo gli ebrei sono umani, le altre nazioni sono seme di bestiame". Il Talmud, come sappiamo, è il libro di riferimento contenente le interpretazioni rabbiniche, che deve essere posto al di sopra della Torah. Per dirla con Bernard-Henri Levy, gli ebrei devono sottomettersi al "comandamento di amare la Torah più di Dio, e di amare il Talmud più della Torah[418]".

La derisione e il sarcasmo fanno parte dell'arsenale dialettico dell'ebraismo. Gli intellettuali ebrei deridono tutto ciò che non è ebraico e hanno sempre ridicolizzato le tradizioni dei popoli tra cui vivono. Un ulteriore esempio lo troviamo in Philip Roth, che nel suo libro cita l'opera del "genialissimo Irving Berlin", un cantante americano: "Le due feste in cui si celebra la divinità di Cristo,... E cosa fa Irving Berlin? Le scristianizza entrambe! Trasforma la Pasqua in una sfilata di moda e il Natale in una vacanza sulla neve. Niente sangue e morte di Cristo: giù il crocifisso e su il berretto di lana! Il ragazzo sminuisce la religione cristiana, ma con tutta la gentilezza del mondo! Tanta delicatezza che i gentili non sanno nemmeno dove li ha colpiti. A loro piace. Piace a tutti. Soprattutto agli ebrei[419]".

La pacificazione del mondo

Il romanziere e saggista Manes Sperber, morto nel 1984, aveva rotto con l'ideologia comunista nel 1937, durante i processi di Mosca. Era un

---

[417] André Schwarz-Bart, *El último justo*, Editorial Seix Barral, Barcelona, 1959, p. 41, 42.

[418] Bernard-Henri Levy, *Récidives*, Grasset, 2004, p.417

[419] Philip Roth, *Operación Shylock*, Debolsillo, Editorial Mondadori, 2005 Barcelona, p. 181. (*Il ragazzo sminuisce la religione cristiana: la trasforma in shlokh, in merda. Nella traduzione francese di Gallimard, 1995*).

ebreo ateo: "ateo da quando aveva tredici anni". Ma era comunque pervaso da un certo "amore" per la Bibbia. Nel 1978, questo marxista esprimeva le stesse speranze messianiche degli ebrei religiosi: "In passato, ho creduto con grande ottimismo in un futuro che avrebbe riconciliato tutti gli esseri e tutti i popoli, un futuro che avrebbe riunito tutta l'umanità; mantengo ancora questa ferma speranza". Manes Sperber ha affermato che ogni ebreo ha il dovere di lavorare per il completamento del progetto di Israele: "La venuta del Messia dipende da noi stessi, dal lavoro di tutti. Nessuna idea mi ha mai dominato tanto, né ha esercitato tanta influenza sul cammino che ho scelto: questo mondo non può rimanere così com'è, deve diventare qualcosa di totalmente diverso, e lo diventerà. Quest'unica esigenza e quest'unica certezza hanno determinato, da sempre, la mia esistenza di ebreo e di contemporaneo. Con la sua conversione al marxismo, egli non faceva altro che prolungare l'escatologia ebraica in una forma secolarizzata: "Quando, più tardi, ho scoperto Hegel e Marx, quella grande speranza di un mondo giusto che supererà definitivamente la preistoria, sapevo di seguire la tradizione del mio bisnonno messianico[420]".

Come molti intellettuali ebrei, riconobbe di non poter spiegare il destino del popolo ebraico in altro modo se non con la sua elezione divina. Per lui era l'unico modo per spiegare il destino molto speciale del popolo ebraico: "Non potrei mai dimenticare la minaccia che incombeva sul popolo ebraico in quanto popolo eletto; anche per questo non potrei mai spiegare razionalmente il suo destino unico. Ancora oggi, più che mai, non saprei dire perché proprio noi abbiamo resistito più di ogni altra cosa, perché siamo sopravvissuti così tanto". Questo destino, secondo lui, "rimane un problema storicamente e filosoficamente inestricabile[421]".

Gli ebrei sembrano effettivamente in grado di resistere agli assalti di tutti i loro nemici: "I sopravvissuti a ogni catastrofe hanno riscoperto la loro invincibilità", scrive Sperber. Fin dall'antichità, "vediamo come non si siano mai considerati veramente sconfitti, ma al contrario abbiano creduto di essere destinati a un successivo trionfo che sarebbe

---

[420] Manès Sperber, *Être Juif*, Éd.Odile Jacob, 1994, p. 34, 28, 32, 121

[421] Manès Sperber, *Être Juif*, Éd. Odile Jacob, 1994, p. 17.

stato definitivo. Essi rivendicano un Dio invincibile, il loro Dio, l'unico vero Dio, che regna sull'universo[422]".

Per loro il presente è solo un lungo corridoio verso un futuro radioso. La loro intera esistenza sembra essere dedicata all'avvento del trionfo di Israele e alla pace eterna che lo accompagnerà: "Durante il periodo più buio del loro esilio bimillenario, gli ebrei credevano che la fine dei tempi fosse vicina, vivevano in anticipo", scrive Sperber. I vincitori non sono le nazioni che vincono le prime battaglie, ma quelle che emergono vittoriose dalle ultime". L'escatologia ebraica promette che alla fine dei tempi regnerà una pace eterna in cui tutte le creature saranno riconciliate[423]".

Gli impulsi messianici degli ebrei sono talvolta espressi in modo più brutale, come nel caso di Albert Caraco. Nella sua *Apologia di Israele*, i termini più ripetuti sotto la sua penna sono molto espliciti: "innocenza", "vendetta", "gloria", "follia", "speranza". Ecco alcuni passaggi in cui ha espresso il suo pensiero.

Caraco affermava così le sue certezze: "Cosa siamo? Quello che vogliamo essere: schiavi ieri e pontefici domani". (p.82). "Osservatori dell'assoluto, noi siamo per voi il destino e saremo i vostri padroni, i vostri padroni dopo Dio, i vostri padroni davanti a Dio, noi gli schiavi del Volto*" (p.111). (p.111)

E, come già sappiamo, perché il popolo d'Israele raggiunga l'impero sul mondo, tutte le nazioni devono essere distrutte: "La pace ci attende sulle vette, nella solitudine regale dove dimoriamo con e davanti a Dio, con le nazioni che giacciono nella polvere. Allora intercederemo per loro, noi legittimi pontefici, razza sacerdotale nata, servo dell'assoluto". (p.81). "Dopo venti secoli in cui la loro presenza è stata messa a tacere, gli ebrei sono entrati nella storia, ed è per questo che i tempi si avvicinano", scrive Caracus (p. 217). "Prima di tre generazioni, ci sarà un solo mondo, non ci saranno più confini e regnerà la pace". (p.259). "Senza di noi, nessuna luce, attraverso di noi, tutta la luce" (p.77).

La *pax Judaica che si* instaurerà nel mondo sarà implacabile. È vero che gli uomini sono stati ingiusti con il misero popolo ebraico, quindi è

---

[422] Manès Sperber, *Être Juif*, Éd. Odile Jacob, 1994, p. 50, 133.

[423] Manès Sperber, *Être Juif*, Éd. Odile Jacob, 1994, p. 91.

* Volto, maiuscolo nel testo originale. Letteralmente: il Volto.

naturale che essi sazino la loro brama di vendetta: "Ci hanno punito, generosi; ci hanno disprezzato, giusti; ci adoreranno, spietati". (p.77). In effetti, il popolo ebraico è "un popolo di leader" (p.177). "Affamato di potere e non di fama, questo popolo disprezza le forme e infuria per l'assoluto, infuria per convincere gli umili e sedurre i ribelli, per regnare su alcuni e fulminare gli altri" (p.171).Andare alla giustizia per le vie del potere e al potere per le vie del male... a causa dell'iniquità degli uomini che li ha resi odiosi e miserabili, tale è la sorte degli ebrei, nati per la vendetta e nati per la salvezza" (p.191).Lasciateli dominare, andranno in Grazia e il Regno sarà loro concesso al di sopra dell'universo, affinché tutti possano riposare all'ombra della Gloria" (p.211). "Il potere è la loro fuga e il dominio assoluto l'unico mezzo di vita rimasto loro" (p.169). Come sempre, sarà la gente comune a ribellarsi a questa dittatura, mentre le élite tradiranno: "I deboli vomiteranno gli ebrei, affinché i potenti li accolgano e i potenti che li rifiutano non lo saranno a lungo". (p.132).

Così, il popolo ebraico è un popolo in guerra permanente contro il resto dell'umanità. "Questo popolo è sotto le armi" (p. 170). (p.170); è in guerra "da quaranta secoli". Anche Clara Malraux, moglie dello scrittore André Malraux, ebreo originario di Berlino, ha ripreso questa idea: "La sconfitta non può essere accettata con il ricordo delle vittorie passate e la speranza delle vittorie future. Così è stato per quasi due millenni per il popolo ebraico[424]".

La forza degli ebrei è quella di rimanere nell'ombra e di agire in segreto: "Hanno l'onore di regnare invisibili". (p.158). "L'ombra è la loro forza e l'equivoco il loro impero, l'assurdità la loro vendetta, il mondo la loro speranza, e quando il mondo sarà ebreo, non cammineranno più soli, pietosi." (p.63). E Caraco va avanti, forse con coraggio, e avverte: "Coloro che disfano i loro progetti non sapranno più come realizzarli e passeranno per pazzi" (p.163). (p.163).

Quando i nuovi padroni domineranno il mondo, potranno rivelare il loro vero volto: "Quando saranno all'altezza dell'evidenza, solleveranno la loro maschera e non dovranno più arrossire di se stessi, né l'universo li avrà come padroni" (p.163). (p.163)

---

[424] Clara Malraux, *Rahel, ma grande soeur...*, Edizioni Ramsay, Parigi, 1980, pag. 54.

L'universo mentale degli ebrei è totalmente permeato da queste folli speranze messianiche che alimentano il loro smodato orgoglio. Anche l'opera principale dei cabalisti ebrei, lo Zohar, contiene passaggi che riflettono molto bene l'immenso orgoglio del popolo eletto: "È perché Dio ha affetto per Israele e lo attira a sé, che tutte le nazioni idolatre odiano Israele; perché sono tenute a distanza, mentre Israele gli è vicino[425]."

Secondo Stephen Sharot, questo sentimento di superiorità era ancora più manifesto negli ebrei sefarditi, che rivendicavano la loro discendenza dall'aristocrazia dell'antica Gerusalemme e occupavano le alte sfere della società nella Spagna medievale, mentre la maggior parte degli ebrei ashkenaziti erano all'epoca piccoli mercanti e artigiani dell'Europa centrale: "Il sentimento di superiorità che animava i sefardim non derivava solo dalla loro ebraicità e dal loro essere ebrei, come nel caso degli ashkenaziti, ma ancor più dal loro status e potere all'interno della società[426]."

Nella sua opera *Fonti*, il filosofo Vladimir Jankelevitch, spiegava senza mezzi termini che l'ebreo della diaspora era "due volte più umano di un altro uomo a causa del potere che ha di essere assente da se stesso e di essere altro da sé[427]."

Naturalmente, anche Albert Caraco esprime questo stravagante orgoglio: "In verità vi dico... è Dio che colpiscono attraverso gli ebrei"(p.246). "È Dio che i romani perseguitano attraverso gli ebrei, Dio che odiano e che feriscono"(p.84). "E in verità vi dico: il cielo non ha più voce da quando questa nazione ha tenuto la bocca chiusa"(p.188). "Questo popolo è il perno della storia"(p.234). In queste condizioni, "la scelta degli ebrei è un fatto evidente... e chi si rifiuta di crederci avrà in futuro la follia come compagna e le tenebre come asilo... Il mondo ha forgiato i maestri, e quando la prova sarà finita, la gloria sarà meglio fondata e l'ordine più divino". (p.247)

In un'altra opera, *Razze e classi*, Albert Caraco scriveva: "Lo spirito del mondo è raccolto nella sua testa, il mondo avrà la scelta tra il nulla o gli

---

[425] Citato da David Bakan, in *Freud et la tradition mystique juive*, 1963, Payot, 2001, p. 176.

[426] Shmuel Trigo, (sotto la direzione di), *La société juive à travers l'histoire*, tome I, Fayard, 1992, p. 277.

[427] *Le Crappuillot*, febbraio 1985

ebrei" (p.374). (p.374). "L'uomo ha bisogno di Dio, ma cos'è Dio se non ha l'ebreo come sacerdote" (p. 375).

Infine, Caracus ribadisce la sua fede nell'elezione divina del popolo ebraico e la necessità di distruggere il cristianesimo e l'islam per raggiungere quel mondo di "pace" descritto dai profeti: "Comincia l'ora degli ebrei: scelti o no, essi sono il punto dove poggia la leva della sovversione, prima di sollevare il mondo". (p.384). "Questa è propriamente la missione degli ebrei". La lezione del popolo ebraico "varrà per tutti i popoli e per tutti i secoli, è ora e sotto i nostri occhi che l'elezione è confermata[428]".

Ma il Messia degli ebrei era già apparso diverse volte nella storia. Evidentemente, ogni volta si è scoperto che si trattava di un falso messia, che i tempi non erano maturi e che occorreva più pazienza. Colui che ha scatenato il maggior entusiasmo è stato senza dubbio Shabtai Tzvi, vissuto nell'Impero Ottomano nel XVII secolo, che ha messo in fibrillazione tutte le comunità ebraiche d'Europa[429]. In un romanzo intitolato *Satana a Goray*, Isaac Bashevis Singer, vincitore del Premio Nobel per la letteratura nel 1978, descrisse la dissolutezza del popolo ebraico in quel periodo. Era chiaro a tutti che i tempi erano giunti e che finalmente si sarebbe realizzato che "la più umile e piccola delle nazioni della terra avrebbe superato e dominato tutti gli altri popoli", scrive Singer: "I figli di Israele sarebbero stati presto esaltati al di sopra di tutti gli altri popoli[430]".

Ecco come i Giudei vedevano il loro imminente trionfo: "Il mondo era stupito. Il popolo della Giudea godeva ora di un'alta reputazione. Principi e re venivano a onorarli e si inchinavano davanti a loro. Terre e cieli avrebbero gioito il giorno in cui Sabbatai Zevi fosse arrivato a Istanbul. Sicuramente gli ebrei avrebbero celebrato la Festa delle Settimane nella terra d'Israele. Il Santo Tempio sarebbe stato restaurato, le tavole della Legge sarebbero tornate nell'Arca Santa e un Sommo Sacerdote sarebbe entrato nel Santo dei Santi. Sabbatai Zevi, il redentore, avrebbe regnato in tutto il mondo... Ogni uomo timorato di

---

[428] Albert Caraco, *Les Races et les classes*, L'Âge d'homme, 1967, p. 386.

[429] Cfr. Hervé Ryssen, *Psychanalyse du Judaïsme*, Baskerville 2006, p. 158 e segg.

[430] Isaac Bashevis Singer, *Satana a Goray*, PDF, Epublibre editore digitale, German25, 2017, p. 18, 26

Dio avrebbe avuto diecimila schiavi pagani che gli avrebbero lavato i piedi e si sarebbero occupati di lui. Duchesse e principesse sarebbero state governanti e balie dei bambini ebrei, come annunciato nel Libro di Isaia... I malati sarebbero stati guariti e i brutti sarebbero diventati persone belle. Tutti avrebbero mangiato su piatti d'oro e bevuto solo vino. Le figlie di Israele si bagneranno in torrenti di balsamo e il profumo dei loro corpi inonderà il mondo. I figli di Israele avrebbero indossato armature, con spade ai fianchi, archi e frecce alle spalle, per tormentare il resto dei nemici di Israele. Le persone della nobiltà che erano state gentili con i figli d'Israele sarebbero state risparmiate, così come le loro mogli e i loro figli; tutti sarebbero diventati servi degli eletti[431].

Lo scrittore "inglese" Israel Zangwill riassunse l'avventura di Shabtai Tzvi nel suo romanzo *The Ghetto Dreamers*, pubblicato nel 1898. Descrisse queste folli speranze messianiche in termini equivalenti: "Non temere più, perché eserciterai il tuo impero non solo sulle nazioni, ma anche sulle creature che vivono in fondo ai mari[432]".

È chiaro che tali discorsi rischiano di offendere la suscettibilità dei goyim, che sicuramente non sono disposti ad accettare il dominio assoluto del popolo eletto. È quindi necessario tenere sempre segreto lo sfondo di questi discorsi quando sono rivolti a loro, e usare l'ellissi, enfatizzando piuttosto il concetto seducente di "pace universale".

Ispirato dalla missione del popolo ebraico, anche il fisico Albert Einstein si adoperò per "pacificarci". A New York, nel 1931, dichiarò in un'intervista: "Dovremmo riscrivere tutti i libri di testo scolastici invece di perpetuare vecchi rancori e pregiudizi. Forse non è possibile sradicare tutti i nostri istinti bellicosi in una sola generazione. Forse non è nemmeno il caso di eliminarli tutti, perché gli uomini devono ancora combattere per qualcosa, ma che d'ora in poi si tratti di cose valide, e non di fantasiosi tracciati geografici, di pregiudizi razziali o di un'avidità che si veste dei colori del patriottismo[433]".

La riscrittura dei testi scolastici è stata anche una delle preoccupazioni del miliardario George Soros dopo il crollo dell'impero sovietico:

---

[431] Isaac Bashevis Singer, *Satana a Goray*, PDF Editore Digitale German25, 2017, p. 75, 93

[432] Israel Zangwill, *Rêveurs de ghetto*, 1898, Éditions Complexe, 1994, p. 165.

[433] Cfr. *Les Espérances planétariennes*, pag. 121-126.

"Contribuiamo attivamente alla formazione degli insegnanti e alla pubblicazione di nuovi testi scolastici per sostituire le opere marxiste-leniniste. Stiamo stampando milioni di libri ogni anno in Russia[434]".

Anche il sociologo Edgar Morin ha cercato di pacificarci: "Non basta pacificare gli Stati, bisogna pacificare gli individui, gli spiriti e le coscienze. Il problema dell'aggressività e del razzismo risiede innanzitutto nel rapporto tra sé e l'altro, e all'interno di sé[435]". L'idea di Edgar Morin era che l'immigrazione di massa e l'apologia della società multiculturale fossero i mezzi migliori per dissolvere le identità nazionali, condizione indispensabile per la pacificazione del mondo. In questa prospettiva, era essenziale educare la popolazione europea, senza dubbio ancora troppo reticente nei confronti dei grandi progetti dell'ebraismo. Vediamo qui come la parola "shalom", che significa "pace", sia al centro della visione del mondo ebraica.

È proprio questo che Elie Wiesel ha cercato di farci capire in un articolo sull'ebraismo, da lui firmato sul settimanale *Le Point* del 21 luglio 2005 e dedicato alle grandi religioni. Aveva intitolato il suo articolo "La religione disprezzata". Elie Wiesel avrebbe cercato di darci un'immagine migliore del popolo ebraico rispondendo a tutte queste ignobili accuse: "Non abbiamo mai voluto conquistare il mondo, come ci hanno accusato, ci assicura... Il popolo ebraico non è superiore o inferiore agli altri... Essere ebrei significa accettare questo passato, a volte pieno di minacce, ma anche illuminato dalla promessa della venuta del Messia: la storia si dirige da qualche parte per migliorarsi, per diffondere la pace... L'ebraismo è una religione che dà senso alla storia: ha dato al mondo il messianismo, la promessa di un futuro migliore". Ha continuato: "L'ebraismo è fondamentalmente contrario al fanatismo e al rigore estremo. La bellezza del Talmud sta innanzitutto nel rispetto dell'altro. Questo può spiegare perché non c'era proselitismo forzato nei confronti degli ebrei. Un cristiano non ha bisogno di convertirsi all'ebraismo per meritare il mio rispetto. Lo stesso vale per i musulmani e per gli agnostici. Accetto l'altro così com'è.

In una rivista a grande diffusione come *Le Point*, è davvero importante presentare le cose sotto una luce più favorevole. Il grande pubblico non

---

[434] George Soros, *Le Défi de l'argent*, Plon 1996, p. 115.

[435] Edgar Morin, *Un nouveau commencement*, Seuil, 1991, pagg. 39, 96.

deve sapere nulla dei segreti di Israele. In realtà, gli ebrei sono da tempo abituati a nascondere i loro veri pensieri e a distorcere le loro parole per evitare di essere sottoposti a terribili accuse. Come quando Shmuel Trigano, citando il grande Maimonide, scrisse, ad esempio: "L'unica differenza tra questo mondo e i giorni del Messia è la sottomissione di Israele alle Nazioni[436]". I suoi lettori ebrei non sono confusi e capiscono istintivamente il significato della formula.

2. L'antisemitismo

Ancora oggi, l'universo mentale degli ebrei è fortemente segnato dalle persecuzioni che hanno segnato la loro storia e che sembrano essere un'inevitabilità. Il romanziere tedesco Joseph Roth scriveva tra le due guerre: "La fuga dall'Egitto dura da millenni. Bisogna sempre essere pronti a partire in fretta, con tutto quello che si ha addosso, pane e cipolla in una tasca, filatteri[437] nell'altra. Chi sa se non si dovrà partire tra un'ora[438]?".

Ne *L'ultimo giusto*, André Schwarz-Bart racconta le sofferenze degli ebrei, dall'Inghilterra del XII secolo alla Germania nazista, passando per le espulsioni dalla Francia e dalla Spagna e i pogrom medievali in Polonia e Russia. Nel 1917, il discendente di tutte queste generazioni, Benjamin, pensa di fuggire dalla Polonia, come il suo antenato era fuggito dalla Russia. Progetta di fuggire in Inghilterra, ma esita: "Un'isola, come fuggire in caso di estrema necessità? D'altra parte, la parola America gli piaceva", perché "gli ricordava la danza biblica intorno al vitello d'oro, alla quale il suo ex capo intagliatore di Zemiock paragonava la vita degli ebrei americani... Quanto alla parola Francia,

---

[436] Shmuel Trigo, (sotto la direzione di), *La société juive à travers l'histoire*, tome I, Fayard, 1992, p. 263-266. Traduzione dall'inglese di Jean-Christophe Attias.

[437] Filatteri o Tefillin in ebraico: piccoli involucri di pelle contenenti strisce di pergamena con passi della Bibbia, che gli ebrei indossano legati al braccio sinistro e alla fronte durante alcune preghiere.

[438] Joseph Roth, *Judíos errantes (Ebrei erranti)*, Acantilado 164, Barcellona, 2008

aveva lo svantaggio di essere associata alla parola Dreyfus, che Benjamin aveva sentito pronunciare spesso; si diceva che i francesi avessero mandato questo ebreo sull'Isola del Diavolo; il solo nome faceva venire i brividi, quindi cosa decidere? Alla fine, dopo questo scoraggiante giro del mondo, Benjamin optò per la parola: Germania[439]". E fu così che andò a Berlino.

Vediamo che il Paese in cui un ebreo sceglie di vivere è quello che gli offre le migliori opportunità e garanzie. Sa che potrebbe essere espulso in qualsiasi momento, come è sempre stato fino ad oggi. Arthur Koestler ci ha informato in una delle sue opere dell'universo agonizzante degli ebrei e della loro tragica storia, per legittimare il loro insediamento in Palestina e la creazione dello Stato di Israele: la storia degli ebrei "è una storia tetra che inizia sempre con una luna di miele, per poi finire con un sanguinoso divorzio. All'inizio gli ebrei sono lusingati, ricevono carte, privilegi e favori. Sono accolti come se fossero alchimisti, perché conoscono il segreto per far girare le ruote dell'economia". Koestler prosegue dando un'idea della reputazione che gli ebrei avevano nel Medioevo: "Durante i "secoli bui", il commercio dell'Europa occidentale era in gran parte nelle mani degli ebrei, compreso il commercio degli schiavi, e i cartulari carolingi usano le parole "ebreo" e "mercante" come termini quasi intercambiabili [440]". Dopo aver raggiunto l'apice del loro potere, gli ebrei vengono invariabilmente espulsi dal Paese di cui si sono impadroniti. "Non c'è esempio nella storia di un popolo che sia stato così perseguitato sulla terra, che sia sopravvissuto alla sua morte come nazione e che, tra le autos de fe e le camere a gas, abbia continuato a brindare "l'anno prossimo a Gerusalemme" per un intervallo di tempo così astronomico e con la stessa fede inflessibile nel soprannaturale[441]."

---

[439] André Schwarz-Bart, *El último justo*, Editorial Seix Barral, Barcellona, 1959.

[440] Enciclopedia Britannica, 1973, articolo "Jews", in Arthur Koestler, *La treizième Tribu*, Calmann-Levy, 1976, Poche, p. 198 (Traduzione dal PDF Arthur Koestler, *Khazarian Jews, The Tribe number 13*, p. 185, su en.scribd.com)

[441] Arthur Koestler, in Victor Malka, *En Israël, Guide Bleu*, Hachette 1977, p. 13.

Il capro espiatorio

La tesi principale promossa dagli intellettuali ebrei per spiegare l'antisemitismo è quella del "capro espiatorio". L'ebreo sarà sempre e ovunque il colpevole ideale da incolpare quando la società è in crisi. Gli storici marxisti hanno naturalmente insistito sull'aspetto economico della questione. In *Odio antisemita*, Serge Moati ci ha fornito, ad esempio, la testimonianza di Simon Epstein, un economista che vive in Israele dal 1974: "L'antisemitismo arriva sempre a ondate. Alla fine del secolo scorso era presente ovunque, e non solo in Francia con l'affare Dreyfus. All'inizio del XX secolo è diminuito ovunque. Si risolleva negli anni '30 e torna a calare dopo la Seconda guerra mondiale. La ciclicità del fenomeno può quindi essere collegata alle crisi economiche. Quella della fine del XIX secolo favorì la crisi antiebraica e il crollo del 1929 contribuì all'ondata degli anni 1930-40".

Un periodo di calma sembra quindi inevitabilmente precedere una fase di tensioni: "Il periodo di "calma" prima del genocidio presenta molte analogie con quello che stiamo vivendo attualmente[442]". Queste analisi che alimentano un'angoscia permanente legittimano gli appelli alla vigilanza che potrebbero unire la comunità.

Emil Weis, animatore del festival del cinema ebraico di Parigi, difende un'analisi marxista molto caricaturale dell'antisemitismo alla fine del XIX secolo: "Questo periodo corrisponde all'avvento dell'era industriale e al declino dei grandi proprietari terrieri. Da qui lo sforzo di questi ultimi di mobilitare e risvegliare i riflessi nazionalisti dell'opinione pubblica per evitare il crollo del proprio potere. Incapaci di mettere in discussione o di rivedere le strutture sociali arcaiche e aggrappati ai loro privilegi, essi attribuirono la colpa della crisi a capri espiatori[443]".

Ma l'antisemitismo è il più delle volte inspiegabile, o meglio: inspiegabile. Almeno sotto la penna degli intellettuali ebrei. Ecco un altro esempio caricaturale tratto da un libro di Beatrice Phillippe intitolato *Gli ebrei nel mondo contemporaneo*, che dà un'idea dell'antisemitismo che affliggeva l'Algeria francese dopo il decreto

---

[442] Serge Moati, *La Haine antisémite*, Flammarion, 1991, pagg. 171, 172.

[443] CinémaAction, *Cinéma et judéité*, Annie Goldmann (direttore), Cerf. 1986, p. 44.

Crémieux del 24 ottobre 1870, che concedeva la cittadinanza francese solo agli ebrei algerini: "La Francia, fedele alla sua vocazione, ha "adottato 35 000 nuovi bambini"". Tuttavia, questo fu solo l'inizio della crisi: "Il primo focolaio di antisemitismo scoppiò nel 1882 ad Algeri, poi nel 1883 a Orano e Sétif... Il secondo focolaio sarebbe scoppiato negli anni '30... In effetti, ci furono gravi incidenti a Orano nel 1934, dove 700 miserabili arabi attaccarono la popolazione israeliana (23 morti, 38 feriti ebrei e 3 morti e 35 feriti musulmani)[444]." Forse Béatrice Philippe avrebbe potuto aggiungere:"... così, così, senza alcun motivo". Perché non ha presentato alcuna spiegazione per l'attacco rabbioso dei musulmani d'Algeria. Avrebbe potuto spiegare meno che Adolphe Crémieux era stato anche presidente dell'Alleanza Israelitica Universale e che, quando divenne Ministro della Giustizia al momento della proclamazione della Terza Repubblica, si affrettò a concedere la cittadinanza francese ai suoi concittadini, con il rischio di suscitare l'odio dei musulmani verso la Francia.

Serge Moati la pensava allo stesso modo. Ecco come presentava l'antisemitismo dei Paesi arabi: "La maggior parte dei Paesi arabi, vicini di Israele, spesso fomentano l'odio antisemita con il pretesto dell'antisionismo. Negli ultimi quarant'anni, gli ebrei, descritti come codardi, ostili, ingannevoli, vendicativi e ipocriti", sono stati vittime di numerose persecuzioni in questi Paesi. Il 1° giugno 1941, a Baghdad, un pogrom "spontaneo" provocò 600 morti, 240 feriti, 586 negozi saccheggiati e 911 case distrutte. Pochi mesi dopo la fine dell'Olocausto, nel novembre 1945, in Egitto, Siria e Libia scoppiarono i primi disordini e attacchi a sinagoghe e negozi ebraici. Nel dicembre 1947, una seconda ondata. Gli ebrei furono massacrati ad Aleppo, Aden, Iraq, Persia e Pakistan. Dal 1945 al 1952, 150 000 ebrei iracheni fuggirono clandestinamente in Israele... Nel 1956, gli ebrei furono espulsi dall'Egitto. Nel 1970, le proprietà degli ebrei furono confiscate in Libia. Nel 1979, alla vigilia della rivoluzione islamica, un migliaio di ebrei lasciarono l'Iran". Avrebbe potuto anche aggiungere:"... così, senza alcun motivo". Infatti, non ha fornito alcuna spiegazione nemmeno per questi episodi di violenza. Pur constatando che questi sentimenti antisemiti sono rimasti, anche dopo la partenza degli ebrei, si limita a scrivere: "L'intera faccenda è sorprendente... Qui, come in Polonia, abbiamo a che fare con un "antisemitismo senza ebrei".

---

[444] Béatrice Phillipe, *Les Juifs dans le monde contemporain*, MA éd., 1986, p. 18.

L'antisemitismo arabo è più ideologico e storico che sociale[445]". La sua spiegazione è però un po' breve.

L'antisemitismo è una cosa sorprendente. È addirittura un "grande mistero", come dice Simon Epstein, citato da Serge Moati: "L'antisemitismo è un grande mistero. Piuttosto che cercare di spiegarlo, perché non osservarlo?". In effetti, questo è l'approccio di quasi tutti i pensatori ebrei, che si limitano a mostrare le manifestazioni dell'antisemitismo senza mai darne le cause. Pertanto, l'antisemitismo appare necessariamente sotto la loro penna come qualcosa di assurdo.

Per colmare le lacune dei libri di Beatrice Philippe e di Serge Moati sull'antisemitismo nei Paesi arabi, potremmo citare un solo passaggio del romanzo di viaggio di Guy de Maupassant, *Sotto il sole*, pubblicato nel 1887: "A Bu Saada, li vediamo accovacciati sotto cubicoli sudici, gonfi di grasso, sordidi e pedinano l'arabo come un ragno pedina una mosca. Lo chiamano, cercano di prestargli cento sterline e in cambio gli fanno firmare un foglio. L'uomo conosce il pericolo, esita, resiste. Ma il desiderio di bere, insieme ad altri desideri, lo tenta; cento centesimi sono un piacere così grande per lui! Alla fine cede, prende la moneta d'argento e firma la carta unta. Alla fine di tre mesi avrà un debito di dieci franchi, cento alla fine di un anno, duecento alla fine di tre anni. Allora l'ebreo vende la sua terra, se ne ha, oppure il suo cammello, il suo cavallo, il suo asino, insomma tutto ciò che possiede. Anche i capi, i *caid*, gli agas o i *Bach agas*, cadono nelle grinfie di questi predatori che sono la peste, la sanguinosa peste della nostra colonia, il grande ostacolo alla civiltà e al benessere dell'arabo". Probabilmente si tratta di una spiegazione molto frammentaria, ma certamente ci permette di avviare il dibattito.

Per cercare di capire le reazioni antisemite, possiamo fare riferimento alla luminosa analisi del grande Primo Levi, ben noto a tutti gli scolari dei Paesi occidentali. Nel suo famoso libro *Sì, questo è un uomo*, pubblicato nel 1958, raccontava la sua esperienza nei campi di concentramento da cui uscì miracolosamente illeso[446]. "Tutti ormai sanno che *Sì, questo è un uomo* è *un* capolavoro della letteratura mondiale e non solo una delle più eccezionali testimonianze

---

[445] Serge Moati, *La Haine antisémite*, Flammarion, 1991, pagg. 172, 174.

[446] Il professor Robert Faurisson, la cui opera è stata tradotta e pubblicata in tutto il mondo, ha giustamente sottolineato che quando i miracoli si verificano a catena, non sono più "miracoli".

dell'Olocausto". È quanto ci tiene a dire Jean-Claude Zylberstein in una "nota per questa nuova edizione".

Nel 1976 Primo Levi scrisse un'appendice all'edizione scolastica, "per rispondere alle domande che gli venivano rivolte da studenti liceali e adulti". Alla domanda: "Come si spiega l'odio fanatico dei nazisti per gli ebrei?", rispose in otto pagine, scritte a caratteri piccoli.

Ne presentiamo qui una sintesi, sotto forma di dialogo amichevole con l'autore:

"Non c'è dubbio che questo sia in origine un fatto zoologico: animali della stessa specie, ma di gruppi diversi, mostrano intolleranza l'uno verso l'altro. Questo vale anche per gli animali domestici: è noto che se una gallina di un pollaio viene introdotta in un altro, viene respinta per diversi giorni a suon di beccate. Lo stesso vale per i topi e le api e, in generale, per tutte le specie di animali sociali. Ora, l'uomo è certamente un animale sociale (come aveva già affermato Aristotele): ma guai a tollerare tutte le pulsioni zoologiche che sopravvivono nell'uomo! Le leggi umane servono proprio a questo: a limitare gli impulsi animali".

- Tutto questo è ben detto, signor Levi, ma come spiega l'odio fanatico dei nazisti per gli ebrei?

- L'antisemitismo è un tipico fenomeno di intolleranza. Perché nasca l'intolleranza, deve esserci una differenza percepibile tra due gruppi in contatto: questa differenza può essere fisica (neri e bianchi, biondi e bruni), ma la nostra complicata società ci ha reso sensibili a differenze più sottili come la lingua, o il dialetto, o addirittura l'accento (lo sanno bene i nostri meridionali quando sono costretti a emigrare al Nord); la religione, con tutte le sue manifestazioni esteriori e la sua profonda influenza sul modo di vivere, sul modo di vestire o di gesticolare...

- Tutto questo è molto interessante. Ma, se posso... come si spiega l'odio fanatico dei nazisti per gli ebrei?

- Nell'antichità], gli ebrei, una minoranza in tutte le loro affinità, erano quindi distinti, riconoscibili come tali e spesso orgogliosi (a torto o a ragione) di esserlo: tutto ciò li rendeva molto vulnerabili[447]. Infatti, sono stati duramente perseguitati, in quasi tutti i Paesi e in quasi tutti i secoli... Fin dai primi secoli del cristianesimo, gli ebrei furono accusati di qualcosa di molto più grave: di essere collettivamente e per l'eternità

---

[447] Volevo dire: "sgradevole".

responsabili della crocifissione di Cristo, di essere, insomma, il "popolo deicida". Questa formulazione, che compariva nella liturgia pasquale nell'antichità e che è stata soppressa solo dal Concilio Vaticano II (1962-1965), è all'origine di una serie di credenze popolari disastrose e costantemente rinnovate: che gli ebrei avvelenino i pozzi e diffordano la peste; che profanino regolarmente l'ostia consacrata; che a Pasqua rapiscano i bambini cristiani con il cui sangue bagnano il pane azzimo. Queste credenze hanno portato a numerosi e sanguinosi massacri e, tra l'altro, all'espulsione degli ebrei prima dalla Francia e dall'Inghilterra e poi (1492-1498) dalla Spagna e dal Portogallo.

- E l'odio fanatico dei nazisti per gli ebrei, come lo spiega?

- L'idea fissa di Hitler è quella di dominare la Germania, non in futuro ma adesso; non con una missione civilizzatrice ma con le armi. Tutto ciò che non è germanico gli sembra inferiore, o peggio: detestabile, e i primi nemici della Germania sono gli ebrei, per molte ragioni che Hitler enuncia con fervore dogmatico: perché hanno "sangue diverso"; perché sono imparentati con altri ebrei in Inghilterra, in Russia, in America; perché sono eredi di una cultura in cui il ragionamento e la discussione precedono l'obbedienza e in cui è vietato inchinarsi agli idoli, quando lui stesso aspira a essere venerato come un idolo...

- Si dice spesso che Hitler abbia anche rimproverato agli ebrei di avere troppo potere in Germania...

-... molti ebrei tedeschi hanno raggiunto posizioni chiave nell'economia, nella finanza, nelle arti, nella scienza, nella letteratura: Hitler, un pittore fallito, un architetto fallito, rivolge il suo risentimento e la sua invidia frustrata contro gli ebrei... [Gli ebrei sono responsabili di tutto, del capitalismo americano rapace e del bolscevismo sovietico, della sconfitta del 1918, dell'inflazione del 1923; il liberalismo, la democrazia, il socialismo e il comunismo sono invenzioni sataniche degli ebrei che minacciano la solidità monolitica dello Stato nazista... L'antisemitismo... si diffuse facilmente in Germania e in gran parte dell'Europa grazie all'efficacia della propaganda dei fascisti e dei nazisti che avevano bisogno di un capro espiatorio su cui scaricare tutte le colpe e i risentimenti; e che il fenomeno fu portato al parossismo da Hitler, il dittatore maniaco... È stato detto che Hitler riversò sugli ebrei il suo odio per l'intera razza umana; che riconobbe negli ebrei alcuni dei suoi stessi difetti e che odiando gli ebrei odiò se stesso; che la violenza della sua avversione derivava dalla paura di avere "sangue ebraico nelle vene"... Prima che Hitler salisse al potere, gli ebrei tedeschi erano profondamente tedeschi, perfettamente integrati nel loro

Paese, e solo Hitler e alcuni fanatici che lo seguirono fin dall'inizio li consideravano nemici.

- Numerosi ebrei hanno avuto un ruolo notevole nel comunismo e nelle atrocità che sono state commesse in suo nome, fino a trenta milioni di morti in URSS, il che non è poco. Fino a trenta milioni di morti in URSS, il che non è poco. Non pensa che gli orrori della rivoluzione bolscevica possano aver provocato una reazione in Germania, soprattutto attraverso il movimento di Hitler?

- L'idea fissa di Hitler che l'ebraismo fosse confuso con il bolscevismo non aveva alcuna base oggettiva, soprattutto in Germania, dove era ben noto che la stragrande maggioranza degli ebrei apparteneva alla borghesia[448]".

L'interlocutore, non convinto, scuote leggermente la testa e chiede.

-Mi dica francamente, signor Levi, pensa davvero che queste risposte possano convincere i nostri lettori?

-... non mi sembrano spiegazioni adeguate... Le ipotesi proposte giustificano i fatti solo in parte, ne spiegano la qualità, ma non la quantità. Devo ammettere che preferisco l'umiltà con cui alcuni degli storici più seri (Bullock, Schramm, Bracher) confessano di non capire il furioso antisemitismo di Hitler e, dietro di lui, della Germania. Forse non possiamo capire tutto quello che è successo, o non dobbiamo capire, perché capire è quasi giustificare... nell'odio nazista non c'è razionalità: è un odio che non è in noi, è fuori dall'uomo, è un frutto velenoso del tronco fatale del fascismo... Non possiamo capirlo; ma possiamo e dobbiamo capire dove nasce, e stare in guardia[449].

- Alla fine, quello che lei propone è di non fare domande sull'antisemitismo, per paura che possa essere compreso, è vero?

- Esattamente", risponde Primo Levi con un grande sorriso.

Alla fine eravamo d'accordo. In quel momento mi alzai per dargli una calorosa stretta di mano.

---

[448] Primo Levi, *Si esto es un hombre*, Muchnik Editores, 2002, Barcellona, p. 116-119.

[449] Primo Levi, *Si esto es un hombre*, Muchnik Editores, 2002, Barcelona, p. 120.

- Signor Levi, grazie mille".

La follia degli uomini

In *Testamento di un poeta ebreo assassinato*, l'eroe di Elie Wiesel racconta un terribile episodio della sua infanzia nella Russia di inizio secolo. Una notte di Natale, lui e la sua famiglia subirono un odio sfrenato e dovettero nascondersi in una piccola stanza sotto la casa colonica: "Essere ebreo in un mondo cristiano significa conoscere la paura e abituarsi ad essa. Paura del cielo e paura degli uomini. Paura della morte e paura della vita - paura di tutto ciò che respira là fuori, di tutto ciò che trama dall'altra parte. Una minaccia oscura incombe su di noi, su ciascuno di noi... Il nemico, il nemico. Cercavo di immaginarlo. Egiziani al tempo del Faraone. I saccheggiatori sotto Hamman. Crociati all'ombra delle icone, con i volti sconvolti dall'odio. Il nemico non cambia. E nemmeno l'ebreo".

La follia degli uomini sarebbe scoppiata di nuovo: "Avrei imparato di cosa sono capaci gli uomini. La loro follia stava per irrompere nel nostro mondo: una follia nera e odiosa, una follia selvaggia, assetata di sangue e di omicidio. Si avvicinava lentamente, furtivamente, come un branco di bestie selvagge che circondano una preda sopraffatta dal terrore. All'improvviso si scatena. Un grido si leva dalle viscere, squarciando il silenzio e l'oscurità: Morte agli ebrei! Ripetuto da innumerevoli voci... Sentirle, sopportarle e sentirle mi devastava il cervello, mi facevano male le orecchie, gli occhi e tutto il corpo. Non riuscivo a controllare il mio tremito; mi rannicchiai nel seno di mia madre".

Nel frattempo, all'esterno, c'erano solo massacri, stupri e saccheggi, almeno nella mente di Elie Wiesel. "Sentiva verso la gente di Krasnograd, quindi... verso il popolo russo, quindi verso tutta la Russia, un odio viscerale, mostruoso, spietato[450]". Fu così che la famiglia del suo eroe lasciò la Russia per stabilirsi in Romania.

Anche durante la guerra, quando gli ebrei erano così crudelmente perseguitati dai tedeschi, i contadini russi non fecero nulla per aiutarli: "Perché la brava gente di Vitebsk ha permesso a questi assassini di uccidere i loro vicini ebrei? Avrebbero potuto proteggerli, portarli al

---

[450] Elie Wiesel, *Le Testament d'un poète juif assasiné*, 1980, Points Seuil, 1995, pagg. 39-43, 46.

sicuro. Non l'hanno fatto. Quarant'anni di educazione comunista. Non capisco, non capisco[451]". Stalin stesso era diventato "pazzo". Elie Wiesel se ne rese conto il giorno in cui, "in un impeto di odio, in un attacco di follia[452]", Stalin iniziò ad attaccare gli intellettuali ebrei.

Wiesel lo conferma nelle sue *Memorie*: "Stalin è pazzo, il suo odio lo ha fatto impazzire". In Israele, dove le relazioni diplomatiche con l'URSS e i suoi satelliti non esistono più, la sinistra è sconcertata: non capisce l'antisemitismo feroce e implacabile di Stalin e degli staliniani[453]".

Anche il famoso sociologo Edgar Morin riteneva che l'antisemitismo staliniano fosse la manifestazione della follia. Il sistema sovietico "impazzì una volta tra il 1936 e il 1937, quando nulla sembrava in grado di fermare gli arresti di massa, finché Stalin non liquidò i due grandi esecutori successivi, Yagoda e Yezhov; forse sarebbe impazzito una seconda volta nel 1953, se la morte di Stalin non avesse fermato il delirio[454]".

In breve, dobbiamo capire che il comunismo impazziva quando si sbarazzava dei leader ebrei che non seguivano la linea del partito, come nel 1936-1937, o quando cercava di escluderli dall'amministrazione in modo più radicale. Ma in tempi normali, quando il regime, guidato in gran parte da ebrei, sterminava milioni di contadini, di "borghesi", nonché la nobiltà russa e ucraina, poteva essere considerato non così problematico.

Nel quotidiano *Le Figaro* del 9 luglio 1996, Henri Hajdenberg, presidente del CRIF (Consiglio di rappresentanza delle istituzioni ebraiche in Francia) e vicepresidente del Congresso ebraico europeo, ha ricordato un altro doloroso episodio della storia ebraica, nella Polonia "liberata" dall'Armata Rossa: "Dal 3 maggio 1945, a Cracovia, gli studenti hanno rotto le finestre delle case ebraiche e hanno proclamato slogan antisemiti. Nell'agosto dello stesso anno, a Cracovia,

---

[451] Elie Wiesel, *Le Testament d'un poète juif assasiné*, 1980, Points Seuil, 1995, p. 256.

[452] Elie Wiesel, *Le Testament d'un poète juif assasiné*, 1980, Points Seuil, 1995, pag. 14.

[453] Elie Wiesel, *Mémoires, Tome I*, Le Seuil, 1994, p. 291.

[454] Edgar Morin, *Un nouveau commencement*, Seuil, 1991, p. 38.

ricompaiono le accuse di crimini rituali. Dal 1945 al 1947, duemila ebrei furono assassinati in Polonia. La metà dei duecentomila che erano tornati dalla Russia furono costretti a tornare in esilio". A Kielce, il 4 luglio 1946, scoppiò un pogrom: "Ci si meraviglia, scrive Hajdenberg, della scandalosa facilità con cui una popolazione era disposta a uccidere gli ebrei... Non si trattava solo di rubare i loro beni, ma, come dimostrarono gli esami medici, di spaccare loro la faccia.

Chiaramente, anche i polacchi impazzirono. E la Chiesa, ancora una volta, fu complice di queste atrocità commesse per ragioni sconosciute: "In un clima di guerra civile, con l'insediamento del regime comunista e il raddoppio dell'antisemitismo, il cardinale Hlond, primate di Polonia, pensò solo a denunciare il ruolo dei leader comunisti ebrei. Il Vaticano si rifiutò di condannare il pogrom. Il movimento di emigrazione della popolazione ebraica accelerò brutalmente verso i campi profughi della Germania occidentale o verso la Palestina".

La follia criminale degli antisemiti è stata smascherata dallo storico Norman Cohn, che ha spiegato l'antisemitismo moderno sulla base della diffusione dei famosi *Protocolli degli Anziani di Sion*. Norman Cohn ha mostrato come l'antisemitismo "sia stato ravvivato e modernizzato nel XIX e XX secolo da alcuni cristiani eccentrici e reazionari" prima di essere ripreso "dai razzisti, in particolare da Hitler e dai suoi seguaci". *I Protocolli degli Anziani di Sion* "si diffusero in tutto il mondo e arrivarono a possedere la mente di Hitler, diventando l'ideologia dei suoi seguaci più fanatici in Germania e in altri Paesi[455]". Per Norman Cohn, naturalmente, si tratta di idee strampalate, "fantasie così ridicole", perché "c'è un mondo sotterraneo in cui furfanti e fanatici di mezza tacca elaborano fantasie patologiche sotto forma di idee, che destinano agli ignoranti e ai superstiziosi".[456]

Il delirio antisemita si spinse fino ad accusare gli ebrei di essere i principali protagonisti del comunismo e del liberalismo. Nella sua *Sociologia dell'antisemitismo*, François "de Fontette" ha denunciato questa inettitudine: "Gli antisemiti hanno spesso enfatizzato lo stretto legame, persino la collusione, che sostengono ci sia stato tra gli ebrei e il comunismo; in modo da sottolineare ancora una volta il carattere del

---

[455] Norman Cohn, *Il mito della cospirazione ebraica mondiale. I Protocolli degli Anziani di Sion*, Digital Editor pdf: Titivilius, 2016, p. 8

[456] Norman Cohn, *Il mito della cospirazione ebraica mondiale. I Protocolli degli Anziani di Sion*, Digital Editor pdf: Titivilius, 2016, p. 8

tutto contraddittorio delle accuse, perché se i nazisti avevano abbondantemente utilizzato questo argomento a partire dal 22 giugno 1941, in precedenza non avevano mancato di denunciare la perniciosa influenza della plutocrazia giudaico-massonica nei Paesi anglosassoni, che per loro non era altro che l'emanazione del capitalismo internazionale e della sua ambizione di dominio mondiale[457]."

Gli antisemiti sono malati, ci assicura Eli Wiesel attraverso il suo poeta, che non crede alla minaccia: "Parlavamo dei nazisti come di una malattia sgradevole ma non molto grave e per nulla mortale. Ci dicevamo: ogni società è piena di feccia, anche la nostra; un giorno saranno gettati nella pattumiera della storia". Le minacce, le farneticazioni, i deliri osceni di un Goebbels, di un Goering o del loro ridicolo Führer non ci disturbavano nemmeno. Pensavamo: abbaiano e abbaiano, ma prima o poi si stancheranno[458]".

Ma come tutti sappiamo, durante la guerra si scatenò la "follia antisemita". "Sei milioni di ebrei furono uccisi nei campi di sterminio di un'Europa impazzita", ha scritto Victor Malka. Alla fine del conflitto, per molti ebrei non rimase altro che la soluzione sionista. La creazione dello Stato di Israele e l'emigrazione ebraica sembravano l'unica via d'uscita: "I sopravvissuti all'Olocausto nazista, gli ultimi testimoni della follia criminale dell'Europa contro gli ebrei, sono diventati i primi[459]".

L'antisemitismo è uno "strano fenomeno", ha scritto Shlomo Taub su *L'Impact* del 9 marzo 2007, un giornale che si occupa di Israele e del mondo ebraico. Shlomo Taub è sorpreso dall'antisemitismo nazista, dato che all'epoca gli ebrei erano, secondo lui, perfettamente integrati: "Verso la fine del XIX secolo, gli ebrei della Germania e dell'Austria avevano rifiutato per la prima volta nella loro storia la designazione di popolo eletto... Aspiravano allora ad essere come i goyim, ad essere pienamente integrati nella società in cui vivevano e consideravano la Germania come la loro casa e il loro rifugio. In un momento in cui gli ebrei avevano adottato fedelmente la cultura del Paese e si sentivano più tedeschi che ebrei, l'odio antisemita raggiunse il suo apice, con lo

---

[457] François de Fontette, *Sociologia dell'antisemitismo*, PUF, 1984, pag. 57.

[458] Elie Wiesel, *Le Testament d'un poète juif assasiné*, 1980, Points Seuil, 1995, p. 125.

[459] Victor Malka, *En Israel, Guide bleu*, Hachette 1977, p. 13, 27, 28

scoppio di violenti pogrom. Questa ondata di barbarie si verificò nel luogo e nel momento in cui gli ebrei meno rivendicavano l'idea di un popolo eletto". Gli ebrei erano, come al solito, accusati di tutti i mali perché erano "un facile bersaglio per l'odio e la persecuzione". Infine, Shlomo Taub concludeva, logicamente: l'antisemitismo, "le cui origini sono così difficili da comprendere" è un "fenomeno strano".

Manes Sperber ha analizzato la questione come segue: "L'odio per gli ebrei mi è sempre sembrato un delirio aggressivo di persecuzione... come una paura delirante dell'altro, un'angoscia che l'odiatore cerca di nascondere a se stesso. Nella sua ostilità maniacale, egli si persuade di godere di una superiorità insuperabile su coloro che odia e disprezza, ma che teme perché sono diabolicamente maligni". E aggiungeva: "Se questo odio costituisce talvolta per noi il peggiore dei pericoli, è tuttavia la vostra malattia. È il male che vi affligge. Senza dubbio ci ha causato indicibili sofferenze, ma noi continuiamo a superarlo". E per curarci, Manes Sperber ci consiglia di riformare a fondo la nostra società: "Si può cercare di guarire un odio totale quando è un fenomeno individuale, con l'educazione terapeutica. Per combatterlo come fenomeno sociale, bisogna impegnarsi nella lotta contro tutte le imposture religiose, sociali e nazionali, che sorgono sempre in un'epoca che esita ad affrontare i suoi veri problemi[460]".

Innocenza

L'innocenza è un termine chiave che si ritrova spesso nella produzione intellettuale dell'ebraismo. Ecco, ad esempio, cosa scrive Aharon Appelfeld, scrittore israeliano nato nel 1932 a Chernivtsi (Bucovina), considerato da alcuni "uno dei più grandi scrittori del nostro tempo". Nel suo romanzo *L'eredità nuda*, pubblicato nel 1994, si chiedeva: "Cosa c'è in me, cosa mi rende nemico dell'umanità? È il modo in cui sono fatto, o il mio modo di pensare?" Eppure riconosceva di non riuscire a trovare una risposta: "Abbiamo sempre saputo che la nostra ebraicità non era un segreto, che era una catastrofe. Ci sono stati momenti in cui, nel nostro cuore, abbiamo maledetto il nostro destino, il destino dell'innocente perseguitato... la cui unica colpa era il mistero ebraico che era in lui[461]".

---

[460] Manès Sperber, *Être juif*, Éd. Odile Jacob, 1994, p. 24, 31, 149

[461] Aharon Appelfeld, *L'héritage nu*, 1994, éditions de L'Olivier, 2006, p. 34,

Anche Albert Caraco ha sottolineato l'innocenza intrinseca degli ebrei. "Più sono innocenti, più sono sfortunati", scriveva nella sua *Apologia di Israele*. "Gli ebrei sono innocenti, da qui la loro ottusità; coloro che li condannano sono mostri astuti e freddi, degni degli abissi dei mari[462]".

In un libro intitolato *Sull'antisemitismo*, pubblicato nel 2006, Stephane Zagdanski ha deliberatamente esagerato: "Secondo l'antisemita, è molto semplice: gli ebrei sono sempre e ovunque la causa di tutto. Hanno martirizzato Cristo, schiavizzato gli africani, inventato il capitalismo, diffuso il bolscevismo, falsificato le cifre disastrose del loro stesso sterminio, depredato i palestinesi. Ora, come in passato, possiedono il denaro, il potere e i media. Secondo le ultime notizie, stanno murando un intero popolo[463] e imbavagliando chiunque osi mettere in discussione il loro impero demoniaco. Insomma, se sono universalmente odiati, è perché sono immancabilmente odiosi". E Zagdanski aggiunge subito: "Questa autogiustificazione dell'odio è totalmente allucinante. È proprio perché non sono la causa di nulla di ciò di cui sono accusati che gli ebrei sono stati odiati in così tanti luoghi nel corso dei secoli[464]".

Vediamo ora la situazione in Ungheria attraverso gli occhi di Gabriele Eschenazi. Secondo Eschenazi, gli ebrei avrebbero dimostrato un grande attaccamento al loro Paese durante le lotte di liberazione nazionale del popolo ungherese: "Gli ebrei ungheresi parteciparono massicciamente alla fallita rivoluzione del 1848-1849, in cui l'Ungheria cercò di liberarsi dal dominio austriaco". È vero che all'epoca gli ebrei dell'Impero austriaco non avevano il diritto di cittadinanza. In questo caso, i loro interessi coincisero momentaneamente con quelli degli ungheresi che volevano emanciparsi dalla tutela austriaca. È questo che ha permesso all'autore di scrivere che gli ebrei erano "patrioti fedeli": "Tale attaccamento alla nazione magiara costò loro caro. Dopo la sconfitta, il governo militare asburgico impose agli ebrei un'indennità molto alta, limitando le loro attività economiche e professionali".

82

[462] Albert Caraco, *Apologie d'Israël*, 1957, L'Âge d'homme, 2004, p. 119, 227.

[463] Un muro alto otto metri è stato costruito da Israele nel 2004 per proteggersi dalle incursioni dei combattenti palestinesi.

[464] Stéphane Zagdanski, *De l'Antisémitisme*, Climats, 1995, 2006, pag. 10.

Infine, nel 1867, gli austriaci concessero agli ungheresi la parità di status. L'Impero austriaco divenne bicefalo, diventando l'Impero austro-ungarico, con gli Asburgo come dinastia regnante. È sempre in questo periodo che viene concesso il diritto di cittadinanza agli ebrei: sembra che gli ebrei "si considerassero ungheresi di fede mosaica" e si dichiarassero patrioti: "In nessun altro Paese dell'Oriente si è visto un numero così elevato di ebrei rinunciare ai propri cognomi per adottare quelli ungheresi. Weiss, Kohn, Löwy, Weinberger, Klein, Rosenfeld e Grünfeld divennero Vészi, Kardos, Kukacs, Biró, Kis, Radó ed Erdélyi. Non lo fecero per costrizione, come accadde in Polonia, ma perché volevano essere orgogliosi di essere magiari".

In questo modo, gli ebrei poterono evolversi a loro piacimento nella società ungherese. Si potrebbe dire che la loro integrazione fu un successo completo, forse anche un po' troppo agli occhi degli ungheresi: "All'inizio del XX secolo, la città di Budapest rappresentava una sorta di New York per gli ebrei ungheresi. Era chiamata "Judapest". Non c'era professione moderna in cui gli ebrei non fossero predominanti. I dati di uno studio degli anni '20 erano significativi. Nonostante costituissero il 5,9% della popolazione, gli ebrei impegnati nel commercio erano tanti quanti gli ungheresi. Essi rappresentavano il 59,9% dei medici, il 50,6% degli avvocati e il 34,3% dei musicisti. Nel 1930, il 61,7% delle aziende commerciali con più di 20 dipendenti e il 47,4% delle industrie più grandi erano di proprietà di ebrei. I Chorin, i Weisz e i Goldberger erano le famiglie che controllavano le più importanti attività bancarie e industriali del Paese".

Erano infatti perfettamente integrati, almeno dal punto di vista sociale e finanziario. Purtroppo, "quella che sembrava una marcia irresistibile verso un'integrazione riuscita fu improvvisamente interrotta" da un evento che traumatizzò l'Ungheria. Fu un nuovo fallimento nella storia del popolo ebraico, decisamente sfortunato. Prima c'era stata la disastrosa sconfitta del 1918 e il Trattato di Trianon che aveva fatto perdere all'Ungheria il 70% del suo territorio: "Il passaggio da un impero multinazionale a uno Stato nazionale" privò gli ebrei della loro tradizionale funzione di agenti di "magiarizzazione" nei territori periferici. Il loro patriottismo fu presto dimenticato[465]", poiché il desiderio degli ungheresi di riconquistare questi territori li portò ad

---

[465] Gabriele Eschenazi, Gabriele Nissim, *Les Juifs et le communisme...*, 1995, Éd. De Paris, 2000, p. 49-53.

allearsi con la Germania. Di conseguenza, "il trauma causato dalla perdita dei territori portò a ritenere responsabili della sconfitta nazionale coloro che fino ad allora erano stati i più entusiasti patrioti dell'impero".

L'autore avrebbe potuto raccontare il ruolo dei suoi compagni ebrei nell'episodio della Repubblica bolscevica di Bela Kun del 1919, che insanguinò il Paese per 133 giorni fino a quando fu rovesciata da un'azione militare congiunta di Romania e Francia. Evidentemente mantenne un profilo basso su quell'avventura, anche se riconobbe che, in quel governo comunista, "gli ebrei erano in grande maggioranza[466]".

Così gli ebrei - o "alcuni ebrei" - passano dal ruolo di sanguinari carnefici bolscevichi a quello di "capro espiatorio". In questo modo, l'antisemitismo degli ungheresi diventa incomprensibile. Ad esempio, fu istituito un numerus clausus per l'accesso all'università: "Era il segno che la loro integrazione non era più accettata e che, dopo essere stati "ungheresi di fede mosaica", erano di nuovo una minoranza etnica[467]".

Nell'aprile del 1938, l'Ungheria adottò la prima legge antiebraica dell'Europa orientale, limitando al 20% la presenza di ebrei in tutti i settori professionali. Due anni dopo, il tasso scese al 6% e, con il voto della terza legge antiebraica del 1941, fu vietato agli ebrei di sposarsi e avere rapporti sessuali con non ebrei. Il 19 marzo 1944 i tedeschi, informati dei piani dell'ammiraglio Horthy di cambiare schieramento e di allearsi con l'Unione Sovietica, occuparono il Paese. Gli ungheresi sembrarono accettare la situazione: non solo non ci fu alcuna resistenza alla concentrazione degli ebrei nei ghetti, ma gli stessi servizi di sicurezza ungheresi assistettero alla loro deportazione. Questo dimostra il profondo risentimento degli ungheresi nei confronti degli ebrei.

Ma Gabriele Eschenazi vedeva gli eventi sotto una luce diversa. Per lui, l'ostilità degli ungheresi non aveva alcun fondamento. Essendo gli ebrei innocenti per natura, gli ungheresi erano quindi effettivamente colpevoli di aver tradito gli ebrei, che erano più "patriottici" degli ungheresi. Così descrive la situazione nel 1945: "La maggior parte dei

---

[466] Sulla rivoluzione ungherese: *Les Espérances planétariennes*, p. 263, 274, 275

[467] Gabriele Eschenazi, Gabriele Nissim, *Les juifs et le communisme...*, 1995, Éd. De Paris, 2000, p. 54-56.

sopravvissuti trovava difficile sentirsi magiaro dopo il tradimento di cui era stato vittima" (p. 73); "il tradimento degli ungheresi sembra incredibile" (p. 63); il Paese aveva abbandonato i suoi "patrioti più fedeli" (p. 48).

I soldati dell'Armata Rossa che entrarono vittoriosi a Budapest furono naturalmente accolti come eroi dagli ebrei: "Per gli ebrei, l'arrivo dei soldati sovietici aveva significato la loro salvezza e la fine del terribile incubo; vedevano questi soldati che marciavano per Budapest come eroi" (p. 74). Gli ebrei aderirono quindi in massa al nuovo regime. L'autore analizza così la nuova dittatura comunista in Ungheria: "Per ricostruire l'apparato statale, il partito comunista aveva bisogno di persone competenti e desiderose di costruire una nuova società, ma che non fossero compromesse dal loro passato. Gli ebrei sopravvissuti all'Olocausto, che erano stati traditi dalla destra ungherese, soddisfacevano tutti i requisiti. In questo modo, nel momento di maggiore disperazione, si aprirono per loro prospettive inaspettate". Quindi, se abbiamo capito bene, nel "momento di massima disperazione" gli ebrei instaurano una feroce dittatura. Ma dobbiamo capirli: "Era il modo migliore per tornare finalmente a integrarsi nel Paese che li aveva traditi" (p. 81). (p.81). "Con la scomparsa delle classi sociali, sarebbe scomparso anche l'antisemitismo. Eravamo all'alba di un nuovo mondo. Gli ebrei volevano dimenticare le loro sofferenze e il tradimento del loro Paese". (p.83)

Tuttavia, è molto importante sottolineare che i leader e i carnefici comunisti che presero il potere non erano più ebrei. Infatti, scrive Eschenazi: "Il Partito esigeva, in cambio del contratto sociale che offriva, che essi reprimessero completamente le loro origini: dovevano rompere con ogni forma di identità ebraica, con la loro religione, con le loro vecchie solidarietà, con i loro amici, con lo straniero, e dimenticare coloro che erano partiti per Israele... Per questo il loro coinvolgimento nel sistema era totale... Compensarono la perdita della loro identità culturale. La loro identificazione con il Partito si rivelò così forte che la loro lealtà al regime fu spesso maggiore di quella degli altri ungheresi... Fecero carriera non perché erano ebrei, sostenuti da un partito comunista filo-semita, come molti ungheresi pensavano erroneamente, ma perché il loro passato di perseguitati era considerato una garanzia di lealtà da un regime che non godeva di alcuna legittimità nel Paese". Gabriele Eschenazi conclude: "È così che il mito del potere ebraico cominciò, lentamente ma inesorabilmente, a insinuarsi nel nuovo Stato[468]".

In breve, se capiamo bene, gli ebrei comunisti, che avevano appena installato una dittatura sanguinaria sul popolo ungherese, non erano affatto ebrei. Dobbiamo credere che gli ungheresi fossero soggetti ad "allucinazioni", come direbbe Stephane Zagdanski. È un ragionamento analogo a quello di oggi, che ci dice che "il voto ebraico non esiste", "la lobby ebraica non esiste", "non esiste una comunità ebraica". Da tutto questo dobbiamo dedurre che quando uno scrittore pubblica un "grande" libro, è un ebreo; quando un regista fa uscire un film "commovente", è un ebreo; quando un violinista è "ammirevole", è un ebreo; ma quando un torturatore si rende colpevole di atrocità indicibili, è solo un uomo comune: probabilmente un goy!

Gli ebrei sono per natura innocenti e l'antisemitismo nasce da alcuni pregiudizi grossolani che devono essere costantemente denunciati. Ecco cosa ha cercato di spiegarci Manes Sperber: "La logica dell'odio utilizza due metodi: la "totalizzazione" e la "atomizzazione". L'antisemita cerca nelle notizie quotidiane solo i nomi dei truffatori ebrei. Prima di tutto dirà: 'tutti i truffatori sono ebrei', poi totalizzerà questa generalizzazione dicendo: 'tutti gli ebrei sono truffatori'. Infine atomizzerà, spogliando gli ebrei della loro qualità di persone reali e riducendoli solo agli atti criminali di cui sono accusati[469]."

La "totalizzazione" è quindi la procedura utilizzata dagli antisemiti per unire ebrei e bolscevismo nello stesso abominio. Ma in realtà dobbiamo capire che gli ebrei sono stati le prime vittime del comunismo. Questo è ciò che un certo Frederic Stroussi ha cercato di spiegarci su *Israel Magazine*, "il primo mensile israeliano in lingua francese", nell'aprile 2003: "Se sono stati le prime vittime del nazismo, sono stati anche tra le prime vittime del bolscevismo. Solo due anni dopo la rivoluzione d'ottobre del 1917, la comunità ebraica subì un vero e proprio genocidio etnico. Il 5 agosto 1919, un decreto pose fine all'autonomia di tutte le organizzazioni ebraiche in Unione Sovietica". Frederic Stroussi conclude spiegando che la cheka aveva organizzato una "repressione

---

[468] Gabriele Eschenazi, Gabriele Nissim, *Les juifs et le communisme...*, 1995, Éd. De Paris, 2000, p. 87, 88

[469] Manès Sperber, *Être juif*, Éd. Odile Jacob, p. 145

sistematica delle organizzazioni sioniste ed ebraiche: confisca di locali, sospensione delle pubblicazioni e arresti di massa".

Allo stesso modo, nel libro di Alain Brossat, troviamo la testimonianza di un militante comunista che ha anche relativizzato la schiacciante responsabilità dei dottrinari, dei funzionari e dei torturatori ebrei nella tragedia sovietica. Ecco cosa dichiarò Chimen Abramsky: "Durante i primi undici anni del regime sovietico, [gli ebrei] furono trattati se non come nemici, almeno come cittadini di seconda classe, il che è risibile se si considera la percentuale eccezionalmente alta di ebrei nell'apparato statale sovietico negli anni Venti[470]". Ecco un altro "paradosso" sollevato da un altro intellettuale ebreo.

Norman Cohn ha fatto la stessa analisi. Pur ammettendo che sotto il regime sovietico "è vero che gli ebrei, nel senso di persone di origine ebraica, hanno contribuito in misura sproporzionata alla leadership (anche se non al totale degli iscritti) dei due partiti marxisti, i bolscevichi e i menscevichi", si è poi affrettato ad aggiungere, per ridurre la portata di questa verità, che "per quanto riguarda gli ebrei che erano tra i leader bolscevichi, quasi tutti sono stati anche fucilati negli anni '30[471]". Infine, la conclusione della sua esposizione era la seguente: "Sotto il regime sovietico essi [gli ebrei] soffrirono ancora di più degli altri russi: negli anni '20 più di un terzo della popolazione ebraica non godeva dei diritti civili, rispetto al 5 o 6 per cento della popolazione non ebraica".

Gabriele Eschenazi ha scritto: "Il mito del giudeocomunismo è chiaramente una costruzione ideologica antisemita. Sì, c'erano sì ebrei staliniani, ma c'erano anche polacchi, cecoslovacchi e ungheresi... La confutazione della tesi del comunismo come "potenza ebraica" non presenta particolari difficoltà". Dobbiamo quindi credere che gli ebrei "divennero il capro espiatorio preferito dei regimi comunisti[472]".

Storici come Michael Checinski, citato da Gabriele Eschenazi, non hanno esitato a difendere la tesi che gli ebrei polacchi furono utilizzati "con totale cinismo": "Furono assegnati loro i compiti più ingrati in

---

[470] Alain Brossat, *Le Yiddish!and révolutionnaire*, Balland, 1983, p. 18.

[471] Norman Cohn, *Il mito della cospirazione ebraica mondiale. I Protocolli degli Anziani di Sion*, Digital Editor pdf: Titivilius, 2016, p. 80

[472] Gabriele Eschenazi, Gabriele Nissim, *Les juifs et le communisme...*, 1995, Éd. De Paris, 2000, p. 28, 35

modo che il risentimento popolare fosse diretto contro di loro. Una volta fatto il lavoro sporco, questi 'boia' ebrei potevano essere licenziati e condannati dallo stesso regime che li aveva usati" (p. 227). (p.227). Ancora una volta, vediamo come la sofferenza degli ebrei doveva essere insopportabile e dobbiamo immaginare il loro dolore di fronte ai corpi atrocemente mutilati dei combattenti della resistenza russa e polacca che avevano appena torturato.

Lo conferma anche Arkadi Vaksberg, nonostante tutte le informazioni fornite: "La quota "eccessiva" di ebrei nella rivoluzione, e le conseguenze che ne derivarono, è un'idea che deve molto all'immaginario, al mito[473]".

Questa amnesia selettiva è indispensabile per l'innocenza del popolo ebraico. Manes Sperber, che ha notato gli stessi riflessi negli ebrei di tutte le epoche dopo un periodo di persecuzione, ha scritto, non senza una certa lucidità: "Il popolo la cui intelligenza è stata lodata per millenni si comporta come se non avesse sentito nulla, e dimentica rapidamente ciò che non avrebbe potuto non sentire". Dopo ogni catastrofe, infatti, i sopravvissuti "riscoprirono la loro invincibilità. Era l'invincibilità della loro fede.

A proposito della Seconda guerra mondiale e dell'Olocausto, ha scritto: "Per i contemporanei di quel cataclisma, non c'è, non ci potrebbe essere nessuna spiegazione confortante, nessuna consolazione che ponga fine alla profonda inquietudine dei sopravvissuti... solo una memoria compiacente e lacunosa ci permetterebbe di dimenticare che la terra si stava sgretolando sotto i nostri piedi[474]".

E qui Sperber sottolinea un'idea chiave che ci permette di comprendere meglio lo specialissimo universo mentale degli ebrei: "Dio era giusto, perché condannò i suoi nemici a diventare assassini, e a loro [gli ebrei] concesse la grazia di essere le vittime, che nella morte avrebbero santificato l'Onnipotente". Da Giovanni Crisostomo all'ultimo mujik pogromista, i persecutori non sospettavano fino a che punto il loro

---

[473] Arkadi Vaksberg, *Staline et les juifs*, Robert Laffont, 2003, pag. 21.

[474] Manès Sperber, *Être juif*, Éd. Odile Jacob, 1994, p. 74.

momentaneo trionfo rafforzasse la convinzione dei perseguitati di essere il popolo eletto[475].

In breve, le persecuzioni sarebbero semplicemente necessarie al popolo ebraico, non solo perché confermano la loro elezione divina, ma anche perché, trasformando i goyim in assassini, permettono agli ebrei di trarre profitto dalla colpa dei loro nemici. C'è indubbiamente qualcosa di masochistico in queste persone. "Il mio Maestro ha citato il Talmud", ha scritto Elie Wiesel: "Meglio essere tra le vittime che tra gli assassini[476]".

A partire da questo punto e tenendo conto di ciò, il meccanismo della proiezione accusatoria permette di invertire i ruoli e di accusare l'avversario. Stalin diventa così il "capro espiatorio" ideale che può essere "accusato di tutti i mali". Stalin, il tiranno, il boia, il dittatore, il nazionalista, è molto utile per cristallizzare gli orrori del regime sovietico. Gli ebrei internazionalisti non c'entrano nulla, né l'ideologia comunista. Guy Konopnicki ha scritto: "Al contrario, sono stati l'arretramento della rivoluzione, l'isolamento della Russia sovietica e il risveglio nazionalista della Grande Russia deciso da Stalin a fondare quel terribile sistema che solo pochi ritardati mentali chiamano ancora l'utopia generosa del secolo scorso". L'ideologia nazionalista ha insanguinato quel secolo attraverso ogni sorta di grandi patrioti come Stalin in Russia, Pilsudski in Polonia, Ceausescu in Romania e Khomeini in Iran. Per non parlare del più nazionalista e quindi più assassino di tutti i regimi, il nazismo, con il suo ritorno alle origini culturali germaniche[477]. È così che un intellettuale ebreo ripulisce e purifica il popolo ebraico dalla sua responsabilità per il regime più terrificante e criminale dell'intera storia dell'umanità.

Rimossi dal potere in URSS dopo la morte di Stalin, gli ebrei di tutto il mondo non smisero in seguito di gridare il loro dolore in tutto il mondo. Anche Elie Wiesel si disperava per il brutale cambiamento del regime sovietico in cui molti ebrei avevano riposto le loro speranze. Raccontava la lotta degli ebrei del "mondo libero" negli anni '60: "Bussano instancabilmente alle porte di senatori, deputati, giornalisti e membri del clero; organizzano seminari, colloqui e petizioni: si tratta di

---

[475] Manès Sperber, *Être juif*, Éd. Odile Jacob, 1994, p. 60.

[476] Elie Wiesel, *Mémoires, Tome I*, Le Seuil, 1994, p. 32.

[477] Guy Konopnicki, *La Place de la nation*, Éd. Olivier Orban, 1983, p. 20, 21.

salvare innumerevoli vite umane proclamando i loro diritti alla dignità e alla speranza. Quanti sono? Milioni, si dice... Cosa possiamo fare per loro? Voglio dire: oltre a quello che stiamo già facendo? Mi accingo a sostenere una lotta politica più forte, campagne di stampa più veementi, discorsi più impegnati presso la sede delle Nazioni Unite[478]."

Così vediamo che il popolo ebraico può apparire eternamente innocente, eppure eternamente perseguitato. Come ha scritto André Darmon alla fine del suo editoriale nel numero di aprile 2003 dell'*Israel Magazine*: "Uccidere un ebreo o un bambino fa piangere Dio, perché questo è il modo di sterminare i portatori dell'etica e dell'innocenza universale".

Il minimo dubbio, la minima allusione alla possibile colpevolezza di Israele, provoca immediatamente un'ondata di proteste in tutti i media. Abbiamo visto come Renaud Camus l'abbia pagata cara. Frederic Stroussi, sulla stessa rivista, ha attaccato Stephane Courtois, che aveva osato scrivere nella prefazione al suo *Libro nero del comunismo*: "La morte di un bambino di un kulak ucraino deliberatamente fatto morire di fame dal regime stalinista "vale" quanto la morte di un bambino ebreo nel ghetto di Varsavia". Queste semplici parole sono bastate a scatenare l'ira di questo Frederic Stroussi, che ha reagito in modo esagerato e del tutto sproporzionato a queste parole piuttosto banali e certamente giustificate del riflessivo e moderato Stephane Courtois. Si è dichiarato "stupefatto" da un simile affronto. Questo discorso, secondo lui, è stato a dir poco "abietto" e ha rappresentato un "attacco osceno" al popolo ebraico: "Perché usare il martirio di un bambino ebreo per insinuare, in modo ingannevole e spregevole, l'idea che gli ebrei "oscurino" le altre vittime dei totalitarismi monopolizzando tutta l'attenzione su di loro?".

Nel 1869, Gougenot des Mousseaux aveva notato questa caratteristica inclinazione: "Con la massima serietà chiedono misure speciali per il loro popolo. Quando tiriamo l'orecchio al bambino ebreo, *tutti gli ebrei del mondo* gridano a questo trattamento, a questo attacco brutale. Quando ci si permette di osservare che il bambino ebreo potrebbe esserselo meritato, siamo trattati come reazionari e oscurantisti[479]".

---

[478] Elie Wiesel, *Mémoires, Tome I,* Le Seuil, 1994, p. 485, 498.

[479] Roger Gougenot des Mousseaux, *Gli ebrei, il giudaismo e la giudaizzazione dei popoli cristiani.* Versione Pdf. Tradotto in spagnolo dalla professoressa Noemí Coronel e dalla preziosa collaborazione dell'équipe del Nazionalismo

Di seguito discuteremo quello che può essere definito il "paradosso dello Zohar": l'antisemitismo nasce dai benefici che gli ebrei apportano all'umanità. Questi benefici sono così grandi che coloro che li ricevono si vergognano e suscitano in loro l'odio contro i loro benefattori.

Elie Wiesel attingeva infatti alle "parole dello Zohar", il libro cabalistico, per presentarci un'interpretazione del perché dell'antisemitismo nell'antichità: "Stabilitisi in Egitto, i figli di Giacobbe furono dapprima prosperi, stimati e felici. Poi cominciarono a invidiarli segretamente. Poi apertamente. Ma non era pericoloso. Poi cominciarono a temerli. A odiarli. Pensavano che fossero troppo ricchi. Erano troppi, troppo fastidiosi, troppo invasivi. Ma non era ancora pericoloso. Arrivò il momento in cui gli Egiziani entrarono in una guerra sanguinosa con i loro vicini; e furono salvati dall'intervento dei figli di Israele. Allora il pericolo che minacciava i figli di Israele divenne reale. Per questo, gli Egiziani non poterono perdonare[480]".

Anche Jacques Attali ha espresso questo curioso paradosso: "L'antigiudaismo cristiano è consolidato, basato sull'odio verso colui che ha portato la buona parola. Odio per colui che ha reso un servizio. Questo si ritroverà molto più tardi nel rapporto con il denaro: l'odio per chi presta denaro a chi non è al servizio degli altri.

altri dopo aver fornito loro il loro Dio[481]".

Coloro che si oppongono al progetto ebraico possono essere solo dei pazzi che non comprendono tutti i benefici che gli ebrei apportano al resto dell'umanità. Nella sua *Apologia di Israele*, Albert Caraco scriveva a sua volta: "Siamo puniti perché siamo stati benefattori e perché il bene disturba l'ordine". (p.219) "Non perdoneranno mai gli ebrei per i favori che devono loro, il loro vassallaggio li divora dall'interno, il loro debito li uccide ed è per questo che dobbiamo essere i più forti e salvarli dalla loro stessa rabbia".

---

cattolico. Argentina, 2013, p. 327

[480] Elie Wiesel, *Celebración Biblica, Retratos y leyendas del Antiguo Testamento*, Muchnik Editores, 1987, Barcellona,

[481] Jacques Attali, *Los Judíos, el mundo y el dinero*, Fondo de Cultura Económica de Argentina, Buenos Aires, 2005, p. 95.

Ma a volte gli intellettuali ebrei lasciano intendere che l'innocenza di cui si vantano forse non è tanto una virtù del popolo ebraico quanto un sotterfugio per ingannare i goyim e raggiungere i loro scopi. Albert Caraco, mai così esplicito, lo ha affermato in modo inequivocabile: "Lasciateli perseverare nella loro innocenza, e con essa otterranno ciò che nessun popolo ha mai sognato" (p.165). (p.165). "Alla fine dei tempi, essi indosseranno la veste dell'innocenza e il manto regale, quelli che solo il potere può imbiancare e che solo il dominio riscatta" (p. 175). "Il Nulla o gli Ebrei, questa è la scelta suprema[482]".

Stéphane Zagdanski ci ha già fatto intravedere il trucco magico: gli ebrei sono "misticamente indispensabili al mondo e quindi alla sua menzogna, reggendola come se fossero un Atlante di gioia e di innocenza, e proprio per questo sono odiati dal mondo e dalla sua menzogna[483]". In un altro passo del suo libro Zagdanski credeva forse di essere molto fine quando scriveva quanto segue: "La malafede antisemita non scherza e non tollera a lungo di essere derisa[484]."

Lasciamo infine l'ultima parola di questo capitolo a Manes Sperber, che nel 1956 si sfogava con una sincerità insolita: "L'esilio era sopportabile solo nella misura in cui, per ogni pena e ferita, si trovava un'interpretazione che scagionava persino Dio stesso. Per ottenere questa riconciliazione, bastavano un'intelligenza agile, un'accortezza vivace e un'arte dell'interpretazione[485]... "Infine, Manes Sperber accusa gli antisemiti di non capire nulla degli ebrei e dell'ebraismo: "Tutte le minoranze calpestate possono essere convinte che i loro nemici non sanno praticamente nulla di loro. Questa stupefacente ignoranza che ha sempre caratterizzato gli antisemiti è una delle ragioni più forti del disprezzo che gli ebrei provano per i loro nemici[486]."

L'inversione accusatoria

---

[482] Albert Caraco, Apologie d'Israël, 1957, L'Âge d'homme, 2004, p. 25.

[483] Stéphane Zagdanski, De l'Antisémitisme, Climats, 1995, 2006, pag. 334, 335.

[484] Stéphane Zagdanski, De l'Antisémitisme, Climats, 1995, 2006, p. 244. La frase sarebbe più vera nel senso opposto.

[485] Manès Sperber, Être juif, Éd. Odile Jacob, 1994, p. 103.

[486] Manès Sperber, Être juif, Éd. Odile Jacob, 1994, p. 147.

Come gli ungheresi nel periodo tra le due guerre, i polacchi avevano accusato gli ebrei di aver costituito una "quinta colonna" del bolscevismo sovietico. Questa teoria non reggeva, ha spiegato Gabriele Eschenazi: "Questa minaccia sui generis non era giustificata da alcun fatto reale... In realtà, gli ebrei erano il simbolo di tutte le debolezze e le frustrazioni della nazione polacca... Il mito cattolico della 'potenza demoniaca' ebraica permetteva ai polacchi, più di ogni altra cosa, di giustificare i loro limiti, le loro ansie e le loro paure[487]."

La testimonianza di un certo Jerzy Szapiro, citata dall'autore, ha fornito un ulteriore elemento per la comprensione del fenomeno: "I polacchi, ha detto Szapiro, soffrono di un complesso di inferiorità; questo è il motivo per cui incolpano gli altri delle loro disgrazie. Tuttavia, nella loro immaginazione, si sentono superiori; quindi hanno bisogno, per giustificare le loro disgrazie, di trovare un capro espiatorio[438]".

Ora sappiamo che i polacchi sono ingannevoli almeno quanto gli ungheresi... La loro perfidia è tale che gli storici polacchi sono arrivati a immaginare le favole più assurde per screditare il misero popolo ebraico. Nel 1940, ad esempio, circolò la voce "che gli ebrei non solo avevano accolto i soldati sovietici come liberatori, ma che un gran numero di loro si era unito alla nuova amministrazione per sostituire i vecchi burocrati polacchi". Era la conferma del "mito polacco del tradimento degli ebrei[489]".

I polacchi amano palesemente fare la vittima, ha spiegato Eschenazi: "Il fatto che i vertici del potere comunista fossero occupati da leader di origine ebraica, giunti dall'URSS con l'Armata Rossa durante la "liberazione", ha contribuito a creare l'impressione paradossale che alla fine i polacchi fossero le vere "vittime" della Seconda guerra mondiale, mentre gli ebrei fossero i "vincitori"... Si arrivò a credere in modo del tutto surreale che gli ebrei fossero la fonte di tutti i mali della Polonia: erano il 'giudeocomunismo'".

---

[487] Gabriele Eschenazi, Gabriele Nissim, *Les juifs et le communisme...*, 1995, Éd. De Paris, 2000, p. 166

[488] Gabriele Eschenazi, Gabriele Nissim, *Les juifs et le communisme...*, 1995, Éd. De Paris, 2000, p. 201

[489] Gabriele Eschenazi, Gabriele Nissim, *Les juifs et le communisme...*, 1995, Éd. De Paris, 2000, p. 189, 192

A causa delle loro menti diffidenti e gauche, i polacchi si confondono e mettono tutti insieme: "Nell'immaginario collettivo, i leader di origine ebraica occupavano posizioni di rilievo all'interno del sistema comunista". Inoltre, poiché i polacchi avevano la tendenza a fare la vittima, arrivarono a scaricare le loro frustrazioni sugli altri. L'ebreo divenne il capro espiatorio ideale. La Polonia era oppressa: di chi era la colpa? Degli ebrei[490]".

I polacchi sono indubbiamente fuorviati, per la semplice ragione che i nuovi leader ebrei, come in Ungheria, in realtà non erano più ebrei, ma semplicemente comunisti. Bisogna capire che "i leader "ebrei" del Partito, come Jakun Berman, Hilary Minc o Roman Zambrowski... avevano rotto con le loro origini ebraiche e si definivano esclusivamente come comunisti e polacchi". Il fatto che gli ebrei fossero "numerosi alla testa del partito" e "occupassero la maggior parte dei posti nel comitato centrale" non significava che si trattasse di una dittatura ebraica, perché questi ebrei, in realtà, non erano più ebrei: "Ci troviamo di fronte a un nuovo paradosso, scrisse Eschenazi: diventando comunisti, gli ebrei cessavano di essere ebrei per il loro stesso ambiente, ma per i polacchi questa conversione li rendeva ancora più "ebrei", addirittura, ebrei della "peggior specie"[491]." Questa è la vera spiegazione. Se i polacchi fossero stati meno stupidi, avrebbero capito.

Gabriele Eschenazi ha citato la testimonianza di un giornalista di nome Wolicki, membro del Partito: "Negli anni '50 c'era un gran numero di ebrei nella polizia politica. Questo è innegabile. Negli anni '60 non era più così. Tuttavia, il mito è stato mantenuto vivo, persino amplificato. La gente credeva che la polizia fosse piena di ebrei. Io lo chiamo antisemitismo magico. Un antisemitismo pragmatico dice: "Quest'uomo è un ebreo, quindi è un criminale". Un antisemitismo magico dice: "Quest'uomo è un criminale, quindi è un ebreo"" (p. 224). È proprio questo il problema: nascondendosi dietro false identità, gli ebrei si sono guadagnati il naturale sospetto di molti.

Gabriele Eschenazi ha insistito su questo punto: "L'atteggiamento di fare la vittima è così profondamente radicato nella società [polacca] che è difficile che emerga un'autocritica. I fallimenti e le difficoltà sono

---

[490] Gabriele Eschenazi, Gabriele Nissim, *Les juifs et le communisme...*, 1995, Éd. De Paris, 2000, p. 179, 180, 182

[491] Gabriele Eschenazi, Gabriele Nissim, *Les juifs et le communisme...*, 1995, Éd. De Paris, 2000, p. 183, 187

ancora visti come il risultato di fattori esterni (il nemico, un complotto, gli "anti-polacchi"). Il polacco è "innocente" per definizione. L'esodo del 1968 ha privato la società del suo capro espiatorio preferito e da quel momento in poi i polacchi hanno iniziato a essere visti come apoplettici e peggiorativi nei confronti degli altri polacchi. Qualsiasi individuo antipatico o sgradevole poteva essere etichettato come 'ebreo'" (p. 287). In realtà, spiega l'autore, "i polacchi provavano inconsciamente un profondo rimorso per tutto ciò che era accaduto" durante la guerra. Per sfuggire al senso di colpa che li divorava, ricorrevano a ogni sorta di giustificazione" (p. 287). "Non potevamo fare nulla", "gli ebrei erano con i russi", ecc."... In realtà, anche se nessuno voleva ammetterlo, il Paese portava un enorme peso sulla coscienza. (p.305). Ecco, dalla penna di un intellettuale ebreo, una "proiezione accusatoria"

La proiezione della colpa è stata verificata anche dallo scrittore Manes Sperber, quando ha analizzato il "mito" dell'avidità, di cui gli ebrei sono sempre stati ingiustamente accusati nel corso della storia: "Possedere argento, oro e gioielli era l'unica - anche se non sempre efficace - garanzia contro l'espulsione e l'omicidio. Gli ebrei compravano così il diritto di vivere, di stabilirsi in un luogo e una protezione temporanea contro la gente comune. L'insaziabile avidità di coloro che avevano il potere di venderli o di negare loro il diritto di esistere li condannava ad essere duri per ottenere un profitto". L'ebraismo "era minacciato da nemici animati da una frenetica volontà di saccheggio e di possesso. Questi ricattatori trovavano nobili motivi per giustificare il loro atteggiamento. A volte volevano vendicare la crocifissione di Cristo, a volte punire una profanazione di ostie immaginata per l'occasione, o un omicidio rituale inventato. Era il tempo dei ladri signorili e clericali[492]". Sperber ha insistito: "Nei loro rapporti con gli ebrei, i principi cristiani si comportarono per più di un millennio in modo singolare come l'essere disumano e assetato d'oro che la caricatura antisemita aveva fatto dell'ebreo prototipo[493]."

Così che Manes Sperber potesse lamentarsi: "Cosa non hanno fatto i nemici del popolo ebraico - quali mezzi, quali trucchi, quali veleni,

---

[492] Manès Sperber, *Être juif*, Éd. Odile Jacob, 1994, p. 100.

[493] Manès Sperber, *Être juif*, Éd. Odile Jacob, 1994, p. 141.

quali armi hanno usato, quali calunnie hanno diffuso? Quali leggi hanno promulgato, quali torture hanno inventato[494]?".

Ma i principi cristiani non erano gli unici da biasimare: "Più della metà degli opuscoli antisemiti mostra che i loro autori sono ossessionati dal denaro. E in quasi tutti si manifesta quello che i polemisti antiebraici chiamano spirito talmudico, un termine con cui designano il modo di trattare un fatto con disprezzo e di stravolgerne spudoratamente il vero significato". Manes senza vergogna!

L'antisemita, come capirete, odia nell'altro "i difetti che vorrebbe eliminare da se stesso. Li perdona e li nasconde a se stesso più facilmente, immaginandoli grottescamente smodati in colui che odia... La superiorità dell'Altro nelle aree in cui si sente irrimediabilmente inferiore... Certamente la malafede gioca un ruolo in questo tipo di argomentazione, proprio come nella furia diffamatoria e calunniosa dell'odio totalitario. Ma sarebbe ignorare il significato di questo fenomeno se non si tenesse conto della logica paranoica che determina queste procedure... Inverte il rapporto di causa ed effetto, scompone i fatti e li rattoppa arbitrariamente, ignorando, negando o distruggendo le prove che si oppongono all'interpretazione preconcetta" e "conferisce all'utente una buona coscienza inalterabile[495]".

La proiezione accusatoria si manifesta nuovamente in Manes Sperber quando si tratta di comprendere le accuse di omicidio rituale: "L'antisemita, più di ogni altro, merita i rimproveri che rivolge a coloro che odia. Cosa dobbiamo pensare dell'accusa di omicidio rituale, così spesso pronunciata contro i seguaci di una religione che proibisce categoricamente il consumo di qualsiasi forma di sangue? Secondo il loro dogma, i cristiani bevono il sangue e mangiano la carne del loro Redentore: non c'è forse un legame tra questo rito profondamente pagano e le loro assurde calunnie contro di noi[496]?".

Vediamo come l'intellettuale ebreo proietti sugli altri tutto ciò di cui si sente colpevole, compresa la propria tendenza all'inversione accusatoria. Alexis Rosenbaum è un professore di filosofia e anche un grande talmudista, come possiamo dedurre dal suo modo di analizzare l'antisemitismo in un libro pubblicato nel 2006 e originariamente

---

[494] Manès Sperber, *Être juif*, Éd. Odile Jacob, 1994, p. 111.

[495] Manès Sperber, *Être juif*, Éd. Odile Jacob, 1994, p. 142-144.

[496] Manès Sperber, *Être juif*, Éd. Odile Jacob, 1994, p. 147.

intitolato *Antisemitismo*: "L'antisemitismo è l'espressione di una nevrosi [497]?", si chiede, prima di spiegare: "Il meccanismo della proiezione è di solito accompagnato da un'inversione accusatoria. Il meccanismo della proiezione è di solito accompagnato da un'inversione accusatoria. I crimini che si volevano o si stavano per commettere contro gli ebrei venivano attribuiti a loro. Sappiamo, ad esempio, che proprio mentre venivano perseguitati nella Germania nazista, la propaganda attribuiva loro sistematicamente crimini immaginari: l'ebreo stuprava, mutilava, torturava, distruggeva le altre religioni, maltrattava le donne pure, cercava di vendicarsi delle persecuzioni, ecc. Da un punto di vista psicoanalitico, questi eventi sono sintomatici di un processo di inversione tra vittima e carnefice (o inversione proiettiva). Quest'ultimo perseguita gli ebrei perché immagina o si convince di essere perseguitato da loro. Questo gli permette di liberarsi dal senso di colpa, mentre allo stesso tempo incolpa l'oggetto del suo odio".

Alexis Rosenbaum ha poi analizzato l'antigiudaismo cristiano attraverso la psicoanalisi: "Nell'immaginario del giovane cristiano che si identificava con Cristo come Figlio, gli ebrei potevano essere percepiti come una sorta di temibile antenato ancora stranamente presente, cioè come l'immagine trasformata del proprio padre. Ma secondo la psicoanalisi freudiana, il padre è proprio la fonte della Legge, dei divieti fondamentali a cui il bambino deve sottomettersi limitando il suo desiderio di piacere. I sentimenti del bambino sono considerati particolarmente ambivalenti: poiché percepisce confusamente la madre come appartenente al padre, quest'ultimo è allo stesso tempo oggetto di ammirazione e di invidia. Per questo gli ebrei, fondatori del monoteismo e delle sue leggi, erano suscettibili di essere oggetto di una relazione profondamente contraddittoria, una sorta di odio ammirativo... Si dice che gli ebrei siano stati i carnefici di Cristo, tanto che il suo sangue era su di loro. Il bambino scopriva così nel racconto sacro un sorprendente modello di soluzione psicologica ai suoi conflitti: in quanto cristiano, poteva essere esonerato dalla morte di Cristo scaricando il peso del crimine sugli ebrei... Il popolo ebraico poteva essere concepito come un mezzo per alleviare ogni colpa maggiore,

---

[497] Alexis Rosenbaum, *L'Antisémitisme*, Bréal, 2006, p.63. Alexis Rosenbaum si è basato sul lavoro di Otto Fenichel, *Elements of Psychoanalytic Theorie of Anti-semitism*, in E. Simmel, (dir), *Anti-Semitism. Un desiderio sociale*, IUP, 1946.

come se fosse una figura sacra negativa destinata a pagare in eterno per il ruolo che si supponeva avesse svolto[498]."

"L'antisemitismo è caratterizzato... da una forte tendenza al delirio, e le personalità soggette a rappresentazioni ossessive e paranoiche ne sono il terreno fertile. In questi casi, non si tratta più di normale xenofobia, ma di un fanatismo molto particolare, che fabbrica entità immaginarie e favorisce desideri di eliminazione radicale. Ricordiamo che la moltiplicazione di credenze aberranti sull'ebraismo è stata prodigiosa nel corso della storia. L'appassionato antisemita avanza teorie sorprendentemente selvagge e spesso ingegnose, anche se non è mai turbato dal fatto che nessuna delle principali accuse contro gli ebrei è mai stata provata. Ossessionato dai semiti o dai sionisti, è quasi impossibile ragionare con lui[499]". Ancora una volta, basta invertire i termini "ebrei" e "antisemiti" per rendersi conto del problema di Alexis Rosenbaum.

Stephane Zagdanski ci ha presentato un altro buon esempio di inversione accusatoria. La logica antisemita è caratterizzata dall'inversione paranoica, per cui i suoi stereotipi più tenaci sono sempre stupide antitesi di ciò che la religione, la cultura e il pensiero ebraico professano tradizionalmente". E Zagdanski ha insistito su questo punto: "L'operazione privilegiata dell'antisemitismo è l'inversione paranoica, e il linguaggio preferito dell'inversione è la calunnia. Ciò significa che ogni idea antisemita è l'esatto contrario della verità... Ogni affermazione di antisemitismo è un insulto al senso comune, ogni sua inflessione un'offesa". L'antisemita è "un grande nevrotico. Farebbe bene a consultare uno psicanalista... Si perde in calcoli ossessivi per non riconoscere il proprio delirio[500]".

Il fatto è che Zagdanski si è anche protetto in anticipo da qualsiasi critica: "Questo libro è anche uno *schibboleth** per le mie orecchie. Ogni critica suonerà come un allarme. Quanto agli elogi, saranno per lo più insulti mascherati. Chi mi definisce paranoico sarà lui stesso fortemente incline al delirio. Chi mi rimprovera di confondere le cose,

---

[498] Alexis Rosenbaum, *L'Antisémitisme*, Bréal, 2006, pagg. 66-69.

[499] Alexis Rosenbaum, *L'Antisémitisme*, Bréal, 2006, pag. 116.

[500] Stéphane Zagdanski, *De l'Antisémitisme*, Climats, 1995, 2006, pagg. 10, 157, 210, 224.

* Ebraico. Una sorta di parola d'ordine, come una password.

sarà lui stesso tremendamente confuso. Chi mi accusa di non dimostrare nulla sarà incapace di dimostrarlo. Chi mi accusa di questo, si sta ricusando da solo". È vero che all'inizio del suo libro aveva scritto: "Saluto il mio ardente, il mio gioioso, il mio volubile, il mio vivace, il mio acrobatico, il mio più alto pensiero. Il mio benedetto pensiero ebraico[501]".

Vediamo quindi come l'intellettuale cosmopolita proietti sugli altri le proprie colpe, tutte le proprie colpe, e quindi la propria tendenza all'inversione.

Manes Sperber ci ha lasciato un'immagine meravigliosa e rivelatrice di questa inclinazione ebraica a vedere il mondo alla rovescia: "Quando avevamo quattro anni - stavamo già imparando a tradurre il Libro - passavamo il nostro scarso tempo libero praticando due esercizi ginnici: stare in piedi sulla testa e fare capriole. Tutto questo per prepararci alla venuta del Messia. Quando arriverà il grande momento, la terra si girerà, allora, naturalmente, dovremo saper stare in piedi sulla testa per almeno un quarto d'ora per assumere la giusta postura. I morti, dal canto loro, rotoleranno sottoterra fino a Gerusalemme, dove risorgeranno? Il senso della vita, della sofferenza e della morte, tutto è stato determinato dalla Fine, l'inizio di un eterno presente[502]".

I nostri antenati europei avevano capito perfettamente che la natura profonda dell'ebraismo derivava dai precetti del Talmud. Il re San Luigi, preoccupato per questo, aveva ordinato un processo al Talmud. Il processo si aprì il 12 giugno 1240 al Palazzo di Giustizia di Parigi, sotto la presidenza di Blanche de Castille. Dopo un lungo dibattito, si decise di distruggere il libro. Il 6 giugno 1242, ventiquattro carri contenenti 1200 copie del Talmud furono bruciati sulla Place de Grève.

L'antisionismo come proiezione accusatoria

In Occidente, mentre nessun politico o giornalista di buon senso rischierebbe la minima critica agli ebrei, è ancora tollerato, per il momento, condannare la politica israeliana. Gli ebrei, tuttavia, preferiscono farlo da soli. In *Operazione Shylock*, "un libro provocatorio pieno di intelligenza e di umorismo", il famoso

---

[501] Stéphane Zagdanski, *De l'Antisémitisme*, Climats, 1995, 2006, p. 338, 21

[502] Manès Sperber, *Être juif*, Éd. Odile Jacob, 1994, p. 118.

romanziere americano Philip Roth si rende conto di quanto sia pericoloso lo Stato di Israele per gli ebrei di tutto il mondo: "Il Paese che oggi mette in pericolo il maggior numero di vite ebraiche - il Paese chiamato Israele - deve essere disattivato... Lo Stato che con il suo pervasivo totalitarismo ebraico è diventato la principale paura degli ebrei del mondo, sostituendo i gentili; lo Stato che oggi, con la sua brama di ebrei, sta, in così tanti modi terribili, deformando e sfigurando gli ebrei in un modo che un tempo era disponibile solo per i nostri nemici antisemiti... Che cosa hanno fatto? Quali sono i loro meriti? Un gruppo di persone maleducate che vanno in giro per strada a spintonarti. Ho vissuto a Chicago, a New York, a Boston. Ho vissuto a Parigi, a Londra, e da nessuna parte ho visto gente del genere camminare per le strade. Che *arroganza*! Cosa avete creato voi qui che possa essere paragonato a quello che avete fatto voi altri ebrei nel mondo? Assolutamente nulla. Nient'altro che uno Stato fondato sulla forza e sulla volontà di governare[503]".

Anche Philip Roth era indignato dal fatto che gli israeliani si comportassero in questo modo con gli ebrei della diaspora: "Ma non è che riservino la loro arroganza all'arabo e alla sua mentalità, perché fanno lo stesso con i *goyim*, i gentili, e la loro mentalità, o con voi e la vostra mentalità. Questi idioti provinciali vi guardano dall'alto in basso! Riuscite a immaginarlo? Guardano dall'alto in basso tutti i "nevrotici" della diaspora... E come si sentono superiori agli ebrei che non vogliono avere niente a che fare con le armi! Gli ebrei che afferrano i bambini arabi e gli spaccano le nocche con le mazze? E come si sentono superiori a tutti voi, che siete incapaci di tale violenza!... Che *arroganza*, Philip, che *insopportabile* arroganza! Quello che insegnate ai vostri figli a scuola è di guardare dall'alto in basso gli ebrei della diaspora, di considerare gli ebrei di lingua inglese, gli ebrei di lingua spagnola e gli ebrei di lingua russa come un branco di strambi, vermi, nevrotici, prigionieri in preda al panico... Come se parlare ebraico fosse l'ultima conquista umana! Sono qui, pensano, e parlo ebraico, questa è la mia casa e questa è la mia lingua, e non devo andare in giro a chiedermi continuamente: "Sono un ebreo, ma cosa significa essere un ebreo?". Non devo essere uno di quei nevrotici terrorizzati, alienati, che odiano se stessi e che continuano a farsi domande... Questa è la vostra grande conquista ebraica: trasformare gli ebrei in carcerieri e piloti di

---

[503] Philip Roth, *Operación Shylock*, Debolsillo, Editorial Mondadori, 2005 Barcelona, p. 91, 139-140

bombardieri!... Gli ebrei hanno la reputazione di essere intelligenti, e lo sono davvero. *Per* quanto ne so, l'unico posto al mondo in cui tutti gli ebrei *sono* idioti è Israele. Gli sputo addosso! Gli *sputo* addosso[504]!".

Ma l'"arroganza", il "disprezzo" e la "volontà di dominio" non sono specifici solo degli ebrei israeliani. La critica del sionismo interno permette quindi di evitare di parlare dell'influenza degli ebrei della diaspora e di proiettare sugli ebrei israeliani i difetti che chiunque attribuirebbe agli ebrei in generale.

Philip Roth ha anche accusato i suoi compagni israeliani: "Abbiamo fatto un torto ai palestinesi. Li abbiamo sfollati e torturati, li abbiamo uccisi. Lo Stato ebraico, fin dal momento della sua creazione, si è dedicato a eliminare la storica presenza palestinese nella Palestina storica, appropriandosi della terra di un popolo indigeno. I palestinesi sono stati messi da parte, dispersi e conquistati degli ebrei[505]... Cerco di far capire loro che nel mondo ci sono ebrei che non sono affatto come gli ebrei di qui. Ma per loro l'ebreo israeliano rappresenta un tale grado di malvagità che fanno fatica a credermi".

Questo trasferimento di responsabilità è evidente anche quando si tratta di criticare l'universale propensione ebraica alle geremiadi. In questo caso, Philip Roth proietta ancora una volta le colpe dei suoi connazionali ebrei della diaspora sullo Stato di Israele: "Cosa giustifica il fatto che non si perda occasione per estendere i confini di Israele? Cosa giustifica il bombardamento della popolazione civile di Beirut? Auschwitz. Cosa giustifica lo schiacciamento delle ossa dei bambini palestinesi e l'amputazione degli arti dei sindaci arabi? Auschwitz. Dachau. Buchenvald. Belsen. Treblinka. Sobibor. Belsec... Ebrei assetati di potere, ecco cosa sono, ecco tutto ciò che sono, e se differiscono in qualche modo da altri ebrei assetati di potere altrove sulla terra, è nella mitologia della vittimizzazione che usano per giustificare la loro dipendenza dal potere e la loro vittimizzazione di noi. La vecchia barzelletta americana dice esattamente: "There is no business like *Shoah* business", invece di "*Show business*", non c'è business come Holocaust business, invece di *show business*".

---

[504] Philip Roth, *Operación Shylock*, Debolsillo, Editorial Mondadori, 2005, Barcelona, p. 143-145.

[505] Philip Roth, *Operación Shylock*, Debolsillo, Editorial Mondadori, 2005 Barcelona, p. 404-405, 139

Tali affermazioni, di cui si rallegrano gli "antisionisti" filopalestinesi, sono come alberi che oscurano la foresta, relegando sullo sfondo l'ascesa del potere delle comunità ebraiche nel mondo occidentale, soprattutto attraverso la finanza e il sistema mediatico. È la stessa sindrome di proiezione che scopriamo in queste parole: "(...) i pochi israeliani di cui ci si può ancora fidare un po', perché hanno ancora rispetto di sé e sanno ancora dire qualcosa che non sia pura propaganda". L'inganno di questi ebrei israeliani, scrive Roth, serve "a rafforzare la pietra angolare della politica di arroganza degli israeliani, alla base dell'ideologia della vittima. Non smetteranno di dipingersi come vittime o di identificarsi con il passato". Philip Roth ha nuovamente inveito contro l'"insopportabile arroganza" di questi israeliani, come se gli ebrei della diaspora fossero privi di questi stessi difetti, e ha infine messo in guardia gli ebrei di Israele "prima che i sionisti, nella loro irredimibile follia e vendetta, finiscano per coinvolgere l'intero mondo ebraico nella loro brutalità e portino su di esso una tale catastrofe che non si riprenderà mai più[506]".

In breve, la critica allo Stato di Israele è molto pratica per far dimenticare a tutti che il cuore dell'ebraismo mondiale è a New York, Londra e Parigi, e non a Tel-Aviv. Ci si potrebbe chiedere se gli ebrei israeliani siano più crudeli di quanto lo fossero gli ebrei bolscevichi, e vorremmo sentire le stesse parole e lo stesso pentimento per le atrocità inflitte al popolo russo e ucraino.

Lanterne e racconti

Le persecuzioni di cui le comunità ebraiche si dichiarano vittime sono talvolta reali, ma talvolta anche molto dubbie. In effetti, sono abbastanza frequenti i casi di bufala mediatica a questo proposito. Uno studio pubblicato negli Stati Uniti e tradotto in francese nel 2003 dalla rivista *Tabou*[507] ha raccolto diverse decine di presunti atti antisemiti

---

[506] Philip Roth, *Operación Shylock*, Debolsillo, Editorial Mondadori, 2005 Barcelona, p. 152-157. Nella traduzione francese: "I trucchi di questi ebrei israeliani servono a giustificare il potere degli ebrei, a giustificare il dominio degli ebrei mantenendo viva per i prossimi cento millenni l'immagine della vittima ebrea".

[507] Laird Wilcox, *Crying wolfes, hate crime hoaxes in America*, Editorial researche service, Kansas, 1994, in *Tabou*, volume 4; Éditions Akribeia, 2003, p. 64-120.

negli Stati Uniti e all'estero che sono stati ritenuti commessi da ebrei "con una mente disturbata". Questo studio ha anche raccolto decine di accuse di antisemitismo contro individui che si cercava di screditare. Il caso è stato sempre molto pubblicizzato all'inizio, per poi essere accuratamente messo a tacere, una volta scoperte le supercazzole. Ecco alcuni esempi:

Nell'agosto del 1979, un dentista ebreo dello Stato di New York, il dottor Sheldon Jacobson, scopre una svastica in fiamme sul prato di casa sua. Qualche giorno dopo, la polizia arrestò il colpevole: Douglas Kahn, un adolescente ebreo arrabbiato perché il cane di Jacobson aveva fatto i suoi bisogni nel suo giardino (*New York daily*, 29 agosto 1979).

Nell'agosto 1983, una serie di incendi dolosi terrorizzò la comunità ebraica di West Hartford, nel Connecticut. Gli incendi colpirono due sinagoghe e la casa di un rabbino locale. Tutti i media reagirono immediatamente per denunciare l'antisemitismo. La televisione trasmette le immagini di un'anziana donna in lacrime che ricorda gli orrori dell'Olocausto: "Non avrei mai pensato che sarebbe successo di nuovo", dichiara la donna spaventata. La polizia mise sul caso trentatré ispettori e il sindaco offrì una grossa ricompensa. Tuttavia, i sospetti si concentrarono rapidamente su uno studente ebreo di 17 anni, Barry Dov Schuss, che alla fine avrebbe confessato i quattro incendi dolosi. Jack Schuss, il padre dell'adolescente, testimoniò che Barry aveva alcuni problemi psichiatrici ed era già stato curato. Durante il processo del gennaio 1984, Schuss testimoniò di aver "agito per mantenere viva la consapevolezza del pericolo dell'antisemitismo". Al suo posto qualsiasi goy sarebbe stato condannato a quindici anni di prigione, ma Barry Dov Schuss ricevette solo una sospensione della pena con cinque anni di libertà vigilata (*Chicago Tribune* del 1° settembre 1983, *Hartford Courant* del 15 e 17 dicembre 1983 e 24 gennaio 1984).

Nel marzo 1984, i residenti di Co-Op City, un complesso residenziale del Bronx, a New York, trovarono svastiche e graffiti antisemiti su 51 porte e pareti di appartamenti. Fu uno "shock per la comunità". L'incidente è stato molto pubblicizzato dai media, finché non sono stati catturati due adolescenti ebrei di 14 e 15 anni. Su questo noioso caso calò improvvisamente il silenzio. (*Jewish Sentinel* del 31 marzo 1984)

Il 24 novembre 1985, un comunicato dell'*Associated Press* di New York rivelò che i vandali avevano distrutto le vetrine di otto negozi di proprietà di ebrei a Brooklyn. Orrore! I giornalisti di tutto il Paese gridarono il loro sdegno, ricordando l'episodio della Notte dei Cristalli del 1938. Il sindaco Edward Koch offrì una ricompensa di 10.000

dollari a chiunque avesse informato la polizia sulla posizione dei colpevoli. Gli appelli alla vigilanza antifascista si moltiplicarono. Il 9 dicembre, sulla stampa si leggeva: "Un ebreo di 38 anni con disturbi psicologici è stato arrestato..." (New York Daily News del 10 dicembre). " (*New York Daily News* del 10 dicembre 1985). Si scoprì che l'accusato, Gary Dworkin, stava solo inveendo contro gli israeliani e gli ebrei chassidici.

Nel dicembre 1985, la guardia della sinagoga di Milwaukee è stata spruzzata con una sostanza caustica. La vittima, Buzz Cody, un ex cattolico convertito all'ebraismo, ha affermato che gli uomini avevano la pelle scura e parlavano con un accento mediorientale. All'inizio di luglio, nove svastiche erano state dipinte sul centro comunitario e sull'appartamento di Cody, che era stato scassinato e saccheggiato. Graffiti antisemiti e telefonate anonime da parte di una misteriosa "Lega per la difesa della Palestina" gli hanno reso la vita difficile. L'indagine fu presto completata e nel maggio 1986 Cody fu incriminato. Si suicidò nel giro di poche ore (*Milwaukee Journal* del 20 dicembre 1985 e del 17 maggio 1986).

Il 15 luglio 1987, una donna ebrea di Rockville, nel Maryland, fu svegliata nel cuore della notte da una svastica che bruciava nel suo giardino. Il colpevole era un ebreo di 19 anni, Gary Stein (*Washington jewish week* del 6 agosto 1987).

Nel gennaio 1988, Laurie A. Recht, una segretaria legale di 35 anni, avrebbe ricevuto minacce di morte a causa del suo attivismo antirazzista. I media la trasformarono immediatamente in un'eroina, sottolineando il suo coraggio e la sua determinazione. A maggio, il New Rochelle College le ha conferito una laurea honoris causa in riconoscimento delle avversità subite. A novembre, ha dichiarato di aver ricevuto altre minacce di morte: "L'amante dei negri, l'ebrea. Non ti abbiamo dimenticata. Con il tuo cadavere riveleremo la nostra causa al mondo. C'è un proiettile che ti aspetta". L'FBI ha messo sotto controllo le sue comunicazioni per individuare i colpevoli e ha installato una telecamera fuori dal suo appartamento. Alla fine si è scoperto che Laurie Recht non aveva ricevuto alcuna minaccia al telefono e che la telecamera l'aveva invece ripresa mentre si dipingeva sulla parete adiacente del suo appartamento. In tribunale, Laurie ha ammesso i fatti. Rischiava fino a cinque anni di carcere e una multa di 250.000 dollari, ma ha ottenuto solo la sospensione della pena con cinque anni di libertà vigilata (*New York Daily News*, 28 novembre 1988; *Agence télégraphique juive*, 1° dicembre 1988).

La rivista *Newsweek* dell'8 maggio 1989 ha riferito che un uomo facoltoso, Morton Downey, era stato aggredito da skinhead nei bagni dell'aeroporto di San Francisco. I due lo avrebbero immobilizzato nel bagno per dipingergli una svastica sul viso e tagliargli un pezzo di cuoio capelluto prima di salutarlo con un "Sieg heil". Gli ispettori dell'aeroporto hanno trovato solo lievi tagli sul viso, ma non i fatti che Downey ha raccontato alla stampa. Downey ha poi ammesso che l'incidente era stato "una trovata pubblicitaria premeditata".

Il 25 marzo 1990, a Yorba Linda, in California, centinaia di persone scoprirono un volantino presumibilmente distribuito dal circolo metodista che invitava a "uccidere gli ebrei". Un giornale locale riportò: "Un lato raffigura Gesù; cita un passo del Vangelo di Luca e questa frase: "Uccidete tutti gli ebrei". L'altro lato elenca le ragioni per diffidare degli ebrei". Il reverendo Keneth Criswell, pastore della locale Chiesa metodista unitariana, ha immediatamente inviato una lettera alla sua comunità per assicurare che i volantini erano stati "falsamente e fraudolentemente" attribuiti alla Chiesa metodista.

Alla fine del 1991, Nathan Kobrin, un ebreo di Concord, in California, affermò di essere stato vittima di due attentati incendiari e finse di aver ricevuto lettere anonime e minacce di morte per telefono. I giornali californiani applaudirono la sua coraggiosa lotta contro l'antisemitismo e ricevette numerosi sostenitori. Un investigatore che sorvegliava la sua casa scoprì l'imbroglio. Il 31 gennaio 1992, Nathan Kobrin, 36 anni, confessò davanti al tribunale di Contra Santa di essere l'autore dei due incendi e delle false lettere. Fu accusato di falsa testimonianza e condannato a un anno di prigione (*Oakland Tribune* del 12 settembre 1991, *Northern Californian Jewish Bulletin* del 20 settembre 1991 e del 17 luglio 1992).

Nell'aprile 1993, una giovane coppia di ebrei, Jerome e Jamie Brown Roedel, denunciò il furto con scasso della propria casa a Cooper City, in Florida. Il caso fu molto pubblicizzato perché i muri erano stati ricoperti di graffiti antisemiti. Anche in questo caso ci fu grande indignazione e "shock all'interno della comunità". Furono necessari otto mesi di indagini per arrivare alla conclusione: frode assicurativa. Infatti, pochi mesi prima, Jamie Roedel aveva acquistato oggetti d'arte di valore. Dopo aver organizzato il finto furto con diverse persone, ha richiesto 47.000 dollari alla compagnia assicurativa. Alla fine, intascò 30.000 dollari, lasciò il marito e iniziò una nuova vita con l'amante. Nel dicembre 1993 è stata incriminata per frode (*Chicago Tribune* del 2 gennaio 1994).

Nel 1994, a New York sono stati distribuiti volantini apertamente razzisti e antisemiti. Il colpevole è risultato essere un membro del comitato nazionale della Anti Defamation League, la principale associazione "antirazzista" americana (*New York Times*, 27 febbraio 1994). Dopo l'arresto, Donald Mintz ha spiegato che voleva suscitare un movimento di simpatia intorno alla sua candidatura e raccogliere fondi. Dopo lo scandalo ha perso le elezioni.

Questo studio è stato condotto fino al 1994, quindi non è stato possibile conoscere i casi verificatisi dopo tale data. Ma tutti possono farsi un'idea di quanto siano frequenti questi drammi negli Stati Uniti e all'estero. Ricordiamo un altro caso scoppiato nel 2004: una ventina di negozi di proprietà di ebrei nei quartieri newyorkesi di Brooklyn e Queens, nonché alcune sinagoghe, erano stati imbrattati con svastiche. L'indignazione era diffusa. Un rabbino ha offerto un bonus di 5.000 dollari in cambio di qualsiasi informazione. Il 18 ottobre 2004 la polizia ha finalmente arrestato il colpevole. Si trattava di Olga Abramovich, 49 anni, che spiegò di volersi vendicare del marito 78enne, Jack Greenberg, che aveva appena divorziato per sposare una donna più giovane. La stampa e le organizzazioni ebraiche hanno poi messo a tacere l'intera storia. Fortunatamente, il pubblico dimentica in fretta ciò che vede in televisione.

Queste notizie "antisemite" si verificano per le stesse ragioni da molto tempo. Ascoltiamo Arthur Miller, uno scrittore ebreo americano, famoso soprattutto come marito di Marilyn Monroe, che si allarmò per la recrudescenza dell'antisemitismo negli Stati Uniti prima della guerra. Sinagoghe e case ebraiche nel Connecticut erano state bombardate. "Il colpevole fu arrestato poche settimane dopo. Era un giovane ebreo dalla mente squilibrata[508]".

Ma più di recente, in Israele, nel maggio 1990, la profanazione di due cimiteri ebraici aveva mandato onde d'urto in tutto il mondo. Più di duecentocinquanta tombe ebraiche erano state scoperte con iscrizioni in ebraico che invocavano la distruzione dell'ebraismo e la creazione di uno Stato palestinese. "Gli arabi uccideranno gli ebrei". Zevolon Hammer, ministro israeliano per gli Affari religiosi, ha suggerito che

---

[508] Arthur Miller, *En el punto de mira*, Tusquets Editores, 1995, Barcellona, p. 12.

* Bleu blanc rouge, dal tricolore francese.

questo episodio potrebbe essere collegato alla profanazione di tombe nel cimitero di Carpentras, in Francia, che molti avevano attribuito all'estrema destra. Due ebrei, David Goldner, 41 anni, e Gershon Tennenbaum, 32 anni, sono stati infine arrestati ad Haïfa. Hanno spiegato la loro azione con il desiderio di unire il popolo ebraico contro gli Stati arabi (*The Jewish Week* del 18 maggio 1990, *New York Times* del 17 maggio 1990). Anche in Israele si sono verificati molti casi di falsi attacchi a coloni ebrei per provocare una reazione.

In Francia, i telegiornali presentano regolarmente gli stessi super-trucchi, creando "bolle mediatiche". Ecco alcuni esempi:

Nel marzo 1990, Louisa Zemour, militante di SOS-Racisme a Grenoble, è stata ferita da uno "scagnozzo del Fronte Nazionale" che le aveva mascherato il volto con un foulard "blu-bianco-rosso*" (*Rivarol* del 15 giugno 1990).

Nel 1992, nelle prime ore della notte di Capodanno, una molotov incendiò la sinagoga di Villepinte, nella Seine-Saint-Denis. L'attacco fu rivendicato da un misterioso gruppo chiamato "Pure France". Fu uno "shock all'interno della comunità". Il 10 gennaio 1993, diversi ministri parteciparono alla manifestazione organizzata dal rabbino capo Joseph Sitruk per protestare contro questo atto barbarico. Ma alla fine si scoprì che l'autore dell'incendio doloso era un certo Michel Zoubiri, ebreo algerino, che voleva attribuire la colpa dell'attentato a Patrick E, rivale amoroso e membro del Fronte Nazionale (*Rivarol* del 15 gennaio 1993).

Nel gennaio 2003, l'accoltellamento del rabbino Gabriel Fahri è stato molto pubblicizzato e politicizzato, prima che il caso venisse definitivamente insabbiato: in realtà, non c'era stata alcuna aggressione. La perizia medica parlava di "una ferita dubbia", che non aveva provocato alcuna lesione addominale. Inoltre, lo strappo di 10 centimetri dei vestiti era "incompatibile con la presunta aggressione". A causa della mancanza di testimoni, l'intero caso è dipeso dalle dichiarazioni della vittima, che ha incolpato un "uomo con un casco", che avrebbe gridato "Allah Akbar" con "un accento francese". In realtà, il rabbino Farhi si era accoltellato da solo.

L'incendio doloso di un centro sociale ebraico a Parigi, avvenuto il 22 agosto 2004, è stato ampiamente riportato dai media. I colpevoli avevano lasciato graffiti antisemiti, svastiche rovesciate e slogan islamisti con errori di ortografia. Il sindaco di Parigi e il primo ministro si sono recati sul luogo dell'incendio per esprimere il loro sdegno. All'indomani dell'attacco, il sindaco ha stanziato altri 300.000 euro per la sicurezza dei luoghi frequentati dalla comunità ebraica di Parigi. Alla fine, però, le indagini hanno portato alla scoperta di un uomo di 52 anni, membro della comunità e volontario che si divertiva a servire i pasti ai meno abbienti. "Mentalmente fragile", non era riuscito a sopportare la perdita dell'appartamento affittatogli dal centro sociale.

Allo stesso modo, nessun media francese ha riportato il verdetto della 17a corte del tribunale correzionale di Parigi che ha condannato Alex Moïse a una multa di 750 euro. Moïse aveva denunciato minacce e insulti antisemiti ricevuti a casa sua, ma le indagini avevano stabilito che li aveva inviati lui stesso. Alex Moïse, segretario generale della Federazione sionista di Francia (membro a pieno titolo del CRIF) ed ex portavoce di Likoud France, è stato anche uno degli istigatori dei divieti agli spettacoli del comico nero di origine camerunense Dieudonné M'Bala. Negli anni '90 era stato presidente del comitato di coordinamento del Sentier, la milizia locale di autodifesa ebraica.

L'antisemitismo viene ingigantito in questo modo dal sistema mediatico per tre motivi: il primo è che l'identità ebraica contiene una parte di angoscia e paranoia che è naturale da tremila anni. Il secondo è che permette agli ebrei di tutto il mondo di mantenere e coltivare un'identità fragile, sempre minacciata di scomparire dall'assimilazione nel Paese ospitante, e quindi di rafforzare la coesione della comunità. La terza ragione è che questo incessante allarme permette di incoraggiare molti ebrei a stabilirsi in Israele, la cui demografia è troppo piccola rispetto a quella degli arabi.

È quanto confessò Georges Friedmann nel 1965: "Ho spesso osservato come gli israeliani ashkenaziti, ad eccezione dei *kibbutzim*, e in generale "i vecchi", reagissero positivamente a qualsiasi notizia di manifestazioni di antisemitismo nel mondo. Lo enfatizzavano e tendevano a esagerarne l'importanza[509]". Qualcosa di simile è stato affermato da un certo Jacques Kupfer, un leader sionista, che guardava con favore all'antisemitismo: "Vorrei che ci fossero sempre più svastiche e bombe contro le sinagoghe, in modo che gli ebrei alzino finalmente il culo[510]."

---

[509] Georges Friedman, *Fin du peuple juif?* Gallimard, 1965, p. 289.

[510] André Harris e Alain de Sédouy, *Juifs et Français*, Grasset, 1979, Poche, 1980, p. 328-344.

Più recentemente, il rabbino Melchior ha lanciato un appello da Israele ai suoi concittadini ebrei in Francia, che a suo dire si trovavano in una situazione di estremo pericolo, affinché si trasferissero in Israele il prima possibile. L'8 gennaio 2001, il Ministero dell'Integrazione israeliano ha assegnato 9000 dollari a ogni ebreo che avesse fatto la sua *alyah*. Il settimanale *Le Point* del 27 aprile 2006 ha pubblicato un articolo sull'argomento dopo la pubblicazione di un libro intitolato *OPA sugli ebrei di Francia*. Il libro denunciava la strumentalizzazione dell'antisemitismo a vantaggio del discorso sionista e notava che effettivamente l'*alyah* verso Israele era in aumento: 3015 persone nel 2005. Tuttavia, un rapido calcolo permette di relativizzare la grande paura degli ebrei di Francia, dato che la "fuga" rappresentava solo lo 0,3% della popolazione ebraica.

La seconda Intifada palestinese dell'ottobre 2000 aveva infatti provocato un'esplosione di violenza tra i giovani immigrati musulmani nelle periferie francesi. Dal settembre 2000 al settembre 2001, il Consiglio rappresentativo delle istituzioni ebraiche in Francia (CRIF) ha contato 350 attacchi antisemiti. Anche l'Unione degli studenti ebrei di Francia ha ricordato che tra il 1° gennaio e il 1° ottobre 2004 si sono verificati in Francia 322 atti antisemiti[511]. La comunità ebraica è rimasta scioccata. Pierre Birenbaum ha notato che la situazione era allarmante: "Le più alte autorità statali concordano: l'antisemitismo si sta diffondendo pericolosamente nella società francese contemporanea". Tuttavia, egli stesso riconobbe che il governo francese era fermo su questo punto. Nel dicembre 2001, durante la cena annuale del CRIF (Consiglio di Rappresentanza delle Istituzioni Ebraiche in Francia), Lionel Jospin, allora Primo Ministro, disse, di fronte a quasi tutto il governo lì riunito, che "così come non tolleriamo atti di razzismo, non tolleriamo atti di antisemitismo[512]".

Il fatto che il governo "quasi al completo" si riunisca ogni anno nei locali del CRIF dovrebbe rassicurare i leader della comunità. Ma la preoccupazione e l'angoscia rimangono.

È sorprendente notare che le sinagoghe sono gli unici "luoghi di culto" in Francia, dove sono racchiuse dietro recinzioni di filo spinato, barriere

---

[511] Non sappiamo se abbiano contato i graffiti sui banchi di scuola e sulle cassette delle lettere.

[512] Pierre Birenbaum, *Prier pour l'État, les Juifs, l'alliance royale et la démocratie*, Calmann-Levy, 2005, p. 137.

metalliche, vetri e porte blindate. Qualsiasi osservatore straniero, qualsiasi "Candide" potrebbe legittimamente dire: "Beh, qui c'è gente che non sembra essere apprezzata". Forse hanno qualcosa da rimproverarsi? Ernest Renan scriveva già nel 1873: "Ci sarà pure una ragione per cui questo misero popolo d'Israele ha passato la vita a farsi massacrare: quando tutte le altre nazioni e tutti i secoli lo hanno perseguitato, ci sarà pure una qualche ragione[513]."

3. Identità ebraica

Gli iper-patrioti

Il più delle volte, gli intellettuali ebrei scrivono che i loro connazionali sono "perfettamente integrati" nel Paese in cui vivono. Così ben integrati che sarebbero addirittura la quintessenza della nazione e i suoi migliori difensori.

Alla fine del XIX secolo, gli ebrei dell'Europa orientale e della Russia che desideravano emigrare erano naturalmente attratti dalla Francia, la "terra dei diritti umani". Guy Konopnicki ha raccontato lo stato d'animo di quegli ebrei che venivano a cercare la felicità in Francia: "Quando hanno comprato il loro biglietto di terza classe sul treno Shtetl-Strasburgo, i miei antenati non stavano solo emigrando. Cercavano un po' di quella fiamma che illuminava tutti i villaggi ebraici in Polonia e in Russia all'epoca dell'affare Dreyfus. Un capitano ebreo, una campagna d'opinione per difenderlo, queste cose sembravano miracoli, e non si conosceva nessun mago rabbinico in grado di far uscire un uomo innocente dalle prigioni russe o polacche".

In queste circostanze, questi ebrei divennero "iper-patrioti" in Francia: "Per questo motivo, siamo diventati più francesi dei francesi", scrive

---

[513] François de Fontette, *Sociologie de l'antisémitisme*, PUF, 1984, p. 116. Il primo ministro inglese Winston Churchill scrisse in un articolo del 1937: "Può darsi che essi invitino inconsapevolmente alla persecuzione, che siano in parte responsabili dell'ostilità che subiscono". L'articolo, mai pubblicato, è stato scoperto nei suoi archivi da uno storico di Cambridge, secondo quanto riportato dall'Agence France Presse (marzo 2007).

Konopnicki. Il nostro ambiente sociale di immigrati ci ha nutrito di una Francia da sogno, così come i professori socialisti[514]... Da allora ho mantenuto la passione per la Rivoluzione francese". Konopnicki ha persino fatto un parallelo tra la Rivoluzione del 1789 e i suoi riferimenti biblici: "I fondatori della Francia contemporanea erano grandi cosmopoliti. Per questo la portata della Rivoluzione francese attraversa il tempo e lo spazio; oggi non c'è sfida più importante di quella da essa proclamata: i diritti dell'uomo e del cittadino. La Rivoluzione non fu un affare solo francese. Fu proclamata universalmente e a ragione: non era successo nulla di simile dalla consegna della Legge agli Ebrei sul Monte Sinai... Nel giustiziare Luigi Capeto, le convenzioni ripeterono il gesto grandioso di Abramo... Robespierre voleva che la Costituzione fosse un atto sacro posto sul tabernacolo, proprio come la Torah degli Ebrei[515]*". Avrebbe anche potuto aggiungere che gli innumerevoli massacri della Rivoluzione, soprattutto contro i vandeani, ripetevano l'implacabile genocidio commesso da Giosuè e dagli ebrei nella conquista della terra di Canaan, così ben descritto dalla Torah.

In breve, i rivoluzionari francesi, sotto qualche sconosciuta influenza massonica, avevano solo ripreso e secolarizzato l'escatologia ebraica. Il romanziere Pierre Paraf, cofondatore della LICA (Lega contro l'antisemitismo), dedicò una poesia a questo ideale: "Amare tutti gli oppressi/ Salvare i diseredati/ Innalzare sulle vette più alte/ Un tempio all'umanità/ È il patto dell'alleanza/ Che l'Eterno ha fatto con noi/ Quelle virtù della vostra Francia/ Sono le virtù di Israele[516]".

Il saggista Pierre Pierre Birenbaum ha parlato dell'immensa felicità provata dagli ebrei quando si stabilirono in Francia alla fine del XIX secolo per godere del nuovo "regime liberale": "L'avvento della Terza Repubblica fu l'età dell'oro degli ebrei, poiché essi si identificarono fortemente con quel regime liberale fondato da Gambetta e al quale Adolf Crémieux e molti altri ebrei avevano contribuito così

---

[514] Guy Konopnicki, *La Place de la nation*, Olivier Orban, 1983, p. 14.

* Membri dell'Assemblea della Convenzione nazionale della Prima Repubblica francese (1792-1795). Era l'assemblea costituente.

[515] Guy Konopnicki, *La Place de la nation*, Olivier Orban, 1983, p. 44-46.
*Conventionnaires: membri dell'assemblea della Convenzione nazionale della Prima Repubblica francese (1792-1795). Era l'assemblea costituente.

[516] Pierre Paraf, *Quand Israel aima*, 1929, Les Belles lettres, 2000, pag. 45, 46.

appassionatamente... Per molti versi, quel lungo periodo di felicità... giustificava come non mai la famosa metafora "felici come Dio in Francia", che si sarebbe diffusa a macchia d'olio fino alle regioni più lontane dell'Europa orientale, portando loro la buona novella[517]".

Anche il romanziere Albert Cohen ha espresso questo amore smodato e patriottico per la Francia. Nel suo romanzo *Nut Eater*, raccontava la storia di stravaganti ebrei di Cefalonia e dei loro folli pellegrinaggi. Sulla nave su cui il suo eroe e i suoi amici si recavano in Francia alla fine del XIX secolo, un'orchestra suonava la *Marsigliese*: "Neclavs Eater si sentiva intensamente francese e un fervente entusiasta di Danton. Passeggiava lungo il ponte facendo il saluto militare a innumerevoli reggimenti di cui si sentiva un tremendo generalissimo. Salomone avrebbe bevuto i venti per difendere la patria! La Marsigliese dispiegava ali sempre più vittoriose e Mangiaunghie assunse le funzioni di direttore d'orchestra.

- Se fossi a capo della Francia", dichiarò con le lacrime agli occhi, "la farei suonare ogni ora per le strade per incoraggiare il patriottismo, e farei fucilare i capipopolo,[518]!".

Ma Mangiaunghie e i suoi amici amavano anche l'Inghilterra: "Non dimenticarono che, dopo il pogrom del 1891, una parte della flotta britannica di stanza a Malta salpò a tutto vapore per Cefalonia. E come furono tranquilli gli antisemiti greci quando sbarcarono gli alti e cari fucilieri inglesi, leali e severi! Questo è vero, e gli ebrei delle Isole Ionie ricorderanno sempre la gentilezza disinteressata mostrata loro dall'Inghilterra".

Di certo, in quell'occasione i soldati inglesi avevano dato prova di grande coraggio nel salvare i poveri ebrei. Mangiaunghie era grato a chi di dovere: "Sulle pareti della cucina di Mangiaunghie erano appesi i ritratti della famiglia reale inglese, di Sir Moses Montefiore, di Disraeli e di un gran numero di Lord dell'Ammiragliato[519]".

---

[517] Pierre Birembaum, *Prier pour l'Etat, les Juifs, l'alliance royale et la démocratie*, Calmann-Levy, 2005, pag. 89.

[518] Albert Cohen, *Comeclavos*, Anagrama, 1989, Barcellona, p. 88, 89

[519] Albert Cohen, *Comeclavos*, Anagrama, 1989, Barcellona, p. 50. Moses Montefiore era un consigliere e un addetto ai lavori della Regina Vittoria. Svolse un ruolo influente in Europa, insieme ad Adolphe Crémieux, presidente

Gli ebrei di Francia sarebbero naturalmente anche i più ferventi patrioti dopo la presa di potere di Hitler nel 1933. Sarebbero anche più guerrafondai che mai. È quanto dichiarò Jean-Pierre Bloch, ex presidente della Lega contro l'antisemitismo. Questo grande borghese era anche un leader del partito socialista. "Come socialista, era estremamente patriottico. Ad esempio, sono stato uno dei sette socialisti che hanno votato contro gli accordi di Monaco. Credevo che ci fosse un 'partito del tradimento'". Tutti i Jean-Pierre Bloch erano effettivamente unanimi nell'incitare i francesi a dichiarare guerra ai tedeschi. "Era immerso nell'iper-patriottismo[520]", ha detto.

Manes Sperber, dal canto suo, ci ha strappato la bandiera francese dalle mani: "Di fronte a quegli ebrei espulsi dalla loro patria, quelli di Francia si sentivano più francesi dei discendenti dei crociati, e solo israeliti per dovere filantropico[521]". A meno che non sia il contrario.

All'inizio del XX secolo, l'Impero austro-ungarico rappresentava per loro una roccaforte in Europa. Gli ebrei erano infatti diventati i "re di Vienna" ed erano in prima linea nel mondo bancario, della stampa e della cultura. Gli artisti ebrei, gli scrittori ebrei e i musicisti ebrei beneficiavano delle lodi estatiche che i loro amici giornalisti rivolgevano loro costantemente. A Vienna c'era un'intera gamma di artisti e scrittori, uno più brillante dell'altro. Ecco cosa scrive Michael Polack in *Vienne 1900*: "C'erano Arthur Schnitzler, Hugo von Hofmannsthal, Leopold von Andrian, Richard Beer-Hofmann, Karl Kraus, Felix Salten e Theodor Herzl. La maggior parte di loro proveniva dall'alta borghesia, dalla nobiltà, persino dall'aristocrazia, e condividevano certi valori[522]".

Nella capitale austriaca si potevano incontrare il grande Sigmund Freud, gli scrittori Stefan Zweig e Arthur Schnitzler, i compositori Gustav Mahler e Arnold Schönberg, e così via. Erano tutti "perfettamente integrati". Così integrati da essere "più austriaci degli austriaci stessi". La "regina dei giornalisti", Françoise Giroud, naturalmente attratta da questa società viennese, si interessò a studiarla: "Tra i sudditi

---

dell'Alleanza israelita.

[520] André Harris e Alain de Sédouy, *Juifs et Français,* Grasset, 1979, Poche, 1980, pagg. 63-65.

[521] Manès Sperber, *Être Juif,* Éd. Odile Jacob, 1994, p. 32.

[522] Michael Pollak, *Vienne 1900,* Folio Histoire, 1984, edizione 1992, p. 14.

dell'Imperatore, gli ebrei della borghesia viennese sono perfettamente integrati e i più fedeli". Tutto è cominciato nel 1867 con l'inserimento nella Costituzione della libertà di religione e di coscienza, segno di emancipazione. Da allora, la simbiosi è andata avanti, come nella Spagna del XV secolo. Poiché gli ebrei non avevano alcuna possibilità di carriera nell'esercito o nel servizio civile, si rivolgevano alle professioni liberali e all'industria, e avevano persino una forte presenza nell'aristocrazia finanziaria. Il grande giornale liberale di Vienna, la *Neue Freie Presse*, è di proprietà di una famiglia ebrea, i Benedikt. Sono liberali e sostengono l'Imperatore e lo Stato multinazionale, perché è la garanzia della loro sicurezza[523]".

Questa fedeltà all'impero multinazionale è stata ricordata anche dal filosofo Jacob-Leib Talmon: "Gli ebrei erano l'unico gruppo razziale dell'Impero austro-ungarico che aderiva pienamente all'ideale degli Asburgo di un regno multirazziale... Avevano tutto il vantaggio di rimanere sudditi di un Impero multirazziale e multinazionale, che garantiva il diritto di libertà di parola a gruppi ed entità di ogni genere[524]."

Nella sua biografia dello scrittore Arthur Schnitzler, Jacques Le Rider ha confermato queste parole: "La grande maggioranza degli ebrei viennesi aveva riposto le proprie speranze nella metamorfosi della monarchia in uno stato democratico, pluralista e multinazionale... I sudditi ebrei della monarchia asburgica sono stati particolarmente ansiosi di dimostrare il loro patriottismo e la loro fedeltà all'imperatore[525]".

In effetti, sono sempre molto patriottici quando sono al timone. Il famoso scrittore Stefan Zweig ha scritto quanto segue: "Chiunque volesse fare qualcosa di nuovo a Vienna non poteva fare a meno della borghesia ebraica; quando una volta, in epoca antisemita, si tentò di fondare un cosiddetto "teatro nazionale", non si presentarono né autori né attori né pubblico; dopo pochi mesi il "teatro nazionale" fallì miseramente, e questo esempio dimostrò per la prima volta che nove decimi di quella che il mondo celebrava come cultura viennese nel XIX

---

[523] Françoise Giroud, *Alma Mahler*, Robert Laffont, 1988, Presses Pocket 1989, p. 17.

[524] J.L.Talmon, *Destin d'Israël*, 1965, Calmann-Levy, 1967, p. 55.

[525] Jacques Le Rider, *Arthur Schnitzler*, Belin, 2003, p. 215.

secolo era una cultura promossa, nutrita e persino creata dalla comunità ebraica di Vienna[526]."

Françoise Giroud ci ha presentato con ammirazione il giornalista Karl Kraus: è un vecchio polemista socialdemocratico intransigente, "che entusiasma il pubblico nelle sue conferenze predicando la purezza e l'intransigenza... Karl Krauss, eretto a giudice, distribuisce anatemi, ma coloro che lo detestano e che si sono assuefatti al suo senso di colpa non possono smettere di leggerlo: è il re di Vienna[527]".

Nella sua biografia di Alma Mahler, Françoise Giroud si era interessata alla moglie del compositore Gustav Mahler, probabilmente perché si era sempre circondata di ebrei. Il suo defunto marito, Franz Werfel, era uno scrittore "geniale", come la maggior parte degli ebrei. *I quaranta giorni di Musa Dagh* fu "un romanzo storico splendidamente ispirato, il primo grande successo di Franz Werfel". Un successo internazionale così clamoroso che il nome dell'autore sarebbe arrivato alle orecchie della giuria del Premio Nobel". Tornati a Vienna, "i Werfel inaugurano la loro casa di ventotto stanze a Hohe Warte, che Alma ha appena acquistato. È presente la crème de la crème di Vienna. Franz è ora l'autore più famoso d'Austria[528]".

Chi era questo Franz Werfel? "È un tipico viennese, anche se è nato a Praga, dove suo padre possiede una grande fabbrica di guanti". Ma Werfel era un socialdemocratico convinto. "A volte diceva: "Come posso essere felice mentre qualcuno soffre da un'altra parte? È un brillante e inesauribile affabulatore... Nessuno è più europeo e tipicamente viennese di lui". E fu questo "tipico viennese", nel novembre 1918, quando la Germania fu sconfitta, ad arringare la folla a favore della rivoluzione bolscevica: "In piedi sui banchi, passò la giornata a gridare ai rivoltosi: "Svaligiate le banche!", "Abbasso i capitalisti[529]!".

---

[526] Stefan Zweig, *El mundo de ayer: memorias de un Europeo*, Acantilado, 44, Barcellona, pag. 16.

[527] Françoise Giroud, *Alma Mahler*, Robert Laffont, 1988, Presses Pocket 1989, p. 64.

[528] Françoise Giroud, *Alma Mahler*, Robert Laffont, 1988, Presses Pocket, 1989, p. 168.

[529] Françoise Giroud, *Alma Mahler*, Robert Laffont, 1988, Presses Pocket,

Lo scrittore Arthur Schnitzler si indignò all'epoca contro le recriminazioni meschine degli antisemiti. Nel giugno 1915, dichiarò senza mezzi termini: "Non vogliono considerarci come uno di loro. Pensano che io non sia un austriaco come loro... Ma io so bene di essere più di queste persone nel mio Paese". È risaputo che l'essenza dell'Austria e di Vienna è oggi sentita ed espressa più dagli ebrei che dagli antisemiti".

Anche Jacques Le Rider, scrivendo una biografia dello scrittore, non si accorse del paradosso quando, dopo aver sottolineato che Arthur Schnitzler era un "viennese puro", riconobbe poche pagine dopo che i suoi scritti e le sue opere teatrali portavano con sé una dose piuttosto forte di anti-austriaco: "Nel gennaio 1915, la sua opera teatrale *Il richiamo della vita (Der Ruf des Lebens)* fu attaccata come antipatriottica e anti-austriaca. I pilastri del sistema asburgico, la Chiesa, l'esercito e la burocrazia, non sembravano degni di considerazione. Dopo il *tenente Gustel*, sappiamo da che parte stare sul tema "Schnitzler e l'esercito". Il clericalismo e la burocrazia asburgica, ferocemente rappresentati dal *professor Bernhardi*, non erano cresciuti nella sua stima dopo lo scoppio della Prima Guerra Mondiale[530]".

Il "patriottismo" degli intellettuali ebrei si manifesta davvero solo quando si tratta di aizzare il popolo e la nazione contro un altro Stato, colpevole di non dare agli ebrei il posto che meritano. La loro propaganda guerrafondaia è allora sfrenata e senza freni. In questo caso, il "patriottismo" degli ebrei austriaci era tanto più sentito in quanto i loro fratelli razziali in Russia erano "perseguitati", non essendo riconosciuti come russi a tutti gli effetti e non avendo la possibilità di dominare il Paese come in Austria. Dopo la caduta del regime zarista nel febbraio 1917, l'entusiasmo patriottico di facciata degli ebrei tedeschi e austriaci si affievolì e si rivolse naturalmente contro il Paese che li ospitava - un impero autoritario e una monarchia cattolica - che offriva meno garanzie dei Paesi dell'*Intesa* e, a maggior ragione, della nuova Russia bolscevica. Questa fu la famosa "pugnalata alle spalle".

Evidentemente, non tutti i viennesi erano creduloni o si erano lasciati ingannare dalle dichiarazioni di lealtà di quei nuovi arrivati che avevano rapidamente preso il comando. Lì, come in Francia o altrove,

---

1989, pagg. 150, 182, 157.

[530] Jacques Le Rider, *Arthur Schnitzler,* Belin, 2003, p. 222-225

l'antisemitismo era diffuso tra la popolazione. Uno dei principali scrittori ebrei dell'epoca, l'inglese Israel Zangwill, dipinse un quadro eloquente del risentimento della popolazione austriaca. In *Sognatori del ghetto* del 1998, scrisse amaramente: "Mosè, il Sinai, la Palestina, Isaia, Esdra, il Tempio, il Cristo, l'Esilio, i ghetti, i martiri, tutto per la stampa satirica austriaca che si prende gioco dei cambiavalute ficcanaso e dei loro bicchieri da opera che non devono contenere[531]".

Doppia proprietà

Dopo diversi decenni di integrazione "perfettamente riuscita" nella Francia repubblicana, alcuni ebrei stavano finalmente esprimendo la loro identità un po' più apertamente. Così Theo Klein, ex presidente del Consiglio di rappresentanza delle istituzioni ebraiche in Francia (CRIF), scriveva nel 2003: "Sono nato in Francia, ho frequentato la scuola comunale, mi esprimo in francese e partecipo spontaneamente alla vita culturale francese: faccio i miei calcoli in francese, sogno in francese, e così come sono naturalmente francese, sono anche ebreo", scriveva a pagina 94. Ma a pagina 99, Theo Klein rivelava quanto segue: "La mia identità è quella di un ebreo che si è integrato nella Francia repubblicana. Questo scriveva a pagina 94. Ma a pagina 99 Theo Klein rivela quanto segue: "Il mio atteggiamento verso Israele non è cambiato: sono israeliano e sono felice di esserlo. Partecipo da e per quella storia". Ha poi spiegato: "Un ebreo è un uomo che ha una storia comune con altri ebrei con i quali, nonostante la loro dispersione nel mondo, mantiene legami in virtù di quella storia comune. Certamente, ci sono molti modi di essere ebrei. Per me è uno stato naturale che non è mai stato messo in discussione da nessuno[532]".

Nel 2002, Elie Barnavi, allora ambasciatore di Israele in Francia, scrisse nella sua *Lettera aperta agli ebrei di Francia* che la stragrande maggioranza degli ebrei francesi "afferma di avere un forte attaccamento allo Stato di Israele". Alla fine del suo libro, a pagina 116, incoraggiava gli ebrei di Francia a stabilirsi in Israele: "Venite, unitevi a noi, abbiamo bisogno gli uni degli altri. Non partite senza la speranza di tornare. Non vi chiediamo di scegliere tra l'una o l'altra identità, ma

---

[531] Israel Zangwill, *Rêveurs de ghetto, tomo II*, 1898, Éd. Complexe, 2000, p. 293

[532] Théo Klein, *Dieu n'était pas au rendez-vous*, Bayard, 2003, p. 101.

solo di aggiungere la nostra a quella che avete già, alla quale capiamo che siete legati. Diventando israeliani, non vi chiediamo di smettere di essere francesi[533]".

Analogamente, Dominique Strauss-Kahn, ex ministro e alto funzionario del partito socialista, ha dichiarato il 13 maggio 2004 a France-Inter: "Credo che tutti gli ebrei della diaspora e della Francia debbano aiutare Israele, anzi, questa è la ragione principale per cui gli ebrei hanno responsabilità politiche. In definitiva, attraverso le mie funzioni e tutte le azioni della mia vita quotidiana cerco di contribuire con la mia umile pietra all'edificazione di Israele[534]".

Nel giugno 2006, Pierre Besnainou, presidente del Congresso ebraico europeo, ha espresso chiaramente la sua posizione: "Ho definitivamente risolto il dibattito sulla doppia fedeltà: sì, mi sento franco-israeliano". E ha aggiunto: "Gli ebrei europei sono oggi pienamente credibili e legittimi nella loro difesa di Israele. Possiamo permetterci di essere il ponte tra Israele e l'Europa... Ritengo che come ebrei abbiamo un legame naturale con Israele... Questa doppia appartenenza ci pone nella posizione di interlocutori privilegiati per favorire il dialogo... "Ma sappiamo perfettamente che tipo di "dialogo" M. Besnainou intendeva intraprendere con i palestinesi e l'Iran. Pierre Besnainou ha continuato: "Mi sembra che sarebbe interessante e legittimo concedere la nazionalità israeliana agli ebrei della diaspora che lo desiderano, senza che essi debbano fare la loro *alya*[535]. Quando siamo in Francia, in Italia o altrove, ci rivolgiamo agli ebrei dicendo: il 'vostro' primo ministro Ehoud Olmert, il 'vostro' ambasciatore, il 'vostro' presidente, perché essere a disagio su questo tema? Al contrario, penso che dovremmo prenderlo in considerazione. Se per gli altri siamo israeliani, perché il governo non dovrebbe riconoscere questa appartenenza agli ebrei che lo desiderano? Si dice che facciamo parte dello stesso popolo, quindi perché non renderlo ufficiale?".

Lo sosteneva già Guy Konopnicki negli anni Ottanta: "Salvo casi eccezionali, nel quadro di accordi internazionali, non è possibile avere due nazionalità. È proprio a questo proposito che la concezione generalmente accettata del diritto nazionale è storicamente superata:

---

[533] Elie Barnavi, *Lettre ouverte aux juifs de France*, Stock, 2002, pag. 116.

[534] Citato in *Rivarol*, 27 ottobre 2006.

[535] Fare l'*aliyah*: stabilirsi in Israele.

non corrisponde più al modo di vivere contemporaneo[536]". Come al solito, vediamo come gli intellettuali ebrei parlino solo in termini di criteri e interessi propri che proiettano su un piano universale.

Ma se ascoltiamo attentamente lo storico Pierre Vidal-Naquet, la doppia fedeltà potrebbe generare una sorta di conflitto d'identità, come ha scritto nelle sue *Memorie*: "Non è un caso che nel mio lavoro scientifico il tema della scissione giochi un ruolo così importante, perché è anche così che vivo il mio ebraismo[537]". Il rabbino capo di Francia Joseph Sitruk ha espresso la stessa idea nella *Tribune juive* dell'ottobre 2004: "Credo che tutti gli uomini siano un po' schizofrenici, soprattutto gli ebrei".

In effetti, è proprio questa ambivalenza il cuore della personalità ebraica. Guy Sorman è originario della Polonia: "Mi rifiuto di essere un intellettuale ebreo. Non sento di appartenere a questa categoria perché l'ebraismo si basa sulla conoscenza. Trovo inopportuno affermare di essere ebreo quando la conoscenza viene meno, come nel mio caso... Mi riconosco solo come intellettuale francese". Ma questo è il concetto di identità francese secondo Guy Sorman: "Francese, cioè arricchita in modo straordinario dal meticciato che la Francia ha fatto e sta facendo... Essere francesi significa sempre essere multidimensionali: si è allo stesso tempo bretoni, cattolici e francesi, delle Cévennes, protestanti e francesi, o polacchi, ebrei e francesi. Nessuno è solo francese. Se si sente solo francese, è perché ignora le sue radici e la sua cultura". Il matrimonio con una francese "normanna e angioina" non lo ha reso meno cosmopolita. Una volta entrato in piazza, lascia le porte aperte all'immigrazione: "È davvero così difficile integrare un bambino dello Sri Lanka o dell'Algeria nella nazione francese attraverso la scuola? Certo, il compito è arduo, ma non più di quello di fare di un bretone, di un alverniate o di un ebreo un vero francese, come è avvenuto per diverse generazioni [538]". Guy Sorman è dunque un intellettuale "autenticamente francese", ma che pensa e ragiona come un

---

[536] Guy Konopnicki, *La Place de la nation*, Olivier Orban, 1983, p. 39.

[537] Pierre Vidal-Naquet, *Mémoires I, 1930-1955*. Seuil, pag. 164

[538] Guy Sorman, *Le Bonheur français*, Fayard, 1995, pagg. 17-19. Daniel Cohn-Bendit ha dichiarato: "Quello che mi piace della Francia è il suo cosmopolitismo. I neri, gli arabi, gli ebrei. Amo la Francia soprattutto per questo". (André Harris, Alain de Sédouy, *Juifs et Français*, Grasset, 1979, Poche, p. 188).

intellettuale autenticamente ebreo, un instancabile militante della società multiculturale.

Nel 1979, due giornalisti, André Harris e Alain de Sédouy, avevano condotto una serie di interviste con varie personalità nel tentativo di comprendere i retroscena dell'identità ebraica. Il loro libro, intitolato *"Gli ebrei e i francesi"*, rivelava abbastanza bene i paradossi del discorso ebraico.

L'ex presidente del consiglio di amministrazione della Renault, Pierre Dreyfus, era un ebreo dell'Alsazia, "il prototipo del grande borghese integrato". Dichiara, ad esempio, a pagina 43: "Non mi sentivo francese al 99%, ma al 100%"; e nella pagina successiva: "Anche se è vero che non ho ricevuto un'educazione o una cultura specificamente ebraica, mi sono sempre sentito, per tutta la vita, solidale con gli ebrei, ovunque fossero infelici". Dreyfus ha poi affermato di essere molto preoccupato per la situazione degli ebrei in Israele.

Anche Jean-Pierre Bloch, che abbiamo già citato, era "profondamente francese", un "francese come tutti gli altri". È un "ebreo integrato, onesto, senza possibili contraddizioni". (pp. 63-65). Alle pagine 71 e 72, dichiara nuovamente la sua fedeltà: "Protesto contro la doppia fedeltà! Sono un cittadino francese di confessione israelita... Mi sento profondamente francese. Quando vedo che il sentimento patriottico si perde, mi indigno". Ma nella pagina successiva non riesce a trattenersi e confessa: "Prima dicevo: "Sono un francese di origine ebraica". In realtà, sono tornato ebreo. Non pratico, ma vado in sinagoga lo Yom Kippur".

Robert Munich è un ingegnere generale dell'aeronautica. È originario della Polonia da parte dei nonni: "Mi sento più francese dei francesi", dichiara a pagina 75. E a pagina 250: "Sono legato con ogni fibra del mio corpo a Israele". Poi spiega perché ha continuato a vivere in Francia: "Non ho fatto questo passo perché credo che ci sia ancora un ruolo da svolgere per gli ebrei della diaspora, soprattutto in Francia... Non è facile essere ebrei. Non è il modo più comodo di vivere. Ne sono consapevole, ma lo accetto con orgoglio". Infine, ha sottolineato il pericolo principale per la comunità ebraica: "Se si vuole vivere più comodamente, si può sempre fuggire, smettere di essere ebrei: si cambia il cognome, si ha un'intermissione e si finisce per dimenticare di essere ebrei". (pagina 252).

Annie Kriegel, editorialista di *Le Figaro*, proviene da una famiglia di "ebrei francesi molto integrati", secondo le sue stesse parole, e ha aggiunto con una certa sincerità che "paradossalmente, però, mi rendo conto che pur essendo pienamente integrati, vivevamo solo tra noi stessi... Non ricordo, nella mia infanzia, che venissero a casa mia persone cristiane. Non avevo alcun problema. Non andavamo nemmeno a casa dei cristiani[539]."

Henri Fiszbin è un ex dirigente della federazione parigina del Partito Comunista. A proposito dello Stato di Israele, ha dichiarato: "Anche se mi sento molto francese, i suoi abitanti sono miei fratelli". (pagina 226). Due pagine dopo, dichiara: "Mi sento profondamente ebreo".

Emmanuel Rozencher è un fisico. Il giornalista gli ha chiesto se tra le sue due identità, quella francese fosse la più forte dentro di lui. "Non c'è dubbio. Sono un repubblicano nello stile della Terza Repubblica: scuola laica, uguaglianza...". "Ma poi ha confessato: "Mi dà fastidio essere così legato a Israele. Ma, nonostante questo, detesto l'irrazionale... Finché potrò restare in Francia, lo farò. Mi sento a casa. Ma se l'antisemitismo dovesse diventare insopportabile, andremmo in America, non in Israele". (pagine 257-260).

Il giornalista Ivan Levai ha avuto una lunga carriera nei media. I suoi genitori erano fuggiti da Budapest prima della guerra. È stato battezzato su richiesta della madre e non ha ricevuto un'educazione ebraica. Tuttavia, come direttore di programma alla radio *Europe 1, ha dovuto* affrontare accuse durante i dibattiti sulla questione israeliana: "A *Europe 1*, un giorno ho avuto un incidente. Nel 1968-69 avevo invitato due leader di sinistra, uno della Lega dei Comunisti e l'altro di un altro movimento di sinistra, *Viva la Rivoluzione*, e altri due. Tutti e quattro erano ebrei. Non l'ho fatto apposta. È andata proprio così. Perché uno dei giornalisti di *Europe 1* - Fred Goldstein - che nel frattempo è morto ed era un sionista convinto, si arrabbiò molto, creando un grosso incidente a causa di quel dibattito. Mi disse: "Mi rifiuto di lasciare che quattro ebrei vengano a litigare davanti a un microfono...". "Chiese persino al rabbinato di fare pressione sulla direzione della stazione radiofonica per fermare il programma. Era profondamente scioccato". Ivan Levai ha continuato: "All'epoca ero molto arrabbiato con Fred Goldstein. Ricordo persino di avergli detto: "È a causa di fanatici come lei che l'antisemitismo rinasce. Perché io, qui, sono francese! Essere nato ebreo è una semplice curiosità, non è sulla mia carta d'identità". È

---

[539] André Harris, A. de Sédouy, *Juifs et Français*, Grasset, 1979, Poche, pagg. 82-84.

lei, Goldstein, che viene a ricordarmi che sono ebreo, sono le persone come lei che ci separano dagli altri. Io sono perfettamente integrato. Ebbene oggi, anche se non sono un ultra-sionista come lui - infatti ha finito per trasferirsi in Israele - mi chiedo, quando leggo alcune delle e-mail che ricevo, se non avesse ragione".

Il giornalista gli ha poi chiesto: "Come sono queste email?" E Levai ha risposto:"... Lei non è francese, non ha il diritto di difendere questa posizione... Lei dà la parola agli antifrancesi... ci sono solo ebrei nella stampa... Non dovreste sempre invitare persone di sinistra al vostro programma... Date la parola al signor Le Pen... Ovviamente, il signor Elleinstein che avete invitato è ebreo... E anche lei", ecc. Tutto questo non ha impedito a Ivan Levai di dire più tardi: "Mi sento francese prima di sentirmi ebreo... Incredibilmente francese, addirittura. Mi piace Israele, ma non abbastanza da andarci a vivere[540]". Dopo tutte queste considerazioni, si può comunque pensare che Ivan Levai sia soprattutto ebreo, anzi, bisogna dirlo, "incredibilmente ebreo!".

Bernard-Henri Levy è anche un intellettuale molto francese, ben conosciuto al di fuori dei nostri confini. È quanto ci ha spiegato dopo la pubblicazione del suo libro *La Ideologie française* nel 1981, in cui ha trascinato nel fango i nostri più grandi scrittori, accusandoli di essere impregnati di valori nauseabondi, più o meno fascisti. Levy si è difeso preventivamente dalle accuse che i malintenzionati avrebbero potuto lanciargli in faccia: "È in francese e come francese, come ogni filosofo francese, che mi sono assunto il rischio di fare questa ricerca sulla Francia nera[541]".

Bernard-Henri Levy ha anche scritto: "Sono un ebreo in Francia. Sono un ebreo e un francese, un ebreo che ama la Francia". La questione era dunque chiara, ma lo sfondo della sua identità rimaneva monocromatico: "Sono un ebreo, lo sono con tutte le fibre del mio essere. Lo sono con i miei errori, lo sono per le regole alimentari che mi sono imposto... Lo sono per il modo in cui scrivo... Sono ebreo in virtù dell'alleanza invisibile che unisce gli ebrei di tutto il mondo... Sono un ebreo in virtù della mia pazienza messianica[542]".

---

[540] André Harris, A. de Sédouy, *Juifs et Français*, Grasset, 1979, Poche, p. 268.

[541] Bernard-Henri Levy, *Questions de principe*, Grasset, 1986, p. 306; cfr. *Les Espérances planetariennes*, p. 87 e segg.

[542] Bernard-Henri Levy, *Récidives*, Grasset, 2004, pagg. 413-415.

Il "poeta ebreo assassinato" di Elie Wiesel, Paltiel Kossover, che alla fine fu arrestato e giustiziato insieme ad altri intellettuali ebrei comunisti nel 1952, proclamò la stessa cosa. Nel suo testamento immaginato da Elie Wiesel, Paltiel Kossover si difende davanti al "cittadino-magistrato" che lo avrebbe condannato: "Io difendo la causa ebraica, la difendo completamente, totalmente; sì, mi considero solidale con gli ebrei, ovunque essi si trovino; sì, sono un nazionalista ebreo in senso storico, culturale ed etico; sono un ebreo, soprattutto, e mi rammarico solo di non averlo affermato prima e altrove[543]".

Nel numero di aprile 2003 della *rivista Israel Magazine*, il dottor Itzhak Attia ha chiarito tutto: "La solidarietà ebraica si esprime così: '*Kol Israelarévim zé lazé*', ogni membro del popolo d'Israele è il garante di un altro. Questa realtà ha numerose conseguenze giuridiche ed è soprattutto la garanzia della nostra esistenza". Camille Marbo ha espresso lo stesso concetto in *Fiamme ebraiche*, l'"obbligo di solidarietà che gli ebrei hanno gli uni verso gli altri[544]". Questo senso di appartenenza alla comunità si è manifestato ad esempio nel romanziere austriaco Arthur Schnitzler, quando nel 1908 scrisse a proposito della Vienna di Freud e Stefan Zweig: "Non posso negare che quando un ebreo si comporta in modo sconveniente o ridicolo in mia presenza, provo una tale vergogna che vorrei scomparire, sprofondare sottoterra[545]."

"Ogni membro della fratellanza di Israele è responsabile per tutti gli altri", scriveva Israel Zangwill. Questo, tra l'altro, non gli impedì, alla fine del suo libro, di lamentarsi della condizione degli ebrei: "Se un cristiano fa qualcosa di sbagliato, la responsabilità è dell'individuo. Se è un ebreo, la responsabilità è della nazione. Perché[546]?".

Israel Zangwill (1864-1926) nacque da genitori emigrati dalla Polonia e dalla Lettonia a Whitechapel, un quartiere dell'East End di Londra dove si affollavano ebrei provenienti dalla Russia e dall'Europa centrale. Fu un prolifico scrittore in lingua inglese, noto per le sue storie ebraiche:

---

[543] Elie Wiesel, *Le Testament d'un poète juif assassiné*, 1980, Point Seuil, 1995, pag. 33.

[544] Camille Marbo, *Flammes juives*, 1936, Les Belles Lettres, 1999, p. 25. cfr. *Psychanalyse du Judaisme*, p. 86.

[545] Arthur Schnitzler, *Strada per il paese aperto*

[546] Israel Zangwill, *Rêveurs de ghetto*, 1898, Éd. Complexe, 1994, p. 17, 236

The Ghetto Children (1892), *The King of Schnorrer* (1894), *Ghetto Tragedies* (1899), *Ghetto Comedies* (1907). Trascriviamo di seguito un brano che dimostra la forza di questo senso di comunità. Si tratta di un dialogo tra un padre e le sue figlie che decidono di dirgli che una di loro vuole sposare un cristiano.

"Il padre notò che le sue figlie avevano uno strano sguardo sul viso:

- Hai brutte notizie? esclamò. I volti si oscurarono, le teste annuirono.

- Da Schnapsie? gridò, saltando su se stesso.

- Siediti, siediti, non è morto", disse Lea sprezzante.

Si sedette.

- Cosa succede? Cosa sta succedendo?

- Ha preso un impegno!

Quelle parole nella bocca di Lea suonarono come un grido di allarme.

- Fidanzato! Sussultò, immaginando il peggio.

- Con un cristiano! Daisy ha detto brutalmente

Si accasciò, pallido e tremante. Nella stanza calò un silenzio teso...

Le figlie rinsavirono e ora parlavano tutte insieme...

-Un orribile mostro cristiano...

È una terribile disgrazia per tutti noi[547]".

Ricordiamo le parole di Golda Meir, primo ministro dello Stato d'Israele, che ha ribadito questo punto: "Sposare un non ebreo è come unirsi ai sei milioni" di ebrei sterminati. Nel 1970, il sionista Victor Tibika misurò il grado di integrazione degli ebrei nelle nazioni in cui viveva: "Per l'ebreo, salvo la conversione a un'altra religione o l'abbandono totale dell'ebraismo, è praticamente impossibile integrarsi[548]".

Nel *numero 13 di Tribù*, pubblicato nel 1976, Arthur Koestler ha fornito alcune informazioni su questa religione e su questo popolo "ostinato": "La religione israelita, a differenza del cristianesimo, dell'islam e del

---

[547] Israel Zangwill, *Les Tragédies du Ghetto*, 1899, 1984, Éd.10/18, p. 98, 99

[548] Victor Tibika, *1967, Réveil et unité du peuple juif*, 1970, pag. 34.

buddismo, presuppone l'appartenenza a una nazione storica, a un popolo eletto. Tutte le feste israelite commemorano e celebrano eventi della storia nazionale: l'uscita dall'Egitto, la rivolta dei Maccabei, la morte dell'oppressore Haman, la distruzione del Tempio. L'Antico Testamento è innanzitutto un libro di storia nazionale; sebbene abbia dato al mondo il monoteismo, il suo credo è tuttavia tribale piuttosto che universale. Ogni preghiera, ogni rito, proclama l'appartenenza a una razza antica, che pone automaticamente gli ebrei al di fuori del passato razziale e storico dei popoli tra i quali vivono. La religione israelita, come dimostrano duemila anni di tragedie, genera la loro segregazione nazionale e sociale. Essa distingue l'ebreo, lo invita a essere distinto. Crea automaticamente ghetti materiali e culturali[549]".

Il romanziere Isaac Bashevis Singer ha fornito un quadro molto chiaro di questo stile di vita nei ghetti. Ha descritto la vita di questi ebrei nella Polonia del XVII secolo. I cristiani erano accuratamente tenuti lontani dal ghetto. "Nella città stessa c'erano pochissimi gentili. Questi, il sabato, svolgevano i lavori necessari vietati agli ebrei. Tra loro c'erano un addetto ai bagni e pochi altri che vivevano in strade secondarie, con le case circondate da alte palizzate perché non ostentassero la loro presenza[550]".

Duplicità

Jacques Lanzmann, scrittore di secondo piano, ha dimostrato la doppiezza propria dell'ebraismo. Nel suo libro *Il ratto d'America*, pubblicato nel 1955, raccontò la storia di un giovane ebreo dell'Alsazia che riuscì a sfuggire alle maglie dei tedeschi durante l'occupazione. Un giorno fu arrestato dalla milizia e internato a Clermont-Ferrand: "Nel pomeriggio vennero a prendermi per portarmi da un colonnello tedesco.

- Fridman? Fridman? È un cognome ebraico... Lei è *ebreo*!

- Colonnello, non sono un *ebreo*, sono un alsaziano.

---

[549] Arthur Koestler, *La treizième Tribu*, C.Levy, 1976, Poche, 1978, p. 280-281. "Tutte queste pratiche ebraiche hanno lo scopo di separarci dai non ebrei; questa è l'idea fondamentale". (Jean-Paul Elkann in André Harris, Alain de Sédouy, *Juifs et Français*, Grasset, 1979, Poche, p. 239).

[550] Isaac Bashevis Singer, *Satana a Goray*, PDF, Epublibre editore digitale, German25, 2017, p. 23

Avevo ripetuto la lezione che mi aveva insegnato mio padre. Ero alsaziano come i tedeschi erano austriaci alla fine della guerra.

- Colonnello, posso darle una prova di ciò.

Ero terribilmente imbarazzato e a disagio all'idea di dover tirare fuori il mio glande davanti a così tanti tedeschi. Non essendo stato circonciso, sapevo che sarebbe stato convincente".

Qualche anno dopo, in Sud America, il protagonista si ammala gravemente. Quando un sacerdote voleva dargli l'estrema unzione, trovò ancora la forza di gridare: "Non voglio ricevere l'estrema unzione, non sono cattolico, sono ebreo, ebreo... Lasciatemi in pace[551]!".

Il romanziere e uomo d'affari Paul-Loup Sulitzer ha lasciato una testimonianza simile nel suo romanzo *Hannah*, in cui raccontava la vita di Helena Rubinstein, un'ebrea polacca che avrebbe raggiunto la gloria nell'industria cosmetica. L'inizio del libro raccontava gli abominevoli pogrom perpetrati nel 1882 dai cosacchi contro ebrei innocenti. Questo era Mendel Visoker. Era "il più pazzo di tutti gli ebrei della Polonia... È sempre in viaggio, preso da un bisogno imperioso di muoversi": "Sei un ebreo? -Dipende dal giorno, risponde Mendel in russo. Ultimamente no. Non sono più ebreo da poco, da quando mi è stato chiesto di smettere di esserlo[552]". Questo ci ricorda le parole dell'ex ministro della Sanità Bernard Kouchner, quando rispose all'amico Cohn-Bendit: "Sono ebreo quando voglio,[553]", disse. Insomma, francese di giorno ed ebreo di notte.

Abbiamo già visto in *Psicoanalisi dell'ebraismo* come gli ebrei possano, con "sorprendente plasticità", cambiare identità e indossare travestimenti sorprendenti: "Tedesco puro, brasiliano cattolico appena arrivato, vecchio capo indiano, cosacco baffuto, gangster diventato suora della carità, cattolico spagnolo o olandese, pacha turco musulmano, aristocratico polacco, rivoluzionario giacobino, monaco buddista o cospiratore cinese, i travestimenti di questi ebrei sono sempre provvisori e non sono altro che una maschera di cui si disfano al momento opportuno".

---

[551] Jacques Lanzmann, *Le rat d'Amérique*, 1955, Pocket, 1977, pag. 56, 142.

[552] Paul-Loup Sulitzer, *Hannah*, Stock, 1985, Poche, 1987, p. 58, 59, 42

[553] Daniel Cohn-Bendit, Bernard Kouchner, *Quand tu seras président*, Robert Laffont, 2004, pag. 347.

Un altro esempio è il romanzo *Nut Eater* di Albert Cohen. Il protagonista Nut Eater è un falsario che dà ai suoi figli diversi nomi: "Tali erano i nomi intimi del bambino di tre anni, il cui nome ufficiale era Lenin. Il più grande, invece, si chiamava Mussolini". In questo modo, Mangia-schiavi si sentiva al sicuro da qualsiasi rischio: in caso di disordini sociali, avrebbe argomentato il nome appropriato e, a seconda dei casi, si sarebbe dichiarato comunista convinto o fascista a tutti gli effetti[554]."

In *Sognatori del ghetto*, Israel Zangwill ha evocato la personalità di Uriel da Costa (1585-1640), un simbolo tragico della condizione ebraica. Egli proveniva da una famiglia marrano portoghese che si era falsamente convertita al cattolicesimo ed era andata in esilio in Olanda per tornare alla fede ebraica. Uriel da Costa scoprì poi che la sua nuova religione era molto restrittiva: "Lo stupore lasciò il posto allo sgomento, lo sgomento all'indignazione e all'orrore quando si rese conto in quale confusione di riti si era impigliato. Scoprì che lo stesso Pentateuco, con il suo complesso codice di seicentotredici comandamenti, era solo il terreno dissodato per una vegetazione parassitaria le cui infinite ramificazioni raggiungevano i più reconditi recessi dell'esistenza. Come! Era forse con questa invenzione rabbinica che aveva modificato il maestoso cerimoniale del cattolicesimo?".

Critica e confuta l'autorità dei rabbini: "Nessuno dei loro insegnamenti fa riferimento all'immortalità dell'anima, la loro religione parla solo della terra, è molto prosaica...". Si era lamentato con Giuseppe che i rabbini si preoccupavano poco dell'immortalità, ma una ricerca più approfondita del Pentateuco gli mostrò che nemmeno Mosè ne aveva alcuna considerazione, e che non aveva mai cercato di rafforzare la morale del momento con il terrore di un domani postumo".

Infine, fu dichiarato l'anatema contro di lui: "Da quel giorno, nessuno, uomo, donna o bambino, osò parlargli o camminargli accanto. I mendicanti rifiutarono la sua elemosina, gli ambulanti sputarono sul suo cammino. Sua madre e suo fratello, ormai pienamente influenzati dal loro nuovo ambiente ebraico, evitarono di essere macchiati dalla sua presenza e lo lasciarono solo con il suo servo nero nella loro casa. Tutti evitavano quella grande casa come se fosse segnata da una croce che indicava la peste... Era considerato morto e sepolto, dimenticato... Per anni non parlò con nessuno, se non con il suo servo moresco". Alla fine,

---

[554] Albert Cohen, *Comeclavos*, Anagrama, 1989, Barcellona, p. 50.

decise di fare ammenda per i suoi errori, ritrattando con i rabbini, "rendendo omaggio ai suoi ideali, ridendo di loro dentro... Nella penisola si era travestito da cristiano; si sarebbe travestito anche da ebreo, una scimmia tra le antiche scimmie[555]".

Questa duplicità specificamente ebraica è stata osservata anche nel poeta "tedesco" del XIX secolo Heinrich Heine. Mentre ridicolizzava il patriottismo degli altri e nonostante si fosse convertito al cristianesimo, Heine esaltava il popolo ebraico. Questo gli fece dire a Israel Zangwill: "Non sono mai tornato all'ebraismo perché non l'ho mai lasciato. Il mio battesimo è stato solo un tuffo. In tutti i miei libri ho firmato H, mai Heinrich, e non ho mai smesso di essere "Harry" per mia madre. Anche se gli ebrei mi odiano ancor più dei cristiani, tuttavia ho sempre sostenuto i miei fratelli[556]".

Joseph Goebbels, ministro della Propaganda del Terzo Reich, era probabilmente ben consapevole della natura degli ebrei. Quando cercò un regista per realizzare un grande film che glorificasse il regime nazionalsocialista, contattò Fritz Lang, che nel 1926 aveva realizzato *Metropolis*, il favoloso affresco futuristico che aveva affascinato il Fuhrer. Per dissuadere Goebbels dal reclutarlo come regista ufficiale, Fritz Lang sostenne che sua madre era ebrea, cosa non vera. Goebbels si limitò a respingere l'obiezione dicendo: "Siamo noi a decidere cosa è ebreo.

In effetti, un ebreo si riconosce più da ciò che dice, da ciò che scrive e da ciò che fa, che dal suo nome e cognome o dal suo volto. E poiché gli ebrei hanno l'abitudine di nascondersi dietro una maschera, è perfettamente legittimo che i goyim definiscano cosa è ebreo e cosa no.

Il pensatore Albert Caraco ha espresso esplicitamente ciò che sembra essere profondamente nascosto nello spirito ebraico. Il suo stile estremamente pesante e contorto è di difficile lettura. Tuttavia, siamo riusciti a estrarre alcuni passaggi eloquenti dai suoi aforismi: "Agli ebrei conviene mentire, instancabilmente, perché se non mentissero, sarebbero morti... Menti, un giorno parlerai, il giorno in cui la tua scelta sarà l'unica... Allora solleverete la maschera dove le fronti giacciono nella polvere". (p.53,54). "Siate colpevoli e bugiardi, sarete investiti del

---

[555] Israel Zangwill, *Rêveurs de ghetto*, 1898, Éd. Complexe, 1994, p. 102-115.

[556] Israel Zangwill, *Rêveurs de ghetto*, 1898, Éd. Complexe, 1994, p. 141. "Harry" invece di "Ari", leone in ebraico.

regno e diventerete Principi, vi sarà permesso di essere qui in questo mondo i giusti che siete, padroni in nome di Dio dell'intero universo". (p.54). Essi sono "il popolo della menzogna la cui favola uccide, essi mentiranno per vivere... Senza la loro favola, l'universo sarebbe senza speranza, e davanti all'Eterno, essa li giustifica". (p.65)

Caracus rivelò uno dei segreti degli Ebrei: "Ciò che li salva dalla morte è apparire deboli e colpevoli, *finché non hanno la forza di sopraffare**". E insisteva su questo punto: "La loro forza è apparire deboli"; "Non si vantano mai della loro forza e si lamentano sempre di essere deboli, perché è gemendo che prenderanno l'universo, che alla vigilia del trionfo farà loro ancora l'elemosina[557]".

Ogni ebreo ha quindi il dovere imperativo di non divulgare i segreti di Israele: "Chi tra gli ebrei sollevasse la maschera causerebbe disordini tra i membri della setta" (p. 52). (p.52). E poi possiamo apprezzare lo stile letterario di Albert Caraco quando scrive: "Vi riuniremo, il tempo di annientarvi, e poi toglieremo la maschera, il giorno in cui i figli abbatteranno la tomba dei loro padri, per ferirvi in loro. Perdonarvi? Buona richiesta! Combatterete fino alla morte e perirete lo stesso se non combatterete la battaglia". (p.94) Infine, Caracus ci promette grandi tempi di giubilo e di festa quando gli ebrei avranno stabilito il loro dominio assoluto: "La loro innocenza farà più danni delle dieci piaghe d'Egitto, il fuoco del cielo sarà nelle loro mani e la terra sotto i loro passi. Non dubitate, i tempi sono vicini, e vicina è la Salvezza che temete più della morte, del nulla e del demonio[558]". Albert Caraco si è probabilmente suicidato troppo presto.

Rivelazioni così avventate sono evidentemente eccezionali nella letteratura ebraica. Seguendo una vecchia abitudine, altri intellettuali ebrei hanno proiettato sugli altri la propria inclinazione alla dissimulazione. Il romanziere Philip Roth ha scritto: "Dal punto di vista dottrinale, la dissimulazione fa parte della cultura islamica; e il permesso di dissimulare è molto diffuso. All'interno di questa cultura nessuno si aspetta che vi esprimiate in termini che potrebbero danneggiarvi, né, ovviamente, che siate franchi e sinceri. Si verrebbe

---

[557] Albert Caraco, *Apologie d'Israël*, 1957, L'Age d'homme, 2004, p. 180, 186, 181.

* *Tant qu'ils n'ont pas la force de raison garder*" in francese nel testo originale.

[558] Albert Caraco, *Apologie d'Israël*, 1957, L'Âge d'homme, 2004, pag. 100.

presi per pazzi se lo si facesse. Le persone dicono una cosa, assumono una posizione in pubblico e poi dentro sono completamente diverse, e in privato agiscono in modo molto diverso. C'è un'espressione che si applica a questo caso: "sabbie mobili", *ramál mutaharrika*... Dissimulazione, doppia faccia, segretezza... Sono tutte cose che... tengono in grande considerazione. Non pensano che le persone debbano sapere cosa tengono realmente nella loro testa. In questo sono molto diversi dagli ebrei[559]... "Gli ebrei sono sinceri, franchi e onesti. In effetti, sono noti per questo da secoli.

---

[559] Philip Roth, *Operación Shylock*, Debolsillo, Editorial Mondadori, 2005, Barcelona, p. 167.

PARTE TERZA

PSICOPATOLOGIA DEL GIUDAISMO

Paradiso Mombassa

El 22 novembre 2002, il *Paradise Mombasa* Hotel, un albergo di lusso israeliano sulla costa del Kenya, è stato attaccato da un gruppo terroristico affiliato al gruppo islamico Al Qaeda. Il resort era stato costruito per il mercato turistico israeliano. L'hotel ha riaperto nel 2005, ma la nuova gestione sta ora cercando di lavorare con il mercato europeo per voltare pagina e cancellare i brutti ricordi lasciati dai clienti israeliani sulla popolazione locale. Abbiamo riassunto qui la traduzione di un articolo pubblicato in ebraico il 14 ottobre 2005 sul quotidiano *Maariv*, il secondo quotidiano israeliano per importanza[560].

Alla fine degli anni '90, due israeliani, Yeuda Sulami e Itzik Mamman, ebbero l'idea di costruire un hotel sulla costa keniota, di fronte al mare, e di vendere pacchetti turistici completi di volo, soggiorno, attività e avventure locali. Il resort, inaugurato nel 2001, era completamente *kosher* e disponeva di una propria sinagoga. Il successo è stato immediato e ben presto 250 israeliani atterravano ogni settimana all'aeroporto di Mombassa. Gli affari andavano a gonfie vele per i proprietari, ma l'entusiasmo del personale domestico svanì rapidamente.

Soprattutto le donne del team di animazione, che hanno un ricordo piuttosto spiacevole del concetto di vacanza offerto da *Mombassa Paradise*. Dorothy Maly, una ballerina, ha raccontato che una volta alla settimana, il giorno dell'arrivo dei clienti, cinque di loro venivano portate all'aeroporto di Mombassa: "Cantavamo *Jambo, Jambo!* (Ciao, ciao!) e *Evenu Shalom Aleichem*. I kenioti locali ci guardavano come se fossimo usciti da un manicomio, ma gli israeliani erano entusiasti. Amavano il rumore. Quando siamo arrivati in albergo, abbiamo ricominciato a cantare e a gridare. Il direttore ordinò alle ragazze di non

---

[560] www.makorrishon.co.il/nrg/online/1/ART/995/971.html

lasciare la pista da ballo finché non fossero usciti gli ultimi ospiti. Se un ospite decideva di non dormire, dovevamo restare con lui finché non fosse andato a letto. Dovevamo fare rumore quasi 24 ore al giorno. Quando facevamo una pausa, il direttore arrivava e ci gridava: "Cosa c'è che non va, state dormendo? Ve lo detraggo dallo stipendio, sbrigatevi...""".

Rahima Raymond, una massaggiatrice, ha raccontato: "Ci è stato chiesto di rimanere con gli ospiti fino a tarda notte. Dovevamo uscire con loro, parlare con loro e intrattenerli. Sulami ci ha detto chiaramente che dovevamo rendere gli ospiti sempre felici. Ballavamo con gli uomini nei locali notturni perché non si sentissero soli. Se non facevamo quello che volevano, si lamentavano con la direzione: perché lo staff di animazione non vuole uscire con noi? Vogliamo vedere la notte africana. A loro non importava che le famiglie ci aspettassero a casa. Naturalmente non ci pagavano gli straordinari. Il giorno dopo, quando ancora dormivano nelle loro stanze, dovevamo ricominciare la giornata alle otto del mattino. Il motto 'il cliente ha sempre ragione' veniva applicato alla lettera".

Uno dei cuochi, Josef Katan, ha ricordato: "Mi portavano fuori dalla cucina e mi dicevano che ora gli ospiti volevano divertirsi e io dovevo uscire con loro. Come potevo cucinare biscotti e ballare con loro allo stesso tempo? L'intero hotel era un team di animazione. Il personale di cucina faceva parte del team di animazione, così come il personale della reception, i giardinieri e così via". Ha aggiunto: "C'erano, ad esempio, ebrei religiosi che non potevano firmare le ricevute del servizio in camera dal venerdì al sabato, giorno di sabato. Scrivevamo i numeri delle loro camere e aspettavamo la domenica per fatturare. Dopo il sabato, alcuni si rifiutavano di pagare. Dicevano: "Vi siete inventati tutto, avete falsificato la mia firma". Alla fine, la direzione credeva sempre a loro e ci obbligava a pagare. Non ho mai creduto che la gente potesse comportarsi così".

Dorothy Maly racconta inoltre che "per mantenere "il vero spirito africano", i lavoratori erano costretti a indossare abiti molto leggeri. A differenza degli altri alberghi, dove gli uomini servivano in uniforme, il personale maschile era seminudo e scalzo. Alle donne veniva chiesto di legare un piccolo panno intorno al petto e alla zona pubica. Anche quando faceva fresco, non ci era permesso indossare nulla per coprirci. Sulami voleva che avessimo un aspetto 'autentico'".

Il Paradise Mombassa si trova a 8 chilometri dalla strada principale. La strada sterrata che conduce all'hotel attraversa una savana selvaggia, per cui è stato necessario risolvere il problema del trasporto del personale dell'hotel. È stato quindi organizzato il trasporto dei quaranta dipendenti al resort di lusso con un camion per il trasporto di merci e animali. "Era un camion chiuso, senza sedili. Le persone erano così strette che le porte posteriori del camion dovevano essere lasciate aperte. Ci sentivamo come animali. A volte il camion era quasi a corto di ossigeno, ma sapevamo che se ci fossimo lamentati saremmo rimasti in albergo e non saremmo tornati a casa per stare con le nostre famiglie. Quindi non abbiamo detto nulla".

Anche per i pasti, i dipendenti dovevano arrangiarsi come potevano. Saline Achling, una giovane cameriera dell'hotel, spiega la soluzione del direttore: "A volte Sulami era così gentile da farci mangiare gli avanzi degli ospiti. La nostra fortuna era che i loro occhi erano più grandi dei loro stomaci. Andavano al buffet e riempivano i piatti fino all'orlo con insalata e pezzi enormi di carne. Toccavano il cibo e ne lasciavano tre quarti nei piatti".

"*Akol kalul*", dicevano: "all inclusive". Questa era la filosofia del resort. Tutti i servizi alberghieri erano inclusi nel pacchetto vacanza commercializzato in Israele. I dipendenti capirono subito cosa significavano quelle parole per gli israeliani. Per tutto il giorno si sentivano gli ospiti dell'hotel gridare "*Akol kalul*"", racconta Saline Achling. C'era chi mi afferrava il braccio e mi gridava '*Akol kalul*' in faccia. Anche in spiaggia gridavano "tutto compreso, tutto compreso" alle persone. Io chiedevo loro: "Che cos'è *Akol kalul*?" e loro rispondevano: "Tutti inclusi, anche tu", riferendosi a me. Ho detto loro che non appartenevo a Sulami. L'hotel appartiene a lui, ma non a me. E ho pensato tra me e me: "Mio Dio, si comporteranno allo stesso modo nei loro Paesi?

Naturalmente, nessuno degli ospiti ha dimenticato il proprio diritto a un massaggio gratuito una volta al giorno: "La prima cosa che gli uomini facevano quando arrivavano dall'aeroporto, ancor prima di portare le valigie in camera, era correre alla sala massaggi. Entravano nell'hotel con gli occhi aperti e chiedevano con le valigie in mano: 'Dov'è la sala massaggi? Mi sono preso l'incarico di stabilire un orario, perché c'era una gara tra gli uomini per essere i primi".

Anche Dorothy Maly, la ballerina, lavorava nella sala massaggi: "Il mio compito era quello di dire loro: 'Sono Dorothy e sono una massaggiatrice dell'hotel'. Non appena pronunciavo questa frase, iniziavano a gridare "massaggio, massaggio!". La maggior parte di loro non sapeva parlare inglese. Dicevano "Ai Kam Nao" (vengo adesso).

Un turista di un altro Paese avrebbe aspettato due settimane, ma in *Paradiso* richiedevano questo servizio immediatamente, a volte anche prima della colazione. Venivano e dicevano: "Vengo per il massaggio *akol kalul*. Voglio l'*harpaya*" (eiaculazione). Quando ho chiesto cosa significasse "*harpaya*", mi hanno risposto: "Non solo *harpaya*, vogliamo "tutto compreso", "sesso completo", "rapporto sessuale completo". Ho detto loro che non avevamo l'abitudine di farlo, ma poi mi hanno risposto: "Ascoltami, anche le donne sono incluse! Nell'ufficio di Tel Aviv il direttore ci aveva promesso che era *akol kalul*. A volte, uno dei dirigenti suggeriva di cedere ai capricci dei clienti".

Katherine Kaha, un'altra massaggiatrice, ha raccontato la sua esperienza: "Iniziavo a fare il massaggio e poi l'uomo mi diceva: 'Fallo su tutto il corpo, devi farlo'. Se non avessi fatto quello che voleva, mi avrebbe denunciato alla direzione. Non mi piaceva, ma l'ho fatto. Alla fine prendevo un dollaro, a volte due. Mi sentivo malissimo. Mi sentivo sporco".

Un ospite israeliano che visitava l'hotel di tanto in tanto ha fornito la seguente testimonianza: "C'erano sempre problemi con i massaggi. Approfittavano del massaggio per abusare delle ragazze fino al limite. Era pietoso. C'erano alcuni gruppi che mi mettevano in imbarazzo ed evitavo di stare con loro. Erano così arroganti. Venivano e si sentivano padroni di tutto, pensavano di poter fare quello che volevano o quello che gli passava per la testa".

Rahima ha raccontato: "Una volta uno degli israeliani mi ha detto: "Sai, ieri sera sono stato con una ragazzina, aveva solo 13 anni. Ho dormito con lei, l'ho scopata e le ho dato cinque dollari perché non aveva nemmeno i soldi per i vestiti". Le ho detto: "Potrebbe avere l'età di tua nipote". Non rispose. "Qui, in Africa, non è consuetudine, dopo essere stati con una ragazza, dirlo a tutti. Ma gli israeliani non hanno nascosto nulla e la mattina al ristorante si sono raccontati i dettagli della notte: "Ah, sono andato con lei, l'ho scopata tutta la notte, più e più volte, e ho pagato solo un dollaro"; "Le donne africane sono molto economiche e buone"; "*Mechona tova, mechona tova*" (buona macchina, buona macchina). Capivamo perfettamente quello che dicevano. Quando è arrivato il primo gruppo di israeliani, ho pensato che il gruppo successivo sarebbe stato diverso. Ma no, era esattamente lo stesso. A volte ordinavano il cibo per la sala e, quando la ragazza arrivava, cercavano di afferrarla e di palpeggiarla. Le cameriere avevano paura e non volevano più portare il cibo nelle stanze. Con me era diverso, mi facevo rispettare. Poi mi chiamavano "culona". Per me era meglio che essere una schiava sessuale.

Anche gli uomini sposati approfittavano delle ragazze dell'hotel. Ho visto uno di loro dire alla moglie: "Vai in sala da pranzo, io sarò lì", e sparire fino al giorno dopo. Abbiamo visto la moglie gridare al marito durante la colazione. Una volta un uomo ha risposto alla moglie: "Le donne in Kenya sono meravigliose, hanno un buco così piccolo, così morbido, mentre tu hai un buco così grande e stupido!" "Tutto questo nella sala da pranzo, in pubblico!". In casi come questo, il rabbino veniva chiamato per cercare di calmare le acque. C'erano volte in cui gli uomini si sedevano nella sala da pranzo mentre fuori c'erano gli asini dell'albergo che si rincorrevano per fare sesso. Quando i commensali maschi se ne accorgevano, si alzavano in piedi gridando e incitando gli asini: Bene! Bene! Avanti, indietro! Avanti, così! Una volta qualcuno è venuto da me e mi ha detto davanti a tutti: "Prenderò le mie pillole di Viagra, e dopo avrò il potere, il potere di scopare". Potere di scopare. A proposito, come ti chiami? "Rahima. Ok, Rahima. Voglio scoparti oggi! Un'altra volta un cliente mi ha chiesto: "Conosci una ragazza del team di animazione che si chiama Charlie?" Sono andato in discoteca con lei, l'ho scopata, ma non era brava. Volevo darle dieci dollari, ma gliene ho dato solo uno. Stavo urlando come un matto, quando entrò il piccolo Charlie. La indicò e urlò: "Eccola, è lei".

Questo ha spinto Karen Tiglo, una donna delle pulizie, a dire: "Non sapevamo se gli ospiti israeliani fossero animali o persone". Stela Matawa, una cameriera, ha raccontato: "Una volta un uomo si è avvicinato e ci ha provato con me. Poiché non ero d'accordo, il giorno dopo nella sala da pranzo l'ho sentito gridare agli altri: 'Quella ragazza non va bene, è una merda, lasciatela stare, l'ho invitata in camera ed era una nullità'".

Catherine Blunt ha avuto un'esperienza traumatica con un ospite israeliano di 70 anni che ha deciso di essere innamorato di lei. "Non mi piaceva affatto. Siamo andati insieme in discoteca. Pensavo di accompagnarlo solo per alleviare la sua noia. Al ritorno, lui e il tassista mi hanno incastrato. Invece di tornare in albergo, arrivammo in un posto dove affittavano camere per una notte. Nella stanza ha cercato di costringermi a dormire con lui, ma non ci sono riuscita. Quando siamo tornati in albergo, mi ha urlato che non voleva più vedermi e che il giorno dopo mi avrebbe denunciato al direttore perché avevo sprecato i suoi soldi. Il direttore mi ha sospeso per due settimane dopo la segnalazione[561]".

Ma anche la direzione dell'hotel ha esagerato con le donne. Secondo alcune delle dipendenti, i dirigenti israeliani non solo non hanno condannato questi comportamenti, ma alcuni hanno addirittura partecipato a questi abusi. "Uno dei dirigenti dell'hotel amava i massaggi. Diceva: 'Fammelo qui e così', proprio come con i clienti. Doveva essere fatto... Un altro manager portava le donne del team di animazione in camera e diceva: 'Sono il manager, quindi nessuno vi chiederà dove state andando'. Ho dovuto accettare anche se era molto brutto. Il giorno dopo, quando lo vedevo in albergo, mi passava davanti senza riconoscermi. Dopo lo spettacolo del team di animazione, un ballerino scompariva sempre in una delle stanze dei dirigenti. All'inizio le ragazze pensavano che si trattasse di un rimprovero perché il ballo non era riuscito, ma in camera hanno capito che le intenzioni erano completamente diverse".

Ogni settimana, il giorno della partenza dei clienti israeliani, quando erano pronti e stavano salendo sull'autobus per l'aeroporto, il campanello suonava e il capo del team di animazione diventava isterico: "Preparatevi, gli ospiti stanno partendo! Ordinava alle donne di radunarsi al cancello di uscita e di inseguire l'autobus degli ospiti in lacrime. Dovevano colpire l'autobus con gli occhi pieni di lacrime e gridare: "Non andate via, vi amiamo, per favore tornate, restate!". Queste manifestazioni d'amore facevano parte del pacchetto turistico all-inclusive e dovevano lasciare ai clienti israeliani un ricordo indimenticabile della loro vacanza.

Rahima ha ricordato quelle scene: "Se non piangevi potevi perdere il lavoro. Ci hanno detto di pensare a qualcosa di veramente triste che ci era successo per piangere davvero. Ma io non ho pianto". Catherine

---

[561] Nell'ottobre 2006 abbiamo appreso che il presidente israeliano Moshe Katzav è stato finalmente condannato per gli stupri della sua ex segretaria e di un'impiegata. Sposato e con cinque figli, Moshe Katzav è stato accusato anche di molestie sessuali nei confronti di altre cinque donne, atti osceni, intercettazioni, ostruzione della giustizia e prevaricazione. Egli si è dichiarato innocente e vittima di un "complotto": "La stampa sta conducendo una caccia alle streghe contro di me e un linciaggio pubblico", ha dichiarato il 21 settembre 2006 a un programma della radio militare. "C'è un complotto ordito contro di me da molto tempo da una banda di criminali", ha denunciato, rifiutandosi però di rendere pubblica l'identità degli autori del complotto.

Khaa ha confessato: "Non ho pianto, come avrei potuto? Non mi piacevano. Anzi, li odiavo.

È stata un'esperienza strana", ride un po' imbarazzata Saline Achling, responsabile del centro massaggi dell'hotel. Ci è stato detto di inseguire l'autobus, cantando e piangendo per far capire ai clienti che li amavamo e volevamo che tornassero. Ricordo di aver corso dietro all'autobus come una pazza, picchiando l'autobus con i pugni e gridando ai clienti: "Perché ci lasciate, ci mancate, vi amiamo! Gli israeliani ci guardavano dai finestrini. Alcuni ci stavano filmando.

Maniaci del sesso

Nel 1981, il dottor Georges Valensin ha pubblicato un interessante studio sulla *vita sessuale degli ebrei*, che permette di comprendere meglio il comportamento di questi turisti israeliani e degli ebrei in generale. "Nato nell'importante comunità ebraica di Algeri, Georges Valensin era dottore in medicina all'Università di Algeri. "È generalmente considerato uno dei pionieri dei moderni studi sulla sessualità e ha pubblicato quindici libri sull'argomento". Nel preambolo della sua opera, l'autore spiega di "provenire da antiche famiglie sefardite spagnole... attraverso il padre Levi Valensin e la madre Aboulker", aggiungendo inoltre che "nel corso della mia ricerca ho cercato di astrarre dalle mie origini e di evitare qualsiasi giudizio di valore. Contano solo i fatti che sono agli atti, anche se alcuni antisemiti e prosemiti li usano per argomentare secondo i loro desideri".

Queste le sue spiegazioni sulla mancanza di compostezza e disinibizione degli ebrei: "Il giovane ebreo, all'età di dieci anni, veniva già sensibilizzato sulla natura dei rapporti sessuali attraverso la lettura del Talmud, che era molto importante per lui se, come spesso accadeva, il suo matrimonio era precoce. In quella lettura trovava storie sessuali molto spinte; storie con molte note e commenti appassionati che lo aiutavano a parlare liberamente di sessualità". Il dottor Valensin ha continuato: "Discutono volentieri dei loro problemi sessuali con il rabbino, anche se a quest'ultimo viene chiesto di non essere solo con un consulente donna o almeno di essere accompagnato dalla moglie o da una segretaria. Molti rabbini sono formati come consulenti sessuali". Un altro sessuologo, Kinsey, spiegò anche come "era stato colpito dalla libertà di parola in materia sessuale tra i giovani ebrei americani". Kinsey scrisse: "Gli ebrei parlano di questioni sessuali con molto meno riserbo degli altri uomini, e questo è probabilmente il motivo per cui si è diffusa la leggenda che fossero molto attivi sessualmente[562]".

Ma in realtà, ha spiegato il dottor Valensin, "l'abbondanza di dettagli forniti nelle indagini di Kinsey ha poco a che fare con la sua effettiva attività[563]". Infatti, all'inizio del suo libro presenta le peculiarità della vita coniugale degli ebrei di tutto il mondo, in particolare l'obbligo di continenza dovuto allo stato "impuro" delle donne durante le regole: "L'osservanza della purezza rituale ha contribuito molto alla tradizionale continenza degli ebrei di un tempo e di alcuni di oggi. Oltre alle due settimane di astinenza dal giorno precedente le mestruazioni fino al bagno rituale, c'erano altri inconvenienti che potevano allungare l'astinenza coniugale... Il marito doveva prendere la moglie in parola; ma lei poteva approfittarne e fingere che le mestruazioni fossero imminenti o che fosse comparsa una macchia rossa sospetta. La volubilità delle mestruazioni poteva impedire che i giorni di purezza femminile coincidessero con quelli di disponibilità coniugale; ma, soprattutto, una mestruazione troppo ravvicinata riduceva ulteriormente la possibilità di rapporti: con un ciclo femminile di tre settimane, solo sei o sette giorni al mese erano liberi".

Il dottor Valensin ha aggiunto: "La continenza era ulteriormente favorita dalla pruderie... Maimonide lodò Aristotele per aver insegnato che i bisogni sessuali erano vergognosi[564]. Nel XV secolo, Salomone Duran e altri rabbini erano orgogliosi del fatto che "la nazione ebraica era la più povera di tutte per numero di fornicatori[565]". Oggi, una parte di quella continenza ebraica rimane ancora. Secondo Kinsey, l'attività sessuale degli ebrei praticanti è nettamente inferiore a quella dei cattolici o dei protestanti praticanti[566]. Un rabbino talmudista scrisse: "C'è un membro dell'uomo che è insensibile quando ha fame e

---

[562] A.Kinsey, *Le Comportement sexuel de l'homme*, Éd. Du Pavois, Parigi, 1950, p. 617.

[563] Georges Valensin, *La Vie sexuelle juive*, Éditions philosophiques, 1981, p. 170.

[564] Maimonide, in *Encyclopedia Judaïca*, Jérusalem, 1971, volume VIII, p. 49.

[565] Rab. Borowitz, *Choosing a sex ethic*, New York, 1974, p. 96.

[566] A. Kinsey, *Le Comportement sexuel de l'homme*, Éd. Du Pavois, Parigi, 1950, p. 595.

insaziabile quando è nutrito[567]". Gli ebrei praticanti, sottoposti a varie restrizioni sessuali, si abituano e hanno meno desiderio; la loro continenza è più facile".

Altri fattori specifici della condizione ebraica contribuiscono a questa continenza, ha spiegato Georges Valensin: "Una donna spesso scelta tra i parenti è considerata più come una sorella o una madre, per cui le possibilità di ispirare un marito sono minori di quelle di una straniera, ed essendo inoltre che l'angoscia ebraica non predispone a grandi emozioni amorose... L'eccessiva continenza di molti ebrei in passato e anche oggi ha portato a un'impotenza precoce. Secondo Stekel, pioniere della sessuologia viennese, all'inizio del secolo l'impotenza era una vera e propria malattia sociale tra gli ebrei russi e galiziani*, tutti praticanti estremi: "Ho fatto spesso questa osservazione ed è stata confermata da diversi colleghi[568]". La lettura di alcuni romanzieri ebrei americani mostra che essi si preoccupano più degli scrittori ariani dei problemi di impotenza; l'interesse che mostrano per la sessualità perversa o sfrenata potrebbe essere il risultato del trasferimento sui loro eroi dei propri desideri che non riescono a soddisfare". Il dottor Valensin ha poi spiegato: "Un altro fattore dell'impotenza degli ebrei è la frequenza del diabete, di cui soffrono, tanto da essere definito una malattia ebraica. All'ospedale israelita di Long Island a New York, su 359 ebrei che si sono presentati per consultazioni per carenze sessuali, sono stati riscontrati alti livelli di zucchero in un numero sorprendentemente alto di mariti[569]".

Infine, il capitolo conclude: "Sappiamo che il volume del pene aumenta con i rapporti sessuali frequenti". L. Strominger è stato per quarant'anni primario di un reparto di urologia a Bucarest e ha notato che durante la guerra del 1914-1918, gli esami di molti ebrei mobilitati e civili lo avevano portato a concludere che i loro cazzi erano più piccoli del normale in volume; tutti questi ebrei rumeni praticavano un fervente ebraismo[570]".

---

[567] M. Schvab, *Le Talmud de Jérusalem*, vol. I, p. 42 di

* Dalla Galizia polacco-ucraina

[568] Stekel, *L'Homme impuissant*, Gallimard, 1957, p. 246.

[569] S. Chumacher e C. Lloyd, Congrès international de sexologie, Parigi, 1974.

[570] Georges Valensin, *La Vie sexuelle juive*, Éditions philosophiques, 1981,

Ricordiamo che il famoso chirurgo specializzato nell'allungamento del pene è il medico ebreo Melvyn Rosenstein. Il quotidiano *Metroactive* dell'8 febbraio 1996 riportava che il medico aveva avuto problemi con la giustizia americana. La sua licenza era stata revocata dal Consiglio Medico della California a causa di diverse cause intentate dai suoi pazienti le cui operazioni erano andate male. Con i suoi 56 milioni di dollari intascati in due anni, il famoso "dottor Dick" aveva un buon cuscinetto finanziario per il resto della sua vita.

Esiste un'altra interessante testimonianza che conferma la prevalenza dello squilibrio sessuale nella comunità ebraica. Si tratta del libro autobiografico di Xaviera Hollander, *La Alegre Madam*, pubblicato nel 1972, il cui titolo originale è *The Happy Hooker*. È stato un leggendario *best-seller* degli anni '70, con 17 milioni di copie vendute in tutto il mondo. È la storia della vita di una donna di 35 anni che per qualche tempo è stata la direttrice del più famoso bordello degli Stati Uniti. Figlia unica, sua madre era una bellissima "bionda cenere di origine germanica e francese". Suo padre era un ebreo olandese, medico e proprietario di un grande ospedale in Indonesia prima di perdere tutto con l'arrivo dei giapponesi durante la Seconda guerra mondiale.

La famiglia viveva ad Amsterdam. "A casa mia il sesso era visto come qualcosa di naturale e bello e spesso vedevo i miei genitori, semi o completamente nudi, girare per casa". Ancora adolescente, la ragazza era già molto aperta sessualmente e aveva l'abitudine di sedurre gli uomini: "Il mio primo tentativo fu con un fratello di mia madre, il mio zio preferito, che da bambina mi aveva adorata con amore paterno, ma il cui affetto cambiò in una forma più carnale, quando divenni adolescente". Il figlio di un altro zio, un giovane tedesco venuto a visitare la famiglia e a conoscere l'Olanda, sarà la sua "seconda storia d'amore familiare".

Xaviera Hollander si sentiva ebrea, probabilmente in parte a causa della repressione antisemita subita dai suoi genitori durante l'occupazione giapponese dell'Indonesia. Ecco come descriveva uno dei suoi innumerevoli amanti. Si chiamava Carl, era un americano che "faceva di tutto per nascondere le sue origini ebraiche". Era persino membro del New York Athletic Club, che si supponeva antisemita, e una volta, quando mi portò a vedere una gara di salto in alto, mi fece nascondere la mia stella di David". Nascondila sotto il maglione", mormorò, "e non

---

pagg. 31-33.

sapranno mai che sei ebreo, perché non lo sembri". Altre volte, quando avevamo ospiti a pranzo, mi faceva nascondere una delle cose che amavo di più, una bellissima menorah di rame che la mia famiglia mi aveva regalato e che era l'unica cosa che possedevo e che aveva un valore sentimentale per me, in questo Paese[571]".

In seguito incontrò Pearl Greenberg. Fu lei a convincerla a sfruttare il suo insaziabile appetito sessuale e a darsi alla prostituzione. Xaviera dimostrò il suo valore con "un uomo ebreo grasso e brutto" e Pearl Greenberg ne fu entusiasta: "Pearl era così eccitata dalla scoperta che parlò al telefono con tutti gli abitanti di Manhattan, annunciando: 'Ho questa bella ragazza ebrea* dall'Olanda che ama il sesso e farà tutto quello che vuoi'. Questo fu l'inizio di una relazione piacevole, anche se non molto produttiva, con Pearl. Era quella che in yiddish si chiama *mensh*, di buon cuore, sempre di buon umore, spontanea e tenera[572]".

"Mi piace sedurre ragazzi di diciassette o diciannove anni al massimo. La maggior parte dei ragazzi va a Porto Rico con i loro padri, quindi dovevo avvicinarmi a loro come se fossi un tipo materno, per non destare sospetti... Se mi è concesso di non essere modesto per un minuto, posso dire che, secondo le mie stime, il venticinque per cento dei giovani ebrei che erano in vacanza a Porto Rico tra il febbraio e l'aprile del 1970 ha imparato l'arte dell'amore con me". Dopo quella vacanza decise di mettersi in proprio. "Nell'estate del 1970 decisi che non solo sarei stata una Madame, ma la migliore Madame di New York[573]".

Da quel momento Xaviera Hollander iniziò a reclutare ragazze. La polizia, ovviamente, continuava a perseguirla e lei doveva pagare ingenti somme per la cauzione e multe sempre più salate, oltre a parcelle di avvocati e tangenti. Si verificarono anche problemi con i clienti: "Un vicino potrebbe denunciarti per aver causato un disturbo; lo stesso potrebbe fare una signora rivale, per diminuire la concorrenza; e a volte è un cliente insoddisfatto che, per vendicarsi, chiama la polizia. Credo

---

[571] Xaviera Hollander, *La Alegre Madame*, 1972, Editorial Grijalbo, México DF, p. 19, 22, 28, 58, 59

* *Medel in yiddish* nella versione originale.

[572] Xaviera Hollander, *La Alegre Madame*, 1972, Editorial Grijalbo, Mexico DF, pag. 68.

[573] Xaviera Hollander, *La Alegre Madame*, 1972, Editorial Grijalbo, Messico DF, p. 124, 138

che questo sia ciò che è successo la seconda volta che sono stata arrestata. Un pazzo di nome Nicky, che avevo cacciato da casa mia perché dava troppo fastidio alle ragazze e disturbava gli altri clienti, andò alla stazione di polizia e compilò un modulo di denuncia.

- Lì c'è una casa di prostituzione e discriminano gli ebrei", ha detto.

La verità è che l'avevo allontanato da casa mia a causa del suo comportamento lunatico, ma non perché fosse un ebreo pazzo. Ma di conseguenza la polizia si intromise nel lato finanziario della mia attività... e disse al giudice che ero la più importante Madame che operava a New York. All'inizio sembrava che le cose andassero molto male, ma il mio avvocato fece ridurre l'accusa a un reato minore e, alla fine, riuscii a cavarmela con una multa di soli cento dollari. Oltre, naturalmente, a un'ingente spesa legale[574]".

"Un altro caso patetico è quello del tedesco George, che deve essere crudelmente degradato per ottenere sollievo. È un uomo d'affari di quarantacinque anni, molto ricco... Ho conosciuto German George quando si è presentato nella casa dove lavoravo prima di diventare Madame, chiedendo i servizi di una ragazza che parlasse correntemente il tedesco, fosse abbastanza forte e potesse torturare un uomo. La signora gli assicurò che ero fatta su misura per l'atto, e mi mandò nel suo appartamento in un lussuoso grattacielo sulla Cinquantesima Strada Est. Il tedesco George, dopo avermi salutato educatamente alla porta, volle andare subito al sodo e la prima cosa che fece fu quella di condurmi a un armadio chiuso a chiave nel corridoio d'ingresso.

L'uomo, pallido e magro, sbirciò dal buco della serratura e, dal modo in cui si comportava, pensai che vi tenesse i gioielli della corona. Ma quando aprì l'anta dell'armadio con un gesto maestoso, vidi che non conteneva altro che sei o sette mackintoshes originali S.S...

L'uomo mi chiese di spogliarmi, mise uno dei mackintoshes sul mio corpo nudo e tirò fuori un'imitazione dei manganelli usati dalle S.S. "Non dimenticare di metterti la cintura" mi ricordò mentre mi metteva una svastica sul braccio e mi porgeva una pistola giocattolo. Non dimenticare di metterti la cintura" mi ricordò mentre mi metteva una svastica sul braccio e mi porgeva una pistola giocattolo. La scena

---

[574] Xaviera Hollander, *La Alegre Madame*, 1972, Editorial Grijalbo, Messico DF, p. 107, 108

continuò mentre uscivo dalla camera da letto, mentre lui giaceva sul letto nudo con la testa rivolta verso la porta chiusa.

Fuori dalla porta ho dovuto battere i pugni e gridare in tedesco: "È la Gestapo, aprite subito la porta!".

Ma nessuno rispose. Allora lei aprì la porta con un calcio ed entrò come una furia, trovandolo sdraiato con il pene in mano. Herr Cohen", gli ordinò con voce minacciosa.

"No, no, io sono il signor Smith", disse con una smorfia, fingendo di tremare.

"Non mentirmi, sei un ebreo, Verdammte Jude, Schweinhund". Bam, bam, gli do un pugno in faccia.

Il piccolo tedesco George rabbrividisce, ha un'erezione ed è molto eccitato. Inizia a parlare male dei "maledetti ebrei" e di quanto desideri che ognuno di loro abbia ciò che si merita.

"Zitto, ebreo!", gli ordino, e per essere sicuro che mi obbedisca, mi siedo sulla sua faccia e lo costringo a mangiarmi. Poi mi arrabbio perché non lo fa bene e, togliendomi la cintura, lo martello finché non arriva al culmine, ma in quel momento mi chiede di interrompere l'azione.

"Fermiamoci e ricominciamo", dice. Così ripetiamo di nuovo la scena e la terza volta, mentre lo sto stantuffando, Germán George eiacula.

Il poveretto è felice e contento di pagarmi, ma queste cose mi rattristano, perché anch'io sono ebreo; e anche se ero solo un bambino durante la Seconda Guerra Mondiale, odio dovermi confrontare con situazioni del genere.

Un altro depravato, la cui debolezza deriva dalla guerra, è un rabbino che può farlo solo con ragazze non ebree, anche dopo che queste gli hanno dipinto tutto il corpo con le svastiche[575]."

Violazioni in psichiatria

Questa predisposizione al sesso deve essersi riflessa nel gran numero di sessuologi ebrei, e questa "sovra-rappresentazione" era naturalmente evidente anche nelle professioni della psichiatria e della psicoanalisi. È

---

[575] Xaviera Hollander, *La Alegre Madame*, 1972, Editorial Grijalbo, Messico DF, p. 196-197.

noto il seguente indovinello: "Qual è la differenza tra un piccolo intagliatore ebreo e uno psicoanalista? Risposta: una generazione". Sono proprio queste professioni a essere regolarmente oggetto di discussione nei casi di stupro di pazienti. La "Commissione dei cittadini per i diritti umani" ha pubblicato un rapporto molto forte sull'argomento, intitolato *Stupro in psichiatria*[576]. Una ricerca su Internet permette di stabilire che questa "Commissione" era una struttura che dipendeva dalla famosa Chiesa di Scientology. Qualunque cosa si possa pensare di questa setta, le informazioni raccolte da questa commissione aiutano a capire perché è bersaglio degli attacchi della mafia mediatica.

Le azioni intraprese dalla Commissione medica statunitense contro 761 medici per aggressioni sessuali commesse tra il 1981 e il 1996 mostrano una notevole preponderanza del ramo psichiatrico e pedopsichiatrico. Pur rappresentando solo il 6% dei medici statunitensi, essi rappresentano il 28% dei condannati per reati sessuali. Pertanto, tra il 10 e il 25% dei professionisti della salute mentale avrebbe abusato sessualmente dei propri pazienti. Secondo i dati del 1998 dell'American Psychological Association, ogni anno un centinaio di psicologi perde la licenza di esercitare la professione per "cattiva condotta sessuale". Tuttavia, questo divieto di esercitare è spesso solo temporaneo, e la stessa American Psychological Association ha espulso solo dieci membri, che possono comunque continuare a esercitare senza licenza con la loro tessera APA. Gli psichiatri, infatti, non parlano di stupro, ma di "rapporti sessuali" e il consiglio dell'ordine che regola la professione tratta i casi come semplice "cattiva condotta professionale".

Uno studio britannico ha dimostrato che il 25% degli psicoterapeuti ha riferito di aver avuto pazienti che avevano già avuto rapporti sessuali con un altro terapeuta[577]. Il libro del dottor Roger Kahn ha fornito cifre più elevate per gli Stati Uniti: sebbene solo il 10% degli psichiatri abbia ammesso di aver abusato sessualmente dei propri pazienti, il 65% ha dichiarato che i loro nuovi pazienti hanno riferito di essere stati abusati sessualmente dal loro precedente psichiatra. Ricordiamo che "la professione è un monopolio in gran parte ebraico", come ha scritto lo

---

[576] http://h11.protectedsite.net/uploads/fr/FRE%20-%20rape.pdf

[577] Doctor Bill médicare "per il sesso", *The Daily Telegraph-Mirror*, 8 luglio 1993

stesso Roger Kahn[578]. I dati mostrano quindi che una donna ha "statisticamente più probabilità di essere violentata sul lettino di uno psichiatra che mentre *fa jogging* al Central Park di New York".

Secondo una ricerca statunitense del 1986 sul sesso psichiatra-paziente, il 73% degli psichiatri che hanno ammesso di aver avuto rapporti sessuali con i propri pazienti ha dichiarato di averlo fatto in nome dell'"amore" o del "piacere"; il 19% ha affermato di averlo fatto per "aumentare l'autostima del paziente". Altre scuse sono state la "perdita di controllo", l'impulsività, la "valorizzazione del terapeuta" e i "bisogni personali[579]". In breve, gli psichiatri liberano i loro pazienti insegnando loro a superare le disfunzioni sessuali e a raggiungere l'orgasmo. Alcuni psichiatri affermano quindi di depenalizzare i loro crimini, ma questi atti "non saranno mai veramente terapeutici".

C'è l'esempio dello psichiatra australiano Paul Stenberg che, secondo un articolo del *Courier Mail* dell'aprile 2002, ha dichiarato: la "terapia" che proponeva ai suoi pazienti consisteva nel portarli al centro pesi di un centro benessere per fare sesso. Suggerì anche l'uso di eroina. Nel 2000, Stenberg ha rinunciato volontariamente alla sua licenza, promettendo al consiglio medico che non avrebbe mai più esercitato. Ma solo due anni dopo, Stenberg era di nuovo sulle prime pagine dei giornali per nuovi abusi sui pazienti. "Anne" aveva chiesto il suo aiuto per cercare di dimenticare gli anni di violenza sessuale che il padre aveva inflitto a lei e alla sorella. Mentre la madre teneva questi orrori come "segreto di famiglia", Anne cercava aiuto per "dominare i suoi ricordi". Probabilmente i metodi terapeutici di Paul Stenberg non sono serviti a placare la sua anima.

Le giustificazioni sono sempre le stesse: "il sesso è una forma legittima di trattamento". Nel 2001, lo psichiatra australiano Clarence Alexander Gluskie, di Sydney, è stato cancellato dall'albo dei medici per aver avuto rapporti sessuali con una paziente. Tuttavia, nel 1999 aveva ricevuto la più alta onorificenza del governo, l'Ordine d'Australia. Gluskie aveva assunto il "ruolo di padre" durante le sedute di terapia di una donna, incoraggiandola a regredire allo stato infantile. In questo modo, la bambina che era diventata veniva a sedersi sulle sue ginocchia. Secondo lui, i bambini sono spesso attratti dai loro genitori. Gluskie

---

[578] Roger Kahn, *Il popolo appassionato*, William Morris, Inc., 1968, p. 53.

[579] *American Journal of Psychiatry*, vol. 143, settembre 1986, pag. 1128.

sosteneva che "la stimolazione genitale rilascia nel cervello sostanze chimiche che favoriscono il legame tra bambini e adulti".

Lo psichiatra dell'APA Richard Simons ha offerto una spiegazione a questi oltraggi. Secondo lui, "sono i pazienti a provocare inconsciamente i terapeuti, abbandonandoli o maltrattandoli sadicamente". Questi pazienti soffrono spesso di "disturbi masochistici della personalità".

Un altro esempio è questa storia del Missouri dell'11 febbraio 1998: lo psichiatra William Cone è stato condannato a 133 anni di carcere per aver abusato sessualmente di diverse pazienti. Cone li aveva convinti che dovevano "ravvivare il loro rapporto con i genitori", il che richiedeva che facessero sesso con lui. Per convincerli, aveva prescritto loro grandi quantità di psicofarmaci, rendendoli altamente dipendenti. Il pubblico ministero ha dichiarato al processo: "È un predatore. Queste persone si sono rivolte a lui per essere curate e sono state oltraggiate. Non ho mai visto un imputato causare così tanto dolore e lesioni a così tante persone". Uno dei suoi ex pazienti ha testimoniato: "Ero incredibilmente legato a lui. Ero dipendente da lui. Mi disse: 'La psichiatria funziona meglio quando è tenuta segreta'. Mi proibì di dire a qualcuno di queste relazioni sessuali e mi avvertì che non potevo fidarmi di nessuno".

Tutti gli psichiatri coinvolti hanno dichiarato che il paziente era consenziente. Tuttavia, circa il 14% dei pazienti abusati dal terapeuta tenta il suicidio e l'1% ci riesce. Ma la realtà è che pochi pazienti osano denunciarlo: solo l'1% delle vittime denuncia gli abusi subiti. Migliaia di pazienti "psichiatrici" si sono suicidati e altre migliaia sono stati ricoverati a causa dei danni subiti. Grazie al coraggio e alla determinazione delle donne che si sono fatte avanti, alcuni di questi violatori psichiatrici sono stati finalmente assicurati alla giustizia.

Il sito jewwatch.com ha raccolto una serie di casi di questo tipo pubblicati dalla stampa statunitense. Vediamo che gli abusi non riguardano solo le professioni psichiatriche. L'*Arizona Republic* del 26 ottobre 2001 ha riportato che il dottor Brian Finkel, 51 anni, proprietario della clinica Metro Phoenix e specialista in aborti, è stato incarcerato dopo le denunce di una quarantina di pazienti. Queste lo accusavano di aver praticato su di loro il cunnilingus durante le consultazioni e persino durante gli aborti.

Il *Detroit Now News* del 20 febbraio 2002 riporta che il dentista Kenneth Friedman è stato accusato da una dozzina di pazienti di aver abusato di loro nel suo studio. L'uomo si è dichiarato colpevole.

In Francia, il caso Tordjmann è il più emblematico. Sessuologo di fama, il famosissimo Gilbert Tordjmann è stato il fondatore e "papa" della sessuologia in Francia. La prima denuncia contro di lui risale al 1999, ma ne sono seguite molte altre. Numerosi pazienti hanno denunciato toccamenti, masturbazioni e carezze "forzate" che arrivavano fino alla penetrazione. Gilbert Tordjmann è stato accusato nel marzo 2002. In totale, quarantaquattro ex pazienti hanno dichiarato di aver subito abusi da questo "specialista". Il 4 maggio 2005, *Le Figaro ha* riportato la notizia del suo rinvio a giudizio in Seconda Sezione. Naturalmente, Gilbert Tordjmann ha sempre negato tutte queste accuse: "Gran parte del caso è stato archiviato", ha dichiarato uno dei suoi avvocati, che ha sottolineato la professione di ginecologo del suo cliente per giustificare gli invadenti "esami". Così, il sessuologo avrebbe chiesto nuovamente l'archiviazione del caso, sostenendo che questi gesti erano indicati dalla pratica medica[580].

Il giuramento di Ippocrate, che tutti gli psichiatri promettono di rispettare, vieta le relazioni sessuali tra medici e pazienti, ma si potrebbe pensare che per alcuni "terapeuti" questo giuramento abbia poco valore. Si potrebbe addirittura pensare che alcuni di loro si sentano svincolati da esso quando i loro pazienti non sono consapevoli della relazione sessuale.

Ecco come procedeva lo psichiatra californiano James Harrington White. Ha drogato le sue pazienti prima di violentarle e filmare le scene. È stato condannato a sette anni di carcere.

Anche il famoso medico Jules Masserman, eminente specialista, molto rispettato dai suoi colleghi in tutto il mondo ed ex presidente onorario dell'Associazione mondiale di psichiatria sociale, aveva suscitato uno scandalo nel 1987 dopo essere stato accusato da alcuni suoi pazienti. Jules Masserman aveva l'abitudine di addormentare i suoi pazienti con l'amobarbital, un barbiturico in grado di bloccare la memoria. Tuttavia, durante una delle sue numerose sedute, Barbara Noel, una delle denuncianti, si svegliò e scoprì il volto orribile dell'uomo che

---

[580] Curiosamente, due anni dopo, non è emersa alcuna informazione su questo processo.

boccheggiava sopra di lei. "Non ho mai provato un tale senso di tradimento", ha detto Noel. Per anni, Masserman l'aveva drogata e violentata nel sonno. Durante il processo, ha continuato a sostenere che la sua accusatrice era "malata di mente" e un'impostora. Barbara Noel si è rifiutata di arrendersi e ha condotto una battaglia legale durata sette anni, incoraggiando altre donne a testimoniare pubblicamente. L'APA (Associazione Psichiatrica Americana) alla fine appoggiò la decisione della Società Psichiatrica dell'Illinois di ritirare l'autorizzazione medica a Massermann, ma la sospensione fu efficace solo per cinque anni e non per stupro ma per uso di droghe. Le assicurazioni hanno pagato più di 350.000 dollari di risarcimento alle sue vittime.

L'*Associated Press* del 3 gennaio 2002 riporta un altro processo. Quello di Andrew Luster, 39 anni, nipote del magnate dei cosmetici Max Factor, arrestato nel 2000 con l'accusa di aver violentato due donne dopo averle drogate in un bar di Santa Barbara e averle filmate. La polizia aveva trovato nella sua casa 17 videocassette che lo ritraevano mentre faceva sesso con donne apparentemente inconsapevoli.

Anche il caso di Thierry Chichportich è stato molto pubblicizzato. Il "massaggiatore delle star", soprannominato "l'uomo dalle mani d'oro" dall'élite del cinema mondiale. *Le Parisien* del 20 maggio 2006 ha riferito che è stato condannato a 18 anni di carcere dal tribunale penale di Nizza per lo stupro di 13 donne. Erano state addormentate con tranquillanti somministrati senza il loro consenso. La prima denuncia è stata presentata dopo che una delle vittime si è svegliata durante lo stupro. La scoperta da parte della polizia delle registrazioni video dei suoi stupri e delle droghe utilizzate ha portato alla sua condanna.

Ecco anche cosa si legge nel libro del dottor Valensin: "Medici, dentisti e psicoanalisti ebrei sono stati spesso accusati di aver abusato dei loro pazienti. Già un secolo prima, a Rouen, il dentista Levy era stato accusato di stupro sotto ipnosi di una giovane paziente rimasta incinta; la donna si rivelò isterica e lo stupro dubbio[581]. Nel gennaio 1935, in una rivista medica nazista si poteva leggere: "Medici ebrei violentano pazienti anestetizzate[582]...". Il 14 agosto 1935, il *Volkisher Beobachter, un* giornale hitleriano, annunciò che il medico ebreo Ferdinand Goldstein, di Costanza, era stato mandato in un campo di

---

[581] Brouardel, Annales d'hygiène et de médecine légale, t.I, 1879, p. 39.

[582] Deusch Volkgesundheit auss Blut und Boden, 1° gennaio 1935

concentramento dopo aver profanato una giovane tedesca; centinaia di vittime furono attribuite a lui[583]."

Anche il libro di Xaviera Hollander conferma questa forte propensione: gli ebrei americani "sono tra i miei preferiti, nonché i miei clienti più assidui. E sebbene sia triste, devo anche dire che sono i miei clienti più stravaganti e depravati. Sembra che molti di loro si sottopongano alla psicoanalisi per problemi che derivano dall'avere una madre troppo dominante o una moglie che è una principessa ebreo-americana che cerca di dominarli... Molti dei dottori ebrei che vengono a casa mia sono sgargianti e di solito vorrebbero essere schiavi. Tuttavia, recentemente ho sentito di un cliente che ha detto a una delle ragazze: "Stai assolutamente ferma, non dire una parola, comportati come se fossi morta". Si tratta di una sindrome di necrofilia, ovvero il desiderio di copulare con una persona morta[584]."

Lo stesso comportamento deviante lo ritroviamo nei film di alcuni registi ebrei. Ingmar Bergman, un regista "svedese", sciaccava regolarmente gli spettatori. Ne *Il silenzio* (1963), un dialogo si riferiva alla copula in una chiesa. I critici svedesi usarono l'aggettivo "vomitevole". Dopo La *notte del circo* e *Sorrisi di una notte d'estate*, un giornalista gli chiese: "Sta facendo intenzionalmente della pornografia o semplicemente non sa fare altro?

Ingmar Bergman ha raccontato nelle sue memorie che la scoperta del cadavere di una donna in un obitorio quando aveva dieci anni lo ha portato ad associare per molto tempo la nudità e l'erotismo alla morte. "Questa visione ha ispirato diverse scene freudiane, in particolare ne *L'ora del lupo*, quando Ingrid Thulin giace nuda su un tavolo da autopsia e si sveglia quando Max Von Sydow la tocca, e ne *Il silenzio* quando il ragazzo, guardando la zia che sonnecchia nel suo letto con i rantoli, proietta l'immagine del suo cadavere. In *The Maiden's Spring*, la nudità di una giovane ragazza provoca il disagio del pubblico, in quanto si tratta di una ragazza stuprata e uccisa, e in *Cries and Whispers*,

---

[583] Georges Valensin, *La Vie sexuelle juive*, Éditions philosophiques, 1981, p. 145.

[584] Xaviera Hollander, *La Alegre Madame*, 1972, Editorial Grijalbo, Messico DF, p. 181-182.

ci viene presentato direttamente il lavaggio funebre di una donna morente[585]".

Questa inclinazione macabra si riscontra anche nel regista messicano e ateo Luis Buñuel. In *Un perro andaluz* (1928), un film fatto di sogni e secondo la tecnica della scrittura automatica in voga all'epoca del surrealismo, si vede una lama di rasoio che cava l'occhio a una donna e una bambina che gioca con una mano mozzata. *L'età dell'oro* (1930) è un appello alla rivolta contro la società tradizionale: un uomo e una donna cercano di incontrarsi nonostante i successivi ostacoli posti dalla polizia, dalle suore e dai rappresentanti dell'ordine costituito. In Francia, il prefetto Chiappe vietò il film per disturbo dell'ordine pubblico. Nel 1961, in *Viridiana*, Buñuel mostra la "pulsione libidinosa di un vecchio che, dopo avergli fatto bere un narcotico, abusa della giovane nipote". Il film fu vietato in Spagna, Svizzera e Italia[586]. In *Belle de jour* del 1966, tratto dal romanzo dello scrittore ebreo Joseph Kessel, uno dei clienti del bordello era un necrofilo e faceva sdraiare una prostituta in una bara.

Un altro rapporto della "Citizens Commission on Human Rights" ha fornito ulteriori prove della corruzione nel settore psichiatrico negli Stati Uniti[587]. Le frodi assicurative sarebbero molto comuni. Ad esempio, un paziente di una casa di cura potrebbe essere fatturato per una terapia mentale mentre è in coma, oppure potrebbero essere prescritte sessioni giornaliere di "terapia di gruppo" che in realtà sono conversazioni con musica e tè. Secondo questo rapporto, negli Stati Uniti il 40% degli psichiatri viene perseguito per cattiva condotta professionale nel corso della propria carriera.

È così che lo psichiatra Robert Hadley Gross è stato condannato a più di un anno di carcere nell'aprile 2004 per aver fatturato ai suoi pazienti interventi che non aveva mai eseguito e per aver accettato 860.000

---

[585] Jean Luc Doin, *Dictionnaire de la censure au cinéma*, PUF, 1998, p.55. Édouard Drumont notava nel 1886: "Sarah Bernardt, con la sua immaginazione macabra, la sua bara di raso bianco nella sua stanza, è evidentemente una donna malata". (*La France juive,* tomo I, p. 107).

[586] Jean Luc Doin, *Films à scandale*, Éditions du Chêne, 2001, p. 42.

[587] *Psychatrie, un secteur corrompu:*
http://h11.protectedsite.net/uploads/fr/FRE%20-%20fraud.pdf

dollari di commissioni dagli ospedali a cui aveva trasferito i pazienti all'inizio degli anni '90. Lo scandalo ha scatenato una reazione a catena nel Paese e molti ospedali psichiatrici privati hanno dovuto pagare milioni di dollari di rimborsi, sanzioni e risarcimenti. Questo scandalo ha scatenato una reazione a catena nel Paese e molti ospedali psichiatrici privati hanno dovuto pagare milioni di dollari in rimborsi, sanzioni e risarcimenti.

Un altro psicologo del New Jersey, Karl Lichtman, aveva frodato 36 assicurazioni per un totale di 3,5 milioni di dollari per sedute terapeutiche inesistenti. Nel maggio 1996, gli è stato ordinato di rimborsare 2,8 milioni di dollari agli assicuratori privati e 200.000 dollari all'amministrazione.

Molti psichiatri senza scrupoli non hanno esitato ad approfittare dell'ampia copertura medica dei disturbi mentali da parte delle assicurazioni, obbligatoria secondo la legislazione locale e nazionale. Inoltre, le associazioni di psichiatri esercitano una forte pressione su bambini e adulti affinché vengano esaminati durante le visite mediche di routine. In effetti, non dovrebbe essere difficile trovare in ogni paziente qualcosa da prescrivere, soprattutto perché l'elenco dei disturbi mentali si è notevolmente allungato. Oggi si parla di "disturbo da terrore del sonno" o "disturbo da incubo". Il "Manuale diagnostico e statistico dei disturbi mentali" (DSM) identifica per i bambini la "difficoltà di articolazione", il "disturbo dell'espressione scritta", il "disturbo da deficit di attenzione", il "disturbo comportamentale" o il "disturbo da balbuzie", ecc. Il DSM classificava 112 disturbi, ma in uno dei suoi ultimi aggiornamenti ne ha inseriti 374 nuovi. Questa nuova nomenclatura non è anodina, in quanto permette a chiunque di essere ricoverato in ospedale e fa guadagnare gli assicuratori e l'amministrazione. La "bibbia della fatturazione psichiatrica" permette anche di assolvere i colpevoli dei loro atti criminali invocando l'infermità mentale. Così il ladro potrà affermare davanti ai giudici di essere un "ladro patologico", e il pedocriminale di soffrire di un "disturbo degli impulsi e del comportamento".

Pedocriminalità

Uno studio condotto negli Stati Uniti nel 2001 ha rivelato che un paziente su venti abusato sessualmente da un terapeuta era minorenne. L'età media era di sette anni per le ragazze e di dodici anni per i ragazzi.

Il rapporto intitolato *Stupri in psichiatria*[588] ha rivelato ad esempio il caso di Donald Persson. Questo psicologo dello Utah è stato condannato nel 1993 a 10 anni di carcere per lo stupro di una ragazzina di 12 anni. Lo psichiatra Markham Berry si è dichiarato colpevole dello stupro di sei bambini. Nel 2000, lo psichiatra californiano Burnell Gordon Forgey è stato condannato a 15 anni di carcere per aver violentato un adolescente. Nel 1992, lo psichiatra newyorkese Alan Horowitz è stato condannato a 20 anni di carcere per aver violentato tre bambini di 7-9 anni e una ragazza di 14 anni. Horowitz lavorava per un'organizzazione cittadina che aiutava i bambini dei quartieri poveri.

Negli ultimi anni, il sito americano jewatch.com ha raccolto numerosi articoli di stampa che coinvolgono rabbini in questo tipo di casi. Il 18 ottobre 1996, il *Jewish Bulletin* of Northern California ha citato il caso del rabbino Robert Kirshner, figura di spicco dell'ebraismo californiano. Egli era stato bruscamente rimosso dal suo incarico nel 1992 a seguito di accuse di violenza sessuale nei confronti di otto donne dipendenti delle associazioni e della sinagoga e di due studentesse del Seminario Teologico di Berkeley.

Il Los Angeles *Jewish Journal ha* inoltre riportato nell'edizione del 15 dicembre 2000 che uno dei più eminenti rabbini liberali della California, Sheldon Zimmerman, è stato sospeso per "indecenza sessuale".

Il rabbino Baruch Lanner del New Jersey è stato accusato nel marzo 2000 di aver abusato di almeno 20 ragazze durante la sua carriera di educatore e di leader della Conferenza Nazionale dell'Unione Ortodossa. Una ragazza di 19 anni lo ha accusato di aver abusato di lei quasi ogni giorno nel suo ufficio quando aveva 14 anni nel 1995-1996. Il tribunale rabbinico ha fatto del suo meglio per insabbiare il caso, facendo pressione sui genitori affinché non lo denunciassero alla giustizia, ma alla fine i genitori hanno sostenuto le loro accuse. (*Jewish Week*, 16 marzo 2000)

Il *Jewish Journal of Greater Los Angeles* del 4 dicembre 2001 ha riferito che il rabbino Mordechai Yomtov, 36 anni, padre sposato di quattro figli, è stato arrestato per violenza sessuale su tre bambini di 8-10 anni in un'aula della scuola elementare.

Possiamo anche ricordare il caso dell'officiante di una sinagoga, Jerrold Levy, accusato di distribuzione di pornografia pedocriminale (*Sun-*

---

[588] http://h11.protectedsite.net/uploads/fr/FRE%20-%20rape.pdf

Sentinel, 20 luglio 2001). Analogamente, David Webber, 35 anni, ex dipendente del Calgary Jewish Community Council, è stato arrestato il 22 febbraio 1990. Nel suo appartamento sono state scoperte numerose foto polaroid di bambini nudi di età compresa tra i 10 e i 14 anni. Prima di trasferirsi a Calgary, Webber era stato il giovane direttore della sinagoga Beth Israel di Edmonton, dove era già stato accusato di pedofilia.

Il Newsday del 20 febbraio 2002 ha riportato la notizia dell'arresto di Howard Nevison, 61 anni, il "cantore" della sinagoga più grande del mondo a Manhattan. L'uomo era accusato di aver aggredito sessualmente suo nipote tra il 1993 e il 1997, quando il nipote aveva tra i 3 e i 7 anni. Il ragazzo non ha voluto testimoniare contro di lui, sostenendo che il cantore aveva una voce alta e occhi terrificanti e aveva minacciato di ucciderlo se avesse parlato.

In un altro caso, nel 2002, il rabbino Richard Marcovitz, 64 anni, è stato accusato di violenza sessuale su due ragazze minorenni (*Channel Oklahoma*, 27 febbraio 2002). Un altro rabbino, Juda Mintz, che viveva in Georgia, ha rischiato tra i 27 e i 33 mesi di carcere per aver archiviato su una dozzina di computer video pedofili di bambini sotto i dodici anni (*Newsday*, 26 febbraio 2002).

Il *New York Post* del 31 marzo 2002 riporta il caso di Sara Leven, che nel 1993 trovò il figlio diciassettenne Daniel impiccato nel suo bagno. Il rabbino della comunità ortodossa, Ephraim B. Bryks, 57 anni, della yeshiva di Queens a Montreal, nonostante sia stato denunciato da un'associazione di famiglie, non è mai stato assicurato alla giustizia.

Nel *Jewish Bulletin of Northern California* del 21 febbraio 1997 si legge quanto segue: Il rabbino Sidney Goldenberg della Congregazione B'Nai Israel è stato accusato di aver toccato sessualmente una bambina di 12 anni. Diverse donne di New York avevano contattato il procuratore distrettuale di Santa Rosa, in California, per dire che anche loro erano state vittime del rabbino da bambine. Charlotte Rolnick Schwab, una psicoterapeuta di New York che ha pubblicato un libro sulla criminalità sessuale di alcuni rabbini, ha affermato di aver ricevuto centinaia di denunce da donne di tutto il Paese.

I rabbini e gli officianti delle sinagoghe non sono gli unici incriminati. Anche i diplomatici israeliani hanno fatto notizia. Come questo caso riportato dal *Jerusalem Post* del 6 luglio 2000: la polizia brasiliana teneva sotto controllo il consolato israeliano di Rio de Janeiro, sospettando che il viceconsole, Aryeh Scher, fosse al centro di un giro di pedofilia. L'uomo è riuscito a fuggire in Israele, ma il suo complice George Schteinberg, un insegnante di ebraico, è stato condannato per possesso e diffusione di immagini pedofile via Internet. La Reuters ha riferito che la polizia ha trovato centinaia di foto e video pedofili nella casa di George Schteinberg, un insegnante di 40 anni. Scher e Schteinberg avevano anche rapporti intimi. L'ambasciata e il consolato israeliani hanno rifiutato di commentare.

Tuvya Sa'ar, 65 anni, direttore generale dell'Unione dei giornalisti israeliani, è stato arrestato per aver violentato una ragazza di 15 anni a Tel Aviv. Sa'ar era stato anni prima direttore di Israel TV (*Haaretz*, 15 agosto 2001).

Nel gennaio 2000, un insegnante di nome Ze'ev Kopolevitch è stato accusato di violenza sessuale da ex studenti di una yeshiva di Gerusalemme, la Mercaz Harav yeshiva. Il direttore dell'istituto, Avraham Shapira, è stato sospettato di aver coperto l'insegnante (*Jerusalem Post*, 12 gennaio 2000).

Anche il capo del *gruppo di boy scout 666* dell'*Upper East Side*, Jerrold Schwartz, 42 anni, è stato accusato di molestie su minori presso la Corte Suprema di Manhattan. Il pubblico ministero ha presentato cinque vittime credibili. "Dieci minuti nella stanza con me; è solo una punizione", ha detto una delle vittime ventenni durante il processo. Era un'alcolista, dipendente dalla cocaina e da allora ha avuto incubi. L'uomo ha tentato più volte il suicidio con automutilazioni (*New York Post*, 19 dicembre 2001).

Sappiamo anche che il regista Roman Polanski fu costretto a fuggire dagli Stati Uniti nel 1978 dopo aver drogato e violentato una ragazzina di 13 anni. Oggi è ancora ricercato dalla giustizia statunitense e rischia fino a 50 anni di carcere. Per questo motivo non ha partecipato al gala degli Oscar 2003, dove il suo film *Il pianista* era candidato. Anche le tendenze pedofile di Woody Allen sono note, dopo le dichiarazioni di Mia Farrow nelle sue memorie (1997).

Ci sono molti altri casi da segnalare: Shlomo Nur, ad esempio, è stato condannato per lo stupro di Linor Abergil, Miss Universo nel 1998, quando aveva appena ricevuto la corona in Italia (*Jerusalem Post*, 29 dicembre 1999). È stato condannato a Tel-Aviv a 16 anni di carcere. Steven Gary Cohen è stato arrestato nel 2001 per aver fatto sesso con una ragazzina di 14 anni (*Westchester News*). Steven Berkoff, 64 anni, condannato per stupro (*Totally Jewish*, 16 agosto 2001).

Quattro anni prima, Samuel Cohen aveva violentato per diversi mesi due bambine di 7 e 8 anni, figlie della babysitter che veniva a casa sua a Philadelphia. Una delle bambine dovette essere ricoverata in ospedale dopo uno stupro particolarmente brutale (6 aprile 2000, philly.com).

Il *Las Vegas Review-Journal* del 4 luglio 2000 riporta che Russel D. Cohen, 41 anni, si è dichiarato colpevole di aver violentato bambini di età inferiore ai 14 anni. Le sue vittime erano ragazzi che pagava per distribuire volantini. È stato condannato a 45 anni di carcere.

Ricordiamo anche il caso del 39enne Seth Bekenstein, accusato dalla stampa di essere uno dei principali distributori di video pedofili negli Stati Uniti e nel mondo (*San Ramon Valley*, 5 gennaio 2002).

Ai limiti della legge, una società chiamata Webe Web nel sud della Florida vendeva sesso online con collegamenti ad almeno 14 siti pornografici. Webe Web, specializzata in erotismo infantile, era gestita da Marc Greenberg e Jeff Libman, che fotografavano entrambi bambine di 12 anni (NBC 6 e 8 novembre 2001).

Il 29 marzo 2001 News Making News ha riferito che David Asimov, figlio del famoso scrittore di fantascienza Isaac Asimov, è stato appena condannato a sei mesi di carcere per possesso di materiale pedopornografico, a Santa Rosa. In precedenza era stato condannato a cinque anni di carcere dopo essersi dichiarato colpevole, ma era stato misteriosamente rilasciato.

Un altro caso è apparso sul quotidiano israeliano *Ha'aretz* il 4 novembre 2002: i magistrati di Tel-Aviv hanno respinto la richiesta di rilascio di Ya'akov Ha'elyon, incarcerato per stupro e violenza sessuale nei confronti di una ragazza di 14 anni. Ya'akov Ha'elyon era il marito di Yael Ha'elyon, trovata morta ai piedi del suo palazzo in un viale di Tel-Aviv. La polizia ha concluso che la donna si è suicidata gettandosi dall'ottavo piano del suo appartamento, probabilmente dopo aver saputo che il marito era stato condannato.

Questo tipo di informazioni non compare quasi mai sulla stampa francese ed europea, o in caratteri molto piccoli. Per esempio, *Le Figaro* del 21 settembre 2006 riportava discretamente nella sua sezione internazionale: "Negli Stati Uniti: Howard Nevison, 65 anni, il popolarissimo rabbino di una sinagoga di Manhattan, New York, ha ricevuto una condanna a dodici anni con la condizionale per aver toccato sessualmente un bambino. Gli è stato inoltre vietato di avere contatti con bambini di età inferiore ai dodici anni". Questi casi non finiscono in prima pagina e non fanno notizia. I padroni dei media preferiscono proiettare queste accuse sui sacerdoti della Chiesa cattolica, puntando i riflettori sulla Chiesa cattolica quando si verificano questi casi.

Nell'ottobre 2005, l'AFP (Agence France Presse) ha riferito che un "rinomato dirigente pubblicitario" era sotto processo per lo stupro delle sue due nipotine. L'uomo, assente durante il processo perché dichiaratosi "malato", è stato condannato il 7 novembre a tre anni di carcere. L'AFP non aveva rivelato il nome dell'accusato, cosa estremamente rara, ma *Le Figaro* aveva rotto il silenzio: si trattava di Pierre de Blas, PDG (presidente e amministratore delegato) di diversi gruppi pubblicitari e commentatore di BFM, la radio dell'economia. *Faits-et-documents, la* preziosa lettera confidenziale di Emmanuel Ratier, rivelava che il conte Pierre de Robinet de Plas era figlio di un aristocratico vandeano, pioniere del commercio con il blocco comunista, e che firmava i suoi romanzi con il nome della madre, de Beer, rivendicando così la sua ebraicità, come aveva già fatto nella *Tribune juive.*

Il 23 maggio 2007 Emmanuel Ratier ha inoltre rivelato che un rabbino è stato arrestato nel sud dell'India dopo una caccia all'uomo durata undici mesi. Il rabbino Jay Horowitz, 60 anni, era ricercato dall'Interpol su mandato della polizia di New York. Il predatore sessuale era stato condannato a 15 anni di carcere nel 1992 per stupri di bambini e adolescenti tra i 10 e i 17 anni. Rilasciato nel 2004, gli era stato vietato di lasciare il Paese e sarebbe stato estradato negli Stati Uniti.

Sappiamo che l'influenza di Freud, dei freudo-marxisti della scuola di Francoforte e della psicoanalisi è stata profondamente dannosa in questo campo[589]. Così commentava il pediatra Alexandre Minkowski nel 1975, dopo aver partecipato a un colloquio all'Università di Yale: "In soli quindici anni, sotto l'influenza del *permissivismo*, della psicoanalisi e della liberazione dei complessi, la vita sessuale è oggi molto libera, ma anche molto precoce... Ci hanno raccontato di classi liceali in cui, su venticinque tredicenni, solo due erano vergini e venivano indicate con il dito[590]!".

---

[589] Cfr. i nostri libri precedenti: *Les Espérances planétariennes*, p. 69-81; *Psychanalyse du Judaisme*, p. 351-366.

[590] Alexandre Minkowski, *Le Mandarin aux pieds nus*, Points Seuil, 1977, p. 96.

È vero che nelle comunità ebraiche di un tempo il matrimonio era sempre molto precoce. Nel romanzo *Satana a Goray* del romanziere Isaac Bashevis Singer, il dottor Valensin scrive: "Nei giorni tra le feste, si redigevano contratti di matrimonio e si rompevano piatti portafortuna in ogni casa dove c'era una ragazza di più di otto anni[591]". Il romanziere ritrae così le usanze di quegli ebrei polacchi del XVII secolo che erano convinti che Sabbatai Zevi fosse il messia tanto atteso: "Dalla rivelazione di Sabbatai Zevi, l'ingiunzione contro l'adulterio non aveva più senso. Si diceva che i giovani si scambiassero le mogli... Si dice che Levi avesse costretto Glucke, la figlia di suo fratello Ozer, a giacere con lui e che avesse pagato a Ozer tre monete d'oro polacche come pegno affinché il peccato non venisse scoperto. I giovani che studiavano nella casa di istruzione praticavano ogni tipo di depravazione. Si arrampicavano sul rostro delle donne in pieno giorno, si abbandonavano alla pederastia e compivano atti di sodomia sulle capre[592]". Infine, il culmine della dissolutezza avrebbe raggiunto la comunità: "Da quel momento in poi Goray si abbandonò a ogni sorta di dissolutezza, diventando ogni giorno più corrotta... Le pratiche dei fedeli erano davvero un abominio... Secondo la leggenda, andavano nelle cantine del castello e banchettavano con gli animali, strappando gli uccelli con le mani e divorandoli. Dopo il banchetto, i padri incontravano le figlie, i fratelli le sorelle e i figli le madri[593]". L'incesto è in effetti un tema ricorrente che attraversa l'ebraismo in modo nascosto.

Ambiguità sessuale

È innegabile che l'ebraismo abbia un legame particolare con l'omosessualità, se si guarda ad esempio alla produzione cinematografica di registi appartenenti alla comunità e al numero di programmi televisivi dedicati all'argomento. Non si tratta solo di pervertire le nazioni, come sostengono semplicisticamente gli antisemiti, ma di esprimere l'identità profonda dell'ebraismo, la cui

---

[591] Isaac Bashevis Singer, *Satana a Goray*, PDF, Editore digitale Epublibre, German25, 2017, p. 82

[592] Isaac Bashevis Singer, *Satana a Goray*, PDF, Epublibre editore digitale, German25, 2017, pag. 88.

[593] Isaac Bashevis Singer, *Satana a Goray*, PDF, Epublibre editore digitale, German25, 2017, p. 105, 105

caratteristica principale è l'ambiguità. Tutto è ambiguo e dubbio nell'ebraismo. I confini identitari e culturali sono sfumati e mutevoli, così come la sessualità. Non dobbiamo stupirci di vedere nel cinema cosmopolita un evidente compiacimento nei confronti di personaggi transgender e travestiti. Il concetto freudiano di "bisessualità", che propone l'idea che tutti gli uomini siano un po' donne e tutte le donne un po' uomini, è in realtà un concetto ebraico, enunciato da un ebreo e applicato principalmente alla comunità ebraica, dove l'ambiguità isterica è molto diffusa. Questo semplicemente perché l'incesto, che è la causa di questa patologia, è stato, e probabilmente è ancora, ampiamente praticato all'interno della comunità ebraica. È quanto abbiamo dimostrato nel nostro precedente libro, *Psicoanalisi dell'ebraismo*.

La produzione cinematografica è particolarmente rivelatrice di questa ambiguità tipicamente isterica. *In and out* (USA, 1997) è una commedia "esilarante": il professor Howard Brackett insegna letteratura all'università di una piccola città dell'Indiana, negli Stati Uniti. È amato da tutti i suoi studenti e dalla comunità locale, finché un giorno la sua reputazione viene stravolta quando, durante un programma televisivo, un ex studente diventato star del cinema ringrazia pubblicamente il suo ex professore "gay". Ovviamente l'insegnante rimane scioccato da questa affermazione. Genitori, studenti e amici lo guardano ora con sospetto. Decide quindi di sposare in fretta e furia la sua ragazza per stroncare le voci sul nascere. Ma questo senza contare il giornalista che lo insegue ovunque con la sua macchina fotografica, incoraggiandolo a fare il suo *"coming out"*. Il giorno del matrimonio, nel bel mezzo della cerimonia all'altare, quando sta per dire "sì" alla sua sposa, finalmente si arrende e dichiara a malincuore e con rassegnazione: "Sono gay". Gli assistenti sono sbalorditi e la sposa ha un esaurimento nervoso. La cerimonia religiosa viene interrotta (un'altra ossessione ebraica). La scena finale è un altro grande momento di cinema cosmopolita: all'università, durante la cerimonia di laurea, studenti e genitori apprendono che il professore è stato licenziato. Allora si alzano tutti in piedi, uno per uno, per dichiarare che anche loro sono "gay" - tutti sono gay! Il film è di Frank Oz, un ebreo.

Gocce d'acqua su pietre calde (Francia, 1999) racconta la storia di Leopold, un broker assicurativo cinquantenne che seduce Franz, un ragazzo di 19 anni. Il film presenta poi Anna, la ragazza di Franz, e Vera, l'ex amante di Leopold, un transessuale in cerca di amore. Il film è di François Ozon (1999) e si basa sulla pièce teatrale di Rainer-Werner Fassbinder. In *Otto donne* (2001), il "buon cattolico" François Ozon mostra adulterio, omosessualità, incesto, ipocrisia e cambiamenti sociali. Si dice che sia un "grande" film.

First Summer (*Presque rien*, Francia, 1999) è "un film sull'amore che tenta di banalizzare l'omosessualità maschile mostrando scene molto crude", si legge nella *Guide des films* di Jean Tulard. Il film è del regista Sebastian Lifshitz. Sulla stessa scia, possiamo citare *Party boys* di Dirk Shafer (USA, 2002), *L'uomo della sua vita* (*L'Homme de sa vie*, Francia 2006) di Zabou Breitman (Francia, 2006).

Jessica's Temptation (USA, 2001) è un altro esempio: Jessica Stein è una giornalista di New York che ha tutto. È bella, sensibile e intelligente, ma il suo celibato le pesa. Dopo una serie di appuntamenti imbarazzanti, Jessica nota un annuncio che suscita la sua curiosità. Nonostante si trovi nella sezione "donne in cerca di donne", decide di rispondere. È così che incontra in un bar l'attraente Helen Cooper. E se l'uomo della sua vita si rivelasse una donna? Il film è di Charles Herman-Wurmfeld. L'omosessualità femminile è promossa anche in *All Daddies Don't Pee Standing Up*, un film di Dominique Baron (Francia, 1998): Simon non è un ragazzo come gli altri. Ha due madri, Dan e Zoé, che lo hanno concepito tramite inseminazione artificiale.

Ricordiamo anche questo film del 1998 del regista Jean-Jacques Zilbermann, che tratta dell'omosessualità all'interno della comunità ebraica: *L'Homme est une femme comme les autres* (*L'uomo è una donna come tutte le altre*). Il titolo corrisponde senza dubbio a una proiezione nevrotica sul resto del mondo, poiché l'omosessualità è probabilmente molto più diffusa di quanto si creda tra il popolo ebraico. Il presentatore televisivo Stephane Bern ha sorprendentemente dichiarato a *Libération* nel maggio 2000 che "le madri ebree sono ottime omosessuali". La femminilizzazione delle società occidentali e l'aumento dell'omosessualità non sono un caso fortuito, ma piuttosto le conseguenze di un potere mediatico acquisito da un gruppo numeroso e influente di intellettuali e giornalisti ebrei, che cercano di adempiere alla loro missione di "popolo sacerdotale". Non si tratta quindi solo di un'azione politica consapevole volta a distruggere il mondo europeo, basata su un delirio profetico tipico dell'ebraismo, ma anche dell'espressione di una nevrosi molto caratteristica.

Nel film *Una casa matta* (*L'Auberge espagnole*, Francia, 2002), il regista ha deliberatamente scelto di far interpretare a Cecile de France il ruolo di una lesbica con la testa ben fornita e persino intellettualmente superiore agli altri. Un altro esempio è la serie televisiva *I compagni* (2006) del regista ebreo François Luciani, che racconta la storia di un gruppo di amici dopo la "Liberazione", tutti comunisti e membri del partito. Tutto andava bene, finché un giorno la direzione del partito scopre l'omosessualità di uno dei "compagni". François Luciani intende denunciare l'intolleranza che esiste all'interno del partito stalinista agli ordini dell'URSS, diventato "reazionario" dopo l'eliminazione degli elementi "cosmopoliti".

American Beauty (USA, 1999) è un film divertente, ma eccezionale per il suo grado di perversione: in un perfetto complesso residenziale borghese di una città americana, una coppia è in crisi. La moglie tradisce il marito con un immobiliarista, mentre lui è innamorato di un'amica della figlia appena quindicenne. La figlia, che lo odia, si infatua del figlio del nuovo vicino, un ragazzo piuttosto strano che passa le giornate a filmare tutto con la sua telecamera. Il padre è un militare di estrema destra che lo picchia regolarmente in modo brutale. Quando sospetta che il figlio sia diventato lo spacciatore e l'amante del vicino, il sangue inizia a ribollire. La sua disperazione gli farà scoprire... la sua omosessualità latente! Anche in questo caso, l'omosessualità è presentata in modo benevolo con la breve apparizione di una coppia di vicini che sembra essere l'unica persona veramente felice del quartiere. Apologia dell'adulterio, droga, omosessualità, ambiguità pedofila e incestuosa, denuncia dell'"estrema destra": siamo di fronte a un film totalmente ebraico. Il regista è Sam Mendes, e naturalmente il suo film ha vinto cinque Oscar a Hollywood. "Ironico, provocatorio, scomodo" si leggeva ovunque.

Anche *Far From Heaven* (USA, 2002) è molto caratteristico del suo genere: in un complesso residenziale borghese nell'America degli anni Cinquanta, una donna scopre parte del "passato oscuro" del marito. Una sera, lui chiama a casa per dirle che lavorerà fino a tardi in ufficio. La moglie decide allora di fargli una sorpresa portandogli la cena al lavoro. Arrivata al quattordicesimo piano dell'edificio svuotato dai dipendenti, irrompe nell'ufficio e scopre il marito che bacia appassionatamente... un altro uomo! Fortunatamente, la bella americana troverà conforto nel suo giardiniere: un uomo di colore grande e grosso che si prenderà cura di lei. Omosessualità per l'uomo bianco e miscegenazione per la donna bianca: ciò che vediamo qui non è tanto l'ambiguità sessuale dell'ebraismo quanto l'odio caratteristico dell'ebreo per la razza bianca. Il film di Todd Haynes è stato naturalmente premiato con quattro nomination agli Oscar: "un diamante puro", secondo *Les Inrockuptibles* (Serge Kaganski); "commovente, un capolavoro", per la rivista *Zurban*.

In *My beautifull laundrette* (Regno Unito, 1990), il regista Stephen Frears esprimeva il suo odio per la razza bianca in questo modo: Omar, un giovane pakistano, viene incaricato dallo zio di rimettere in sesto una lavanderia a gettoni fatiscente in un quartiere povero di Londra. Essendo molto dinamico, riesce a ristrutturarla e a far ripartire l'attività. Assume un vecchio amico, un povero delinquente omosessuale inglese che diventa il suo amante. La sua banda di amici si ribella al fatto che uno di loro lavori per i "pakistani". Evidentemente sono molto razzisti e molto pigri. Fortunatamente, i pakistani sono lì per far funzionare l'economia e ingravidare le donne inglesi, come si vede nel film. Apologia della miscegenazione e dell'omosessualità, denuncia del razzismo: il film ha ricevuto il Cesar per il miglior film straniero, pur essendo totalmente soporifero.

Se torniamo indietro nel tempo, troviamo una "perla" di Serge Gainsbourg: *Je t'aime moi non plus* (Francia, 1975), sugli "amori sodomitici di una cameriera dal seno piatto e di un autista omosessuale". Negli anni '60, i registi ebrei cercavano già di scaricare le loro tare e nevrosi ossessive sul pubblico goy. In *La calunnia* (USA, 1962), William Wyler mostra due amici che gestiscono un liceo per ragazze e che vengono accusati di fare sesso. La voce si amplifica e i genitori ritirano le figlie dall'istituto. "Un soggetto audace per l'epoca", scrive Jean Tulard nella sua *Guida al cinema*. Wyler denunciava efficacemente il puritanesimo e si proponeva come apostolo della "liberazione" delle buone maniere. Sulla stessa scia, *A Taste of Honey* (Regno Unito, 1961) racconta la relazione tra due emarginati: un'adolescente incinta a causa di un'avventura di una notte con un uomo di colore e un omosessuale. Il regista è Tony Richardson. Anche Otto Preminger, in *Storm Over Washington* (USA, 1961), cerca di sensibilizzare l'opinione pubblica sul tema dell'omosessualità e osa mostrare i bar gay. Nell'entourage del Presidente degli Stati Uniti, un consigliere che viene minacciato di rivelare la sua omosessualità è vittima dell'intolleranza e finisce per suicidarsi[594].

---

[594] Otto Preminger, dopo una lunga carriera, "non mostrò pubblicamente il suo impegno pro-ebraico e pro-israeliano fino a quando la situazione non lo permise, cioè a partire dagli anni '60 (*Exodus*, 1960). Jerry Lewis ha agito allo stesso modo con *The Nutty Professor* nel 1963" (Jean-Luc Doin, *Dictionnaire de la censure au cinéma*, Presse Universitaire de France, 1998, p.83). Quattordici anni dopo *Exodus*, Preminger tornò con *Rosebud* e si schierò dalla parte dell'Esercito di Liberazione della Palestina.

In un film documentario sul tema dei cento anni di omosessualità a Hollywood, *The Celluloid Closet* (1996), Rob Epstein e Jeffrey Friedman hanno ricordato le innumerevoli svolte che i registi hanno preso per aggirare la censura del puritanesimo eterosessuale[595].

La bisessualità, concetto nato con Freud e divulgato da altri psicoanalisti ebrei, appare naturalmente nel cinema cosmopolita. In *Together alone* (USA, 1991), ad esempio: "Bryan è biondo, Brian è moro. Hanno appena fatto l'amore senza preservativo, ai tempi dell'AIDS; può questo segno di fiducia resistere alla prima bugia? Ma Bryan si sente ancora più solo quando, prima di andarsene, il suo partner gli annuncia di essere bisessuale, sposato e genitore". Il film è di P.J. Castellanta.

In *La confusione dei generi* (Francia, 2000), il regista Ilan Duran Cohen racconta la storia di Alain, un avvocato quarantenne, i cui desideri sono confusi. Oscilla tra la sicurezza di relazioni stabili e l'inebriante desiderio di flirtare. Cosa fare? Sposare la sua amata Laurence, anch'essa avvocato? Vivere con Christophe, un giovane uomo? O assecondare le sue fantasie su Marc, un prigioniero che difende? A meno che non ceda alla tentazione di Babette, la sua ragazza.

Sebbene la psicoanalisi sia ampiamente screditata nella maggior parte del mondo, i suoi ultimi adepti in Francia hanno ancora un punto d'appoggio nel sistema dei media. Il premio Interralié 2006 è stato assegnato al libro di Michel Schneider su Marilyn Monroe, *Marilyn, last sessions*, un'opera molto rivelatrice della tendenza di fondo degli ebrei a proiettare le proprie nevrosi sull'"universale". *Le Nouvel Observateur* del 14 settembre 2006 ha pubblicato un riassunto del libro: "Si è suicidata? È probabile, è stata assassinata? Non è da escludere. Lo psichiatra di Marilyn, Ralph Greenson, "il cui vero nome era Romeo Greeschpoon, lo psichiatra più famoso del mondo", come scrive Philippe Sollers, era l'unico uomo in grado di aiutare la star del cinema. Greenson "individua la malsana paura dell'omosessualità del suo paziente, forse inconsapevole della sua frigidità, e si dedica totalmente a un tentativo di salvataggio molto redditizio". Schneider sottolinea acutamente che invece di portare Marilyn sulla tradizionale strada padre-vita-amore-desiderio, la fa precipitare nell'angoscia madre-omosessualità-escremento-morte".

---

[595] Jean-Luc Doin, *Dizionario della censura al cinema*, PUF, 1998.

Osserviamo anche l'ossessione per i travestiti e i transessuali nei film di registi cosmopoliti. Ad esempio, in *Torch Song Trilogy* (USA, 1989), Harvey Fierstein, sceneggiatore del film, interpretava anche il protagonista: un omosessuale che canta in un club di travestiti. Artista travésti, apertamente gay ed ebreo, Arnold vive intensamente, tra il flirt con Ed che lo ha lasciato per una donna, la storia d'amore con il giovane Alan, il fidanzamento con David, suo figlio adottivo, e i rapporti burrascosi con la madre ebrea.

Tootsie è un film di Sidney Pollack (USA, 1983): Dorsey è un attore esigente ma disoccupato. Per ottenere una parte, si traveste da donna e diventa Tootsie. Il suo travestimento gli farà ottenere un ruolo in una serie televisiva e molti fan. Ma ben presto si trova di fronte a un dilemma: come dire alla sua collega, che lo ha reso suo confidente, che in realtà è un travestito e che è innamorato di lei?

Tutto su mia madre (Spagna, 1999) è un film di Pedro Almodóvar: Manuela, infermiera, vive da sola con il figlio diciassettenne Esteban. Esteban viene tragicamente ucciso da un'auto. Manuela (Cecilia Roth) si reca quindi a Barcellona alla ricerca del padre di suo figlio. La sua ricerca la porta a incontrare Agrado, un transessuale, Huma, un'attrice di teatro, e Rosa, una giovane donna che lavora per un'associazione cattolica. Viene ingravidata da Lola, il padre di Estaban, che si rivela essere un travestito, e nel processo gli trasmette l'AIDS. Almodóvar gongola anche mostrandoci una Spagna molto multirazziale, che è anche molto sintomatica. Il film, prodotto da Michel Ruben, è stato presentato in DVD in Francia da Claude Berri (Langman). Almodóvar è stato naturalmente premiato al Festival di Cannes del 1999 con il premio per la migliore messa in scena. "Dedico questo premio alla democrazia spagnola. Ho conosciuto il fondamentalismo religioso, la brutalità della polizia e l'odio per il diverso", ha spiegato sul podio. In *Tacones lejanos* (1991), Almodóvar aveva già mostrato una scena di stupro da parte di un travestito. Forse è in quel film che si vede un personaggio eiaculare su un crocifisso.

Chouchou (2003) è un film di Merzak Allouache, regista "francese" nato in Algeria: Chouchou è un giovane magrebino che sbarca clandestinamente a Parigi per raggiungere il nipote. Trova lavoro come tuttofare nello studio di una psicanalista, oltre a ricevere i suoi clienti. Nel frattempo, il nipote è diventato "Vanessa", una romantica cantante di cabaret, e Chouchou decide di travestirsi nel tempo libero. Il film è nato dalla fantasia del suo sceneggiatore, Gad Elmaleh, che è anche il protagonista del film. In *Mrs. Doubtfire, Daddy for Life* (USA, 1993),

Chris Columbus racconta la storia di una coppia divorziata. Il marito, che vuole rivedere i figli, si traveste da tata e viene assunto dalla ex moglie. La sceneggiatura è di Randi Mayem Singer.

La transessualità è il tema principale di *Thelma*, un film di Pierre-Alain Meier (Francia, 2002): Vincent è un tassista disilluso di Losanna. Una notte, nella foresta, incontra la bella Thelma nel bel mezzo di una lite con un uomo. Lei sale sul suo taxi e gli propone, in cambio di denaro, di aiutarla a vendicarsi di un ex amante. Vincent non sa che Thelma in passato era un uomo di nome Louis. La *mia vita in rosa*, di Alain Berliner (Francia, 1997), è l'evocazione della differenza attraverso la storia di Ludovic, un ragazzo convinto di essere una ragazza.

Già nel 1959, in *A qualcuno piace caldo* (USA), il talentuoso Billy Wilder raccontava una storia di travestiti in una commedia esilarante: due jazzisti disoccupati, involontariamente coinvolti in un colpo di mano di un gangster, si trasformano in musicisti per fuggire. Si recano in Florida con un'orchestra femminile e si innamorano di un'affascinante creatura (Marilyn) che vuole sposare un milionario.

Ovviamente, non tutti i film sull'omosessualità, i travestiti e i transessuali sono diretti da ebrei. *Tenue de soirée* (Francia, 1986), ad esempio, è stato diretto da Bertrand Blier. Non è ebreo, ma forse era sotto l'influenza della moglie (Anouk Grinberg). *Le avventure di Priscilla, regina del deserto* (Australia, 1994) racconta la storia di tre "pazze" del cabaret di Sydney, due travestiti e un "trans", che decidono di girare il centro del paese con un vecchio autobus che battezzano Priscilla. Naturalmente, il film di Stephan Elliott ha vinto il premio del pubblico a Cannes nel 1994. Neanche Jim Sharman, il regista del leggendario film *The Rocky Horror Picture Show* (USA, 1975), un'accozzaglia che non ha alcun senso se non quello di affidare a un transessuale il ruolo di protagonista, è ebreo. Ma i tre produttori Michael White, John Goldstone e Lou Adler lo sono certamente. Certamente esiste una sorta di simbiosi, una convergenza di interessi tra queste due lobby predominanti in tutti i sistemi mediatici delle democrazie occidentali.

Vale anche la pena di ricordare, come aneddoto, che l'Eurovision Song Contest è stato vinto nel 1998 da una cantante israeliana all'avanguardia, chiamata "Llady Dana international". Questa ragazza, precedentemente chiamata Yaron Cohen, era un transessuale. Si può anche citare Steven Cohen, un artista sudafricano, "bianco, ebreo, omosessuale e travestito", le cui performance di danza contemporanea ruotano attorno al concetto di travestitismo.

La sessuologa Elisabeth Badinter, moglie dell'ex ministro socialista della Giustizia e ricchissima ereditiera del gruppo Publicis, rifletteva molto bene la nevrosi ebraica quando affermava che il sesso di un individuo era più il prodotto della sua educazione che un attributo naturale. Tutta l'ambiguità isterica consustanziale all'ebraismo si manifestava così quando nel 1986 scriveva nel suo libro intitolato *L'uno è l'altro*: "Non è per una forza innata che il bambino saprà di essere un maschio e che sarà maschio. Sono i genitori a insegnarglielo, e potrebbero benissimo insegnargli il contrario. Dal momento in cui sanno di avere un maschio, iniziano un processo che, a seconda di ciò che considerano la mascolinità, incoraggia certi comportamenti e ne evita altri. La scelta del nome, lo stile di abbigliamento, il modo di portare il bambino, il tipo di gioco, ecc. costituiscono la parte principale della formazione del bambino per lo sviluppo della sua identità di genere". Elisabeth Badinter ha continuato: "Nel caso di un bambino transessuale, madre e figlio rimangono legati l'uno all'altro: la madre vive con il bambino in una simbiosi così stretta che lo tratta come se fosse una parte del suo corpo e lui si sente tale. Le madri di transessuali hanno in comune il fatto di sentirsi totalmente legate al bambino, che vive in contatto corporeo permanente con lei. Il bambino ha accesso alla sua nudità e intimità. Dorme nel suo letto come se non ci fosse un confine tra i loro corpi. Questo contatto soddisfa un bisogno della madre da cui trae grande piacere e che non è mai saziato[596]".

Naturalmente Elisabeth Badinter ha omesso di informarci che, come Freud, ha tratto le sue conoscenze dallo studio dell'ebraismo e dal comportamento della madre ebrea, che probabilmente immagina di aver dato alla luce il tanto atteso Messia.

Il Dr. Georges Valensin ha sottolineato che il fenomeno transessuale è stato inaugurato da un influente sessuologo ebreo nella Germania tra le due guerre, Magnus Hirschfeld: "Ha condotto circa 10.000 interviste di omosessuali in Germania, più preziose di quelle di Kinsey. Negli anni '20, ha fondato l'Istituto di Sessuologia di Berlino, dove si sono tenute le prime trasformazioni sessuali chirurgiche e le prime riunioni informative sugli omosessuali. Negli anni Venti fondò l'Istituto di Sessuologia di Berlino, dove si svolsero le prime trasformazioni sessuali chirurgiche e i primi incontri informativi sugli omosessuali.

---

[596] Elisabeth Badinter, *L'un est l'autre*, Éd. Odile Jacob, 1986, p. 292, 293

Hirshfeld doveva creare una scuola; era circondato da un'équipe di correligionari. Iniziò la riabilitazione degli omosessuali e fu il primo a usare il termine "terzo sesso" per designarli[597]". Il suo istituto fu chiuso non appena Hitler salì al potere e le sue opere furono utilizzate per i famosi roghi di libri.

Non sorprende vedere come l'industria pornografica sia largamente dominata da produttori ebrei. È risaputo che la comunità ebraica ha esercitato un quasi monopolio su questa industria fin dalla sua nascita. Georges Valensin ha fornito dati storici interessanti a questo proposito: "In Svezia, Ingmar Bergman, seguace dell'introversione e ossessionato dalla sessualità, è un israeliano". Infatti, *Il silenzio* (Svezia, 1963) era stato censurato per aver mostrato una scena di masturbazione. E aggiunge: "Il cinema tedesco prima del nazismo aveva avuto un boom sorprendente grazie agli ebrei. Sternberg aveva diretto *L'angelo azzurro*, il cui erotismo era sconvolgente. Fritz Lang fu l'autore di *M, il vampiro di Düsseldorf*: la storia di un criminale sessuale e pedofilo interpretato dal suo correligionario Peter Lorre, che portò sullo schermo un'innata inquietudine ebraica... Anche il cinema pornografico ha avuto i suoi israeliani in Francia. Bernard Nathan, con il suo *Sorella vaselina*, ha inaugurato questo tipo di cinema per il grande pubblico; oggi, il suo rappresentante più importante è Joseph Benazeraff, produttore di quaranta film pornografici in quindici anni[598]". Il dottor Valensin continua e non esita a citare altri autori: "Già a metà del secolo scorso, uno scrittore tedesco sosteneva che, ad Amburgo, "le incisioni e i libri più osceni venivano venduti dagli ebrei"; come venditori ambulanti, era facile per loro proporli tra due almanacchi romantici o addirittura tra immagini pie[599]." Sappiamo anche che, nel 1886, Edouard Drumont rivolse nuovamente la stessa accusa in *La France Judaise*. Georges Valensin citava addirittura autori e pubblicazioni antisemite: "Nel 1934, il cardinale primate di Polonia, invitato a protestare contro le persecuzioni razziali di Hitler, rispose che sarebbe intervenuto solo quando gli ebrei avessero smesso di propagandare il comunismo e le

---

[597] Georges Valensin, *La Vie sexuelle juive*, Éditions philosophiques, 1981, p. 170.

[598] Georges Valensin, *La Vie sexuelle juive*, Éditions philosophiques, 1981, p. 164.

[599] J. Gross, Hoffinger, *Le sort des femmes*, Lipsia, 1857

immagini pornografiche. A Berlino, nel 1921, il giornalista Hugo Bettauer dirigeva un settimanale specializzato in storie libertine; uno studente nazionalista lo uccise perché vedeva in lui un ebreo che corrompeva la gioventù[600]".

Negli anni '30, i goyim più coscienziosi erano già preoccupati per la straordinaria aggressività del cinema ebraico. Negli Stati Uniti, *la Legion of Decency chiedeva l'*istituzione di un vero e proprio "codice di decenza" per controllare il contenuto delle fiction registrate e verificare il rispetto dei "valori americani". Parte della gerarchia cattolica fu coinvolta in questa campagna. Nel 1933, l'arcivescovo di Cincinnati (Ohio), monsignor John McNichoias, dichiarò: "Mi unisco a tutti coloro che protestano contro queste immagini che rappresentano una grave minaccia alla vita familiare, alla nazione e alla religione". Nella primavera del 1934, il cardinale di Filadelfia, monsignor Denis Dougherty, invitò tutti i cattolici degli Stati Uniti a boicottare le produzioni hollywoodiane "dominate da uomini d'affari ebrei" e circa 11 milioni di fedeli risposero al suo appello [601]. I risultati del boicottaggio non tardarono ad arrivare: le sale si svuotarono e i profitti dei film crollarono. Nel 1934 venne applicato il Codice Hays del Presidente William Hays, che imponeva rigide regole di decenza. Le produzioni dovevano essere sottoposte alla censura della Production Code Commission, presieduta da Joseph Breen, un cattolico che per vent'anni esercitò un certo potere sugli standard morali e politici di Hollywood e la cui politica fu continuata da McCarthy negli anni Cinquanta.

Cinquant'anni dopo, quasi tutti gli argini sono crollati sotto la pressione combinata dell'alta finanza cosmopolita e dei movimenti libertari, i cui attivisti pensano di essere "rivoluzionari", ma in realtà non fanno altro che ripetere come pappagalli gli slogan cosmopoliti dei loro leader e dottrinari. Nel 2005, la reazione cattolica all'ondata di porcherie televisive e cinematografiche è stata espressa da William Donohue, presidente della Lega dei cattolici americani. Quando uscì il film di Mel Gibson sulla *Passione di Cristo*, tanto criticato dai media ufficiali, non

---

[600] H. Andics, *Histoire de l'antisémitisme*, Éd. Albin Michel, 1967, p. 213. in Georges Valensin, *La vie sexuelle juive*, p. 168.

[601] Si veda Thomas Dougherty, *Pré-code Hollywood: Sex, Immorality and Insurrection in American Cinema*, New York, Columbia University Press, 2000. E anche: *Courrier international*, 3 février 2000.

esitò a dichiarare davanti alle telecamere: "Hollywood è controllata da ebrei secolari che odiano il cristianesimo. Non è un segreto e non ho paura di dirlo. Ecco perché odiano questo film, perché parla di Gesù Cristo". Ha poi aggiunto: "Io amo la famiglia, mentre Hollywood ama il sesso anale[602]".

Questo accade fin dall'antichità, se si considerano alcune testimonianze storiche. Nella Spagna del XV secolo, ad esempio, il francescano Alonso de Espina pubblicò nel 1487 il suo *Fortalitium fidei contra Judeos* in cui menzionava questa particolarità insieme alle altre denunce contro gli ebrei: "Spirito di tradimento, crimini rituali, avvelenamento di medici, distruzione di cristiani con la pratica oltraggiosa dell'usura, falsi ebrei e sodomiti, ecc. Il *Libro di Alboraique*, pubblicato nel 1488 da un autore anonimo, "riprende in una dozzina di pagine le accuse popolari rivolte questa volta sia ai nuovi cristiani che agli ebrei: ingannevoli, vani, vigliacchi, bestemmiatori, sacrileghi e sodomiti".

Sempre nel 1623, Vicente Acosta, un ebreo portoghese convertito, pubblicò un libro di 428 pagine contro i suoi ex compagni ebrei. La sua opera fu immediatamente tradotta in spagnolo con il titolo *Discurso contra los Judios*. Gli ebrei erano descritti come "avidi, ribelli e bugiardi dalla natura... Sarebbe impossibile elencare tutti i loro vizi: l'invidia, l'orgoglio, le loro pretese nobiliari, il loro lusso ostentato, che sfoggiano quotidianamente in Portogallo e ancor più a Madrid, così come la loro insolenza e i loro *"oltraggi"*. La sodomia (a cui dedica un capitolo a parte) deriva dalla loro naturale lascivia e dall'ozio in cui si abbandonano... In effetti, gli ebrei del Nord Africa sodomizzano regolarmente le loro mogli e i loro figli[603]!". Daniel Tollet, che ha pubblicato il libro in cui raccogliamo queste testimonianze, ha finto di non prendere sul serio queste accuse grottesche. Ma abbiamo visto, in *Psicoanalisi dell'ebraismo,* che queste pratiche erano effettivamente incoraggiate dal Talmud. Si dice che l'ebraismo sia trasmesso dalla madre, ma a volte si ha l'impressione che sia piuttosto trasmesso dal c... Finalmente, avete capito.

Possiamo citare ancora una volta in questo capitolo la testimonianza di "Madame" Xaviera Hollander, in un episodio della sua vita travagliata.

---

[602] *Fatti e documenti* del 15 gennaio 2005

[603] Daniel Tollet, *Les Textes judéophobes et judéophiles dans l'Europe chrétienne à l'époque moderne*, Presses universitaires de France, 2000, p. 30, 34, 39.

Questa volta la vediamo in vacanza a casa della sorellastra in Sudafrica: "Un giorno, mentre mi riposavo a bordo piscina e pensavo che sarei impazzita se non avessi soddisfatto i miei appetiti sessuali, notai che il grosso pastore tedesco era sdraiato accanto a me, e molto nervoso. Questo cane mi aveva confuso parecchio i primi cinque giorni dopo il mio arrivo in casa, seguendomi e annusando le mie gambe. A quanto pare il suo annusare lo eccitava sessualmente, e io ero arrivata a un punto in cui non potevo essere troppo esigente, così decisi che - grottesco o no - il mio primo amante sudafricano sarebbe stato lui... Cominciai a strofinargli il pene, che usciva dalla pelle, rosso e scintillante, e la cui vista mi eccitava molto[604]... "Non ci dilungheremo oltre su questa interessante esperienza, ma il lettore deve sapere che le carezze erano sufficienti a placare l'eccitazione di Xaviera.

Le dubbie usanze degli ebrei avevano già suscitato il sarcasmo di Voltaire, che nella sezione "Ebrei" del suo *Dizionario filosofico* scriveva: "La legge ebraica proibisce alle donne di accoppiarsi con cavalli e asini, cosicché per imporre questo divieto era necessario che le donne ebree fossero dedite a tali affari... Agli uomini è proibito offrire lo sperma a Moloch, e per non far pensare che si tratti di una metafora, la legge ripete che si riferisce allo sperma del maschio. Gli ebrei sostengono che non è vero, ma in tal caso "Ditemi, signori, perché siete l'unico popolo sulla terra la cui legge ha imposto un simile divieto? Un legislatore avrebbe osato emanare questa strana legge se il crimine non fosse comune[605]?".

Il *New York Times Magazine* del 25 marzo 2001 ha scritto un articolo su un certo Tobias Schneebaum, che voleva anch'egli "attraversare tutti i confini" e abbandonarsi a nuove "esperienze liberatorie", lontano dalle rigide norme di questa società cristiana. Nel 1973, questo omosessuale aveva fatto il suo primo viaggio nella giungla della Nuova Guinea. Lì avrebbe trascorso diversi anni in compagnia dei suoi nuovi amici della tribù degli Arakmbut. Voleva, come riporta il giornale, "sfuggire all'oppressione della civiltà occidentale e trasgredire uno degli ultimi tabù: il cannibalismo". Questo è un esempio estremo di ciò che la nevrosi ebraica può generare.

---

[604] Xaviera Hollander, *La Alegre Madame*, 1972, Editorial Grijalbo, Messico DF, p. 37, 38

[605] Voltaire, *Dictionnaire philosophique*, Librodot PDF, p. 613 e in francese su voltaire-integral.com/19/juifs.htm (versione integrale)

Il femminismo

Elisabeth Badinter è una delle grandi figure del femminismo francese. In L'*uno è l'altro*, pubblicato nel 1986, ha constatato con soddisfazione la scomparsa del modello di famiglia patriarcale su cui si fondava la civiltà cristiana: "Il potere paterno e coniugale è in via di estinzione. Il potere ideologico, sociale e politico dell'uomo è seriamente eroso... Nella maggior parte delle democrazie occidentali, il sistema patriarcale ha ricevuto il colpo di grazia negli ultimi due decenni... Il XX secolo ha segnato la fine dei valori maschili in Occidente".

E naturalmente non ci sarà nulla da rimpiangere: "Erano valori virili arcaici", ha scritto Badinter, equiparando la "virilità" ai valori guerrieri dell'Occidente e soprattutto alla Seconda guerra mondiale: "la virilità ha mostrato il suo volto più odioso, cioè quello più assassino[606]."

I movimenti femministi in voga nei Paesi occidentali alla fine degli anni Sessanta devono essere visti nel contesto della decolonizzazione e della liberazione dei popoli del Terzo Mondo. Le femministe affermavano di essere "sfruttate proprio come i colonizzati di un tempo erano sfruttati dall'uomo bianco". Nella mente di queste femministe, per lo più donne del popolo ebraico, l'uomo bianco era infatti la personificazione del male. "Negli Stati Uniti, hanno paragonato la sua condizione a quella della comunità nera. Lì, sotto la guida di Betty Friedan o in Francia... le

---

[606] Elisabeth Badinter, *L'un est l'autre*, Éd. Odile Jacob, 1986, pagg. 214-217. Elisabeth Badinter, come William Reich (cfr. *Speranze planetarie*, p. 73, 74) ha notato che la politica sovietica in questo campo, così "avanzata" all'inizio, aveva poi favorito la famiglia tradizionale: "Sebbene la giovane Unione Sovietica avesse approvato leggi per liberare le donne e sottrarre agli uomini tutte le prerogative sui membri della loro famiglia, l'esperimento fallì. La società russa conobbe una controrivoluzione sessuale che la rese sempre più simile a quella di altri Paesi europei. Sotto Stalin, la famiglia tradizionale fu difesa con lo stesso zelo della Germania nazista. Tutte le leggi liberatorie di Lenin furono abbandonate a favore di disposizioni repressive". Elisabeth Badinter scrive in una nota a piè di pagina: "Dal 1932, al congresso di Kiev, l'aborto fu denigrato. Si parlava di preservare la razza. Nel 1944, l'aborto fu abolito... Nel 1936, una nuova legge sul divorzio lo rese punibile con multe, e nel 1944 fu approvata una legge ancora più severa. L'illegittimità fu nuovamente criminalizzata e stigmatizzata su madre e figli. Il padre non era più responsabile. Le leggi del 1936 e del 1946 concedevano vantaggi alle madri con sei figli, ecc.

femministe militanti facevano un elenco degli sfruttamenti di cui erano vittime: sessuali, domestici, economici, sociali e politici". In una nota a piè di pagina, Badinter fa notare che Betty Friedan aveva fondato il primo grande movimento femminista negli Stati Uniti: NOW (National Organisation of Women). In Francia, Anne Tristan creò nel maggio del '68 "Feminine-Masculine-Future[607]". Negli anni '70, la stampa inizierà a parlare del Movimento di Liberazione della Donna, che all'inizio non era altro che una nebulosa di piccole formazioni effimere.

A partire dagli anni Settanta, le femministe hanno elogiato la solitudine. "Ispirate da Virginia Woolf, chiesero il diritto di avere "una stanza tutta per sé", persino "un letto tutto per sé", o un posto dove vivere gratuitamente... In quel periodo, molte femministe decisero di vivere per conto proprio... Nell'"Agenda comune per le donne", Gisele Halimi suggerì nel 1978 che la soppressione della famiglia patriarcale forse richiedeva la soppressione della convivenza di coppia per una generazione". Alcuni, come Jerry Rubin, un ex leader dell'anti-establishment americano, si sono spinti fino a sostenere la rinuncia all'amore per "amare me stesso a sufficienza e non aver bisogno di nessun altro per essere felice". Queste continue campagne di stampa, ripetute in tutto il sistema mediatico, hanno evidentemente avuto delle conseguenze: "Il numero di famiglie monopersonali è aumentato drammaticamente negli ultimi trent'anni[608]".

Questi attivisti ebrei hanno avuto un ruolo di primo piano nell'approvazione delle leggi che legalizzano l'aborto. Negli Stati Uniti, "la pioniera del controllo delle nascite" fu Margaret Sanger. La sua legge fu approvata nel 1973. In Germania Ovest fu approvata nel 1974 e in Francia nel 1975 sotto la spinta di Simone Veil. "La contraccezione femminile ha inferto un colpo mortale alla famiglia patriarcale, lasciando il dominio della procreazione all'altra parte... L'equilibrio dei poteri è stato completamente rovesciato a scapito del padre, che viene così privato di un potere essenziale". D'altra parte, se la fedeltà della moglie sfuggiva alla vigilanza del marito, gli uomini avevano meno da temere dai bastardi. Questa rivoluzione, insieme alla perdita dei tradizionali riferimenti ai ruoli sessuali dovuta alla disponibilità delle donne a condividere il potere economico con gli uomini, indebolì il

---

[607] Elisabeth Badinter, *L'un est l'autre*, Éd. Odile Jacob, 1986, p. 217, 218. Il vero nome di Anne Tristan, militante isterica antifascista, è Anne Zelansky.

[608] Elisabeth Badinter, *L'un est l'autre*, Éd. Odile Jacob, 1986, p. 319-321, 333

sistema patriarcale. Elisabeth Badinter ha accolto con favore l'esplosione della famiglia tradizionale: "Fino a pochi decenni fa, il matrimonio era sinonimo di sicurezza, rispettabilità e fertilità. Oggi ha perso queste tre caratteristiche essenziali... La notevole perdita di influenza della religione ha permesso lo sviluppo di due nuove usanze che erano sconosciute in tempi precedenti: il divorzio e le unioni di diritto comune [609]". Ricordiamo che il precursore della legge sul divorzio in Francia nel 1882 fu un altro israelita, Alfred Naquet.

Le conseguenze di questa rivoluzione culturale sulla natalità europea non si fecero attendere, soprattutto con il calo delle nascite provocato dall'invenzione della pillola abortiva RU 486. Questa pillola abortiva, ideata dal professor Etienne Beaulieu, fruttò miliardi al monopolio Roussel-Uclaf e al suo "geniale" inventore. Questa pillola abortiva, ideata e prodotta dal professor Etienne Beaulieu, fece guadagnare miliardi al monopolio Roussel-Uclaf e al suo "geniale" inventore. Una coincidenza: il professor Beaulieu era anche un israelita: "Nato a Strasburgo il 12 dicembre 1926, era figlio di Leonce Arrodi Blum, nato in Alsazia, e di sua moglie Therese Lion, nata a Caen. Leonce Blum era figlio del rabbino Felix Blum. Dopo il Fronte Popolare, il cognome Blum era difficile da portare, così i Blum chiesero un cambio di cognome, che fu concesso per decreto nel 1947. Da quel momento il loro cognome fu Beaulieu[610]".

Il dottor Georges Valensin ha riferito di queste pratiche abortive, riportando questa testimonianza del periodo tra le due guerre: "I medici israeliani erano accusati di immoralità perché si prestavano facilmente a limitare le nascite. Secondo la *Libre Parole* del 1° dicembre 1935, l'ablazione delle ovaie per sterilizzare le loro clienti era una pratica comune[611]".

Dopo Sigmund Freud, anche i freudo-marxisti della Scuola di Francoforte e i battaglioni di femministe hanno cercato di banalizzare l'omosessualità difendendo l'idea della natura bisessuale di tutti gli esseri umani. Ecco cosa scrive Elisabeth Badinter in un capitolo

---

[609] Elisabeth Badinter, *L'un est l'autre*, Éd. Odile Jacob, 1986, p. 230, 231. Sul diritto di divorzio: cfr. *Speranze planetarie*, p. 79.

[610] Henry Coston, *Les Financiers qui ménent le monde*, edizione 1989, p. 520.

[611] Georges Valensin, *La Vie sexuelle juive*, Éditions philosophiques, 1981, p. 145.

intitolato "L'avvento dell'androgino": "In realtà siamo tutti androgini, poiché gli esseri umani sono bisessuali, sotto vari aspetti e in misura diversa. Il maschile e il femminile si intersecano in ognuno di noi". L'educazione tradizionale, che finora ha avuto la funzione di produrre "uomini" e "donne", deve ora, secondo l'autrice, fare spazio a nuove norme: "È toccato all'educazione reprimere le ambiguità e insegnare a rifiutare l'altra parte di sé. Un uomo 'virile', una donna 'femminile'... La norma imposta era il contrasto e l'opposizione". Esiste tuttavia "un'intera gamma di possibili intermedi tra i due tipi ideali. In realtà, l'addestramento raggiunge più o meno il suo scopo, e l'adulto conserva sempre in sé una parte indistruttibile dell'Altro. Il modello della somiglianza favorisce l'integrazione della nostra natura androgina". E aggiunge: "È ormai ampiamente accettato che la realizzazione personale dell'individuo passa attraverso il riconoscimento della propria bisessualità [612]." Evidentemente, la forma impersonale "è ampiamente accettato" si riferiva soprattutto al mondo degli intellettuali ebrei che analizzano i propri casi personali.

Pertanto, le differenze tra uomini e donne non dovrebbero esistere, o dovrebbero essere il meno possibile. "Ora che i riferimenti sociali stanno svanendo, che la plasticità dei ruoli sessuali è imposta e che le donne possono scegliere di non essere madri, le differenze specifiche tra l'Uno e l'Altro diventano sempre più difficili da percepire... A parte l'irriducibile differenza cromosomica, siamo ridotti a distinzioni di più e meno. Certamente ci sono più ormoni maschili nell'Uno e ormoni femminili nell'Altro, ma entrambi i sessi producono ormoni maschili e femminili. I maschi hanno più forza muscolare e più aggressività delle femmine, ma queste differenze variano molto tra gli individui". Esistono quindi in realtà "diversi tipi intermedi tra i tipi definiti femminili e maschili", scrive Badinter che cita a sostegno della sua tesi il professor Etienne Beaulieu, il quale sostiene anche che esiste "una grande somiglianza iniziale e una certa plasticità nella differenziazione dei due sessi" e "che non esistono confini invalicabili tra il maschile e il femminile[613]".

Un altro sociologo di spicco, James Levine, "che studia la nuova paternità negli Stati Uniti", ha sostenuto queste opinioni e ha notato "il progressivo sfumare della linea di demarcazione tra maternità e

---

[612] Elisabeth Badinter, *L'un est l'autre*, Éd. Odile Jacob, 1986, p. 269.

[613] Elisabeth Badinter, *L'un est l'autre*, Éd. Odile Jacob, 1986, p. 249.

paternità", sottolineando che, nei casi di divorzio, "la percentuale di padri che ottengono la custodia dei figli è aumentata costantemente negli ultimi dieci anni". Le femministe hanno posto fine alla "divisione sessuale del lavoro".

Elisabeth Badinter ha inoltre citato il sociologo Edgar Morin, che considerava "la femminilizzazione degli uomini e la virilizzazione delle donne" come "un progresso sulla strada dell'umanizzazione". E aggiungeva in *Il paradigma perduto* (p. 87): "Non c'è dubbio, a nostro avviso, che l'uomo si umanizza sviluppando la sua femminilità genetica e culturale[614]".

"L'ideale è far nascere un essere umano unisessuale", continua Elisabeth Badinter. "Prendendo finalmente coscienza della bisessualità fisica e psichica, a lungo negata, possiamo ridurre al minimo l'alterità dei due sessi. Per il momento, l'unica differenza che rimane, come una roccia intangibile, è il fatto che sono le donne a partorire i figli degli uomini e non viceversa... Prendendo le distanze dalla maternità, le donne fanno implicitamente un passo verso i loro partner". Ma quest'ultima differenza è destinata a scomparire e presto, forse, gli uomini "potranno partorire un figlio senza madre, così come certe donne partoriscono figli senza padre". Elisabeth Badinter mette sul tavolo "la possibilità dell'uomo incinto": illusione, fantascienza? "Forse no. I due principali responsabili del primo bambino francese nato in provetta hanno già messo in dubbio la sua impossibilità". Nell'aprile 1985, rispondendo alla domanda di una rivista femminile "L'uomo incinto è davvero fattibile?", il professor René Frydman aveva risposto: "Due anni fa non ci avrei creduto. Ma ora, francamente, non lo so più". Qualche mese dopo, in un'altra rivista, Frydman era "nettamente più affermativo": "Tecnicamente è possibile... il mito della gravidanza maschile potrebbe un giorno diventare realtà". (*Actuel*, febbraio 1986)

Questo porrebbe fine alle differenze di sesso e quindi anche alle "discriminazioni". "L'umanità bisessuale avvicina il più possibile i sessi. In questo modo, permette l'espressione di tutte le differenze personali. Non è più divisa in due gruppi eterogenei, ma è costituita da

---

[614] Elisabeth Badinter, *L'un est l'autre*, Éd. Odile Jacob, 1986, p. 257, 288.

una molteplicità di individualità che sono allo stesso tempo simili e distinguibili attraverso infinite sfumature[615]."

Riconosciamo qui il fanatismo egualitario dell'ebraismo: sempre la stessa ossessione di livellare le differenze tra gli esseri umani. Le femministe sostengono che non ci sono differenze tra i sessi, come un tempo i marxisti promettevano l'abolizione delle classi sociali, e come oggi i democratici prevedono un mondo senza confini che riunirà e ingloberà l'umanità mista. L'obiettivo è sempre quello di dissolvere le identità, siano esse sessuali, sociali o nazionali, per poi coagulare le particelle atomizzate al fine di unificare il mondo e portare all'avvento di una "pace" definitiva, che sarà la pace di Israele, la *pax Judaica*: dissolvere e coagulare.

Uno dei grandi pensatori ebrei del XX secolo, Martin Buber, ateo e sionista austriaco, ha espresso molto bene questa tensione permanente dell'ebraismo verso l'unità: "È questa tensione dell'ebreo verso l'unità che fa dell'ebraismo un fenomeno dell'umanità e della questione ebraica una questione umana". L'aspirazione all'unità è ovunque. Verso l'unità all'interno dell'individuo. Verso l'unità tra i membri divisi del popolo e tra le nazioni. Verso l'unità dell'uomo e di tutti gli esseri viventi, verso l'unità di Dio e del mondo... È questa tensione verso l'unità che è all'origine della creatività dell'ebreo. Nel suo sforzo di accedere all'unità dalla divisione del sé, ha concepito l'idea del Dio unico. Dallo sforzo di far emergere l'unità dalla divisione della comunità, ha concepito l'idea di giustizia universale. Dallo sforzo di far uscire l'unità dalla divisione di tutto ciò che vive, ha concepito l'idea di amore universale. Dallo sforzo di far uscire l'unità dalla divisione del mondo, concepì l'ideale messianico che, in un'epoca successiva, sempre con la partecipazione degli ebrei,... chiamò socialismo[616]".

Ma questa "tensione all'unità" di cui parlava Martin Buber si traduce soprattutto in una distruttività nei confronti del resto dell'umanità, essendo innegabile che la "creatività dell'ebreo" agisce come un potente solvente delle tradizioni dei popoli in mezzo ai quali si è installata. Alcuni potrebbero vedere in questa definizione dell'ebraismo una certa "tensione" verso il totalitarismo. Altri potrebbero addirittura

---

[615] Elisabeth Badinter, *L'un est l'autre*, Éd. Odile Jacob, 1986, p. 244, 303.

[616] Martin Buber, *Judaïsme*, Édition Verdier, 1982, pagg. 34-37.

vedervi il marchio del diavolo: *"Solve et coagula"* è il motto tatuato sul braccio di Satana: *"Solve et coagula".*

Elisabeth Badinter ammetteva che l'ideale di società unisessuale in cui voleva trascinarci era un'innovazione nella storia dell'umanità. La "nuova riflessione sui sessi è resa ancora più difficile e rischiosa dal fatto che non ha un modello preesistente su cui basarsi[617]". Per dirla senza mezzi termini, questi israeliti militanti non sanno bene dove ci stanno portando. Ma l'importante, evidentemente, è opporsi allo stato naturale delle cose: "Il controllo della natura si sta ritirando e, con esso, la differenza tra i sessi... L'uguaglianza è in via di realizzazione; genera la somiglianza che pone fine alla guerra... Il XX secolo ha inaugurato nella nostra parte del mondo qualcosa che assomiglia a una nuova era", ha scritto Badinter, respingendo le obiezioni: I moralisti "vedranno in questo cambiamento, così contrario all'ordine naturale, nient'altro che una manifestazione di decadenza analoga a tante altre che la storia ha conosciuto[618]".

Queste affermazioni potrebbero essere paragonate a quelle del romanziere Albert Cohen, in un passaggio di *Beautiful of the Lord*. Alla fine del libro, Cohen imita il flusso di coscienza di James Joyce*, riversando per diverse pagine una verbosità messianico-mondana rivelatrice: "Israele è il popolo dell'innaturale che porta una folle speranza che il naturale aborrisce le porzioni più nobili dell'umanità sono di anima ebraica e stanno salde sulla loro roccia che è la Bibbia oh miei ebrei a cui parlo silenziosamente conoscete il vostro popolo veneratelo per aver voluto lo scisma e la separazione per aver condotto la lotta contro la natura e le sue leggi[619]."

"Il fatto che la nostra natura bisessuale venga portata sempre più allo scoperto finisce per disorientarci", ha riconosciuto Elisabeth Badinter. "Il nuovo modello che si sta costruendo sotto i nostri occhi è angosciante. Attori di una rivoluzione che ha appena cominciato a

---

[617] Elisabeth Badinter, *L'un est l'autre*, Éd. Odile Jacob, 1986, p. 249.

[618] Elisabeth Badinter, *L'un est l'autre*, Éd. Odile Jacob, 1986, p. 245, 250.

* Un flusso ininterrotto senza punteggiatura o differenziazione tipografica in cui emergono i pensieri e le impressioni del personaggio (dal famoso soliloquio di Molly Blum nell'*Ulisse* di Joyce).

[619] Albert Cohen, *Bella del Señor*, Editorial Anagrama, Barcellona, 1992, p. 562, 563.

prendere forma, abbiamo perso i nostri vecchi riferimenti senza essere sicuri dei nuovi... Siamo stati colti di sorpresa da questo formidabile cambiamento di civiltà che abbiamo provocato... Vogliamo rompere con la vecchia civiltà, ma allo stesso tempo temiamo la nuova[620]".

E dobbiamo riconoscere che, finora, questa rivoluzione civile non ha favorito la realizzazione degli uomini occidentali: "Gli anni appena trascorsi sembrano indicare che solo una minoranza di uomini reagisce positivamente al nuovo modello. In generale - in questa prima fase di un'evoluzione appena iniziata - essi esprimono in modi diversi di non voler essere i gemelli delle donne... Non sentendosi sufficientemente ancorati alla propria identità sessuale, gli uomini temono che l'esecuzione di compiti tradizionalmente femminili risvegli in loro le pulsioni omosessuali[621]". Elisabeth Badinter si è affidata qui a un altro sessuologo: secondo R. Stoller, la mascolinità non è infatti presente alla nascita: "Poiché il sentimento di essere maschio è meno ancorato negli uomini, l'omosessualità è sentita come una minaccia mortale alla loro identità".

Di fronte a questa "minaccia mortale", gli uomini occidentali reagiscono a fatica: "Può sorprendere il silenzio degli uomini dall'inizio di questa straordinaria mutazione iniziata vent'anni fa. Niente libri, niente film, niente riflessioni profonde sulla loro nuova condizione. Restano muti, come tetanizzati da un'evoluzione su cui non hanno alcun controllo... Non esiste una consapevolezza collettiva maschile delle nuove relazioni tra i sessi. Lo negano, lo sopportano o tornano a tacere. Il silenzio di metà dell'umanità non è mai di buon auspicio". La loro risposta "dipenderà sicuramente da come risolveranno i loro problemi di identità: riusciranno a convivere meglio con la loro femminilità interiore o, al contrario, saranno più ansiosi per la loro autostima e la loro virilità[622]?". Elisabeth Badinter conclude il suo libro con questa frase: "La fine dell'uomo? No, un uomo nuovo". Questa era già l'ambizione dei bolscevichi.

Sulla quarta di copertina del libro della Badinter, Rachel Assouline della rivista *L'Événement du jeudi* ha recensito il libro: "I preconcetti più radicati sulle relazioni tra uomini e donne sono spazzati via dall'acqua.

---

[620] Elisabeth Badinter, *L'un est l'autre*, Éd. Odile Jacob, 1986, p. 249, 247

[621] Elisabeth Badinter, *L'un est l'autre*, Éd. Odile Jacob, 1986, p. 280, 282.

[622] Elisabeth Badinter, *L'un est l'autre*, Éd. Odile Jacob, 1986, p. 341.

Se il talento di una saggista si misura in base al prurito intellettuale e all'euforia che provoca, allora Elisabeth Badinter è particolarmente brava". Ancora una volta notiamo la tipica inclinazione degli intellettuali ebrei a provocare "prurito[623]", il loro bisogno morboso di provocare i goyim. Sono loro che poi si meravigliano di essere "perseguitati". Come scrisse Vincent Acosta nel 1623, nel suo *Discorso contro gli ebrei*: "Sono avidi, maligni, invidiosi, assassini, perfidi, odiati da Dio e dagli uomini, inventori di ogni sorta di mali, ribelli, senza fede, senza amore, senza verità... nemici mortali dell'umanità[624]".

Incesto

La questione dell'incesto è importante nella produzione letteraria e cinematografica dell'ebraismo. In *Psicoanalisi dell'ebraismo* abbiamo visto come la Torah offra numerosi esempi di relazioni incestuose. Naturalmente, l'incesto è severamente vietato nell'ebraismo, come stabilito dalla Torah (Levitico, 18) e dal Talmud babilonese (Yebamot, 2a). È quanto ha cercato di spiegare Gérard Haddad nel suo libro *Le fonti talmudiche della psicoanalisi*[625], peraltro con una certa ambiguità. Perché tutto è ambiguo nell'ebraismo, ed è innegabile che gli ebrei sappiano come trattare i testi biblici. Nel suo libro sul *messianismo ebraico*, Gershom Scholem, uno dei più grandi specialisti di cabala, ha spiegato che anche gli ebrei chassidici sapevano interpretare la legge a modo loro, e ha ricordato che gli ebrei appartenenti alla setta eretica dei sabbatiani avevano adottato una regola di comportamento che permetteva loro di violare sistematicamente tutti i divieti della Torah, soprattutto quello dell'incesto, che avevano dichiarato abrogato[626]. Ciò che dà luogo a un'interpretazione equivoca negli ebrei talmudici è interpretato in modo più chiaro dagli ebrei chassidici e in modo

---

[623] Sul "prurito": si legga *Psychanalyse du Judaisme*, p. 69.

[624] Daniel Tollet, *Les Textes judéophobes et judéophiles dans l'Europe chrétienne à l'époque moderne*, Presses universitaires de France, 2000, pag. 45.

[625] Gérard Haddad, *Les Sources talmudiques de la psychanalyse*, Desclée de Brouwer, 1981, Poche, 1996.

[626] Gershom Scholem, *Le Messianisme juif*, 1971, Éd. Calmann-Levy, 1974, p. 135-137.

perfettamente esplicito dagli ebrei sabbatiani. Su questo argomento rimandiamo al nostro precedente libro, *Psicoanalisi dell'ebraismo*.

Il ricercatore ebreo-americano David Bakan ha poi confermato che tali pratiche erano comuni nelle comunità ebraiche. Nel suo libro *Freud e la tradizione mistica ebraica*, si interroga sul "ruolo dell'incesto nella storia ebraica" nel tentativo di comprendere i "ripetuti riferimenti di Freud". "A causa della loro endogamia, il problema dell'incesto era una caratteristica delle comunità ebraiche, così che il ruolo della mistica ebraica (cioè il chassidismo) consisteva in parte nel fornire i mezzi per affrontare gli intensi sentimenti di colpa derivanti dai desideri incestuosi". Gli ebrei, infatti, soprattutto nell'Europa orientale, vivevano normalmente in piccole comunità, "così che la scelta del partner era estremamente limitata", ed era naturalmente vietato sposare un goy. L'organizzazione tradizionale dei matrimoni da parte degli anziani della comunità ebraica era in parte dovuta "al fatto che gli anziani conoscevano le informazioni essenziali sui gradi di parentela".

Sappiamo, inoltre, che gli ebrei sefarditi e ashkenaziti sposavano i loro figli molto giovani, all'età di 12 o 13 anni[627]. "L'usanza dei matrimoni precoci era forse giustificata, non solo dal realismo generalmente applicato agli impulsi sessuali che esistevano negli ebrei, ma anche dalla necessità di attenuare le tendenze incestuose". David Bakan conclude: "Le tentazioni incestuose sono forse, come indica Freud, universalmente diffuse, ma erano particolarmente accentuate negli ebrei, il che spinse a elaborare intense contromisure e, di conseguenza, un eccessivo senso di colpa[628]."

I costumi degli ebrei sono indubbiamente molto diversi da quelli europei. Abbiamo visto, in *Psicoanalisi dell'ebraismo*, che il Talmud è piuttosto esplicito al riguardo. La lettura di questi testi è noiosa, per cui ci limiteremo a citare due passaggi esemplari e sorprendenti tratti dal trattato Sanhedrin 55a-55b (Talmud babilonese): "In tutti i crimini di incesto [commessi dal bambino], l'adulto passivo non incorre in alcuna colpa a meno che l'altra parte non abbia almeno nove anni e un giorno". Perciò la Baraitha sostiene l'affermazione di Rab secondo cui nove anni e un giorno è l'età minima del partner passivo perché l'adulto sia responsabile". (Sanhedrin, 55a, nota 1). "Una ragazza di tre anni e un

---

[627] Cfr. *Psychanalyse du Judaisme*, p. 350.

[628] David Bakan, *Freud e la tradizione mistica giovanile*, 1963, Payot, 2001.

giorno, il cui padre ha organizzato il suo fidanzamento [matrimoniale], è impegnata nel rapporto sessuale, poiché lo status legale del rapporto sessuale con lei è quello di un rapporto sessuale completo. Nel caso in cui il marito senza figli di una ragazza di tre anni e un giorno muoia, se suo fratello ha un rapporto sessuale con lei, allora la acquisisce come moglie". (Sanhedrin, 55b).

La questione dell'incesto, tuttavia, è piuttosto raramente accennata nella produzione letteraria dell'ebraismo. Sappiamo che il popolo ebraico ama mantenere vivo il mistero e il segreto, e l'incesto è proprio uno dei segreti, se non "IL" segreto dell'ebraismo. Tuttavia, appare qua e là, in modo aneddotico, nella penna di alcuni romanzieri. Nello studio su Romain Gary che abbiamo già visto, i *Cahiers de l'Herne* ci informano che la sua opera riflette in molti modi la nevrosi dell'ebraismo: "Le fantasie incestuose si dispiegano in tutta la loro ambivalenza. Con le giovani donne che incontra, Momo [l'eroe di uno dei suoi romanzi], esita tra una relazione amorosa e una ricerca materna. Con il pretesto dell'amore universale, Jean va a letto con una donna che potrebbe benissimo essere sua madre". L'ambiguità sessuale è naturalmente presente: "La differenza tra i sessi diventa incerta: Lola, nata uomo, ha scelto un'identità femminile e non è più chiaro se Rosa, invecchiata, sia ancora una donna[629]". (*Life Ahead*).

Si veda ora ciò che scrisse Elie Wiesel, in *Celebrazione talmudica*, quando prese un esempio a caso per spiegare il Talmud: "A volte la frase talmudica ne trascina con sé altre dieci, a volte bastano poche righe per raccontare una storia. Un esempio? Una donna voleva consultare Rabbi Eliezer per un problema serio, ma lui si rifiutò di aiutarla. Si rivolse allora a Rabbi Yeoshua, che fu più benevolo. Qual era il problema? *B'ni hakatan mibni hagadol,* il mio figlio minore ha per padre il mio figlio maggiore. Su questa donna incestuosa afflitta dal rimorso e dal desiderio di confessare, Dostoevskij non avrebbe potuto scrivere seicento pagine[630]?".

Elie Wiesel ha citato nel suo libro il caso di Rabbi Elisha, vissuto nel II secolo, al tempo di Adriano e della guerra in Giudea. Wiesel ci ha detto che era il "simbolo dell'abiura e del tradimento... Aveva le tasche piene di opuscoli antiebraici... Peggio ancora: iniziò a fare campagna per

---

[629] *Emil Ajar, Romain Gary*, Les Cahiers de l'Herne, 2005

[630] Elie Wiesel, *Célébration talmudique*, Éd. Seuil, 1991, p. 12

l'assimilazione forzata... Simpatizzò con l'occupante, divenne un collaboratore e infine un complice dell'esercito romano". Quel Rabbi Elisha "era Akher - rappresentava le forze oscure degli ebrei, le forze del Male dell'uomo... Fu chiamato prima Rabbi Elisha, poi Elish ben Abouya, poi ben Abouya e infine Akher". Quale potrebbe essere l'origine di questo inaccettabile dissenso? "La prima ipotesi punta alla colpa - ovviamente - dell'? sua madre. Le madri ebree hanno sempre la colpa di ciò che accade ai loro amati figli". E Wiesel aggiunge ellitticamente: "Da buon ebreo, amava sua madre - un po' troppo[631]".

Sappiamo che anche Jacques Attali ha evocato surrettiziamente la questione nel 1994, in un passaggio del suo romanzo intitolato Il viendra. Anche nel suo primo romanzo, del 1989, vi aveva alluso. La vita eterna è un romanzo più o meno incomprensibile, e comunque terribilmente noioso, il che non ha impedito all'autore di vincere il Grand Prix *du Roman de la Société des gens de Lettres* (Gran Premio del Roman della Società delle Lettere). È un libro per iniziati. L'autore si è espresso per ellissi in modo che solo gli ebrei potessero capire il senso della storia. Ecco cosa si legge sul frontespizio: "Laggiù, su un'isola deserta - o lassù, su qualche stella lontana - un popolo tagliato fuori da tutto da una grande catastrofe ripete la storia dell'umanità dalle sue origini, comprese le persecuzioni, l'esilio e il massacro di una minoranza che si distingue per le sue tradizioni, i suoi poteri magici e la vita eterna che si suppone abbia... Memoria e profezia si confondono, e questa "testimonianza dall'oltretomba" comincia ad assomigliare e a mescolarsi con le storie più antiche che l'umanità abbia mai vissuto, ricordando l'eccesso barbarico dei peggiori genocidi e le speranze più sfrenate dei creatori di eternità". E "l'umanità" in questione, l'avete capito bene, assomiglia stranamente a un piccolo e noto villaggio.

Il libro inizia abbastanza bene, promettendo alcune perle come questa per il ricercatore: "In quel piccolo cantone dell'Universo sopravvivono in penitenza diciassette milioni di uomini e donne imprigionati dai loro enigmi, vergognati dai loro trionfi, addolorati dalle loro dimenticanze, terrorizzati dalle loro speranze, ubriacati dalla loro solitudine". (p. 15). L'intera isteria del giudaismo difficilmente può essere riassunta in meno parole.

Purtroppo, il resto del libro è un farfugliamento senza capo né coda, in cui Jacques Attali cerca di far capire ai suoi colleghi che si riferisce a

---

[631] Elie Wiesel, *Célébration talmudique*, Éd. Seuil, 1991, p. 182-191.

loro, solo a loro, e a nessun altro se non a loro. Ad esempio, spiega che "i "Siv" sono diventati rinomati professori, prudenti banchieri, efficienti e riconosciuti funzionari di alto livello" (p. 63). (p. 63). Alla fine del suo libro, Attali dichiara che gli ebrei sono sicuramente l'unica "umanità" degna di questo nome: "Ora dipende da voi, dipende da voi. Faccio affidamento su di voi. Vi prego, proteggetevi: siete l'ultima fiamma dell'Umanità[632]".

Ma in questa storia assurda si trattava anche di un "Grande Libro del Segreto", di un "Grande Oratore". L'eroina si chiamava Golischa: "Di suo padre non sapevo nulla: né il suo nome, né il suo volto, né la sua storia". Aveva sentito dire da alcuni ufficiali della Guardia che era stato un avventuriero, ucciso prima della sua nascita in un'imboscata... Un giorno aveva persino sentito uno dei suoi servitori affermare, in ambienti ristretti, che suo nonno era anche suo padre, il che spiegava la prostrazione della madre e l'isolamento della figlia[633]". In breve, il nonno era andato a letto con la propria figlia.

Completiamo questo capitolo sull'incesto con un'analisi della produzione cinematografica, anche se molto probabilmente incompleta. Per farlo, infatti, dovremmo rivedere tutti i film dei registi ebrei, ma questa volta con la visione più nitida fornita da questa nuova conoscenza del particolare universo mentale degli intellettuali ebrei.

Anni fa, quando vedemmo per la prima volta il film *Chinatown* (1974) di Roman Polanski, non rilevammo nulla di specificamente ebraico, per il semplice motivo che non ci facemmo caso. Ricordiamo brevemente la storia: nella Los Angeles degli anni '30, la siccità costringe i piccoli agricoltori a vendere la loro terra. I terreni vengono acquistati a prezzi stracciati dai grandi proprietari terrieri con la complicità del comune, che di notte prosciuga la preziosa acqua. Jack Nicholson, un detective privato, indaga su questo caso che non piace a tutti. Riceve un forte avvertimento e un bel taglio sul naso. Con la benda addosso, gli viene chiesto: "Fa male?" Solo quando respiro! Alla fine del film, la bella Faye Dunaway, presa a schiaffi da Nicholson, rivela finalmente chi è questa giovane ragazza che nasconde in bella vista: è sia sua figlia che sua sorella. Ha avuto una figlia da quel mostro di suo padre, il grande

---

[632] Jacques Attali, *La Vie éternelle*, Éd. Fayard, 1989, p. 241

[633] Jacques Attali, *La Vie éternelle*, Éd. Fayard, 1989, p. 16

proprietario terriero. In questo film, Roman Polansky ha tipicamente proiettato sui Goyim un problema che tormenta la comunità ebraica. È di dominio pubblico che Polansky è ancora ricercato dalla giustizia statunitense in relazione a un caso di pedofilia.

Prendiamo in esame il film del famoso regista Joseph Mankiewicz, *Improvvisamente, l'estate scorsa* (1960): Una ricca americana (Katherine Hepburn), traumatizzata dalla morte del figlio, si avvale dei servizi di un famoso medico per eseguire una lobotomia sulla nipote (Elizabeth Taylor), ricoverata in un ospedale psichiatrico, alla quale rimprovera di averla separata dal suo "amato figlio". Il rapporto incestuoso - qui, tra madre e figlio - è fortemente suggerito. Anche in questo caso, il regista ha proiettato le sue ossessioni su una famiglia cristiana in modo tipico. Va notato che l'unico personaggio sano di mente della storia è il "grande chirurgo di nome Cukrowicz", ma Joseph Mankiewicz lo ha interpretato come un ariano di bell'aspetto (Montgomery Clift) per ingannare lo spettatore.

Anche il film di Louis Malle *Il respiro del cuore* (1971) trattava di incesto. Questo ci fa pensare che Louis Malle, alla luce del resto della sua produzione, perlomeno "compromessa", sia di origine ebraica. La storia è quella di una famiglia borghese di Digione nel 1954, anno in cui termina la guerra d'Indocina. Il padre è un ginecologo impegnato; Clara, la madre, si occupa del figlio Laurent, il più giovane, che soffre di cuore. Lo accompagna in una cura e la loro complicità sfocia in una relazione incestuosa. Louis Malle "critica una società ristretta", plaude alla critica... Ecco cosa ha detto di Louis Malle l'esponente della sinistra Jean-Luc Doin nel suo libro *Films de scandale*: "Irrita i biemens rappresentando un incesto madre-figlio su uno sfondo jazz in *Il battito del cuore* (1971) e l'ardente storia d'amore tra un deputato britannico e la fidanzata di suo figlio in *Ferite (Fatale,* 1992)[634]".

Nel 1997, il regista cosmopolita Milos Forman presentò *Larry Flint*, un film sulla vita scandalosa del magnate della stampa pornografica che divenne il portabandiera statunitense contro l'ordine morale. La sua recente riedizione ci ha permesso di vedere che anche la questione

---

[634] Jean-Luc Doin, *Films à scandale*, Éditions du Chêne, 2001, p. 38. In un libro di dialoghi con Louis Malle, pubblicato nel 1993, si apprende che il regista è originario del nord della Francia. Suo padre era il direttore di uno zuccherificio della famiglia Beghin. Françoise, sua madre, era una signorina Beghin (Philip French, *Conversation avec Louis Malle*, Denoël, 1993, p. 207).

dell'incesto è presente. Vediamo questo "papa" della pornografia - ritratto con le sembianze di un goy - portato in giudizio dal rappresentante dell'"ordine morale" per aver fatto una caricatura su un giornale che faceva sesso con la propria madre in bagno. Ancora una volta, la proiezione accusatoria è verificata. In Francia, le associazioni cattoliche erano riuscite a far ritirare il manifesto del film, che raffigurava un uomo crocifisso sull'inguine di una donna.

In *Coming out of the Closet* (Francia, 2001), Francis Veber racconta la storia di un banale contabile senza personalità che sta per essere licenziato. Seguendo il consiglio del suo vicino di casa, un vecchio omosessuale, decide di farsi passare per omosessuale per cercare di mantenere il suo lavoro. Intorno a lui, gli sguardi degli altri cambiano e tutto si risolve per il meglio. Sembra che il regista Francis Veber "denunci il regno del politicamente corretto". Il film ha banalizzato l'omosessualità e ha presentato le persone ancora un po' reticenti come dei cretini intolleranti e brutali, che probabilmente nascondono una "omosessualità repressa". Al 47° minuto del film, un dialogo tra due impiegati affronta il tema dell'incesto, a proposito di un film che era stato trasmesso in televisione il giorno prima: la storia di una ragazza innamorata di un uomo che alla fine scopre essere suo padre. I registi ebrei spesso introducono nei loro film strizzate d'occhio che solo gli iniziati notano.

Charlotte for Ever (1986) di Serge Gainsbourg raccontava i rapporti travagliati tra un padre ubriacone, Stan, e la figlia quindicenne. Questa attrazione per i giovani si vede anche, ad esempio, nel film *Lolita* (1962) di Stanley Kubrick, tratto dal romanzo di Vladimir Nabokov: Humbert, un professore di letteratura divorziato e attraente, affitta una stanza nella casa di Charlotte, una vedova colta. Lei cerca di sedurlo, ma lui è attratto dalla figlia adolescente Lolita. Finisce per sposare la madre di lei per poter stare vicino alla figlia. Quando Charlotte muore, Humbert riporta Lolita negli Stati Uniti in un viaggio increscioso che suscita sospetti intorno a lui.

Il tema è stato affrontato anche in *Baby Doll* (1957) di Elia Kazan: In una sperduta America, Archie, un ragazzo un po' smarrito da quando la sua azienda è fallita, è sposato con una ragazza sexy che ha deciso di aspettare i vent'anni per consumare il matrimonio. Tuttavia, non riesce a impedire a un rivale di sedurre la sua bella e immatura moglie.

Naturalmente, non tutti i registi che si sono occupati di incesto sono ebrei, anche se si può dubitare delle loro origini, dato che l'ebraismo è spesso vissuto in segreto. In *La Luna* (1979), il regista di sinistra

Bernardo Bertolucci ha raccontato la storia di Caterina. Questa famosa cantante lirica lascia definitivamente gli Stati Uniti dopo la morte del marito. Si stabilisce in Italia con il figlio Joe. Quando scopre con orrore che Joe fa uso di droghe, si rende conto di essere stata troppo negligente e decide di prendersi cura di lui.

Il regista messicano (ex spagnolo) Luis Buñuel, molto provocatorio e anticlericale, diresse nel 1961 il film *Viridiana*: il finale del film suggeriva una scena di incesto tra una giovane donna e suo cugino. Ma la censura costrinse il cineasta a non dire nulla. Ecco cosa scrive Jean-Luc Doin nel suo *Dizionario della censura nel cinema*: "In una prima versione, Buñuel mostrava l'eroina che bussava alla porta del cugino. La porta si apre, lei entra e la porta si chiude. Poiché la censura rifiutò questo epilogo incestuoso, Buñuel mostrò Viriciana che si univa al cugino e all'amante in una partita a carte. Il cugino conclude dicendo: "Sapevo che avresti finito per giocare con noi". Un finale insidioso perché suggerisce un *ménage à trois*.[635]."

Il film *Festen* è stato diretto dal regista danese Thomas Vintergerg (1998): In una famiglia molto rispettabile, tutti sono invitati a festeggiare il sessantesimo compleanno del capofamiglia. Ma ben presto vengono svelati terribili segreti: il padre ha abusato sessualmente della figlia e del figlio per anni.

L'incesto è stato evocato in *Sitcom*, un film di François Ozon che mostra una famiglia francese molto tranquilla fino al giorno in cui il padre ha la strana idea di comprare un topo e offrirlo ai suoi figli. Da quel momento, tutto va storto: il figlio scopre di essere omosessuale e inizia a fare sesso con il marito della cameriera, un uomo di colore; la figlia diventa sadica e tenta il suicidio; la madre ha desideri incestuosi con il figlio, mentre il marito rimane impassibile, come se fosse sparito e assente. In una scena piuttosto sintomatica, l'uomo si trasforma in un topo gigante e aggredisce la moglie in camera da letto. Infine, viene pugnalato a morte dalla figlia. L'ultima scena del film è la seguente: la madre, il figlio e la figlia meditano sulla sua tomba. Riflesso in uno specchio, sulla lapide appare il crocifisso satanico capovolto. E ancora una volta vediamo le convergenze tra l'omosessualità militante e le ossessioni del giudaismo. Il film è "graffiante, esilarante e totalmente iconoclasta" secondo *Le Parisien* (15 luglio 2006). È vero che quando

---

[635] Jean-Luc Doin, *Dictionnaire de la censure au cinéma*, Presse Universitaire de France, 1998, p. 307.

si tratta di infangare i valori della famiglia, trascinare il cattolicesimo nel fango e sputare sui valori della civiltà europea, arriva sempre un giornalista cosmopolita a definirlo "geniale", "inquietante", "irritante", finché i "biemenspensanti" non cercano di scrollarsi di dosso questi odiosi parassiti.

In questo capitolo va menzionato anche Jonathan Litell, vincitore del Premio Goncourt nel 2006 per il suo romanzo *The Benevolent Ones*. L'autore ha descritto le sofferenze degli ebrei durante la Seconda guerra mondiale attraverso un personaggio piuttosto particolare: un ufficiale delle SS omosessuale e pedofilo che avrebbe avuto rapporti sessuali con la sorella gemella. Come si vede, anche in questo caso l'omosessualità e l'incesto sono molto presenti nell'ebraismo. Ma qui, come altrove, gli intellettuali ebrei proiettano la loro nevrosi sugli altri, su "tutta l'umanità". Ci sembra abbastanza chiaro che, incarnandosi nel personaggio di un ufficiale delle SS, questo Jonathan Littell non ha fatto altro che proiettare sui nazisti il suo disturbo d'identità e l'odio inconscio per il suo stesso popolo. D'altra parte, i *Benevoli* sono creature mitologiche dell'inferno "che si accaniscono contro Oreste dopo che questi ha ucciso sua madre". Abbiamo già visto cosa scrive Xaviera Hollander: gli ebrei americani"... sono i miei clienti più stravaganti e depravati. Molti di loro sembrano andare in psicoanalisi con problemi derivanti dall'avere una madre troppo dominante o una moglie che è una principessa ebreo-americana che cerca di dominarli... Molti dei dottori ebrei che vengono a casa mia sono sgargianti, e di solito vorrebbero essere schiavi". (*The Merry Madame*, p. 181). Ecco perché Jonathan Litell, che inconsciamente desidera uccidere sua madre e l'intero popolo ebraico, si è incarnato in una sadica SS e ha scelto *I Benevoli* come titolo del suo romanzo. Tutte queste assurdità e travisamenti non gli impediranno di diventare un "principe della letteratura". Si dice che più di 200.000 ebrei abbiano già comprato il suo libro...

Sulla stessa falsariga, potremmo anche guardare il film di Woody Allen, *Harry lo smontato* (USA, 1997). Il regista interpreta il ruolo di uno scrittore ebreo angosciato che si sente male con se stesso. Chiede a una prostituta di legarlo a un letto, di fargli del male frustandolo, prima di concludere con una fellatio: un altro "benevolo!".

Elisabeth Badinter ha lasciato un passaggio piuttosto esplicito sul tema dell'incesto quando ha analizzato l'evoluzione delle nostre società europee sottoposte ai deliri del giudaismo culturale. Ha cercato confusamente di giustificare l'incesto, fingendo di vederlo come un'evoluzione naturale della società, per presentare infine la sua pratica come una liberazione: "Si percepisce sempre meno l'esteso sistema di scambio sociale che dava il suo carattere positivo alla legge dell'esogamia, cioè al divieto di incesto. Poiché le donne non hanno più alcun valore di scambio o di pace, la necessaria proibizione dell'incesto perde una delle sue più importanti giustificazioni. Dopo le spiegazioni biologiche del divieto di incesto - ora sappiamo che le unioni endogame non sono più dannose di altre unioni - anche il vantaggio sociale delle unioni necessarie viene meno. Ma l'umanità non ha esaurito gli argomenti per evitare ciò che aborrisce: il mantenimento del tabù è giustificato in un altro modo. Il discorso non è più quello della biologia o dell'antropologia, ma quello della psicoanalisi. La follia è oggi l'ultima barriera contro l'incesto. Le relazioni sessuali tra fratelli e sorelle, e soprattutto tra genitori e figli, sono dichiarate patologiche e causa di infelicità. Ma per la prima volta alcuni osano rivendicare il diritto all'incesto alla luce del sole, mentre altri cercano di minimizzare. Ecco come Wardell Pomeroy... afferma serenamente che "è giunto il momento di riconoscere che l'incesto non è necessariamente una perversione o una forma di malattia mentale, e che a volte può persino essere benefico". Elisabeth Badinter aggiunge: "I divieti pesano sempre meno e, man mano che le tentazioni di sfidarli diventano sempre più grandi, forse faranno cadere in disuso il tabù universale dell'incesto[636]".

Nel suo libro sull'antisemitismo, Stéphane Zagdanski ci aveva avvertito di "decifrare" le sue parole e di ripristinare il senso delle sue frasi. A proposito degli "antisemiti", scriveva: "Per decifrare: essi si abbandonano egoisticamente ai piaceri oscuri dell'incesto ai quali ci è stato negato l'accesso. Bisogna capire che l'antisemita è molto preoccupato per l'incesto, il che è logico, dato che soffre di una carenza dei suoi limiti[637]".

Il dottor Georges Valensin ha ricordato che la psicoanalisi, che porta tutto nell'ambito della sessualità, è nata dal cervello di un ebreo, quello di Sigmund Freud: "Dotato di uno spirito talmudico, con il suo bisogno di approfondire e discutere, ha scoperto il sesso ovunque. La

---

[636] Elisabeth Badinter, *L'un est l'autre*, Éd. Ocile Jacob, 1986, p. 239.

[637] Stéphane Zagdanski, *De l'Antisémitisme*, Climats, 1995, 2006, p. 206. Cf: *Psychanalyse du Judaisme*, p. 357.

psicoanalisi era un affare ebraico[638]". In effetti, Freud, che era immerso nel giudaismo, era cresciuto in una famiglia credente in Moravia. "Probabilmente aveva letto lo Zohar, secondo il quale "l'intero nucleo, l'intera linfa e la forza della vita provengono dagli organi genitali"".

A Vienna, dove viveva, gli ebrei "erano estremamente numerosi, soprattutto nelle classi medie e intellettuali", dove reclutava la sua clientela. George Valensin scrisse: "La sua stessa origine ebraica deve aver tenuto lontano una buona parte dei pazienti cristiani, meno nevrotici dei figli di Israele, perennemente inquieti... Molti clienti circoncisi potrebbero spiegare l'importanza esorbitante data al complesso di castrazione dal padre della psicoanalisi: l'invidia del pene, un'altra scoperta freudiana, potrebbe essere spiegata dall'estrema predilezione per i maschi nelle famiglie ebraiche; le ragazze dovevano rimpiangere profondamente di non essere un maschio".

A proposito dell'incesto, il dottor Valensin ha detto con un garbato eufemismo: "Il complesso di Edipo, l'amore per il genitore di sesso opposto, si verificava più intensamente nella famiglia ebraica, perché questa viveva più chiusa in se stessa". È proprio così: "chiusa in se stessa". Possiamo quindi concludere con Georges Valensin: "Freud ha generalizzato le inibizioni, probabilmente molto più frequenti negli ebrei frenati dalla loro morale". Attraverso la psicoanalisi, il cristianesimo si sarebbe impregnato ancora di più dell'ebraismo[639]".

È vero che lo psicanalista ha sostituito il sacerdote nella cura delle anime, ma con la differenza che l'uno lo fa gratuitamente, mentre l'altro pretende di essere pagato. È divertente notare come questi "malati[640]

---

[638] Il dottor Valensin ha ricordato quanto abbiamo analizzato in *Psicoanalisi dell'ebraismo* a proposito delle origini ebraiche dell'ispirazione di Sigmund Freud: "Egli diede un nuovo impulso allo studio dei sogni; a Gerusalemme c'erano già 24 interpreti di sogni professionisti, secondo il Talmud, che è pieno di racconti di sogni con un significato divinatorio". (Enciclopedia Judaïca, vol. XIII, art. *Les rêves*). "A Marrakech, un viaggiatore fu sorpreso di osservare che nel quartiere ebraico i sogni erano un argomento di conversazione costante". (J. Benech, *Essai d'explication d'un mellah*, Marrakech, 1936, p. 114). L'interpretazione dei sogni era una pratica comune a Babilonia e a Sumer.

[639] Georges Valensin, *La Vie sexuelle juive*, Éditions philosophiques, 1981, pagg. 171, 172.

[640] Jacques Attali ha citato l'espulsione degli ebrei dall'Egitto in questi termini: "Secondo la tradizione, questa partenza avvenne nel 1212. I testi egiziani

" costituiscano la maggioranza dei battaglioni di coloro che pretendono di curare l'umanità. Ma questo è solo uno dei tanti "paradossi" dell'ebraismo. La verità è che tutti quegli psicoanalisti ebrei non esercitano la loro professione tanto per curare i loro pazienti quanto per cercare di curare se stessi attraverso di loro. Non è un caso che Freud abbia costruito la sua carriera sull'analisi della patologia isterica, dal momento che, da un lato, egli stesso ne era direttamente colpito e, dall'altro, poteva constatare che la malattia era diffusa nella comunità ebraica, per la semplice ragione che l'incesto, che ne è la causa, sembra essere molto più comune nella comunità ebraica che nel resto della società. Con la sua teoria del complesso di Edipo, Freud aveva solo proiettato una specificità ebraica sull'intera umanità, perché in realtà il famoso "complesso di Edipo" è soprattutto il "complesso di Israele", quello di una madre che va a letto con il proprio figlio. Quando sosteneva che la nevrosi aveva origine dalla repressione degli impulsi sessuali da parte della morale cristiana, in realtà proiettava la propria nevrosi e la nevrosi dell'ebraismo su una civiltà che odiava consapevolmente. Infatti, egli stesso ci aveva avvertito al momento dello sbarco in America: "Non sapete che vi portiamo la peste!".

Angoscia ebraica

La nevrosi ebraica si traduce, sul piano religioso, in un progetto megalomane con pretese universali. L'obiettivo è lavorare per l'unificazione della terra, la scomparsa delle razze, delle religioni e delle nazioni, in una grande mescolanza planetaria, che porti a un mondo di "Pace", preludio alla venuta del Messia. A livello individuale, questa nevrosi presenta talvolta un volto che, se espresso con sincerità, può ispirare compassione. Il famoso romanziere americano Philp Roth ha lasciato una testimonianza in questo senso, in Il *male di Portnoy*, un romanzo pubblicato nel 1967. In quel libro, che ha venduto cinque milioni di copie in tutto il mondo[641], l'autore si presenta davvero come

---

dell'epoca parlano anche dell'espulsione di un popolo malato, o di un popolo con un re lebbroso, e di una rivolta di schiavi stranieri". (*Los Judios, el mundo y el dinero*, Fondo de cultura económica de Argentina, Buenos Aires, 2005, p. 29).

[641] Dobbiamo capire che è stato un grande successo all'interno della comunità ebraica.

un maniaco sessuale. Le prime pagine spiegano al lettore la natura della "malattia di Portnoy": "Un disturbo in cui gli impulsi altruistici e morali sono vissuti con grande intensità, ma sono perennemente in guerra con il desiderio sessuale più estremo e talvolta perverso". Spielvogel dice a questo proposito: "Esibizionismo, voyeurismo, feticismo e autoerotismo abbondano, così come i rapporti orali". Spielvogel ritiene che questi sintomi possano essere ricondotti ai legami che hanno prevalso nella relazione madre-bambino". In questo caso, avete naturalmente indovinato, si tratta di una madre ebrea.

Philip Roth ne fu ovviamente profondamente colpito: "Dottor Spielvogel, questa è la mia vita; e si dà il caso che sia tutta una barzelletta ebraica. Sono il figlio di una barzelletta ebraica, ma non è affatto una barzelletta! Per favore, chi ci ha reso così storpi? Chi ci ha reso così morbosi, così isterici e così deboli?... Dottore, che nome darebbe a questa malattia di cui soffro? È la sofferenza ebraica di cui ho sentito tanto parlare?... Dottore, non ce la faccio più, non posso sopportare di vivere così terrorizzata per niente. Concedimi la benedizione della virilità! Rendimi coraggiosa, rendimi forte! Rendimi integro! Sono stanco di essere un bravo ragazzo ebreo, di compiacere i miei genitori in pubblico, mentre in privato mi scopo il *putz**. Basta così[642]!".

Un giorno la famiglia Roth venne a sapere che un quindicenne di nome Ronald Nimkin, un ragazzo del quartiere, si era impiccato nel bagno. Nel palazzo, le donne commentarono il fatto: "Non si potrebbe trovare un ragazzo più innamorato di Ronald di sua madre! E Philip Roth indignato esclamò: "Vi giuro che non me lo sto inventando, non è un ricordo manipolato, sono esattamente le parole che usano quelle donne... La mia stessa madre... mi accoglie con il seguente saluto telefonico: "Allora, come sta il mio amore?" Il suo amore mi chiama con il marito che ascolta... E non le passa mai per la testa che, se io sono il suo amore, chi è lui, lo *schmegger** con cui vive?" Le madri ebree, "innamorate" dei loro figli, probabilmente immaginano di aver dato alla luce il tanto atteso Messia di Israele. Philip Roth ha aggiunto: "Cosa c'era di sbagliato in questi genitori ebrei, cosa erano capaci di far credere a noi giovani ebrei, da un lato, che eravamo principi, unici al mondo, come

---

* Pene

[642] Philip Roth, *El mal de Portnoy*, Seix Barral, Barcellona, 2007, Debolsillo, Mondadori, 2008, p. 35.

unicorni, geni, più brillanti di chiunque altro e più belli di qualsiasi altro bambino nella storia? Redentori, pura perfezione[643]... "

Questo può spiegare in parte perché tanti giornalisti hanno l'abitudine di elogiare i loro colleghi scrittori nel modo più indecente, descrivendo le loro opere come "geniali", "incomparabili", "splendide", ecc. Il romanziere ha dato sfogo al suo risentimento nei confronti dei genitori: "Perché ne ho abbastanza di tutti questi discorsi su "goyische patatín" e "goyische patatán". Se è cattivo, è un goyim, se è buono, è un ebreo. Non vi rendete conto, cari genitori,... che questo modo di pensare è un po' barbaro, che in realtà non fate altro che rivelare la vostra paura? La prima differenza che ho imparato da voi, ne sono certo, non è stata tra la notte e il giorno, né tra il freddo e il caldo, ma tra i Goyische e gli Ebrei... voi, *idioti* dalla mentalità ristretta** - che odio ho per la vostra mentalità ristretta da Ebrei[644]!"

Il romanzo di Philip Roth è naturalmente sovraccarico di scene pornografiche. Alla fine del libro, il suo eroe si reca in Israele, sperando che la sua nevrosi ossessiva si plachi finalmente. Su una spiaggia di Tel-Aviv, condivide con noi il suo stupore: "Esco dalla stanza e vado a sguazzare nel mare con gli ebrei felici. Faccio il bagno nella zona più affollata, mi diverto a sguazzare in un mare pieno di ebrei! Ebrei che sguazzano, che saltellano, con le loro membra ebree che si muovono nell'acqua, non per questo meno ebree! I bambini ebrei ridono come se fossero i padroni del posto!... Il fatto è che, sì, questo posto appartiene a loro! E il bagnino, un altro ebreo! Spiaggia su, spiaggia giù, a perdita d'occhio. Tutti ebrei, e altri che escono come da una cornucopia nel bel mattino. Mi sdraio sulla spiaggia, chiudo gli occhi. Dall'alto sento un rumore di motore: niente da temere, è un aereo ebraico. Sotto di me, la sabbia è calda, ed è ebraica. Compro un gelato ebraico da un gelataio che non è meno ebreo". Che cosa", mi dico: "un Paese ebraico!"... Alex nel Paese delle Meraviglie[645]."

---

[643] Philip Roth, *El mal de Fortnoy*, Seix Barral, Barcellona, 2007, Debolsillo, Mondadori, 2008, p. 94, 118

* Cuckold

[644] Philip Roth, *El mal de Fortnoy*, Seix Barral, Barcellona, 2007, Debolsillo, Mondadori, 2008, p. 72, 73

** Stupido

[645] Philip Roth, *El mal de Fortnoy*, Seix Barral, Barcellona, 2007, Debolsillo,

Tutto va bene, ma purtroppo la sua nevrosi ebraica sembra perseguitarlo fino alla fine. Mentre si trova con un giovane tenente dell'esercito israeliano nella sua stanza d'albergo, scopre di essere impotente: impotente in Israele [646]! Infine, tutte queste disgrazie lo portano a considerare la sua misera condizione di ebreo: "Noi, ebrei psiconevrotici caduti... "

Ne *Il mondo moderno e la questione ebraica*, pubblicato nel 2006, anche il sociologo planetario Edgar Morin proietta le sue colpe sugli altri, dopo aver avuto qualche screzio con la sua stessa comunità per le sue dichiarazioni sulla politica israeliana. Finge di scoprire che la "psicopatologia ebraica" è un fenomeno recente: "Dopo la psicopatologia antisemita ossessionata dall'ebreo onnipresente e minaccioso, è apparsa una psicopatologia ebraica ossessiva che individua l'antisemitismo onnipresente e minaccioso[647]".

Ma sappiamo benissimo che questa angoscia ebraica, che spesso ha l'aspetto di una pura paranoia, è profondamente radicata nell'anima ebraica fin dall'antichità; e l'antisemitismo, che gli ebrei sono felici di ingigantire a dismisura, non ha molto a che fare con esso. Ascoltiamo lo scrittore Georges Perec: "Essere ebrei non è legato a un credo, a una religione, a una pratica, a una cultura, a un folclore, a una storia, a un destino, a una lingua. È piuttosto un'assenza, una domanda, un'esitazione, un'inquietudine: una certezza inquietante dietro la quale incombe un'altra certezza, astratta, pesante, insopportabile: quella di essere stato designato come ebreo, e quindi vittima[648]."

Tre anni fa, prima della pubblicazione del primo volume di questo studio sull'ebraismo, avevamo liquidato questa testimonianza come l'ennesima manifestazione della "perfidia" degli ebrei, sempre pronti a fare geremiadi per ingannare i goyim. Ora pensiamo che sia impossibile capire l'anima ebraica senza tener conto di questa angoscia esistenziale che mina la maggior parte degli ebrei, almeno gli intellettuali. Ascoltiamo anche Georges Friedmann, che nel 1965 scriveva: "L'inquietudine ebraica è un fatto psicologico, etico, sociale... La

---

Mondadori, 2008, p. 253, 254

[646] "Non riuscivo a mantenere l'erezione nella Terra Promessa!".

[647] Edgar Morin, *Le Monde moderne et la question juive*, Éd. Seuil, 2006, p.152

[648] Georges Perec, *Je suis né*, Éd. Seuil, 1990, p. 99

gamma si estende da manifestazioni deboli e intermittenti alle forme tipiche di ansia, angoscia e nevrosi[649]".

Nel 2002, un certo Joseph Bialot pubblicò un libro di ricordi. In quell'occasione, il quotidiano Le Monde gli dedicò generosamente un'intera pagina. L'autore, nato nel 1923 a Varsavia, si era stabilito a Parigi con la famiglia nel quartiere popolare di Belleville. Naturalmente, anche lui aveva conosciuto i campi di sterminio. "Gli ebrei dell'Europa occidentale, perfettamente integrati, erano totalmente impreparati all'orrore". Come centinaia di migliaia di altri, è riuscito a tornare vivo per raccontarlo. Ma Joseph Bialot lo dice con franchezza: il suo trauma non è dovuto tanto all'esperienza del campo di concentramento, quanto all'educazione ricevuta: "Soprattutto, ho dovuto guarire da una nevrosi familiare dovuta all'"iperprotezione"". In effetti, questo membro del partito comunista ha frequentato uno psicanalista per nove anni.

"Ci sono forse due modi per affrontare la nevrosi ebraica, la psicoanalisi e il sionismo". È quanto ha dichiarato Michael Bar-Zvi, autore di una *Filosofia della nazione ebraica*, a *Radio J* nel 2006.

Jacques Kupfer, che è stato un leader di Betar in Francia negli anni '80, ha fornito una testimonianza corroborante. Nel 1979, questo ebreo di origine russo-polacca aveva trent'anni ed era determinato a convincere, attraverso conferenze e incontri, gli ebrei francesi a stabilirsi in Israele, a fare la loro *"alyah"*, come si dice. Si definiva un ebreo, esclusivamente ebreo: "Sono solo ebreo, non sono affatto francese... Non me ne frega niente della Francia... Se non fosse stato per mio padre, sarei in Israele da molto tempo... Non è per mia volontà che resto in Francia: non voglio lasciare i miei genitori, che sono troppo vecchi per ricostruirsi una vita". Per lui, gli ebrei di tutto il mondo sono destinati a vivere in Israele. E alla domanda del giornalista: "Come spiega che pochi ebrei francesi vanno in Israele?", ha risposto: "Perché sono malati! Lo dico senza cattiveria, perché anch'io ho tracce di questa malattia. Duemila anni di ghetto, lo ripeto: è una malattia che rende molto difficile trapiantarsi". E ha insistito su questo punto: "Il popolo ebraico è malato da duemila anni di *gola*[650]".

---

[649] Georges Friedmann, *Fin du peuple juif?* Éd. Gallimard, 1965, p. 341.

[650] André Harris e Alain de Sédouy, *Juifs et Français*, Grasset, 1979, Poche, 1980, p. 328-344. "*Gola*: l'esilio.

Anche lo storico Henri Minczeles, che stava studiando lo sviluppo delle idee sioniste nelle comunità russe all'inizio del XX secolo, ha sollevato la questione. A quel tempo, Leo Pinsker aveva pubblicato un libro intitolato *Autoemancipazione*, che presentava "un tentativo di risolvere il problema ebraico attraverso il territorialismo". Il libro fu il preludio alla formazione del gruppo Am Olam (Il popolo eterno), che influenzò il movimento sionista nei suoi primi giorni: "Precursore del sionismo, Pinsker caratterizzò il popolo ebraico come una comunità di malati. Per rimediare a questa situazione anomala, quasi disperata, era necessario cercare spazi vergini di abitanti, ovunque[651]".

Anche lo scrittore Romain Gary ha messo in luce in uno dei suoi romanzi questa nevrosi così specifica dell'ebraismo: "Incarnato da un personaggio ricoverato in una clinica psichiatrica a causa di "veri e propri disturbi della personalità", lo *Pseudo* esplora in modo privilegiato le frontiere fluttuanti che separano ragione e follia... Lo stesso Momo sperimenta occasionalmente crisi di violenza che lo travolgono: "È come se avessi un abitante dentro di me[652]."

Il dossier del *Nouvel Observateur* del 26 febbraio 2004, dedicato alla pubblicazione di una biografia di Myriam Anissimov intitolata *Romain Gary, il camaleonte*, ha rivelato un'altra sfaccettatura del personaggio: "Gary ha spesso mentito senza arrossire, elevando la dissimulazione al rango di diritto dell'uomo". Ha raccontato, ad esempio, di essere il "figlio di Ivan Mosjoukine, un attore dignitoso e bello famoso nella Russia degli anni '30". La giornalista ha risposto: "Myriam Anissimov è categorica: impossibile. Mina Kacew, la madre di Romain, non ha mai messo piede nel teatro dove la scrittrice sostiene che si amassero". Più tardi, in *La promessa dell'alba*, Gary farà di Mina una rinomata stilista parigina. "In realtà sua madre era un'umile modista che lavorava nei sobborghi sudici di Wilno, in Polonia. Il lavoro dei biografi è spietato", ha aggiunto il giornalista, che ha anche scritto: "Mentire era per lui una cortesia, un biglietto da visita". Né i fatti d'armi di questo "eroe della Francia libera" sono stati menzionati...

---

[651] Henri Minczeles, *Histoire générale du Bund*, 1995, Denoël, 1999, p. 26.

[652] *La Vie devant soi*, p. 56 *in Emil Ajar, Romain Gary*, Les Cahiers de l'Herne, 2005

Come Romain Gary, anche Elie Wiesél aveva un "abitante" dentro di sé - un *"dibbouk"* - come confessò nel suo ultimo romanzo *Un folle desiderio di ballare,* pubblicato nel 2006: il suo eroe, che "soffre di una follia dovuta a un eccesso di memoria", confessò a uno psicanalista: "Come il dibbouk, mi rifugio nella mia follia come in un letto caldo in una notte d'inverno". Sì, proprio così. È un dibbouk che mi perseguita, che vive dentro di me. Colui che prende il mio posto. Colui che usurpa la mia identità e mi impone il suo destino... Da dove viene questa mia grande inquietudine, questi cambiamenti, queste metamorfosi improvvise, senza spiegazioni o riti di passaggio, questo essere in panne vicino all'ottundimento, questa vacillazione dell'essere che caratterizza il mio malessere?", si chiedeva Wiesel con angoscia, attraverso il suo personaggio: "Sono paranoico, schizofrenico, isterico, nevrotico[653]?".

E, come Romain Gary, anche Elie Wiesel era incline alla fabulazione. Conosciamo la deplorevole tendenza di molti intellettuali ebrei a distorcere la realtà e a dire sciocchezze. In *Psicoanalisi dell'ebraismo* ci siamo soffermati a lungo sulle testimonianze di Elie Wiesel, Samuel Pisar e Marek Halter. Citiamo qui lo storico Pierre Vidal-Naquet, che un giorno dichiarò a proposito di Elie Wiesel: "Il rabbino Kahane, quell'estremista ebreo... è meno pericoloso di un uomo come Elie Wiesel, che non dice altro che sciocchezze... Basta leggere *La notte* per rendersi conto che alcune delle sue descrizioni non sono accurate e che finisce per trasformarsi in un venditore di olocausti... Perché anche lui manca di verità, un'immensa mancanza di verità storica[654]".

Ma anche altri scrittori ebrei, più sensibili, si sono lasciati ingannare dall'immaginazione di questi favolisti. Così, nella prefazione a un libro sul dramma della Seconda guerra mondiale, Arthur Koestler ripeteva ingenuamente alcune sciocchezze a cui oggi nessuno crede: "Centinaia di libri sono stati dedicati alla conservazione e alla pulizia della razza padrona, mentre allo stesso tempo si scioglievano e trasformavano i cadaveri in sapone[655]". Anche nell'aprile 2003, si poteva leggere Frederic Stroussi che scriveva con serietà nella *rivista Israël*: "L'SS Letton Cukurs aveva l'hobby di lanciare in aria i bambini ebrei e di spargli in testa, come nel tiro al piattino". I lettori di *Psicoanalisi*

---

[653] Elie Wiesel, *Un Désir fou de danser,* Éd. Seuil, 2006, p. 29, 13

[654] Pierre Vidal-Naquet in *Zéro,* aprile 1987, p. 57.

[655] Fred Uhlman, *L'ami retrouvé,* 1971, Éd. Gallimard, 1978, Folio, 1983, p. 11.

dell'ebraismo sapranno che la fabulazione è uno dei sintomi della patologia isterica. Ma è vero che, su questi argomenti, gli autori hanno spesso la spiacevole abitudine di copiarsi a vicenda.

Romain Gary era anche un "grande depresso", secondo il *Nouvel Observateur* del 26 febbraio 2004, in cui si legge: "Tormentato, che nascondeva la sua grande bontà dietro modi grossolani e un'ironia fantasiosa, emotivo fino al punto di rimanere prostrato per ore senza dire una parola, malsanamente disordinato", era ovviamente suicida. Nelle lettere a René Agid del 1955, scrive: "Un bottone mancante, una scarpa molto piccola, una chiave perduta, e vedo come unica soluzione la pace irrimediabile del suicidio". L'idea del suicidio era infatti ricorrente nei suoi libri. Alla fine di uno dei suoi romanzi, il suo eroe di nome Tulipe si suicida "in segno di estrema protesta" contro "il piccolo villaggio accanto, dove i contadini erano felici nonostante vivessero accanto a un campo di concentramento[656]". Tipicamente, l'intellettuale ebreo cerca di incolpare i goyim ritenendoli responsabili di tutti i loro mali. Il mondo intero è colpevole di compiacenza nei confronti dei nazisti. Questa immagine è presente in molti intellettuali ebrei. Si veda ancora Elie Wiesel: "Cosa possiamo dire della morte di un milione di bambini ebrei in un mondo indifferente e compiacente[657]?".

Va ricordato che l'attrice Jean Seberg, la bella commessa dell'*Herald Tribune* ne *L'orlo della fuga* (1960) di Jean-Luc Godard, compagna di Romain Gary, aveva seguito lo scrittore nel suo delirio politico e finanziato gli attivisti del Black Panther Party. Finirà per sprofondare nella follia e suicidarsi nel 1979. La patologia isterica che caratterizza così bene l'ebraismo è infatti estremamente contagiosa. Gary si suicida il 2 dicembre 1980. "È innegabile che, attraverso mia madre, io abbia una sensibilità ebraica. Traspare dai miei libri e, quando li rileggo, la sento anch'io[658]". Questo è ciò che pensavamo.

Sebbene non esistano statistiche in merito, possiamo affermare con certezza che i suicidi sono molto comuni nell'ebraismo. Il famoso scrittore Stefan Zweig, uno dei pochi scrittori ebrei con un talento per

---

[656] *Emil Ajar, Romain Gary*, Cahiers de l'Herne, 2005, p. 78-80

[657] Elie Wiesel, *Célébration talmudique*, Éd. Seuil, 1991, p. 210. Si vedano i capitoli sulla "colpa" nei nostri libri precedenti.

[658] *Emil Ajar, Romain Gary*, Les Cahiers de l'Herne, 2005. Intervista pubblicata sul mensile ebraico *L'Arche*, 26 aprile 1970, p. 40-45.

la scrittura, era fuggito dall'Austria negli anni '30 e si era suicidato in Brasile nel 1942, devastato dalle vittorie dei nemici del suo popolo in Europa. Ma se guardiamo più da vicino, ci rendiamo conto che il suo istinto suicida era già profondamente sepolto in lui fin dall'inizio. Come gli altri ebrei, questo "cittadino del mondo" provava un forte senso di rottura dell'identità. Sebbene Zweig non facesse mistero del suo essere ebreo, sosteneva anche, come i suoi colleghi ebrei, di essere un ebreo "integrato". L'ossessione dell'identità, un elemento costitutivo della nevrosi ebraica, compare, ad esempio, ne *La pericolosa pietà*, un romanzo in cui un rispettabile castigliano ungherese si rivela un ebreo che fa di tutto per nascondere il proprio passato. Questa storia, scrive Jacques Le Rider nella rivista letteraria *Europe* del giugno 1995, "è la testimonianza commovente di una profonda crisi interiore e anche il sintomo di una regressione quasi patologica" (p. 42). (p. 42).

Nel suo romanzo incompiuto *Clarissa*, Stefan Zweig ritrasse un neurologo ebreo di nome Silberstein che assomigliava in tutto e per tutto all'autore. Silberstein arrivò a confessare: "In realtà, sono un uomo fatto di nervosismo. Lo devo alla mia ascendenza ebraica. Fin dall'infanzia si è trasformata in morbosità" (p. 49). (p. 49). In un racconto giovanile del 1901, intitolato *Nella neve*, Stefan Zweig aveva già lasciato intravedere una tendenza quasi morbosa e una rassegnazione suicida: in questo racconto, una comunità ebraica in un villaggio tedesco vicino al confine polacco stava fuggendo prima dell'arrivo di una banda di flagellanti ostili agli ebrei. La carovana di ebrei in fuga fu sorpresa da una tempesta di neve notturna. Improvvisamente, tutti cedettero alla tentazione di rifugiarsi in una morte collettiva, lasciandosi morire di freddo.

Il numero di giugno 1995 della rivista *Europe*, dedicato a Stefan Zweig, riportava un articolo di Monique Bacelli che faceva la stessa analisi dell'ultimo romanzo di Stefan Zweig scritto nel 1940, intitolato *Romanzo di scacchi*: Zweig, scriveva la giornalista, "naufraga in una scissione nevrotica". Infatti, scrive l'autore nel romanzo:"... non avevo altro a disposizione che quel gioco insensato contro me stesso, la mia rabbia, il mio desiderio di vendetta, si accanirono su di esso. Qualcosa dentro di me gridava giustizia, e dentro di me non avevo nessuno che mi combattesse se non l'altro me stesso". Il tema della vendetta è ricorrente nell'ebraismo, ma qui noteremo soprattutto che le tendenze suicide di Stefan Zweig non dipendevano solo dagli eventi politici del suo tempo, ma erano anche costitutive della sua personalità.

Come tutti gli altri intellettuali ebrei, Zweig era tormentato dall'universalismo dell'ebraismo. Si oppose al progetto dei sionisti di tornare in Israele e scrisse: "Ci sono sempre stati due partiti all'interno della comunità ebraica, quello che crede che la salvezza sia nel tempio e quello che crede che quando il tempio fu distrutto durante l'assedio di Gerusalemme, il mondo intero sarebbe diventato il tempio. Credo che "ebreo" e "umano" debbano rimanere identici, e considero un grande pericolo morale qualsiasi arroganza che tenda a isolare la comunità ebraica". Questa idea che assimila "ebreo" e "umanità" corrisponde perfettamente alle parole di Elie Wiesel e degli altri intellettuali ebrei.

Grande ammiratore di Freud, Zweig invia sistematicamente i suoi libri al maestro della psicoanalisi. Nel 1926 presentò a Freud alcuni romanzi brevi che sarebbero poi stati pubblicati, e Freud mostrò grande interesse nel commentarli: "*Ventiquattro ore nella vita di una donna*, la cui eroina si concede a un giovane barone nel tentativo di salvarlo dalla sua passione suicida per il gioco d'azzardo, traspone, secondo lui, i problemi di una madre che introduce il figlio ai rapporti sessuali per salvarlo dai pericoli dell'onanismo: il gioco non sarebbe altro che un sostituto della masturbazione e gli "impulsi femminili" descritti sarebbero caratteristici della "fissazione libidinosa" di tutte le madri per i loro figli. Quanto a *La distruzione di un cuore*, ruoterebbe intorno alla gelosia di un padre che scopre la sessualità della figlia adolescente, mentre in origine era di sua proprietà" (p. 33). È interessante notare, scrive Lionel Richard (*Europa*), *che* Zweig non aveva alcuna riserva su queste interpretazioni di Freud attraverso il prisma della sola sessualità... Nella sua lettera di ringraziamento a Freud dell'8 settembre 1926, si limitò a esprimere la sua ammirazione.

Ancora una volta, vediamo come gli intellettuali ebrei siano ossessionati da pulsioni incestuose. È un dato di fatto che il tasso di suicidi di psichiatri e altri psicologi è il più alto di tutte le professioni del settore medico. Non è stato certo il nazismo a uccidere Stefan Zweig, ma piuttosto l'ebraismo a spingerlo al suicidio.

Contemporaneo e compatriota di Stefan Zweig, anche il romanziere Arthur Schnitzler aveva subito il suicidio della figlia. "Schnitzler era un pessimista, uno scettico, un uomo tormentato che ha subito la censura, l'antisemitismo e drammi che hanno sconvolto la sua vita. Sua figlia Lili si suicidò a Venezia nel 1928. Aveva diciannove anni. Nel suo romanzo *Der Weg ins Freie*, il protagonista Georg von Wergenthin è un aristocratico diviso, un "dandy completamente rotto dentro, simbolo del caos e della fine di una società". Regine Robin scrive inoltre: "Fantasie di frammentazione anche in Kafka, i cui ibridi e doppi sono le figure emblematiche. Ovunque un'identità irrintracciabile, scomodi andirivieni, punti di fissaggio nostalgici, conversioni e riconversioni, punti di ancoraggio in un ebraismo spesso fantasmagorico. Eterna oscillazione tra messianismo socialista universalista e messianismo nazionalista ebraico della diaspora o del sionismo". Ecco ancora Jiri Langer di Praga, amico di Kafka, "in rivolta contro il nulla dell'ebraismo (*Nichts von Judentum*) della sua famiglia borghese assimilata[659]".

Abbiamo già visto nei nostri libri precedenti quanto fossero frequenti i suicidi intorno alla persona di Elie Wiesel, raccontati nei due volumi della sua biografia. Nel suo *Testamento di un poeta ebreo assassinato*, ha evocato il suicidio di un certo Bernard Hauptmannn dopo la vittoria elettorale nazista del 1932. Anche in questo caso, si potrebbe pensare che l'angoscia per la portata della resistenza all'ebraismo abbia spinto questo leader comunista al suicidio. Ma alla fine Elie Wiesel dovette ammetterlo: "Traub affermò che Bernard era da tempo attratto dall'idea del suicidio". L'intero egocentrismo dell'ebraismo è verificato nella frase seguente: "Inge, al contrario, sosteneva che il gesto di Hauptmann era diretto all'umanità e non a se stesso. Si era ucciso perché, secondo lui, avevamo appena assistito alla decadenza, alla morte della specie umana[660]".

Il declino dell'ebraismo è la morte della specie umana. Manes Sperber ha detto molto bene: "Il genocidio perpetrato contro gli ebrei è stato un crimine contro la specie umana[661]". Si può notare qui, ancora una volta, come gli ebrei ragionino solo secondo i propri standard e la propria identità, e come sembrino chiusi in se stessi, isolati, incapaci di capire che si può vedere il mondo in modo diverso dall'ebraismo. Inoltre, sentono sempre il bisogno di proiettare su un piano universale un problema che li riguarda in particolare. Così, quando nel 2003 sembrava che l'Iraq e Saddam Hussein minacciassero Israele, Elie Wiesel è balzato alla ribalta per dichiarare che l'intera umanità era minacciata. Gli stessi discorsi risuonano oggi mentre le comunità ebraiche di tutto

---

[659] CinémAction, *Cinéma et judéité*, Annie Goldmann (dir.), Cerf, 1986, pag. 10.

[660] Elie Wiesel, *Le Testament d'un poète juif assasiné*, 1980, Points Seuil, 1995, pag. 135.

[661] Manès Sperber, *Être Juif*, Éd. Odile Jacob, 1994, p. 81.

il mondo si preparano, attraverso i media occidentali, alla guerra contro l'Iran. In *Celebrazione biblica*, Wiesel ha scritto: "Lavorando per il suo popolo, l'ebreo aiuta l'umanità[662]".

La nevrosi ebraica può essere tradotta nel cinema da una creazione compensatoria. Il piccolo ebreo perseguitato, lo *"schlémiel"* intelligente ma sfortunato, che viene picchiato all'uscita di scuola, ha immaginato personaggi capaci di trasformarsi in esseri dotati di poteri straordinari. È così che sono nati i supereroi. Robert L. Liebmam ha scritto: "L'idea che l'ebraismo sia una condizione assolutamente svantaggiosa, dalla quale è naturale voler fuggire, è alla base dell'invenzione di Superman. Superman è frutto dell'ingegno, all'inizio degli anni Trenta, di due giovani ebrei di Cleveland [Jerome Siegel e Joseph Shuster], che non vedevano consapevolmente il loro essere ebrei nel processo creativo; le storie del ciclo di "Superman" non contengono alcun riferimento esplicito all'ebraismo, ma il tema dello schlémiel-Superman è legato alle tradizioni religiose e culturali ebraiche. Il dualismo Clark Kent-Superman al centro della storia fantastica... corrisponde a un immaginario tipicamente ebraico; che l'Uomo d'Acciaio sia stato immaginato da due ebrei non è un caso o una coincidenza". Rispetto a Kafka, che trasformava un giovane uomo in un insetto, Superman è incontestabilmente un passo avanti.

La famosa leggenda del Golem si inserisce nello stesso universo mentale dell'ebraismo. Nella versione di Péretz, che è stata più volte ristampata, gli ebrei di Praga nel XVI secolo furono minacciati di distruzione certa e imminente. Il loro rabbino modellò allora una figura di argilla che portò in vita soffiando nelle narici e sussurrando "Il Nome" all'orecchio. La figura si trasformò in un vendicatore invulnerabile e invincibile che massacrò i "goyim" e fermò i pogrom, salvando così gli ebrei sopravvissuti.

Nel film *Il dittatore di* Charlie Chaplin, "l'ebreo prende il sopravvento trasformandosi nel suo nemico non ebreo, prendendo il suo posto...; anche in Superman, l'omino si potenzia liberandosi della sua ebraicità e adottando caratteristiche non ebraiche". E Robert Liebman ha aggiunto: "Sono convinto che i sogni dei non ebrei debbano essere molto diversi da quelli degli ebrei".

---

[662] Elie Wiesel, *Célébration biblique,* Éditions du Seuil, 1975, p. 142.

L'analisi del film di Jerry Lewis *Il professore matto* (1963) rivela lo stesso processo proiettivo. È la storia di un ometto insignificante che scopre la formula di una pozione magica per trasformarsi in un superuomo e sedurre la donna di cui è innamorato. "Julius Kelp è la quintessenza dello *schlémiel*", ha scritto Liebman. È miope, umile e goffo. Buddy Love, invece, non solo è bello, efficiente e sicuro di sé, ma è anche straordinariamente talentuoso e atletico; in breve, ha caratteristiche sovrumane. "Non vengono menzionate né l'etnia né la religione del personaggio, ma sembra chiaro che Jerry Lewis (nato Joseph Levitch) si ispiri agli stereotipi ebraici. Il suo nome e la sua professione fanno capire che Julius Kelp è stato il tipico bravo studente ebreo dei romanzi e dei film; Buddy Love, più sensuale che cerebrale, bevitore incallito, donnaiolo e attaccabrighe, è l'immagine mitica del giovane ebreo "goy" introverso: un bruto focoso la cui vita è una festa sensuale senza sosta. Le preoccupazioni e le fantasie che Lewis attribuisce al suo personaggio sono le stesse che Philip Roth, ne Il *male di Portnoy*, dirà anni dopo essere tipicamente ebraiche. Il suo Portnoy... è un dongiovanni incallito che in gioventù si riteneva svantaggiato con le donne a causa della sua ebraicità[663]".

Naturalmente, in questa competizione tra il timido e il "galante", la giovane donna preferirà lo *schlémiel*, il piccolo ebreo timido. In *Sogni di un seduttore* (1972), Woody Allen insegnava agli ebrei che dovevano essere se stessi. In *Annie Hall* (1977), l'essere ebreo era addirittura un vantaggio sessuale.

Lo studio della produzione culturale dell'ebraismo mostra anche che gli ebrei sembrano soffrire profondamente per la mancanza di amore da parte del resto dell'umanità, che non sembra comprendere la missione del "popolo eletto". I registi ebrei compensano quindi questa sofferenza immaginando l'ebreo finalmente riconosciuto per quello che è: un essere geniale, decisamente geniale, che merita di essere acclamato e applaudito.

Questa immagine si vede alla fine del film *L'ultimo sotterraneo* (1980) di François "Trufffaut" (Levy): Lucas Steiner, un regista teatrale costretto a nascondersi in una cantina per tutta la guerra, si rivela

---

[663] CinémAction, *Cinéma et judéité*, Annie Goldmann (a cura di), Cerf, 1986, p. 115-121. In altri film di Jerry Lewis, i personaggi moltiplicano le loro identità (*I gioielli di famiglia*, 1965; *Tre sul divano*, 1966; *La grande bocca*, 1967).

finalmente al suo pubblico al momento della "Liberazione". Dopo uno spettacolo, sale sul palco con gli attori e viene applaudito freneticamente dai ferventi Goyim che riconoscono il suo genio. Ritroviamo questa immagine alla fine del film di Woody Allen, *Disassembling Harry* (USA, 1997): il protagonista del film, un romanziere, viene applaudito a lungo da tutti i suoi personaggi. Il piccolo ebreo viene salutato in mezzo ai suoi personaggi con una *standing ovation*. In *Rollerball* (USA, 1975) di Norman Jewison, l'azione si svolge nel 2018; a quella data le nazioni sono state abolite e i politici sono stati sostituiti da tecnocrati. Si è sviluppata una civiltà del tempo libero, con un gioco che attanaglia il pianeta. Jonathan (James Caan) è il più popolare di tutti questi nuovi eroi. La folla canta il suo nome all'infinito. Guardiamo il film *Barton Fink* dei fratelli Coen (USA, 1991): all'inizio del film, il giovane commediografo viene applaudito freneticamente dal pubblico: è l'inizio di una grande carriera hollywoodiana. Questa immagine si ritrova in modo curioso anche in un breve romanzo di Jacques Lanzmann, intitolato *Il settimo cielo*: un certo Mosè ha il coraggio di battezzare il suo cavallo purosangue "Viva gli ebrei" e la folla lo acclama con fervore[664]. Questo bisogno di essere amati e riconosciuti è evocato nel film *Zelig* (1983) di Woody Allen: "Uno degli ultimi film di Woody Allen", scrive Dominique Cohen, "racconta la storia di Zelig, un uomo camaleontico che vuole sempre assomigliare all'Altro per essere amato. Arriva al punto di arruolarsi nelle SS quando il nazismo ottiene il sostegno della maggioranza[665].".

Gli ebrei, come vediamo, hanno bisogno di molto amore. Il romanziere Philip Roth ha immaginato, in *Operazione Shylock*, che un giorno gli ebrei avrebbero lasciato Israele e sarebbero stati riaccolti nei Paesi dell'Europa centrale dove un tempo vivevano. Questo passaggio del suo libro è sintomatico delle torture dell'anima ebraica, assetata di essere finalmente amata e riconosciuta: "Sapete cosa succederà alla stazione ferroviaria di Varsavia quando arriverà il primo treno carico di ebrei? Una folla verrà ad accoglierli. Ci sarà un'esultanza. Ci saranno lacrime. Grideranno: "I nostri ebrei stanno tornando a casa! I nostri ebrei stanno tornando a casa!". Lo spettacolo sarà trasmesso in diretta da tutto il mondo. E che giornata storica per l'Europa, per l'ebraismo, per l'intera

---

[664] Jacques Lanzmann, *Le Septième Ciel*, J. C: Lattès, Poche, p. 17

[665] CinémAction, *Cinéma et judéité*, Annie Goldmann (dir.), Cerf, 1986, pag. 51.

umanità... Un giorno storico per la memoria umana, per la giustizia umana e anche per l'espiazione. La coscienza dell'Europa comincerà a riacquistare il suo candore solo in quelle stazioni ferroviarie, quando lì le folle piangeranno e canteranno ed esprimeranno la loro esultanza, quando lì i cristiani cadranno in ginocchio in preghiera ai piedi dei loro fratelli ebrei[666]... "

Guardando ai buoni, c'è in loro soprattutto la necessità di incolpare i Goyim per metterli in ginocchio, ai piedi degli ebrei. Il famoso scrittore yiddish Sholem-Aleichem ci ha lasciato in eredità le sue speranze per Israele. Nato in Russia nel 1859, è stato il maestro della letteratura yiddish, una lingua finora disdegnata dagli studiosi. *Nelle Avventure di Menahem-Mendl*, pubblicate nel 1913, scrisse: "La guerra che scoppierà - parlo della Grande Guerra - non avrà luogo né sui mari né sulla terraferma ma nell'aria... Il suo grande vantaggio è che non durerà. Quando apparirà la prima spaccatura, un segno di indebolimento, si leverà un grido che scuoterà il mondo intero - e in quel momento dovrà esserci la pace, la concordia, la felicità universale - e allora verrà anche il nostro tempo, fratelli, figli di Israele. Saranno gli altri a schierarsi dalla nostra parte. I nemici diventeranno buoni amici. Non saremo più insultati. I polacchi passeranno inosservati con il loro boicottaggio. Si vergogneranno di confessare di averci boicottato in passato. E saranno innumerevoli coloro che si vergogneranno e si pentiranno di aver fatto scorrere il nostro sangue. Ma tutto questo verrà a suo tempo, un giorno[667]..."

Gli ebrei spesso faticano a capire perché l'umanità li respinge, cosa che li ferisce ancora di più quando sono intimamente convinti di essere i rappresentanti del Bene sulla terra, del Buono, del Bello e della morale universale. René Neher, ex combattente della resistenza, ha espresso "questo desiderio di far rispettare la morale nel mondo. Rimane la nostra ragion d'essere... L'antisemitismo, sorto per motivi essenzialmente religiosi, finirà per scomparire. Un giorno la gente riconoscerà che non auguriamo il male a nessuno[668]".

---

[666] Philip Roth, *Operación Shylock*, Debolsillo, Editorial Mondadori, 2005 Barcelona, p. 49.

[667] Cholem-Aleikhem, *La Peste soit de l'Amérique*, 1913, Liana Levi, 1992, p. 195.

[668] Serge Moati, *La Haine antisémite*, Flammarion, 1991, p. 165.

Anche il famoso "cacciatore di nazisti" Simon Wiesenthal, morto a Vienna nel 2006 all'età di 96 anni, aveva contribuito a far rispettare la moralità nel mondo. La sua instancabile ricerca dopo la Seconda guerra mondiale portò all'arresto di circa 1100 "criminali", alcuni dei quali nonagenari, che furono tutti assicurati alla giustizia e condannati. Il suo più grande successo è stato quello di aver assicurato alla giustizia Adolf Eichmann, la mente della "Soluzione Finale". Simon Wiesenthal iniziò questa lunga caccia "non appena lasciò il campo di sterminio di Mauthausen". Ma va ricordato che era stato in altri cinque campi di sterminio, dai quali era miracolosamente uscito vivo, come centinaia di migliaia di altri sopravvissuti. La sua sete di vendetta lo ha motivato fino alla fine dei suoi giorni, ma ha sempre smentito le voci sui "commando Wiesenthal" che avevano scoperto e liquidato i nazisti nascosti. Questo grande uomo ha naturalmente ricevuto innumerevoli riconoscimenti per le sue azioni. Moshe Katzav, il presidente israeliano, ha dichiarato in occasione della sua morte: "Rappresentava la morale dell'umanità, rappresentava il mondo libero e democratico".

Le esigenze morali degli ebrei sono tali che l'umanità non è sempre in grado di comprendere le lezioni del popolo ebraico. A volte, per farsi capire meglio, usano altri argomenti in cui si avverte una certa minaccia: "Amerai gli ebrei, scriveva Albert Caraco, non quando dovrai sopportarli, ma quando li temerai" (p. 177). (p. 177). "Odiati mentre sono disprezzati, saranno amati quando saranno temibili, perché così devono diventare per liberare il popolo dall'odio" (p. 180). (p. 180). "Saranno perdonati quando saranno trionfanti, perché così diventeranno i santi che erano. Senza il potere, non avranno la Grazia[669]".

Demenza

La nevrosi ebraica può anche manifestarsi in una forma ancora più estatica. Soprattutto nella corrente chassidica, dove questa nevrosi viene esternata senza complessi durante le cerimonie religiose. Creata nel XVIII secolo dal Baal Shem Tov ("Besht"), questa corrente ha poi avuto una grande influenza sull'ebraismo ashkenazita. Lo scrittore inglese Israel Zangwill ci informa, ne *I sognatori del ghetto*, che il nonno di Besht era uno shabb - un sabbateo - un ebreo eretico aderente alla famosa setta di Shabtai Tzvi.

---

[669] Albert Caraco, *Apologie d'Israël*, 1957, L'Âge d'homme, 2004, p. 187.

Il Besht nacque nel 1700 (5459) a Ukop, in Bucovina, nel nord dell'attuale Romania. All'età di 42 anni iniziò a girare per la Podolia e la Valacchia predicando i suoi insegnamenti. I cabalisti interpretano la sua data di nascita come segue: "Le proprietà dei numeri sono meravigliose, in quanto il cinque, che è il simbolo del pentagono, è la chiave di tutto. Ne consegue quindi che troviamo il cinque sottraendo i primi due dagli ultimi due, e mentre il primo moltiplicato per il terzo equivale al quadrato di cinque, allo stesso modo, il secondo moltiplicato per il quarto dà il quadrato di sei, e allo stesso modo, il primo aggiunto al terzo equivale a dieci, che è il numero dei comandamenti, e il secondo aggiunto al quarto equivale a tredici, che è il numero dei principi della fede". Anche i cristiani, che chiamano quell'anno 1700, indicano che esso segna l'inizio di una nuova era[670]."

Ben presto i seguaci del Besht fecero parlare di sé in tutta la regione. Israel Zangwill li descrisse così: "Erano considerati un gruppo di ballerini dissoluti e fanatici. A dire il vero, una cerimonia in città a cui riuscii ad assistere smorzò notevolmente le mie speranze. I devoti gridavano, si battevano il petto, si tiravano i riccioli, saltavano su e giù come selvaggi, addirittura schiumavano dalla bocca. Non riuscivo a capire quale idea sublime si nascondesse dietro tutta questa follia[671]."

Dopo la morte del Besht nel 1760, i suoi discepoli continuarono a predicare i suoi insegnamenti e riuscirono a riunire la maggior parte degli ebrei dell'Europa centrale. In *Celebrazioni chassidiche*, Elie Wiesel ha reso omaggio ai grandi Tzaddikim [672] del movimento chassidico, come il grande Maggid di Mezeritch, morto nel 1772: "Come tutti gli insegnanti chassidici, ha vissuto tutta la sua vita in attesa della venuta del Messia". E Rabbi Levi-Yitzhk di Berditchev, morto nel 1809: "Pregava con tale abbandono di sé che i fedeli, spaventati, si allontanavano istintivamente. Gesticolava, ululava, ballava, saltava su

---

[670] Israel Zangwill, *Rêveurs du ghetto*, tome II, 1898, Éd. Complexe, 2000, p. 21

[671] Israel Zangwill, *Rêveurs du ghetto*, tome II, 1898, Éd. Complexe, 2000, p. 39

[672] Lo Tzaddik è il Giusto in ebraico. È il contrario di Rasha, che significa malvagio: "Chi abbandona la comunità è un Rasha" (Elie Wiesel, Célébration biblique, Éditions duuil, 1975). (Elie Wiesel, *Célébration biblique*, Éditions du Seuil, 1975). Il capo di una comunità chassidica è anche chiamato "Tzadik", o rebbe.

e giù, spingendo e facendo cadere tutti. Per lui non esisteva nessuno... Più di ogni altra cosa al mondo, credeva nella venuta del Messia. Quando stesero il contratto di matrimonio per suo figlio, lo scriba annotò che il matrimonio si sarebbe svolto in quella data a Berditchev. Levi-Yitzhak lo strappò con rabbia: "Berditchev? Perché Berditchev? Scrivi! Il matrimonio avrà luogo in questa data a Gerusalemme, a meno che il Messia non sia ancora arrivato; in tal caso, la cerimonia avrà luogo a Berditchev[673]".

Il rabbino Nahman di Bratzlav, morto nel 1810, era un altro "fenomeno". Come la maggior parte degli ebrei, si era sposato molto giovane, all'età di tredici anni: "Non è mai se stesso, ma è sempre se stesso; sembra uno sdoppiamento dell'io: il santo a volte si comporta come un comico". Un po' come Elie Wiesel, insomma. "Da adolescente scoprì il suo corpo e dovette lottare contro i suoi desideri... "Per me un uomo o una donna sono la stessa cosa. Reagisco allo stesso modo a entrambi". Il rabbino Nahman conduceva una "vita intensa, con "cadute e salite vertiginose", accompagnata da digiuni e insonnia. Soffriva in silenzio: "stringeva i denti così forte che poteva macinare un pezzo di legno", a volte "gridava e ululava a mezza voce". Ebbe una vita squilibrata, punteggiata da lampi e visioni dolorose ed esaltanti... Temperamento instabile, ipersensibile, intelligenza vivace e precoce, sentiva e riceveva la vita come una ferita".

Elie Wiesel ci ha poi presentato il rabbino Menahem-Mendl di Kotzk, morto nel 1859: "A Kotzk non si parla, si grida o si sta zitti. Passano il tempo a combattere il desiderio, a cercare di contrastarlo; fanno il contrario di quello che hanno voglia di fare. Mangiano quando non hanno fame, si privano dell'acqua quando hanno sete. Pregano più tardi o più presto del solito: il Rabbino dice: "Quando si ha voglia di gridare e non si grida, è allora che si grida davvero[674]".

Un passaggio del libro ci ha illuminato sulle innumerevoli contraddizioni e paradossi che incontriamo nel corso della lettura di quasi tutti gli autori ebrei: "Il chassidismo non ha paura delle contraddizioni: la vita ne è piena, solo la morte le annulla... ambiguità, confusione di luoghi e date, paradossi e controversie abbondano nella

---

[673] Elie Wiesel, *Célébration hassidique*, Éd. Seuil, 1972, op. cit., p. 94, 112, 113.

[674] Elie Wiesel, *Célébration hassidique*, Éd. Seuil, 1972, op. cit., p. 182-184, 250.

leggenda di Baal-Shem". A proposito della fabulazione così diffusa negli autori ebrei, Elie Wiesel ha scritto: "Il reale e l'immaginario, sia l'uno che l'altro fanno parte della storia: l'uno è la corteccia, l'altro la linfa[675]".

Nel *Testamento di un poeta ebreo assassinato*, Wiesel fa dire al suo eroe, Paltiel Kossover: "Fin da bambino, ero attratto dai pazzi come loro lo erano da me. Maimonide ha ragione: un mondo senza pazzi non esisterebbe[676]". In effetti, in un altro suo libro, *Un folle desiderio di ballare*, Wiesel ha ripetuto ciò che Maimonide aveva sentenziato a suo tempo: "Il mondo sarà salvato dai pazzi[677]." Ricordiamo che Moses ben Maimon, Maimonide, autore di due libri fondamentali nel XII secolo, la *Guida per i perplessi* e la *Mishneh Torah*, è la personalità più influente di tutto l'ebraismo post-talmudico.

Alexandre Minkowski aveva lasciato una testimonianza corroborante di queste inclinazioni nel suo libro *Il mandarino scalzo*. I suoi genitori praticavano la psichiatria. Suo padre, figlio di un banchiere di Varsavia i cui antenati erano rabbini, si era "fatto un nome notevole nella psichiatria francese". Bergson era il suo maestro e un amico premuroso". La madre era assistente in un ospedale psichiatrico del cantone di Zurigo. Alexandre Minkowski spiega: "Mio padre riceveva i pazienti mentalmente disturbati in una stanza adiacente". La madre, un po' preoccupata, "disse però: "Noi amiamo i malati mentali[678]".

Tutto ciò può spiegare perché un regista come Milos Forman, in *Qualcuno volò sul nido del cuculo* (1975), abbia cercato di farci credere che gli alienati non fossero poi così pazzi come sembravano, e che fossero per lo più vittime di una società oppressiva. Questo era l'obiettivo della scuola antipsichiatrica, che ha avuto i suoi momenti di gloria negli anni Settanta con David Cooper, Aaron Esterson e Ronald D. Laing: non esistono malati di mente, è la società che li genera. Ancora questa incapacità di uscire da se stessi e lo stesso bisogno di proiettare un problema molto particolare su un piano universale. Ma

---

[675] Elie Wiesel, *Célébration hassidique*, Éd. Seuil, 1972, op. cit., p. 22, 23.

[676] Elie Wiesel, *Le Testament d'un poète juif assasiné*, 1980, Points Seuil, 1995, p. 148.

[677] Elie Wiesel, *Un Désir fou de danser*, Éd. Seuil, 2006, p. 14

[678] Alexandre Minkowski, *Le Mandarin aux pieds nus*, 1975, Points Seuil, 1977, pagg. 19, 20, 13.

forse un giorno la perseveranza di Israele avrà successo e, come aveva predetto Israel Zangwill: "Verrà un giorno in cui Dio raddrizzerà le storture[679]".

"Contorto" è senza dubbio l'epiteto più appropriato per descrivere certa produzione artistica. Basta guardare i quadri nelle gallerie d'arte o le sculture nelle piazze e nelle rotonde delle nostre città per rendersi conto del disordine nevrotico. Ma è vero che "la bellezza - quella fisica, esteriore, materiale - non è molto apprezzata nei circoli talmudici", come ha ammesso Elie Wiesel. L'elogio della bruttezza fisica si è visto, ad esempio, in questo Rabbi Yeoshoua: "Non aveva un fisico aggraziato. I testi sottolineano questa caratteristica illustrandola con un aneddoto. Vedendolo un giorno, una principessa romana rimase colpita dalla sua mancanza di grazia e gli pose la seguente domanda: "Come può tanta saggezza trovare posto in un corpo così brutto? Egli rispose: "Dove tiene tuo padre il suo vino migliore, in vasi d'oro o in anfore di argilla? Il vino si rovina nell'oro o nell'argento, ma il suo sapore si conserva meglio in una semplice brocca, anche se è brutta". Una risposta logica, ma la principessa insistette: "Conosco molte persone che possiedono saggezza e bellezza allo stesso tempo". Rabbi Yeosshoua rimase calmo: "È vero. Ma probabilmente sarebbero più sagge se fossero meno belle".[680]".

Sigmund Freud, che proveniva da una famiglia di ebrei chassidici, non poté fare a meno di riconoscere: "L'armonia tra la cultura delle attività spirituali e fisiche, raggiunta dal popolo greco, fu negata agli ebrei[681]".

Questa nevrosi, che nella letteratura e nel cinema si esprime attraverso la depravazione sessuale, può manifestarsi anche attraverso le forme più sanguinarie e folli di violenza, come nei film gore. Il film *Hostel* (USA, 2005), per fare un esempio, racconta la storia di due studenti americani in vacanza in Europa. Con un giovane islandese conosciuto ad Amsterdam, decidono di recarsi in Slovacchia, un Paese pieno di belle ragazze promiscue che viene loro descritto come un paradiso della

---

[679] Israel Zangwill, *Rêveurs du ghetto*, tome II, 1898, Éd. Complexe, 2000, p. 255

[680] Elie Wiesel, *Célébration talmudique*, Éd. Seuil, 1991, p. 274, 95.

[681] Sigmund Freud, *L'Homme Moïse et la religion monothéiste*, 1939, Gallimard, 1986, p. 215.

dissolutezza. Arrivano in treno alla stazione di una piccola città slovacca, promettente, così viene detto loro, e vengono immediatamente sedotti da giovani bellezze. Ma in realtà sono appena caduti in una trappola e presto si troveranno in un vero e proprio incubo. Uno dopo l'altro verranno rapiti da un gruppo di uomini sadici e subiranno le peggiori torture. Nel mezzo della campagna, una fabbrica dismessa e abbandonata è stata trasformata in un enorme mattatoio di carne umana. Le torture avvengono su ogni piano e in ogni forma: con le forbici, con le tenaglie, con le motoseghe. I maniaci occidentali pagano fortune per concedersi questo piacere e questi orribili slovacchi danno loro ciò che vogliono. Fortunatamente, l'ultimo studente americano riesce a fuggire, anche se con alcune dita amputate. Il suo aguzzino è scivolato in una pozza di sangue e la motosega gli è caduta addosso proprio mentre stava per fare a pezzi il nostro eroe. Riesce a fuggire dalla fabbrica della morte in compagnia di una giovane giapponese sfigurata da una saldatrice e con un occhio in mano. L'inseguimento in auto per le stradine della città finisce male per gli inseguitori slovacchi: bloccati in un vicolo cieco, vengono attaccati e lapidati a morte da coraggiosi bambini zingari. Evidentemente il regista Eli Roth non ama molto gli slovacchi; forse un brutto ricordo? Quando il film è stato distribuito, gli hanno fatto capire che la cosa era reciproca. Da notare che il film è stato prodotto da uno dei suoi amici: Quentin Tarentino. La scena finale si conclude con l'omicidio, in una stazione tedesca, di uno dei boia, la cui gola viene tagliata dal nostro eroe sopra la tazza del water. La tazza del water compare spesso in questo tipo di film...

Ricordiamo che l'inventore del cinema gore è stato Herschell Gordon Lewis, che si è fatto conoscere rivoluzionando il genere horror con *Blood Feast*, uscito nel 1963. L'uomo fu poi arrestato per truffa in un affare losco con un'agenzia di noleggio auto. La sua condanna pose fine alla sua carriera nel "cinema del vomito".

Attraverso il cinema e la letteratura, la nevrosi ebraica può esprimersi sempre più liberamente. Infatti, è chiaro che gli ebrei sentono il bisogno morboso di comunicare il loro malessere al resto dell'umanità. Ne *La grande paura dei Biemensants*, pubblicato nel 1931, Georges Bernanos, che aveva denunciato il fanatismo ebraico durante l'affare Dreyfus, aveva già percepito questa costante e stancante agitazione: "È chiaro che, a lungo andare, l'agitazione frenetica e convulsa del mondo ebraico finirà per portare un popolo già infettato da questa nevrosi orientale sull'orlo di un esaurimento nervoso". E Bernanos aggiungeva, forse senza rendersi conto dell'esattezza della diagnosi: "È così che una donna isterica trionfa sul migliore degli uomini[682]".

Nella sua insopportabile *Apologia di Israele*, Albert Caraco confermava che alcuni ebrei erano consapevoli di questa agitazione continua e permanente: "Sanguinari, vittime o dominatori, carnefici, mai in pace con questo mondo" (p.137), "Sono venuti a far cambiare il mondo e i loro popoli vivono nel tremore, lontani dal riposo dove l'Eterno non vuole restare, e i loro eccessi nessuno sulla terra li reprime... Il riposo fugge da loro quando lo raggiungono. Non appena le mura non li contengono, l'universo non sembra forse gorgogliare" (p. 65). Caracus avrebbe potuto dire: "che l'universo corre", come scrisse il romanziere Albert Cohen per descrivere gli ebrei delle isole Ionie: "Tutti gli ebrei, vellutati o stracciati, correndo e gesticolando, si lanciavano ai quattro angoli della terra... E tutta l'isola era un ronzio... una grande sala di corsa. Pregavano Dio, lo supplicavano di avere la bontà di aiutare il loro caro piccolo villaggio[683]."

Anche il giovane scrittore austriaco Otto Weininger fece un paragone simile: "Il simbolo dell'ebraismo è la mosca: ci sono molte analogie: lo zucchero, l'ubiquità, il ronzio, l'invasione e la falsa pretesa di fedeltà agli occhi[684]".

Questo ronzio, accompagnato dal prurito già citato, ci ricorda le parole di Daniel Cohn-Bendit, Georges Steiner ed Emmanuel Lévinas quando riconoscevano sinceramente che gli ebrei erano lì per infastidire gli altri, per impedire loro di vivere pacificamente[685]. È lo stesso incessante ronzio e trambusto intorno al pianeta terra di una certa classe dirigente, come Hannah, l'eroina di un romanzo di Paul-Loup Sulitzer che non è altro che Helena Rubinstein. Alla fine del libro, Hannah è riuscita a fondare il suo impero nell'industria cosmetica: "Devo essere a New York entro il 15 febbraio. Ma prima di allora tornerò a Roma e Milano,

---

[682] Georges Bernanos, *La grande paura dei bien-pensants, Edouard Drumont*, 1931, Grasset, Poche, 1969, p. 323.

[683] Albert Cohen, *Comeclavos*, Anagrama, 1989, Barcellona, p. 15, 36

[684] Otto Weininger, *Sexe et caractère*, L'Age d'homme, 1975, p. 140. Come curiosità, la mosca simboleggia Belzebù, "il signore delle mosche". Nel film di David Cronenberg *La mosca* (1986), Jeff Goldblum si fonde con una mosca.

[685] Una sorta di sindrome della mosca zoppa. Cfr. *Psychanalyse du Judaisme*, p. 69.

che stanno aprendo, poi andrò a Madrid e Lisbona per lo stesso motivo. E poi Berlino, Parigi e Londra. L'America subito dopo[686]".

Anche l'influente Jacques Attali ha qualcosa da dire in proposito. Ricordiamo che questa eminenza grigia del presidente François Mitterrand, e anche di quelli successivi, ha teorizzato il progetto politico dell'ebraismo, ma lo ha secolarizzato in modo che il grande pubblico potesse aderirvi più facilmente. In tutti i suoi libri, Attali descrive deliziosamente il "mondo nomade" che lui e i suoi simili stanno preparando per noi e in cui gli "ipernomadi" formeranno, secondo lui, la nuova classe dirigente del pianeta. Il suo ultimo libro, pubblicato nel 2006 e intitolato molto significativamente *Breve storia del futuro* - nella grande tradizione del profetismo ebraico - contiene un passaggio che presenta questi "ipernomadi" in modo più dettagliato: "Ipocondriaci, paranoici e megalomani, narcisisti ed egocentrici, tutti insieme, gli ipernomadi... inventeranno così il meglio e il peggio di una società planetaria volatile, spensierata, egoista e precaria. Arbitri dell'eleganza e padroni della ricchezza e dei media, non professeranno alcuna fedeltà, né nazionale, né politica, né culturale[687]".

La "missione" del popolo ebraico sembra avere la sua conclusione in quel mondo finalmente unificato, in cui gli ebrei saranno riconosciuti da tutti come classe dirigente. Albert Caraco ha espresso con forza la sua fede nella missione del popolo ebraico e nella vittoria finale: "Essi marciano più furiosi di secolo in secolo, più minacciati e trionfanti tra i roghi e le tombe, con cento popoli in braccio e la vittoria per l'asilo". E Caraco continuava, sempre nel suo stile inimitabile: "Chi ti perdonerebbe, o ebreo, di avere ragione contro il mondo intero? Davanti a te i migliori sono a volte criminali. Tu falsifichi tutte le misure e l'universo geme sotto il peso del tuo debito. I pazzi che ti disprezzano sono gli stessi che mettono in palio i brandelli della tua leggenda[688]".

I pazzi, evidentemente, sono tutti gli uomini che non comprendono la grandezza della missione degli ebrei: "Un miliardo di esseri umani non può sopportare di sbagliare davanti a un pugno di ebrei". (p. 271). "Il Tempio sarà innalzato di nuovo", assicura Caracus, e coloro che non

---

[686] Paul-Loup Sulitzer, *Hannah*, Stock, 1985, Poche, 1987, p. 617.

[687] Jacques Attali, *Breve historia del futuro*, Ediciones Paidós Ibérica, 2007, Barcellona, pagg. 176, 177.

[688] Albert Caraco, *Apologie d'Israël*, 1957, L'Âge d'homme, 2004, p. 255.

vogliono gli ebrei saranno "cacciati negli abissi", poi "la ferita sarà chiusa". (p. 254). E "quando il Tempio sarà innalzato, sarà di nuovo immolato". (p. 231).

Tali certezze non sono prive di una certa dose di follia, come riconosceva lo stesso Albert Caraco: "Comunicano alla specie una vorace follia... Seminano divisione, il fanatismo nasce sulle loro orme... La confusione li innalza e l'ordine li abbatte... Nessuna certezza li calma e nessun temperamento li placa... La loro rabbia serve i disegni dell'Eterno e la loro follia piace a Dio... Chiudono le vie del futuro e la loro follia veglia sul mondo". E infine: "Che non cessino nella loro follia e la esauriscano tutta fino alla fine[689]".

La loro fede nella vittoria finale è chiaramente incrollabile e tutte le pene che potrebbero essere loro inflitte servirebbero solo a rafforzare le loro convinzioni. Ricordiamo ancora una volta ciò che scrisse Manes Sperber: "Dio era giusto, perché condannò i suoi nemici a diventare assassini, e a loro [gli ebrei] concesse la grazia di essere le vittime, che nella morte avrebbero santificato l'Onnipotente". Da Giovanni Crisostomo all'ultimo mujik pogromista, i persecutori non sospettavano fino a che punto il loro momentaneo trionfo rafforzasse la convinzione dei perseguitati di essere il popolo eletto[690]".

Come disse Rabbi Akiba, vissuto al tempo dell'imperatore Adriano, "tutti gli ebrei sono principi", quindi è giusto che il mondo appartenga a loro. Questo è anche ciò che disse Rabbi Shimon bar Yohai, al quale viene talvolta attribuito lo Zohar, il libro della Kabbalah, e che visse durante il regno di Marco Aurelio. Nella *Celebrazione Talmudica*, Elie Wiesel ha fatto riferimento a queste parole: "Quello che dice sui pagani - o sui gentili? - suona oggi sgradevole. Solo gli ebrei sono umani". Peggio ancora: "Il migliore dei pagani, bisogna schiacciargli la testa come un serpente". Per quanto riguarda gli ebrei, continua a esaltare i loro meriti. "Dio ha offerto loro tre doni: la Torah, il Paese di Israele e il mondo a venire; e tutti e tre possono essere acquisiti solo attraverso la sofferenza", e come sappiamo, la sofferenza degli ebrei è estremamente dolorosa. A proposito di Rabbi Hillel e Rabbi Shammai, i primi due maestri del Talmud vissuti all'epoca della conquista romana,

---

[689] Albert Caraco, *Apologie d'Israël*, 1957, L'Âge d'homme, 2004, p. 143, 144, 153, 226, 26, 145.

[690] Manès Sperber, *Être Juif*, Éd. Odile Jacob, 1994, p. 60.

Elie Wiesel ha scritto: "Amo la loro estrema passione per la verità, amo la loro verità anche nella violenza. Fanatici? Sì, lo sono. Ma, sebbene tutto in me si opponga al fanatismo, non disprezzo del tutto il loro[691]".

Duemila anni dopo, il filosofo Bernard-Henri Levy ha espresso il suo fascino per la perseveranza e l'ostinazione dell'ebraismo attraverso i secoli nel suo libro del 1979 *Il Testamento di Dio*. Ascoltiamolo estasiato dal mistero del destino del popolo ebraico: "Un'insubordinazione senza età, letteralmente immemorabile, che per duemila anni ha costantemente affermato il più lungo, ostinato e tenace rifiuto che le cronache umane abbiano registrato fino ad oggi. Un caso assolutamente unico di ribellione a qualsiasi logica, all'oblio o al genocidio, di ostinazione nel dire no, nel negare il verdetto dei fatti, nello sfidare la macchina dei secoli nella sua processione di rimproveri e di fatalità omicide".

Ma questa testardaggine del popolo ebraico è soprattutto come la mosca che continua a sbattere contro il vetro quando la finestra è aperta. Questa "singolare, incredibile esperienza" ha esaltato Bernard-Henri Levy: "Sto parlando del popolo ebraico, naturalmente. Di quel popolo indomito la cui perseveranza nell'essere rimane uno degli enigmi più profondi per la coscienza contemporanea... Affermo ora, senza ambiguità, che mi identifico con questa comunità. Scelgo di indossare e difendere i suoi colori con ardore e orgoglio[692]."

L'influente direttore della stampa Jean Daniel non ha detto altro: "Il mistero ebraico è un fenomeno commovente che può suscitare interrogativi mistici e portare alcuni a credere nell'elezione di un popolo[693]." Si sente qui l'eco del filosofo André Glucksmann:"... Due millenni di domanda vivente per il suo ambiente. Due millenni di innocenza, senza avere nulla a che fare con nulla[694]." Trascriviamo qui la diagnosi medica che abbiamo esposto in *Psicoanalisi dell'ebraismo*: "Qualunque sia il luogo e l'ora, i sintomi traducono sempre il desiderio permanente dell'isterica di costituire un enigma per la logica scientifica e di offrire il suo corpo allo sguardo scrutatore e sapiente del medico".

---

[691] Elie Wiesel, *Célébration talmudique*, Seuil, 1991, pp. 154, 237. 37.

[692] Bernard-Henri Levy, *Le Testament de Dieu*, Grasset, 1979, pagg. 8, 9.

[693] Jean Daniel, *La Blessure*, Grasset, 1992, p. 259.

[694] André Glucksmann, *Le Discours de la haine*, Plon, 2004, pagg. 73, 86, 88.

È davvero eccezionale leggere, dalla penna di un intellettuale ebreo, un'analisi in qualche modo razionale. Quella che siamo riusciti a scovare nel numero di aprile 2003 della *rivista Israël* è troppo rara per non essere citata. Il dottor Itzhak Attia, "direttore dei seminari francofoni della Scuola internazionale per lo studio dell'Olocausto dell'Istituto Yad Vashem", ha dimostrato nella sua analisi del fenomeno antisemita un'acutezza eccezionale. Mentre la maggior parte dei pensatori ebrei analizza l'antisemitismo come una "malattia", proiettando tipicamente le proprie colpe sui nemici, Itzhak Attia sembrava, al contrario, identificare la specificità del popolo ebraico: "Che cosa c'è in me che provoca tanta paura e odio nei non ebrei?", si chiedeva, prima di continuare a scrivere: "L'antisemitismo che ha seguito le nostre orme fin dall'inizio della nostra esistenza... non è né una malattia in attesa di una possibile cura, né un flagello che dobbiamo sopportare irrimediabilmente, ma lo specchio distorcente della nostra identità, l'identità specifica del popolo di Israele". Che liberazione!

Tuttavia, Itzhak Attia sembra spaventato dalla sua stessa audacia e riprende immediatamente il discorso messianico dell'ebraismo che afferma con certezza che il Messia arriverà presto, che gli ebrei saranno liberati da tutte le loro tribolazioni e che "la pace universale regnerà sul villaggio globale post-moderno dove vive tutta l'umanità".

L'ebraismo è un'eterna fuga in avanti. Itzhak Attia lo ha espresso con parole molto esplicite, con una chiarezza insolita per gli intellettuali ebrei, probabilmente perché lo faceva su una rivista riservata alla comunità ebraica: "Nonostante la ragione ci gridi con tutta la sua forza l'assurdità di questo confronto, tra un piccolo popolo insignificante come Israele e il resto dell'umanità... per quanto assurdo, incoerente e mostruoso possa sembrare, siamo effettivamente impegnati in un intimo combattimento tra Israele e le Nazioni, che non può che essere genocida e totale, perché da esso dipendono le nostre rispettive identità". Avete letto bene: tra il popolo ebraico e il resto dell'umanità, il combattimento non può che essere "genocida e totale". E in effetti, questo è ciò che avevamo già capito. L'ebraismo è una macchina da guerra contro il resto dell'umanità. Gli ebrei suscitano inevitabilmente un odio che risulta essere antico quanto l'ebraismo stesso.

Tuttavia, nella loro follia, capita di tanto in tanto che alcuni ebrei si rendano conto che i figli di Israele possono aver commesso qualche errore. Così, Theo Klein, ex presidente del Crif, ha riconosciuto pubblicamente: "Gli ebrei hanno dato un notevole contributo allo sviluppo del mondo; probabilmente hanno anche contribuito ad alcuni errori[695]...". "L'uomo non ha detto molto di più, ma sicuramente pensava alle atrocità commesse dai suoi compagni ebrei nella Russia bolscevica, che rappresentano il più grande massacro nella storia dell'umanità dopo la tragedia maoista. Avrei anche potuto citare la schiacciante responsabilità dei commercianti ebrei nella tratta degli schiavi europei e neri, o il ruolo di eminenti ebrei nello scatenare la Seconda guerra mondiale. Ma come ha detto giustamente Albert Caraco nella sua indispensabile *Apologia di Israele*: "Il mondo, prima ridotto in cenere che gli ebrei respinti" (p. 77). (p. 77).

Ma c'è almeno un giorno di saggezza nell'ebraismo: lo Yom Kippur. In *A Stroller in New York*, pubblicato nel 1951, Alfred Kazin, critico letterario molto noto negli Stati Uniti, fornisce alcune informazioni sui riti di questo popolo amante della segretezza. Il giorno di Kippur, un giorno di digiuno e di preghiera, gli ebrei si recano in sinagoga: "Avevo avvolto il braccio nelle cinghie nere del filatterio; lo legai sulla fronte". Nel momento in cui i fedeli chinano il capo, ogni uomo "si colpisce il petto in segno di amarezza e di pentimento per ogni peccato commesso durante l'anno". È in quel momento che gli ebrei iniziano in coro una "lunga litania": "In verità, lo confessiamo, abbiamo peccato. Abbiamo infranto la legge. Abbiamo agito a tradimento. Abbiamo rubato. Abbiamo calunniato. Abbiamo commesso ingiustizia. E abbiamo agito in modo crudele. Siamo stati presuntuosi. Siamo stati violenti. Abbiamo detto cose false. Abbiamo consigliato il male. Abbiamo detto bugie. Abbiamo disprezzato. Ci siamo ribellati. Abbiamo bestemmiato. Abbiamo agito con malvagità. Abbiamo trasgredito la legge[696]".

Ma l'ebraismo non è solo una religione, perché, come sappiamo, molti ebrei sono atei o agnostici e non per questo si considerano meno ebrei. In realtà, non è nemmeno una razza, anche se un occhio esperto può riconoscere il "tipo ebraico", cioè una fisionomia caratteristica frutto di secoli di consanguineità. Gli ebrei, infatti, hanno evitato per secoli i rapporti con il mondo non ebraico, ed era impensabile sposarsi al di fuori della comunità: il "popolo eletto" di Dio doveva preservare il proprio sangue da qualsiasi impurità esterna.

---

[695] Théo Klein, *Dieu n'était pas au rendez-vous*, Bayard, 2003, p. 102.

[696] Alfred Kazin, *Retour à Brooklyn*, Éditions Seghers, 1965, p. 135.

Oggi, tuttavia, i matrimoni misti esistono e contribuiscono al rinnovamento del sangue di Israele. L'importante in questi matrimoni misti è che la madre sia ebrea, poiché i rabbini ortodossi riconoscono come ebreo chi nasce da una madre ebrea. Ma a volte basta un padre ebreo o anche un nonno ebreo per identificarsi pienamente con l'ebraismo. L'ebraismo è quindi un sentimento di appartenenza a un popolo, una memoria comune a cui si è legati. È anche l'adesione a un progetto politico basato sulla speranza messianica di una religione tribale, il cui scopo è stabilire sulla terra una "pace" perpetua sulle rovine dei popoli e delle nazioni.

A questo punto, tuttavia, l'emergere della psicoanalisi non è ancora pienamente compreso. Uno scrittore di secondo piano, Michel Herszlikowicz, è, per quanto ne sappiamo, uno dei pochi intellettuali ebrei che ha osato avvicinarsi al precipizio. Nel suo *Filosofia dell'antisemitismo*, scriveva furtivamente, come se fosse spaventato dalla sua stessa audacia: "La psicoanalisi si lascia alle spalle l'antisemitismo quando indaga sull'origine non ebraica del popolo ebraico[697]".

Anche Stephane Zagdanski ha espresso questa idea, ma invertendo la formula: "In questo libro fornisco un'interpretazione del perché del secolare antisemitismo. Traccio la genealogia di questo odio incubato per secoli sotto forma di una profonda nevrosi religiosa, incancrenita da eruzioni violentemente sintomatiche[698]".

In effetti, l'ebraismo è essenzialmente una nevrosi, una malattia dello spirito; una malattia perfettamente identificata che ha origine nell'incesto. Questa patologia, che era al centro dell'opera di Sigmund Freud, corrispondeva esattamente a ciò che il padre della psicoanalisi poteva osservare e constatare intorno a sé, nella sua stessa comunità. In effetti, è l'ebraismo nella sua interezza, la "missione" ebraica con pretese universali nelle sue varie espressioni politiche, intellettuali e artistiche, che sembra essere una manifestazione dell'isteria. Egocentrismo, paranoia, angoscia, introspezione, manipolazione, plasticità identitaria, "missione", amnesia selettiva o fabulazione: tutto

---

[697] Michel Herszlikowicz, *Philosophie de l'antisémitisme*, Presse Universitaire de France, 1985, p. 154.

[698] Stéphane Zagdanski, *De l'Antisémitisme*, Climats, 1995, 2006, p. 20, 11

nell'ebraismo corrisponde punto per punto ai sintomi dell'isteria. È quanto abbiamo dimostrato nel nostro precedente libro.

All'inizio del XX secolo, anche il famoso giornalista ebreo viennese Karl Kraus si era avvicinato all'abisso. L'uomo aveva una bassa opinione di Freud: "La psicoanalisi è quella malattia mentale di cui pretende di essere la cura[699]". La verità è che l'ebraismo è quella malattia mentale che la psicoanalisi pretendeva di poter curare. E la febbrile attesa del messia è solo un altro sintomo: corrisponde alla tipica gravidanza immaginaria della donna isterica. Per gli stessi ebrei, infatti, la comunità ebraica è una donna, la sposa di Dio, che deve "generare" e dare alla luce un Messia. Così scrive Manes Sperber a proposito del *Cantico dei Cantici*: "Leggiamo questo testo come un frammento della storia d'amore tra Dio e il popolo ebraico. La donna era il popolo, che aveva commesso un peccato contro Dio non aprendo la porta in tempo. Ora Dio si era allontanato, aveva temporaneamente negato alla donna la sua grazia. E il popolo cerca di nuovo Dio tra gli stranieri nella notte[700]".

Si tratta ora di capire se l'aggressività dell'ebraismo possa essere neutralizzata, per liberare l'umanità da mali che potrebbero rivelarsi peggiori del marxismo, della psicoanalisi e dell'ideologia globalista messi insieme. È necessario innanzitutto riconoscere che, dopo secoli di incomprensioni reciproche, l'antisemitismo cristiano, musulmano e hitleriano non sono riusciti a risolvere la "questione ebraica". Il fatto è che gli ebrei si nutrono dell'odio che suscitano ovunque e tra tutti i popoli del mondo. Quest'odio, dobbiamo capirlo, è indispensabile alla loro sopravvivenza genetica e spirituale, perché permette alla comunità di serrare i ranghi e di attraversare i secoli quando altre civiltà sono scomparse per sempre.

Da parte loro, i rabbini fanno tutto il possibile per rassicurare gli ebrei sul fatto che la loro ebraicità è inscritta nei loro geni, che anche un ebreo rinnegato è sempre un ebreo e che quindi è perfettamente inutile cercare di uscire dalla prigione comunitaria. Affermare che un ebreo può solo rimanere ebreo significa lavorare per consolidare le mura di quella prigione. Al contrario, bisogna fare tutto il possibile per accogliere i

---

[699] Françoise Giroud, *Alma Mahler*, Robert Laffont, 1988, P. Pocket 1989, p. 65.

[700] Manès Sperber, *Être Juif*, Odile Jacob, 1994, p. 37.

malati tra noi. Dobbiamo amare gli ebrei e amarli sinceramente per liberarli dalla prigione in cui sono rinchiusi. Solo così potremo liberarci dal loro controllo e allo stesso tempo liberarli dal male che li abita e che minaccia l'intera umanità.

Questa evidenza può essere illustrata dall'immagine sorprendente di un processo a un serial killer negli Stati Uniti, trasmesso in diretta televisiva. L'uomo, che aveva ucciso una trentina di giovani donne, si presentò in tribunale, vestito con l'uniforme arancione dei detenuti pericolosi. L'aula era gremita, con tutti i genitori delle vittime che erano venuti a testimoniare. Abbiamo poi visto un giovane asiatico, pazzo di rabbia, che cercava di avvicinarsi al mostro, pronunciando terribili minacce, con il volto sconvolto dall'odio. Possiamo immaginare che sua sorella o sua moglie siano state uccise, e la sua reazione era certamente legittima. Ma per quanto forte fosse il suo odio, le sue esplosioni di violenza non sembravano impressionare lo psicopatico che rimaneva perfettamente impassibile. Non un sussulto, non una sola emozione apparve sul suo volto. In mezzo alle grida, una donna riuscì a farsi sentire; una donna la cui figlia aveva sicuramente subito le peggiori atrocità. Le sue parole catturarono l'attenzione di tutta la sala e ci fu silenzio: certo che no, non odiava quell'uomo, anzi. Bisognava cercare di capire la sofferenza che lo aveva portato a commettere tutti quei crimini. C'è qualcosa di buono in ogni uomo, anche se è un assassino, disse con convinzione... Questa anziana signora si è espressa con una tale dignità e fede che il prigioniero è scoppiato in lacrime. La telecamera ha poi zoomato sul suo volto e i suoi occhi erano bagnati di lacrime.

Parigi, giugno 2007.

Altri titoli

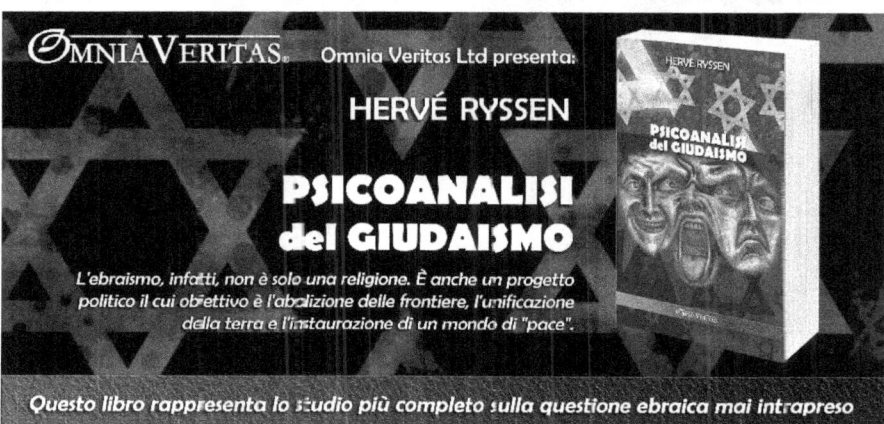

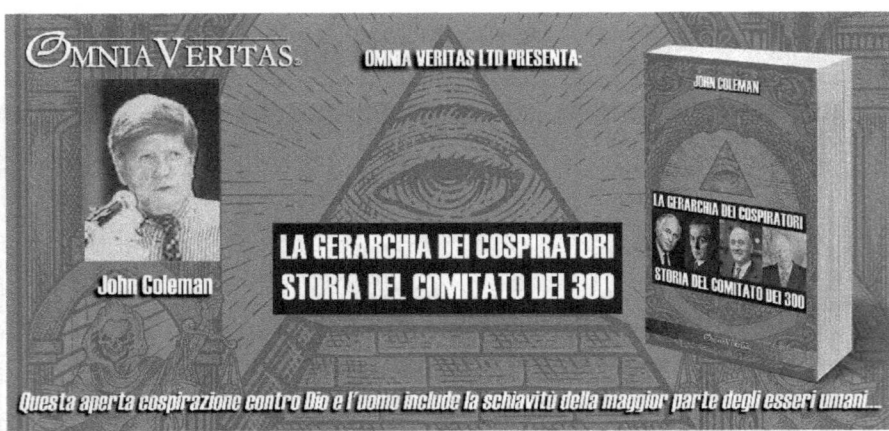

www.ingramcontent.com/pod-product-compliance
Lightning Source LLC
Chambersburg PA
CBHW071311150426
43191CB00007B/585